왕초보 맞춤형 랜선 사수
올인 엑셀

지은이 올이(김민경)

오리를 재미있게 표현한 '올이' 캐릭터로 엑셀 콘텐츠를 제작하고 있다. 20대 초반부터 회사에서 직접 부딪히며 사수들에게 배운 다양한 엑셀 노하우를 바탕으로, 실무에서 얻은 경험을 쉽고 직관적으로 나누고자 인스타툰과 릴스 강의를 시작했다. 현재도 직장에서 엑셀과 고군분투하는 평범한 회사원이자, 인스타그램과 유튜브에서 〈엑셀알려주는올이〉를 운영하는 콘텐츠 제작자이다.
온라인 MD와 영업 MD를 거쳐 강의와 SNS 활동까지 다양한 분야에서 활발히 활동 중이다.

인스타그램 @or.excel
유튜브 youtube.com/@or_excel

쉽게 배우고, 빠르게 쓰는 직장인 실무 엑셀! 차원이 다른 엑셀 입문서!

왕초보 맞춤형 랜선 사수 올이 엑셀

초판 1쇄 발행 2025년 1월 31일

지은이 올이(김민경) / **펴낸이** 전태호
펴낸곳 한빛미디어(주) / **주소** 서울특별시 서대문구 연희로2길 62 한빛미디어(주) IT출판1부
전화 02-325-5544 / **팩스** 02-336-7124
등록 1999년 6월 24일 제25100-2017-000058호 / **ISBN** 979-11-6921-326-4 13000

총괄 배윤미 / **책임편집** 장용희 / **기획·편집** 박지수 / **교정** 하민희
디자인 박정우 / **전산편집** 김보경
영업 김형진, 장경환, 조유미 / **마케팅** 박상용, 한종진, 이행은, 김선아, 고광일, 성화정, 김한솔 / **제작** 박성우, 김정우

이 책에 대한 의견이나 오탈자 및 잘못된 내용은 출판사 홈페이지나 아래 이메일로 알려주십시오.
파본은 구매처에서 교환하실 수 있습니다. 책값은 뒤표지에 표시되어 있습니다.
한빛미디어 홈페이지 www.hanbit.co.kr / **이메일** ask@hanbit.co.kr

Published by HANBIT Media, Inc. Printed in Korea
Copyright © 2025 올이(김민경) & HANBIT Media, Inc.
이 책의 저작권은 올이(김민경)와 한빛미디어(주)에 있습니다.
저작권법에 의해 보호를 받는 저작물이므로 무단 복제 및 무단 전재를 금합니다.

지금 하지 않으면 할 수 없는 일이 있습니다.
책으로 펴내고 싶은 아이디어나 원고를 메일(writer@hanbit.co.kr)로 보내주세요.
한빛미디어(주)는 여러분의 소중한 경험과 지식을 기다리고 있습니다.

처음 배울 때 제대로!

왕초보 맞춤형 랜선 사수
올이 엑셀

올이(김민경) 지음

한빛미디어
Hanbit Media, Inc.

머리말

23살, 대학 졸업도 하기 전에 무작정 대구에서 서울로 올라와 첫 사회생활을 시작했습니다. 당시엔 아무것도 몰랐습니다. 엑셀이라는 프로그램도, 수식이나 함수라는 개념도 생소하기만 했습니다. 처음엔 단순히 시키는 대로 숫자를 입력하는 것에서 시작했습니다. 그저 생계를 위해, 해야 하니까 그렇게 했습니다.

엑셀을 제대로 이해하지 못한 채 자료를 만들던 어느 날, 단축키 하나를 잘못 입력해 사고를 쳤습니다. 늦은 저녁까지 수기로 자료를 수정하며 머릿속이 하얘지던 기억이 납니다. 그날, 당시 회사 대표님께서 옆자리에서 엑셀을 직접 가르쳐주셨습니다. 그때 처음 배운 단축키가 바로 셀 내용을 복제하는 Ctrl + D였습니다. 단순한 단축키 하나였지만, 그 순간은 저에게 큰 울림을 주었습니다.

"내가 알지 못하는 게 누군가에겐 민폐가 될 수 있구나."

그날 이후, 부끄러움과 죄송함에 숨고 싶었던 마음을 딛고 엑셀의 세계를 이해하려고 노력했습니다. 함수라는 것의 개념을 잡기 위해, 단축키와 수식을 익히기 위해 꾸준히 공부했습니다. 그리고 문득 깨달았습니다. 내가 몰랐던 것을 누군가도 모를 수 있다는 사실을요. 그 순간부터 다른 사람들에게 도움을 주고 싶다는 마음이 생겼습니다. 엑셀 지식을 더 쉽게, 더 친근하게 전하기 위해 캐릭터를 만들고 그림을 그리기 시작한 것도 그때부터였습니다.

사실 지금까지도 엑셀을 완벽히 이해했다고 자신할 순 없습니다. 매일 새로운 문제와 마주하고, 여전히 배워야 할 것들이 많다는 것을 느낍니다. 그래서 이 책에도 대단히 특별한 스킬을 담지는 않았습니다. 대신, 저처럼 실무가 급한 사람들에게 바로 적용할 수 있는, 꼭 필요한 내용들로 채우려고 노력했습니다. 실무 현장에서 바로 써먹을 수 있는 팁과 노하우를 담았습니다.

많은 사람이 이제 엑셀은 필요 없을 거라고 말합니다. 하지만 지금 당장은 여전히 매우 필요한 도구입니다. 그래서 언젠가 이 책, 그리고 제가 만든 '올이'를 더 이상 찾지 않아도 되는 날이 올 때까지, 여러분에게 작게나마 도움이 되었으면 좋겠습니다.

감사의 말

먼저, 손이 느리고 걱정이 많았던 저를 끝까지 이끌어주신 박지수 편집자님께 깊은 감사를 드립니다. 익숙지 않은 타지 생활과 회사 생활로 자주 무너지던 저를 붙잡아주고, 항상 기댈 곳이 되어준 가족과 친구들에게도 뽀뽀와 허그를 전합니다. 특히, '엑셀알려주는올이'의 영감이자 시작이 되어준, 끊임없는 용기와 위로를 준 승준에게도 고마움을 전합니다.

그리고 부족하고 서툴렀던 저에게 많은 것을 가르쳐주시고 품어주셨던 직장 동료들과 사수분들께도 진심으로 감사드립니다. 마지막으로, 이 책을 선택해주신 독자 여러분께 감사와 사랑을 전합니다. 여러분이 이 책을 통해 엑셀이라는 도구를 조금 더 편하게 다룰 수 있게 되길 진심으로 응원합니다.

2025년 1월
올이(김민경)

학습 안내&예제 파일 다운로드

(LESSON 구성)

올이 엑셀의 LESSON은 총 3단계로 구성되어 있어요! 각 엑셀의 기능, 함수를 먼저 눈으로 간단히 읽고, 추가로 알아두면 좋은 내용을 확인한 후, 실습하면 더욱 확실히 배울 수 있어요!

가볍게 알려주는 올이's 엑셀 NOTE
학습하면서 기능을 활용하는 방법,
여러분의 엑셀 지식을 확장하고, 실습에 사용한
함수에 대해 설명해드립니다!

넓게 알려주는 올이's 꿀팁
엑셀 초보에서 일잘러로 거듭나려면
알아야 하는 엑셀 지식, 기능 응용 방법을
알려드립니다!

(예제 파일 다운로드)

웹 브라우저에 아래 주소를 입력한 후 [다운로드]를 클릭하면 예제 파일을 다운로드할 수 있어요! 다운로드한 예제 소스는 압축을 해제한 후 실습 과정에 활용할 수 있습니다.

예제 파일 다운로드 주소 : https://www.hanbit.co.kr/src/11326

이 책의 구성

개별 기능 학습
엑셀을 업무에 활용할 때 알아두면 유용한 기능과 내용, 그리고 응용 방법까지! 차근차근 학습해 보세요!

TIP
귀여운 올이 캐릭터와 TIP으로 실습하면서 같이 알아두면 좋은 내용을 익히고, 막히는 내용을 해결해보세요!

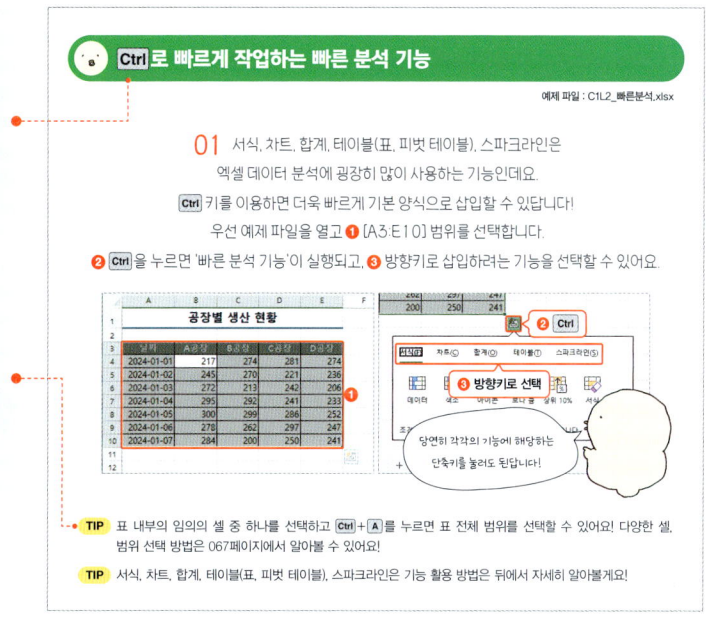

예제 파일
학습할 때 필요한 실습 예제입니다. 유용하게 활용해보세요!

함수&수식
실습에 필요한 함수식을 확인하고, 예제 파일에 직접 입력해보세요!

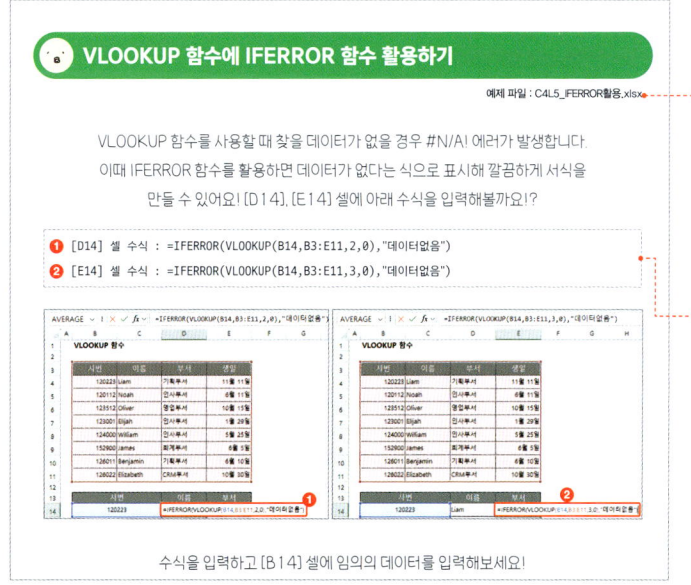

목차

머리말		004
학습 안내&예제 파일 다운로드		006
이 책의 구성		007

CHAPTER 01 엑셀 작업이 빨라지는 방법, 올이와 함께 시작해봐요!

LESSON 01 리본 메뉴만 제대로 알아도 기본은 한다! ··· 022

STEP 01 리본 메뉴 기초 활용 방법 ··· 023
- 사라진 리본 메뉴 다시 표시하기 ··· 023
- 엑셀 기본 화면 이해하기 ··· 024
- 단축키로 새 문서 열고 다른 이름으로 저장하기 ··· 025
- 올이's 꿀팁 다른 파일 형식, PDF 파일로 저장하기 ··· 027

STEP 02 메뉴키와 빠른 실행 도구 모음 ··· 029
- 메뉴키만 잘 활용해도 마우스를 덜 사용해요! ··· 029
- 빠른 실행 도구 모음 활용하기 ··· 030
- 빠른 실행 도구 모음 넓게 쓰기 ··· 031
- 제목 표시줄에 검색 상자 없애기 ··· 032

STEP 03 나만의 커스텀 리본 메뉴 만들기 ··· 034
- 필요한 기능만 쏙쏙 모은 커스텀 리본 메뉴 만들기 ··· 034

| **LESSON 02** | 간단한 단축키 사용으로 근무 시간 확 단축하기! | 037 |

STEP 01 Alt 의 기본 활용 방법 — 038
- Alt 로 엑셀 단축키 힌트 얻기 — 038
- 빠른 실행 도구 모음 기능 이름 제거하고 Alt 로 실행하기 — 039
- 다양한 Alt 조합 단축키를 알아보자 — 040

STEP 02 Ctrl 을 활용한 단축키 활용 방법 — 042
- 붙여넣기 옵션에서 Ctrl 사용 방법 — 042
- Ctrl 로 빠르게 작업하는 빠른 분석 기능 — 044
- 올이's 엑셀 NOTE 서식 복사 기능 — 045
- 올이's 꿀팁 엑셀 붙여넣기 이해와 다양한 붙여넣기 옵션 알아보기 — 046

STEP 03 [선택하여 붙여넣기] 대화상자 — 048
- 붙여넣기 옵션 대화상자와 연산 기능 사용해보기 — 048

셀과 행/열, 시트, 그리고 데이터 이해하기

| **LESSON 01** | 셀과 행/열, 그리고 표를 알아보자 | 052 |

STEP 01 셀과 행/열의 개념 챙기기! — 053
- 셀과 행/열, 그리고 표의 기본! — 053
- 쉽게 행/열 구분하고 외우기 — 054
- 1초 만에 행/열 선택하고 추가/삭제하기 — 055

목차

올이's 엑셀 NOTE 삭제/삽입 기능	057
올이's 꿀팁 셀 병합은 그만! 대신 선택 영역의 가운데로!	059

STEP 02 행과 열을 제대로 다뤄보자! — 061

행/열 한 번에 여러 개 선택하고 해제하기	061
불필요한 행/열 숨기고 다시 표시하기	062
틀 고정 기능으로 중요한 행과 열을 항상 표시하기	064
올이's 꿀팁 엑셀의 다양한 셀, 범위, 표 선택 방식	067
올이's 꿀팁 이동 옵션 기능 활용하기	070

STEP 03 엑셀 표 제대로 다루기! — 072

엑셀 데이터 구성 기본 원칙	072
엑셀 데이터에 표 기능 적용해보기	074

LESSON 02 텍스트, 셀, 숫자 서식, 글꼴 스타일 및 정렬 — 078

STEP 01 글꼴 스타일과 셀 서식 적용 — 079

글꼴 스타일 적용하기	079
셀 서식 적용하기	080
특수 문자(기호) 입력하기	084
올이's 엑셀 NOTE 다양한 모양을 가진 wingdings 폰트	086
올이's 엑셀 NOTE 엑셀에 이모지 특수 문자 입력하기	087
올이's 엑셀 NOTE 문서 전체에 동일한 스타일 적용하기	087

STEP 02 텍스트와 숫자 서식 스타일 — 088

텍스트와 숫자 형식 이해하기	088
날짜와 다양한 표시 형식	090
숫자 서식 오류 마크	091
올이's 꿀팁 날짜와 시간 표시 형식 알아보기	093
올이's 꿀팁 다양한 사용자 지정 표시 형식	094

올이's 꿀팁 함수를 활용해 숫자 표시 형식 에러 수정하기		097

LESSON 03 워크시트 똑똑하게 관리하기 099

STEP 01 워크시트를 자유자재로 다뤄보자 100
워크시트 추가/삭제하기 100
워크시트 이동 및 복제하기 101
워크시트 이름 바꾸고 색상 적용하기 102
올이's 꿀팁 워크시트 숨기기 104

STEP 02 다양한 워크시트 선택 방법 105
워크시트 다중 선택 방법 105
올이's 꿀팁 워크시트 보고용으로 정리하기 106

LESSON 04 채우기 핸들과 자동 채우기 기능 활용하기 108

STEP 01 채우기 핸들 활용하기 109
규칙성이 있는 데이터와 숫자 데이터의 채우기 핸들 활용 109
숫자 데이터의 채우기 핸들 활용 110
올이's 엑셀 NOTE 반복되는 텍스트 채우기 110

STEP 02 다양한 채우기 활용 방법 111
빠른 채우기 기본 활용 방법 111
텍스트 나누기 마법사로 깔끔하게 데이터 분리하기 112
올이's 엑셀 NOTE 자동 채우기 옵션 아이콘 114

STEP 03 사용자 지정 목록 활용하기 115
사용자 지정 목록 추가하기 115
올이's 엑셀 NOTE 저장 기본값을 PC로 설정하는 법 118

목차

CHAPTER 03 엑셀 데이터 스마트하게 정리하기

LESSON 01 데이터 정렬의 기본과 필터 적용하기 … 120

STEP 01 데이터 정리의 기본은 정렬 … 121
- 오름차순/내림차순으로 정렬하기 … 121
- 사용자 지정 정렬로 두 가지 이상 기준 적용하기 … 123
- 올이's 꿀팁 가로(행 기준) 데이터 정렬하기 … 125

STEP 02 필터 똑똑하게 사용하기 … 127
- 데이터에 필터 적용하기 … 127
- 색을 기준으로 정렬과 필터를 적용하는 방법 … 129
- 텍스트 필터 사용하기 … 130
- 필터 대용으로 표 기능을 사용하면 훨씬 좋다 … 131
- 표에 슬라이서를 적용해 편리하게 필터링하기 … 132
- 올이's 엑셀 NOTE 데이터가 없는 슬라이서 항목 숨기기 … 135

STEP 03 마우스 1도 안 쓰고 필터 사용하기 … 136
- 엑셀 고수처럼 키보드로만 필터 작업하기 … 136
- 올이's 꿀팁 병합된 셀 정리하고 필터 걸기 … 139

LESSON 02 확실한 찾기 및 바꾸기 활용 방법 … 141

STEP 01 찾기 및 바꾸기 기본 기능 … 142
- 찾기 및 바꾸기 기능 … 142
- 바꾸기 기능으로 셀 서식 한 번에 바꾸기 … 144
- 올이's 엑셀 NOTE 바꾸기 서식 활용 방법 … 145

STEP 02 와일드 카드 사용하기		146
와일드 카드 사용해 엑셀 데이터 찾고 바꾸기		146
올이's 꿀팁 찾기 및 바꾸기 대화상자 옵션 알아보기		149
STEP 03 중복 데이터 확인하고 처리하기		150
찾기 기능으로 가장 간단하게(찾는 값을 알 때)		150
조건부 서식으로 편리하게(찾는 값을 모를 때)		151
중복값 제거 기능으로 중복 데이터 바로 삭제하기		153

LESSON 03 데이터 유효성 검사와 고급 필터 활용 방법 154

STEP 01 유효성 검사 활용 방법		155
유효성 검사로 목록상자 만들기		155
입력 메시지 및 오류 경고		157
올이's 꿀팁 다양한 유효성 검사 옵션 알아보기		159
STEP 02 고급 필터로 데이터 필터링하기		160
고급 필터 사용하기 1 – 현재 위치에서 한 가지 조건		160
고급 필터 사용하기 2 – 다른 위치에서 두 가지 이상 조건		162
올이's 엑셀 NOTE 고급 필터 AND, OR 조건 사용 방법		163
STEP 03 FILTER와 UNIQUE 함수		165
FILTER 함수를 필터 대용으로 사용하기		165
올이's 엑셀 NOTE FILTER 함수·수식 설명		167
UNIQUE 함수로 중복 데이터 제거하기		168
올이's 엑셀 NOTE UNIQUE 함수 설명		169
데이터 유효성 검사로 간단한 동적 데이터 만들기		170

목차

CHAPTER 04 엑셀의 핵심! 수식과 함수 활용하기

LESSON 01	엑셀의 기본 수식 이해와 활용	174
STEP 01	엑셀 수식 기본 이해하기	175
	엑셀 기본 연산자 알아보기	175
	엑셀의 연산 순서	176
STEP 02	수식 입력 기초와 활용	178
	엑셀에 수식 입력하기	178
	몰이's 엑셀 NOTE 엑셀 수식 입력줄 넓게 활용하기	179
	채우기 핸들과 참조 이해하기	179
	몰이's 꿀팁 셀 서식을 유지하고 채우기 핸들 사용하기	182
LESSON 02	엑셀 활용에 필수인 기초 함수	183
STEP 01	기초 중에 기초 함수, 합계와 평균	184
	합계에는 SUM 함수	184
	평균에는 AVERAGE 함수	185
	몰이's 엑셀 NOTE SUM, AVERAGE 함수	186
	개수를 세는 COUNT 계열 함수 – COUNTA, COUNTBLANK 함수	187
	몰이's 엑셀 NOTE COUNT, COUNTA, COUNTBLANK 함수	188
	최댓값/최솟값을 추출하는 MAX, MIN 함수	189
	몰이's 엑셀 NOTE MAX, MIN 함수	190
	몰이's 꿀팁 함수를 몰라도 쉽게 입력하는 방법	191
	몰이's 엑셀 NOTE 간단한 자동 계산 기능	193

STEP 02 실무에 꼭 필요한 응용 함수		194
조건이 하나일 경우 IF 함수 사용법		194
몰이's 엑셀 NOTE IF 함수		195
조건이 여러 개일 경우 IF 함수 중첩 사용법		196
몰이's 엑셀 NOTE 중첩 IF 함수의 수식 설명		197
몰이's 엑셀 NOTE 조건이 여러 개일 때 특화된 IFS 함수		198
조건이 맞아야 계산하는 SUMIF, AVERAGEIF 함수		199
몰이's 엑셀 NOTE SUMIF, AVERAGEIF 함수		201
조건이 맞는 경우에만 개수를 세는 COUNTIF		202
몰이's 꿀팁 두 가지 이상의 조건을 판단하는 IFS 계열 함수		203
IFS 계열의 다중 조건 함수 순서 쉽게 외우기		205
STEP 03 조건을 조합하는 논리 함수		207
둘 중 모두 만족해야 하는 AND 함수		207
둘 중 하나만 만족해도 되는 OR 함수		209
1과 0으로 계산되는 FALSE와 TRUE 활용 방법		209

LESSON 03 날짜와 시간을 다루는 날짜&시간 함수   211

STEP 01 날짜, 시간의 입력과 계산		212
날짜와 시간 데이터 입력 방법		212
날짜와 시간의 계산 방법		213
항상 오늘과 지금 시간을 표시하는 TODAY, NOW 함수		214
몰이's 엑셀 NOTE 현재 시간을 입력하는 단축키와 함수의 차이점		216
STEP 02 시간과 날짜를 다루는 다양한 함수		217
시간과 날짜를 합체하는 DATE, TIME 함수		217
몰이's 엑셀 NOTE 다양한 날짜 함수, 시간 함수		218
뒤죽박죽 날짜 데이터 형식 통일하기		219

목차

STEP 03 날짜 함수로 자동 달력 만들기 — 221
    요일을 판단하는 WEEKDAY 함수 — 221
    올이's 엑셀 NOTE WEEKDAY 함수 — 222
    연과 월만 선택하면 되는 자동 달력 만들기 — 225
    올이's 꿀팁 자동 달력에서 넘치는 월을 투명하게 처리하기 — 231

LESSON 04 글자를 자유자재로 다루는 텍스트 함수 — 234

STEP 01 텍스트를 추출하는 기초 함수 — 235
    오른쪽 혹은 왼쪽에서 추출하는 LEFT, RIGHT 함수 — 235
    올이's 엑셀 NOTE LEFT, RIGHT 함수 — 237
    중간부터 필요한 만큼 추출하는 MID 함수 — 237
    올이's 엑셀 NOTE MID 함수 — 238

STEP 02 텍스트를 가공하는 실무 함수 — 239
    텍스트의 위치를 찾는 SEARCH 함수 — 239
    올이's 엑셀 NOTE SEARCH 함수 — 240
    텍스트를 자르고 교체하는 TRIM, SUBSTITUTE 함수 — 240
    올이's 엑셀 NOTE TRIM, SUBSTITUTE 함수 — 242
    텍스트를 연결하는 CONCAT 함수 — 242
    구분 기호와 함께 텍스트를 연결하는 TEXTJOIN 함수 — 244
    올이's 엑셀 NOTE TEXTJOIN 함수 — 245

STEP 03 함수로 설정하는 표시 형식 — 246
    TEXT 함수로 표시 형식 변경하기 – 텍스트와 숫자 — 246
    올이's 엑셀 NOTE TEXT 함수 — 248
    TEXT 함수로 표시 형식 변경하기 – 시간 표시 형식 — 248

LESSON 05 원하는 데이터를 찾는 조회, 참조 함수 … 250

STEP 01 원하는 값을 찾는 VLOOKUP 함수 … 251
- VLOOKUP 함수의 기본 활용 방법 … 251
- **올이's 엑셀 NOTE** VLOOKUP 함수·수식 설명 … 253
- HLOOKUP 함수의 기본 활용 방법 … 254
- **올이's 엑셀 NOTE** HLOOKUP 함수 … 255

STEP 02 에러를 처리하는 IFERROR 함수 … 256
- IFERROR와 ISERROR 함수 … 256
- **올이's 엑셀 NOTE** ISERROR, IFERROR 함수 … 258
- VLOOKUP 함수에 IFERROR 함수 활용하기 … 259
- **올이's 꿀팁** 엑셀의 다양한 에러와 해결 방법 … 260

STEP 03 조회, 참조 함수의 고급 활용법 … 261
- XLOOKUP 함수 활용하기 … 261
- **올이's 엑셀 NOTE** XLOOKUP 함수 … 263
- INDEX와 MATCH 함수 기초 이해 … 265
- **올이's 엑셀 NOTE** MATCH 함수 … 266
- **올이's 엑셀 NOTE** INDEX 함수 … 267
- INDEX와 MATCH 함수 활용 … 268
- **올이's 엑셀 NOTE** INDEX&MATCH 함수의 조합 … 269
- **올이's 꿀팁** 셀, 범위를 이름으로 정의해 관리하기 … 271

CHAPTER 05 엑셀의 데이터 분석 도구 활용하기

LESSON 01 강조하고 싶은 데이터에 조건부 서식 지정하기 … 276

STEP 01 조건부 서식으로 특정 셀 강조하기 … 277
조건부 서식의 기본! 셀 강조 규칙 … 277
상위/하위 n% 데이터 강조하기 … 279
중복되거나 고유한 값을 강조하기 … 281
올이's 꿀팁 조건부 서식 삭제하고 수정하기 … 283

STEP 02 데이터를 비주얼로 강조하는 방법 … 284
데이터를 막대 그래프로 강조하는 데이터 막대 … 284
데이터를 색상으로 강조하는 색조 기능 … 287
데이터를 아이콘으로 강조하는 아이콘 집합 … 288

STEP 03 조건부 서식 응용 방법 … 292
특정 데이터 선택 시 행 전체 강조하기 … 292
올이's 꿀팁 워크시트 기본 눈금선 색 변경하기 … 296

LESSON 02 데이터를 한눈에 보는 차트 활용 방법 … 297

STEP 01 차트 기본 사용 방법 알아보기 … 298
차트의 기본 삽입 방법 세 가지 … 298
올이's 엑셀 NOTE 차트 기능 아이콘 세 가지 알아보기 … 301
삽입한 차트 종류 변경하기 … 301
차트 깔끔하게 편집하기 … 305

STEP 02 고급 차트 삽입 방법 … 309
데이터의 증감을 한눈에 확인하는 폭포 차트 … 309

	전체 데이터의 비중을 확인하는 트리맵 차트	311
STEP 03	**데이터를 요약하는 스파크라인**	313
	꺾은선 스파크라인 차트	313
	막대 스파크라인 차트	315

LESSON 03   **데이터를 자유자재로 가공하는 피벗 테이블**   317

STEP 01	**피벗 테이블 생성하기**	318
	피벗 테이블 삽입의 기본 방법 알아보기	318
	삽입한 피벗테이블 설정 변경하기	319
STEP 02	**피벗 슬라이서, 차트 삽입하기**	321
	피벗 슬라이서, 시간표시 막대 삽입하기	321
	피벗 차트 삽입하기	323
STEP 03	**피벗 테이블을 활용한 데이터 분석**	326
	피벗 기능만 사용해 간단한 대시보드 만들기	326
	몰이's 꿀팁 필터 보고서에 유용한 SUBTOTAL 함수	335

 **CHAPTER 06**   **엑셀의 인쇄 기능과 보안, 응용 기능**

LESSON 01	**깔끔하게 인쇄하는 일잘러의 노하우**	338
STEP 01	**워크시트 인쇄의 기본**	339

목차

엑셀 문서 인쇄하기	339
인쇄 범위 지정하기	340
올이's 엑셀 NOTE 다양한 인쇄 옵션	341

STEP 02 워크시트 인쇄 응용 기능 — 342

인쇄 문서 여백 지정하기	342
올이's 엑셀 NOTE 다양한 인쇄 크기 맞춤 옵션	344
머리글/바닥글 지정하기	345
머리글(제목) 행 반복 인쇄하기	348

STEP 03 통합 문서 전체 인쇄하기 — 350

통합 문서 내 전체 워크시트 한번에 인쇄하기	350
올이's 엑셀 NOTE 다양한 인쇄 범위 옵션	352

LESSON 02 문서 보호와 유용한 엑셀 기능 — 353

STEP 01 엑셀 문서 비밀번호로 보호하기 — 354

엑셀 문서 암호로 보호하기	354
통합 문서 보호로 시트 구조 보호하기	358
시트 보호로 입력된 데이터 보호하기	359

STEP 02 엑셀이 편해지는 몇 가지 꿀팁 — 363

반복되는 빈칸 한번에 없애기	363
반복되는 빈칸 한번에 만들기	366
함수로 주민등록번호 뒷자리에 별표 처리하기	368
올이's 엑셀 NOTE REPLACE 함수	369
보고서에 등락기호(▲, ▼) 표시하기	370
올이's 꿀팁 대화형 메모, 노트 메모 기능 알아보기	372

찾아보기 — 374

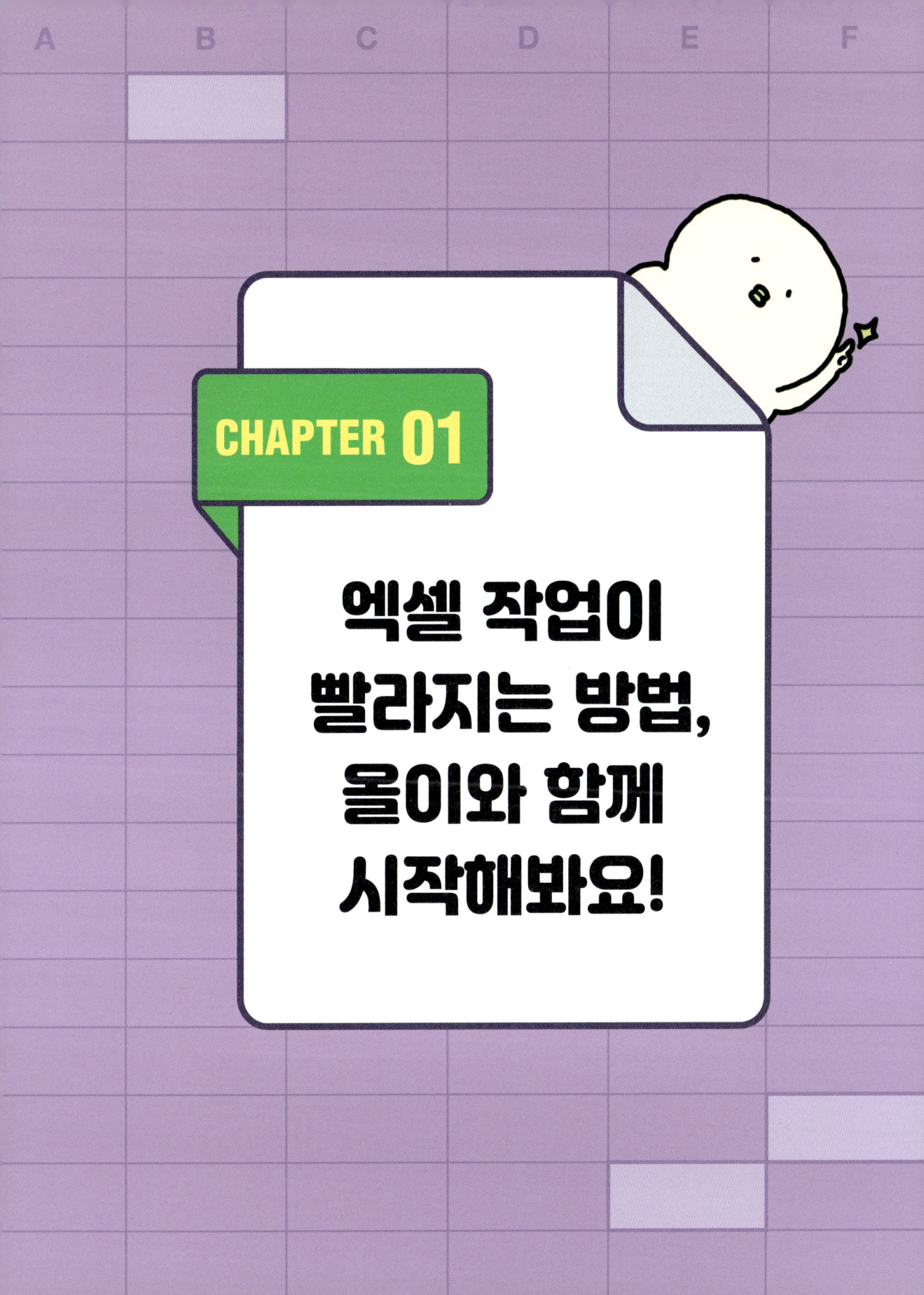

LESSON 01

리본 메뉴만 제대로 알아도 기본은 한다!

메뉴만 잘 세팅해도 엑셀이 요로코롬 쉬워진답니다!

눈으로만 읽는 엑셀

STEP 01 리본 메뉴 기초 활용 방법
갑자기 리본 메뉴가 사라지면 어떻게 해요!?

 사라진 리본 메뉴 다시 표시하기

예제 파일 : 없음

우선 빈 통합 문서에서 확인해보세요!
엑셀의 얼굴 역할을 하는 여기 도구 박스를 '리본 메뉴'라고 해요!

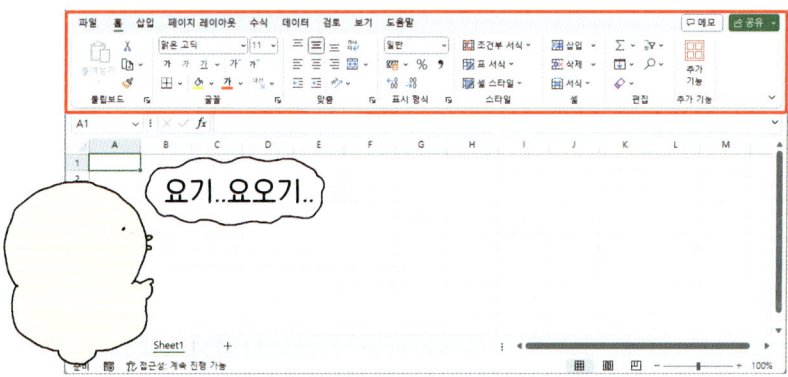

리본 메뉴에는 엑셀의 모든 기능이 모여 있고, 리본 메뉴에서 바로 실행할 수 있어요.
하지만 작업을 하다 보면 이렇게 갑자기 사라질 때가 있는데요!

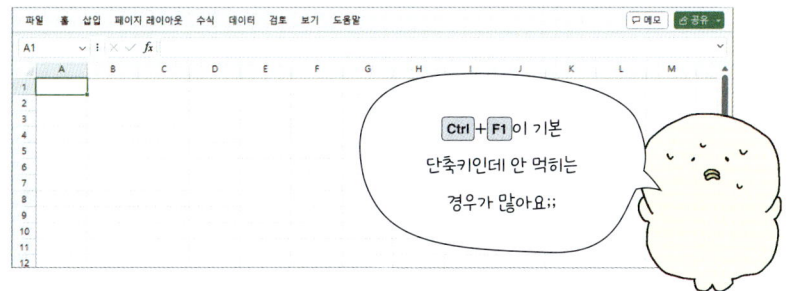

LESSON 01 리본 메뉴만 제대로 알아도 기본은 한다!

이때는 ❶ 아무 탭을 클릭한 후 오른쪽 아래에 있는 ❷ 펼침 버튼 ⌄ 을 클릭하고
❸ [항상 리본 표시]를 클릭하면 간단하게 다시 고정할 수 있어요.

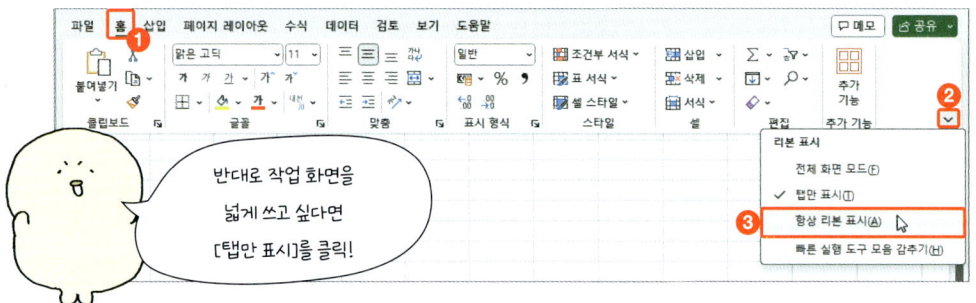

반대로 작업 화면을 넓게 쓰고 싶다면 [탭만 표시]를 클릭!

엑셀 기본 화면 이해하기

예제 파일 : 없음

리본 메뉴와 엑셀 화면! 당장은 전부 알 필요가 없어요!
대부분의 엑셀 강의, 책에서 이야기하는 용어 몇 가지만 알아도 된다구요!
지금은 딱! 요 아홉 개 용어만 알아볼까요?

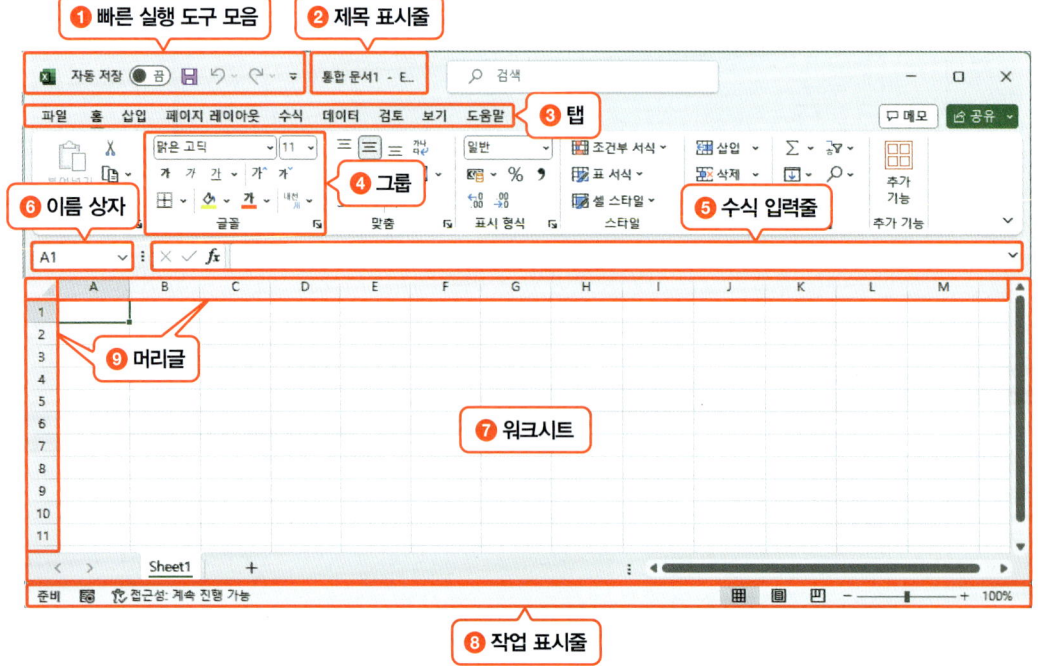

앞으로 책에서는 리본 메뉴의 기능을 소개할 때는 '탭-그룹-기능 이름' 순서로 표시할게요!

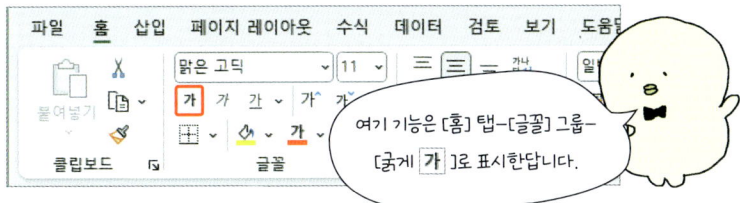

TIP 벌써부터 뭔가 많아서 귀찮고, 힘들어 보인다구요? 앞으로 진행할 내용을 위해서 '이정도만 알아두자'라는 느낌으로! 외우지 마시고 '아 이거~'하는 느낌 정도로 봐주세요!

단축키로 새 문서 열고 다른 이름으로 저장하기

예제 파일 : 없음

엑셀에서 새 문서를 만들 때는 보통 [홈] 탭을 클릭하면 나타나는 백그라운드 화면에서 [새로 만들기]-[새 통합 문서]를 클릭하는데요!

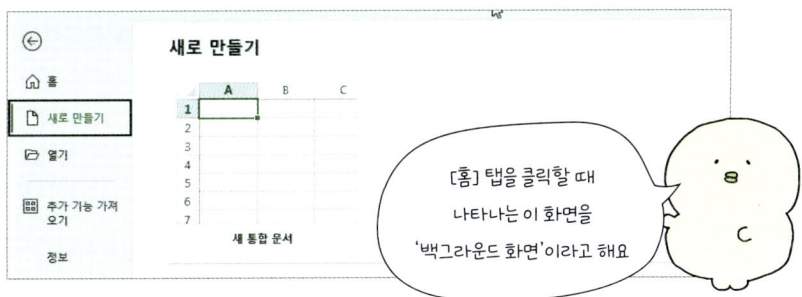

이때 워크시트에서 Ctrl + N 만 누르면 바로 새 통합 문서를 열 수 있어요!

다음 그림을 확인해보면 기존 문서는 '통합 문서1'로 표시되고

그 다음에 생성된 새 문서는 '통합 문서2'로 표시되는 걸 확인할 수 있죠?

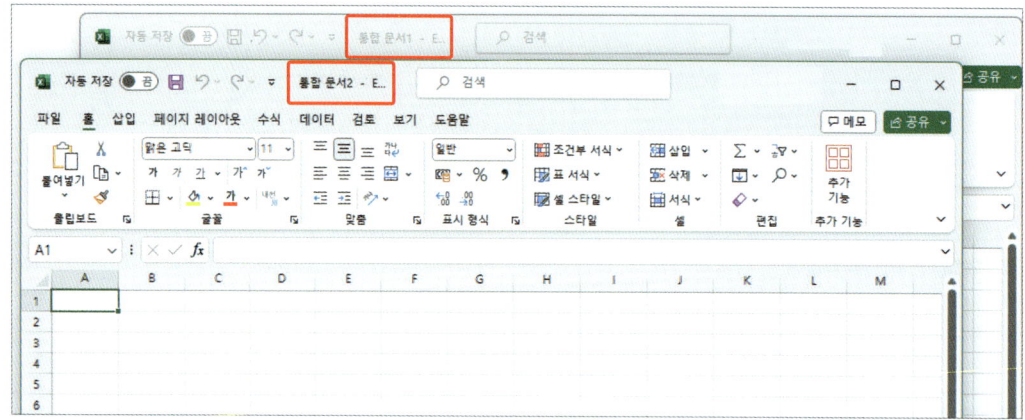

엑셀의 기본적인 저장 단축키는 Ctrl + S 라는 것은 알고 있죠?
지금까지 다른 이름으로 저장할 때 마우스로 직접 했다면
F12 를 눌러보세요! 작업 중에 [다른 이름으로 저장] 대화상자가 바로 나타납니다.

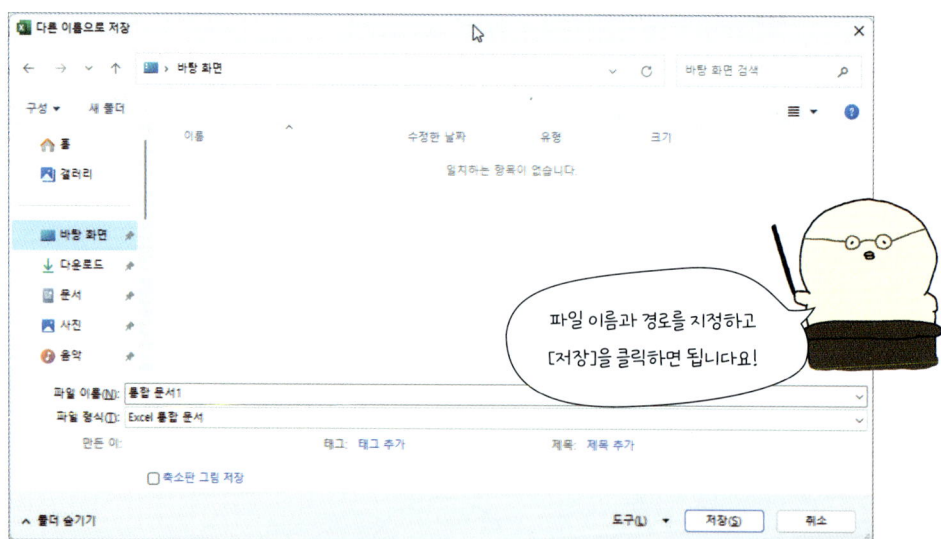

파일 이름과 경로를 지정하고 [저장]을 클릭하면 됩니다요!

> **TIP** 다른 이름으로 저장 기능을 사용한 후에는 저장한 해당 문서에서 이어서 작업합니다. 사본을 만들 때 간혹 다른 파일에서 작업한 후 원본을 열고 작업한 내용이 없어 '어!?'하는 경우가 있으니 꼭 작업 중인 파일 이름을 [제목 표시줄]에서 확인하세요!

다른 파일 형식, PDF 파일로 저장하기

다른 파일 형식

엑셀 파일을 저장할 때는 xlsx 외에도 xls, xlsm, csv, PDF 등 다양한 파일 형식으로 저장할 수 있어요. 앞서 얘기한 [다른 이름으로 저장] 대화상자에서 [파일 형식]을 확인해보면 엑셀에서 지원하는 여러 파일 형식을 확인할 수 있습니다. 다른 이름으로 저장하는 기능은 [홈] 탭-[다른 이름으로 저장]에서도 파일 형식을 확인할 수 있답니다!

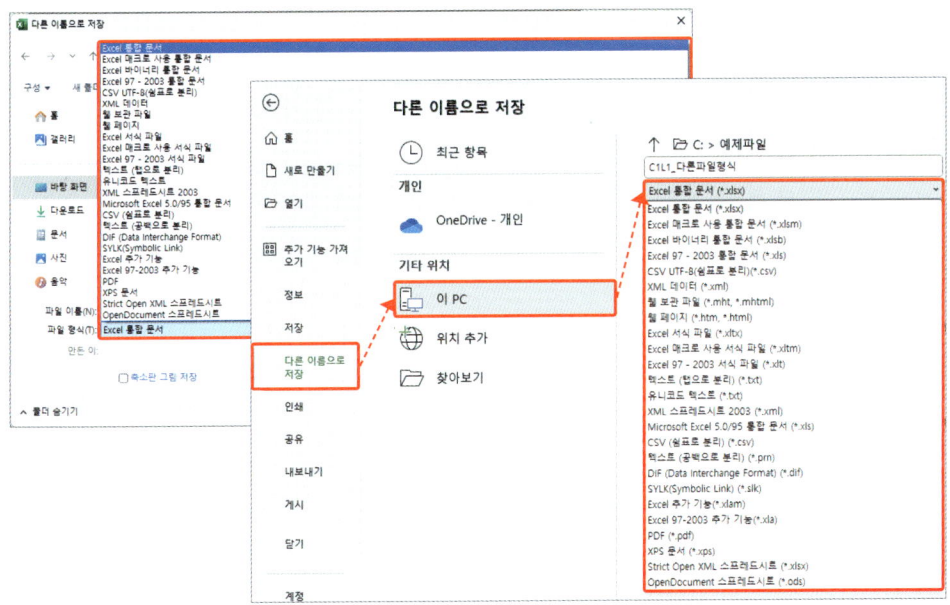

TIP 참고로 xls는 2003 이전 버전의 엑셀 파일, xlsm은 엑셀 매크로 문서, csv는 각 셀이 콤마(,)로 분리된 데이터 형식으로 실무에서 자주 사용합니다. 2003 이후 버전부터는 엑셀 기본 파일 형식은 xlsx에요!

PDF 파일로 저장하기

엑셀을 PDF 문서 파일로 직접 저장하는 방법은 [내보내기]를 하는 것입니다. [홈] 탭을 클릭하면 나타나는 백그라운드 화면에서 [내보내기]를 클릭하고, [내보내기]-[PDF/XPS 문서 만들기]-[PDF/XPS 만들기]를 클릭하면 PDF 파일로 저장할 수 있습니다.

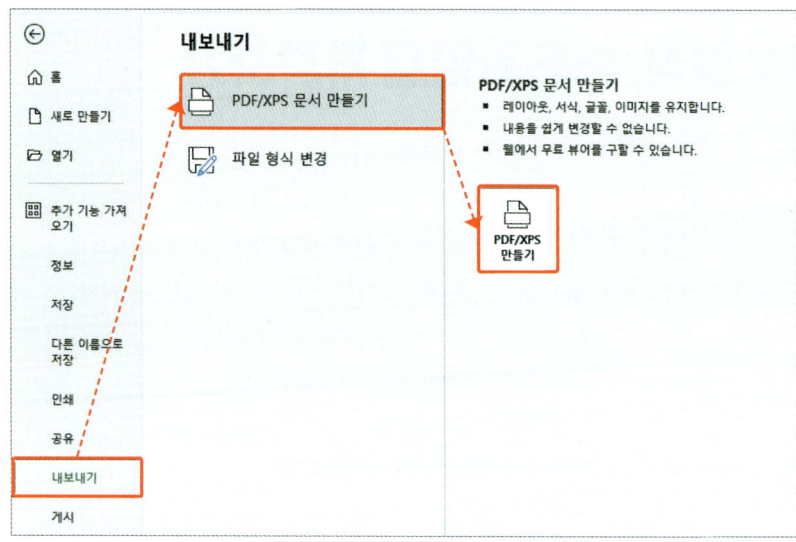

TIP　PDF 문서 파일로 저장하는 방법은 [다른 이름으로 저장]에서 파일 형식을 PDF로 선택해도 됩니다. PDF 파일은 엑셀이 설치되지 않은 컴퓨터에서 문서를 확인하거나, 수정하지 않아도 되는 버전을 공유할 때 유용해요!

하나라도 더 알려주는 올이

STEP 02 메뉴키와 빠른 실행 도구 모음
조금이라도 빠르게 작업하고 싶을 때 유용한 꿀팁

> 🙂 **메뉴키만 잘 활용해도 마우스를 덜 사용해요!**

예제 파일 : 없음

키보드를 보면 이렇게 생긴 키가 있는데요!
바로 메뉴키라고 해요! 이 키는 마우스 오른쪽 버튼을
누른 것과 동일한 기능을 한답니다.
그래서 마우스를 사용하지 않고도
여러 가지 작업을 할 수 있도록 도와줘요!

모든 키보드에 있는 건 아니고 없는 경우도 있답니다.

TIP 일부 메뉴키가 없는 키보드의 경우 `Shift` + `F10` 을 누르면 됩니다.

워크시트의 특정 셀이 선택된 상태에서 메뉴키를 눌러 볼까요?
그럼 이렇게 메뉴가 나타나고 각 기능 이름 옆 괄호 안에 있는 키를 누르면 해당 기능이 실행돼요!
예를 들어 '삽입(I)'은 `I` 를 누르면 삽입 기능이 실행되는 방식이에요!
모든 단축키를 모른다고 걱정할 필요 없이 메뉴키를 한 번 눌러보세요!

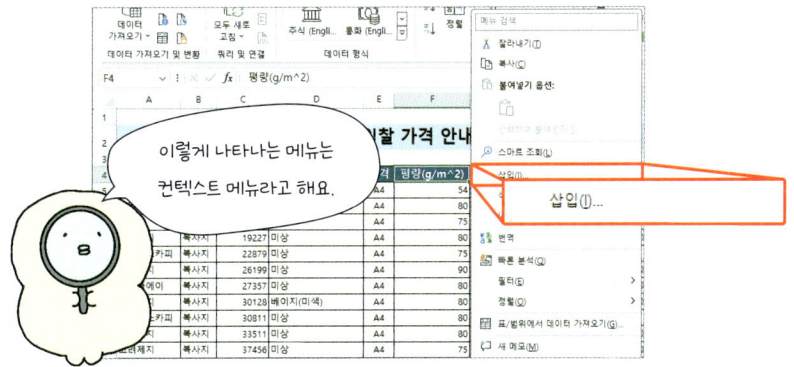

이렇게 나타나는 메뉴는 컨텍스트 메뉴라고 해요.

LESSON 01 리본 메뉴만 제대로 알아도 기본은 한다!

빠른 실행 도구 모음 활용하기

예제 파일 : 없음

제목 표시줄 왼쪽에는 빠른 실행 도구 모음이 있어서
자주 사용하는 도구만 모아서 커스텀할 수 있어요!

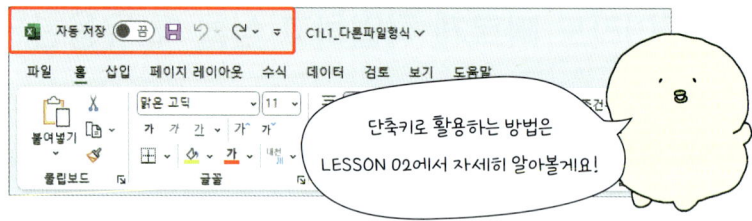

리본 메뉴의 원하는 기능에서 ❶ 마우스 오른쪽 버튼을 클릭하고
❷ [빠른 실행 도구 모음에 추가] 클릭!

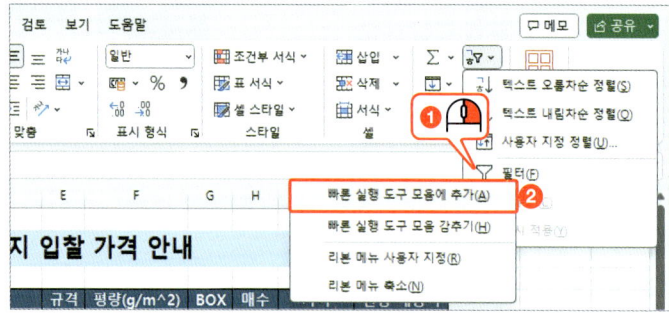

그럼 이렇게 빠른 실행 도구 모음에 등록됩니다.
추가한 기능을 삭제하려면 ❶ 마우스 오른쪽 버튼을 클릭하고
❷ [빠른 실행 도구 모음에서 제거]를 클릭하세요!

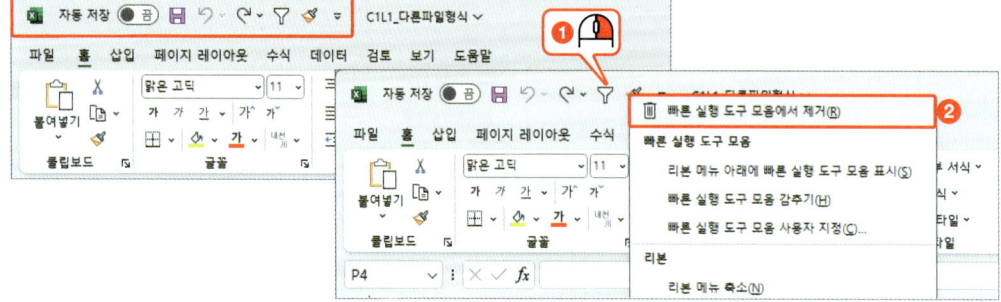

빠른 실행 도구 모음의 순서를 바꾸거나 전체적으로 수정하고 싶다면!?
[Excel 옵션] 대화상자-[빠른 실행 도구 모음] 탭에서 설정하면 됩니다.

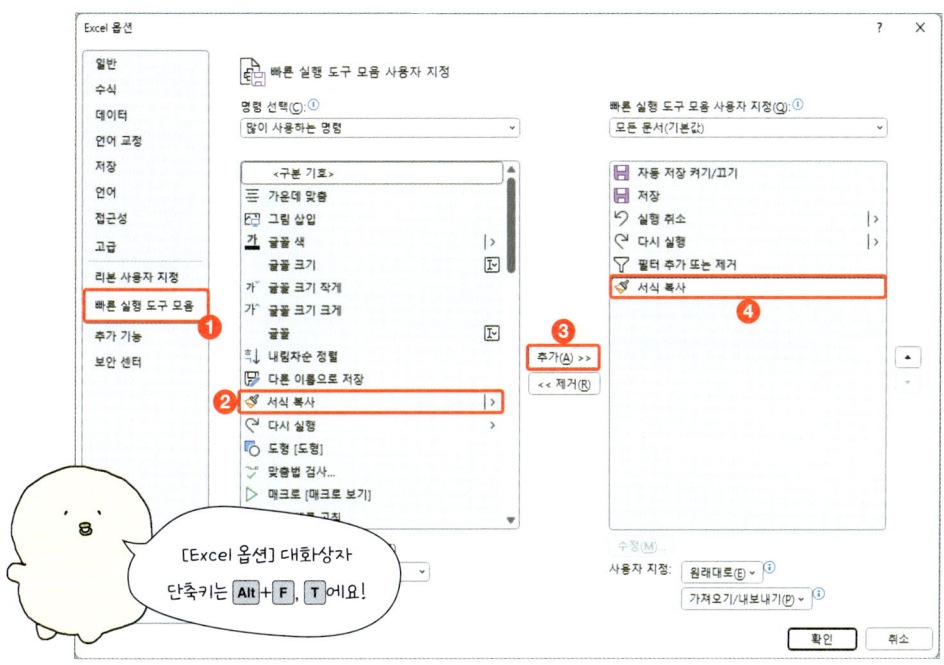

TIP [Excel 옵션] 대화상자는 빠른 실행 도구 모음에서 마우스 오른쪽 버튼을 클릭하고 [빠른 실행 도구 모음 사용자 지정]을 클릭해도 됩니다.

빠른 실행 도구 모음 넓게 쓰기

예제 파일 : 없음

빠른 실행 도구 모음에 이것저것 기능을 추가하다 보면
기능이 굉장히 많아질 때가 있는데요!

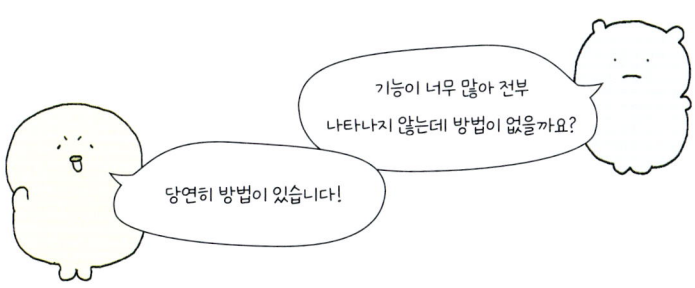

LESSON 01 리본 메뉴만 제대로 알아도 기본은 한다!

빠른 실행 도구 모음 위치에 ❶ ▼을 클릭하고
❷ [리본 메뉴 아래에 표시]를 클릭해주세요!

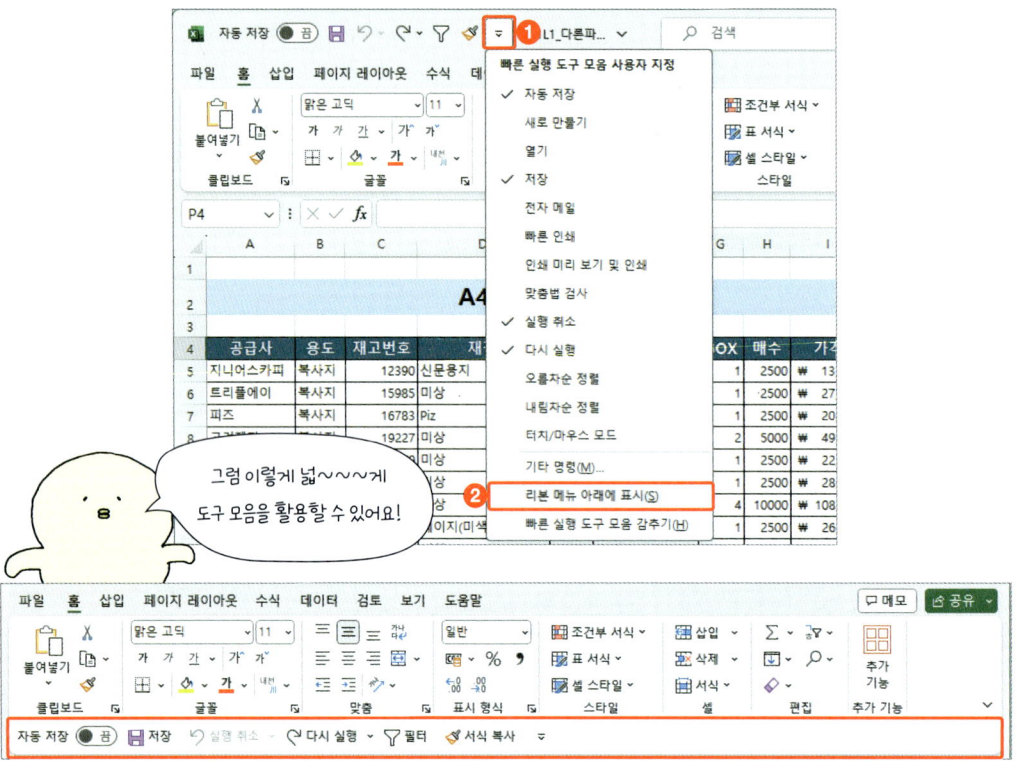

제목 표시줄에 검색 상자 없애기

예제 파일 : 없음

리본 메뉴는 아래로 내리기 싫은데, 제목 표시줄에 검색창이 거슬린다면?
이런 방법을 사용할 수도 있어요!

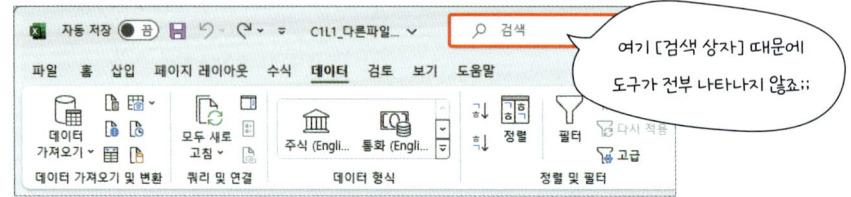

[Excel 옵션] 대화상자의 ❶ [일반] 탭에서
❷ [사용자 인터페이스 옵션]-[기본적으로 Microsoft 검색 상자 축소]에 체크해주세요!

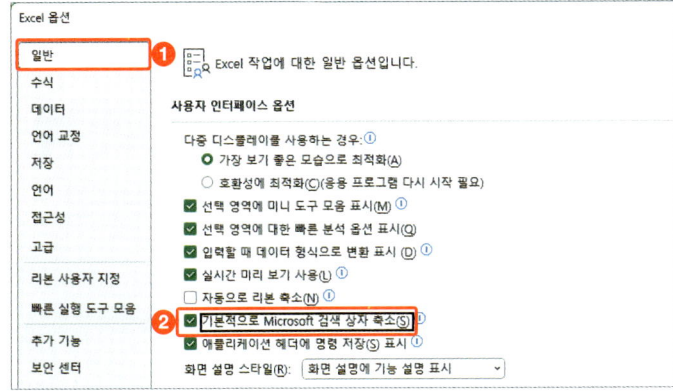

TIP [Excel 옵션] 대화상자는 [홈] 탭 – [옵션]을 클릭하시거나, Alt + F , T 를 누르면 됩니다.

그러면 검색 상자가 사라진 대신 아이콘으로 표시된답니다!

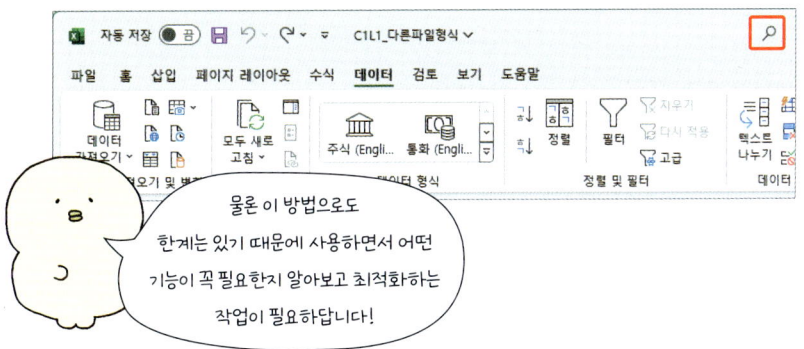

물론 이 방법으로도 한계는 있기 때문에 사용하면서 어떤 기능이 꼭 필요한지 알아보고 최적화하는 작업이 필요합니다!

될 때까지 같이 하는 올이

STEP 03 나만의 커스텀 리본 메뉴 만들기

내가 필요한 기능만 쏙쏙 모아봐요!

필요한 기능만 쏙쏙 모은 커스텀 리본 메뉴 만들기

예제 파일 : 없음

당연히 방법이 있쥬!

어차피 내가 자주 쓰는 기능은 한정되어 있는데 리본 메뉴를 입맛에 맞게 바꿀 수 있지 않을까? 라는 생각이 든다면 이 방법을 사용해보세요!

01 ❶ [Excel 옵션] 대화상자를 엽니다. ❷ [리본 사용자 지정]을 클릭하고 ❸ [새 탭]을 한 번 클릭해주세요!

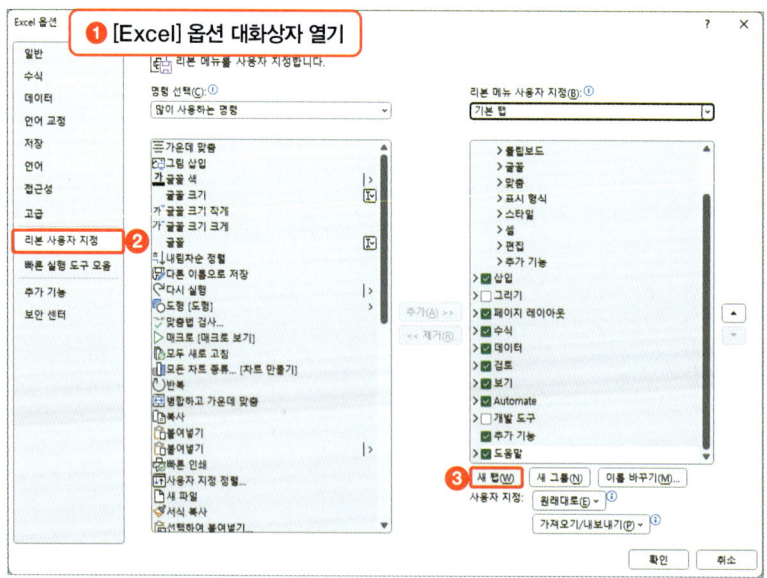

TIP [Excel 옵션] 대화상자는 [홈] 탭 - [옵션]을 클릭하거나, Alt + F , T 를 누르면 됩니다.

02 추가된 [새 탭]과 [새 그룹]에서 [이름 바꾸기]를 클릭하면
원하는 이름으로 바꿀 수 있습니다.

03 ❶ 왼쪽 [명령 선택]에서 원하는 기능을 선택한 후 ❷ [추가]를 클릭해
오른쪽 [리본 메뉴 사용자 지정]에 추가하면 됩니다.
❸ 추가로 그룹이 필요하면 [새 그룹]을 클릭하고
[이름 바꾸기]로 이름도 변경한 뒤 ❹ [확인]을 클릭해주세요!

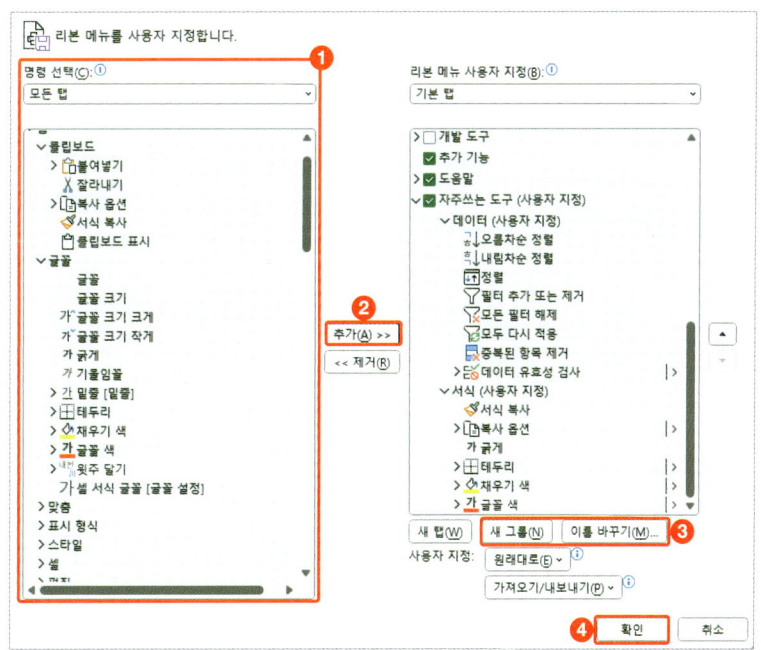

04 그럼 이렇게 원하는 기능만 쏙쏙 골라 마음대로 메뉴를 만들 수 있어요!

05 추가한 탭 혹은 그룹을 삭제하려면
[Excel 옵션] 대화상자의 [리본 사용자 지정]에서
❶ 제거할 탭 혹은 그룹을 선택하고 ❷ [제거]를 클릭하면 됩니다!

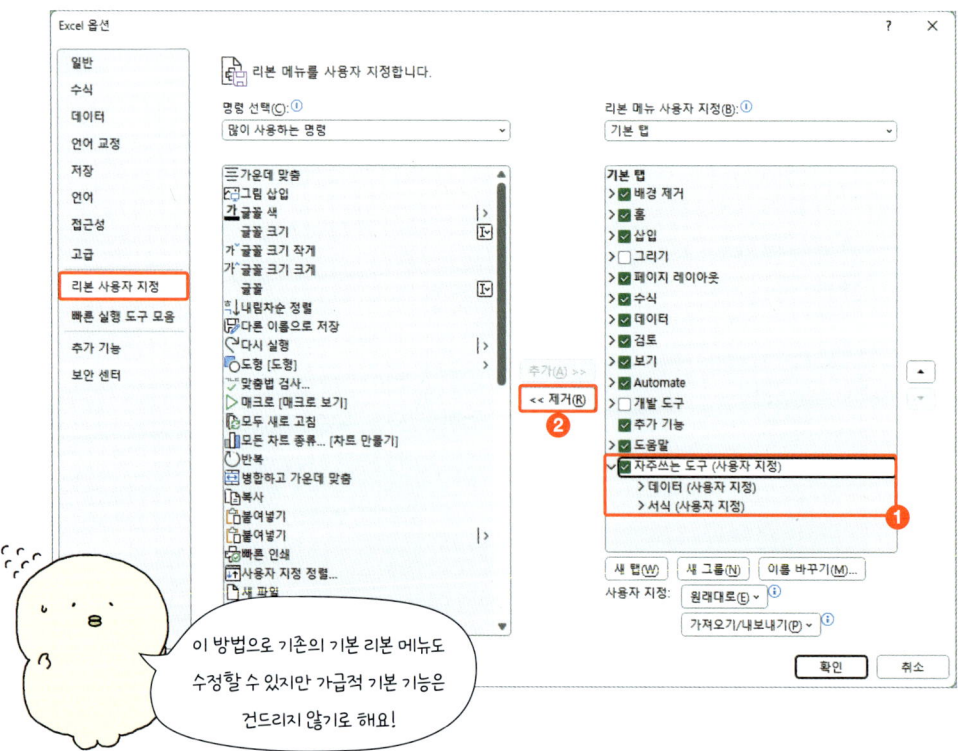

이 방법으로 기존의 기본 리본 메뉴도 수정할 수 있지만 가급적 기본 기능은 건드리지 않기로 해요!

TIP [원래대로]를 클릭하면 리본 메뉴를 초기화할 수 있고, [가져오기/내보내기]를 통해 회사에서 설정한 리본 메뉴를 집에서도 동일하게 적용할 수도 있어요!

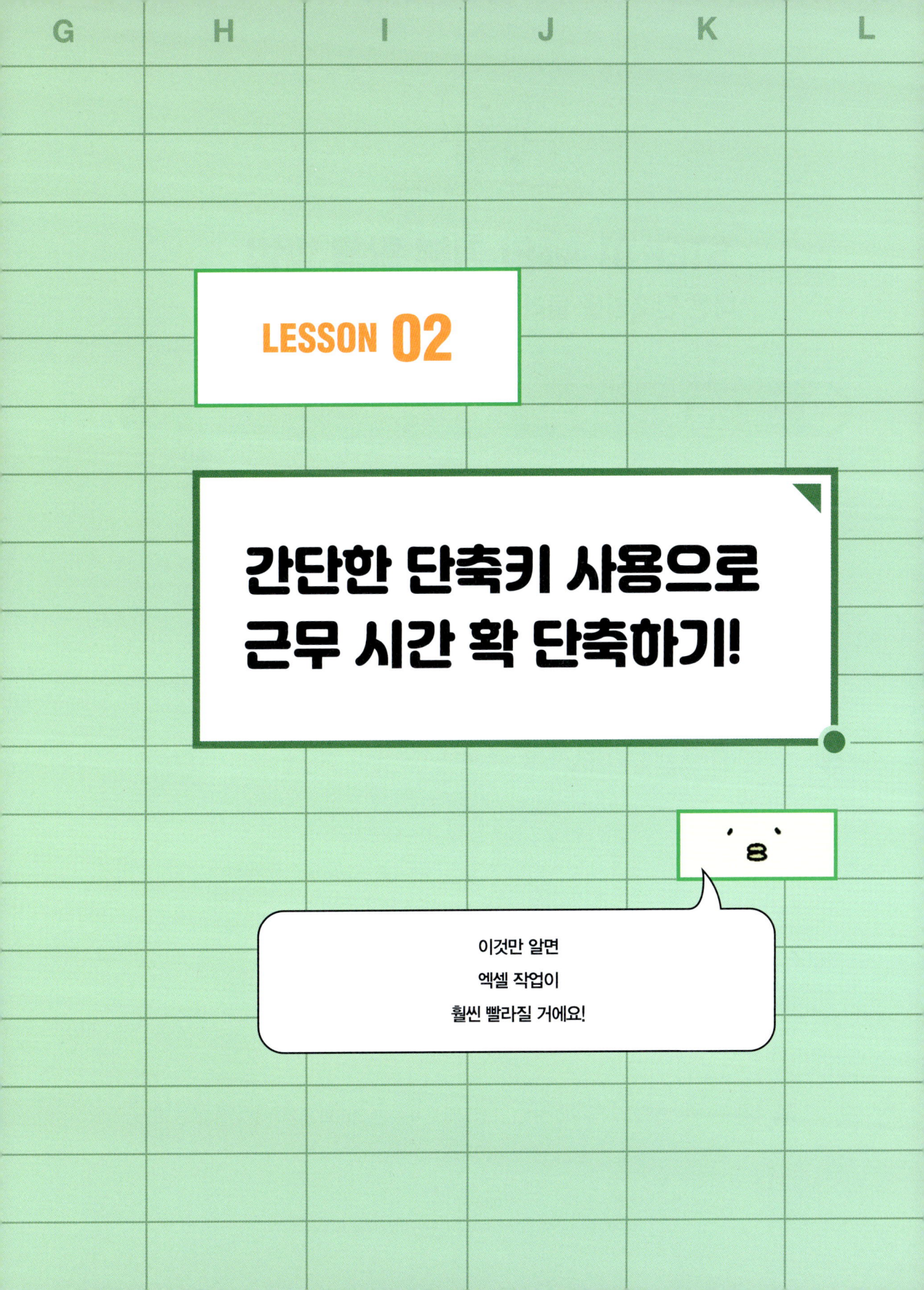

눈으로만 읽는 엑셀

STEP 01 Alt 의 기본 활용 방법
다른 단축키를 몰라도 Alt 만 쓸 줄 알면 그만!

Alt 로 엑셀 단축키 힌트 얻기

예제 파일 : 없음

'엑셀을 하면서 단축키 힌트는 없을까?' 싶을 때 Alt 를 유용하게 사용하실 수 있어요!
엑셀 리본 메뉴는 작업 도중 Alt 를 눌러 단축키 힌트를 확인할 수 있는데요!
이렇게 리본 메뉴에 문자가 표시된답니다!
만약 글꼴 색 을 바꾸고 싶다면 Alt , H 를 순서대로 눌러 [홈] 탭으로 들어갑니다.

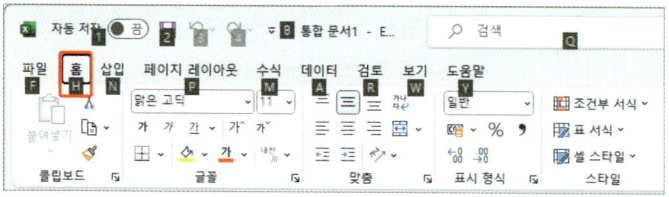

그러면 [홈] 탭 기능에 힌트가 표시되는데요!
[FC]로 표시된 글꼴 색 가 은 F , C 를 순서대로 눌러 실행할 수 있어요!

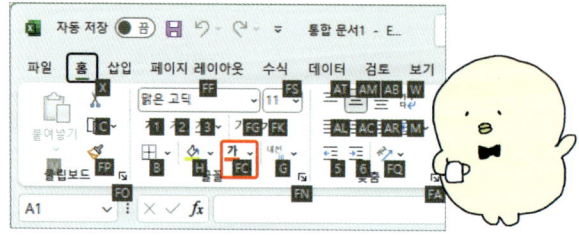

Alt + H 에서 H는 홈(Home)을 의미하듯, 각 명령에도 비슷한 의미의 문자가 표시됩니다.

그래서 글꼴 색(Font Color)은 'FC'로 표시되는 거죠!
다른 기능도 해당하는 키를 순서대로 입력하면 동일하게 해당 기능이 실행됩니다.
이 상태에서 키보드 방향키를 이용해 원하는 색을 선택할 수 있고
M 을 눌러 색을 커스텀해 지정할 수 있답니다!

빠른 실행 도구 모음 기능 이름 제거하고 Alt 로 실행하기

예제 파일 : 없음

빠른 실행 도구 모음에 추가한 기능도 당연히 단축키로 실행할 수 있습니다!
Alt 를 누르면 빠른 실행 도구 모음에 추가한 기능에도 힌트가 표시됩니다.
각각 숫자 1~9까지 할당되고 그 이후부터는 09~01, 19~11과 같이 할당되는데요!
'09'의 경우 Alt , 0 , 9 를 차례대로 눌러 실행이 가능합니다.

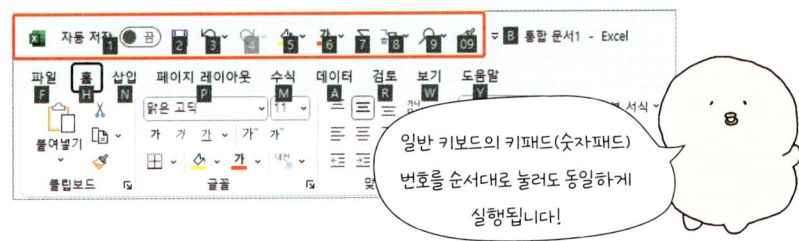

> **TIP** 기본으로 등록된 저장 Ctrl + S , 실행 취소 Ctrl + Z , 다시 실행 Ctrl + Y 는 정말 자주 사용하기 때문에 이 정도는 외워두고, 빠른 실행 도구 모음에서 제거한 뒤 1~5에 자주 실행하는 도구를 할당하는 것도 방법이에요!

또 빠른 실행 도구 모음을 아래에 표시했을 때는
처음에 기능명(레이블)이 같이 표시되는데요!
있으면 편리하지만, 자주 사용하는 기능이라 추가한 점도 있고
기능명 때문에 여러 기능을 추가하기 어려운 점도 있겠죠?
이때 기능명을 없애면 더 많은 기능을 추가할 수 있어요!
이때는 빠른 실행 도구 모음 위치에 ❶ ▽을 클릭하고
❷ [명령 레이블 숨기기]를 체크하면 ❸ 기능 아이콘만 표시됩니다.
훨씬 더 깔끔하게, 기능을 더 많이 할당할 수 있겠죠?

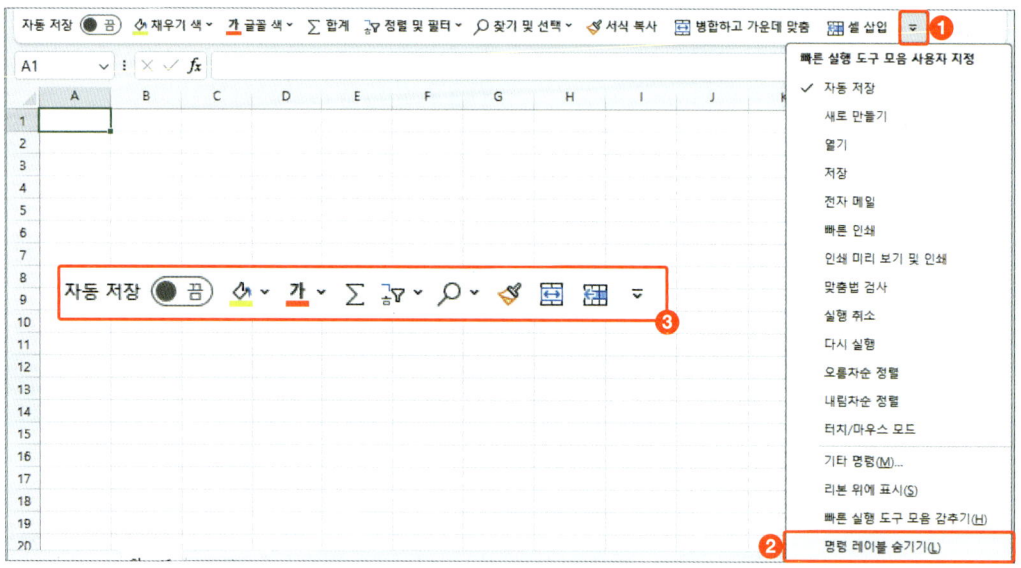

다양한 Alt 조합 단축키를 알아보자

예제 파일 : 없음

01 셀 텍스트 입력 중 Alt + Enter 를 누르면 줄 바꿈 입력!

02 작업 화면에서 Alt + Ctrl + + / - : 워크시트 화면 확대/축소

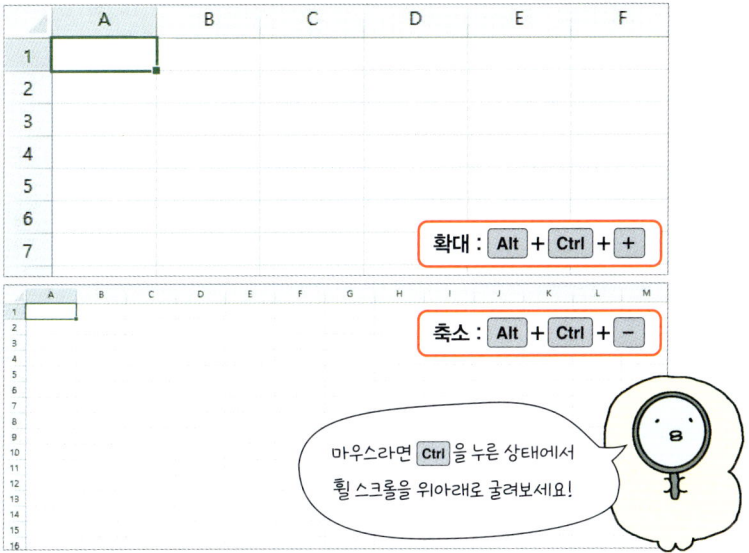

03 ❶ 표 범위를 Ctrl + A 로 선택하고, ❷ Alt + ; : 보이는 셀만 선택하기

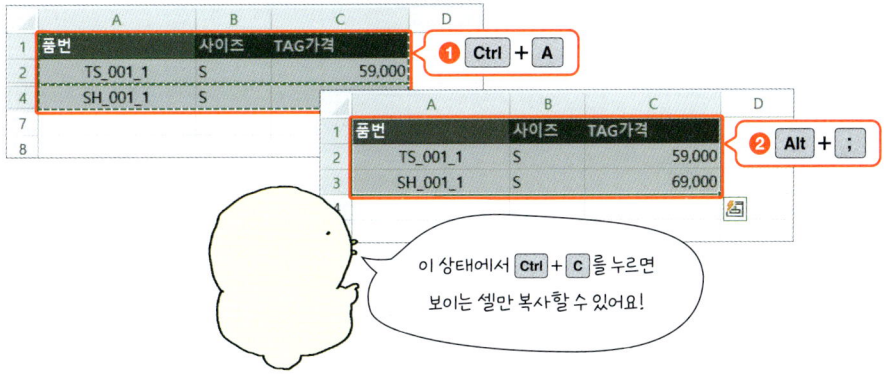

하나라도 더 알려주는 올이

STEP 02 Ctrl을 활용한 단축키 활용 방법
알아두면 정말 편리한 Ctrl 작업 활용 알아보기

Ctrl을 사용하는 개별 단축키는 워낙 많기 때문에 단일 기능에 대한 단축키는
도서 마지막에 있는 부록과 도서 중간중간 소개되는 TIP, 기능 안내에서 확인해보세요!
이번에는 정말 유용하지만 잘 활용하지 않는 Ctrl 키 기능을 알아볼게요!

붙여넣기 옵션에서 Ctrl 사용 방법

예제 파일 : C1L2_붙여넣기옵션.xlsx

간혹 최종본 데이터를 만들 때 셀에 수식으로 입력된 데이터를
모두 숫자로 바꿔서 저장해야 하는 경우가 있는데요!
이때 단축키를 활용하면 정말 편리하게 작업할 수 있습니다.

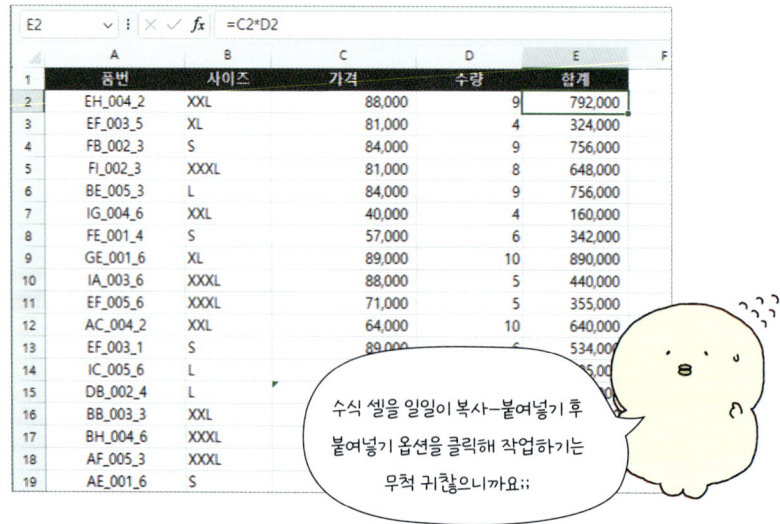

01 수식을 일반 숫자로 바꿀 ❶ [E2:E20] 범위를 선택하고
Ctrl + C , V 를 연속적으로 눌러볼까요?
그럼 붙여넣기 옵션 아이콘이 나타나는데요!
이때 ❷ Ctrl 을 눌러 붙여넣기 옵션 메뉴가 나타나면
키보드 방향키로 기능을 선택한 후 Enter 를 누르면 됩니다.
여기에선 ❸ [값]을 선택한 후 Enter 를 눌러볼게요!

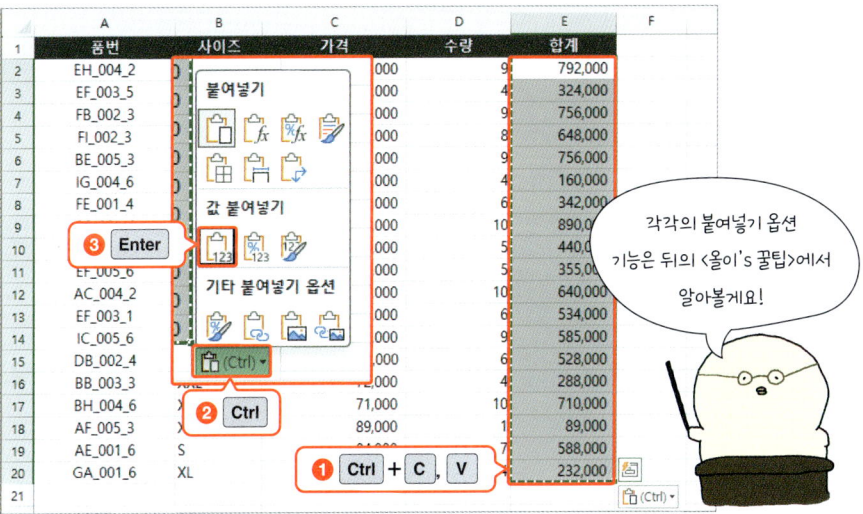

TIP 예시의 범위를 선택할 때는 [E2] 셀에서 Ctrl + Shift + ↓ 를 누르면 마지막 셀까지 한 번에 선택할 수 있습니다. 다양한 셀 범위를 선택하는 방법은 CHAPTER 02의 LESSON 01에서 알아볼게요!

02 그럼 이렇게 수식으로 입력되었던 셀 내용도
단축키를 사용해 금방 값으로 변경할 수 있답니다!

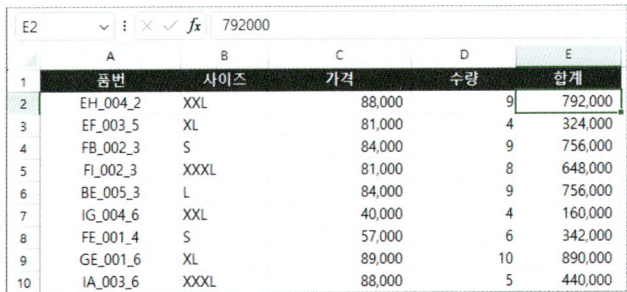

TIP '값 붙여넣기' 기능을 자주 사용해야 한다면 이 방법보다 [빠른 실행 도구 모음]에 등록해 사용하는 게 훨씬 빠르답니다. 모든 작업은 여러분의 작업 방식에 맞게 최적화하는 게 가장 중요해요!

Ctrl로 빠르게 작업하는 빠른 분석 기능

예제 파일 : C1L2_빠른분석.xlsx

01 서식, 차트, 합계, 테이블(표, 피벗 테이블), 스파크라인은 엑셀 데이터 분석에 굉장히 많이 사용하는 기능인데요. Ctrl 키를 이용하면 더욱 빠르게 기본 양식으로 삽입할 수 있답니다! 우선 예제 파일을 열고 ❶ [A3:E10] 범위를 선택합니다.
❷ Ctrl 을 누르면 '빠른 분석 기능'이 실행되고, ❸ 방향키로 삽입하려는 기능을 선택할 수 있어요.

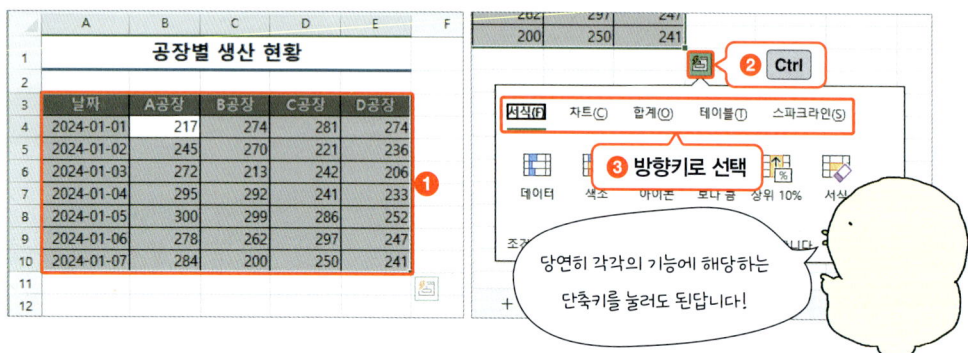

당연히 각각의 기능에 해당하는 단축키를 눌러도 된답니다!

TIP 표 내부의 임의의 셀 중 하나를 선택하고 Ctrl + A 를 누르면 표 전체 범위를 선택할 수 있어요! 다양한 셀, 범위 선택 방법은 067페이지에서 알아볼 수 있어요!

TIP 서식, 차트, 합계, 테이블(표, 피벗 테이블), 스파크라인은 기능 활용 방법은 뒤에서 자세히 알아볼게요!

02 ❶ Tab 을 누르면 세부 항목을 방향키로 선택할 수 있고 ❷ Enter 를 누르면 삽입됩니다.

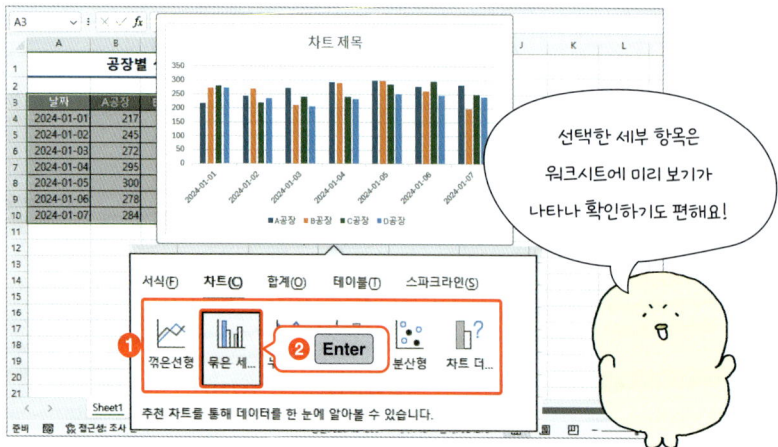

선택한 세부 항목은 워크시트에 미리 보기가 나타나 확인하기도 편해요!

03 그럼 선택한 차트가 워크시트에 바로 삽입됩니다. 시트 외에도 서식, 표(테이블), 스파크라인도 훨씬 쉽게 삽입할 수 있으니 필요할 때 꼭 사용해보세요!

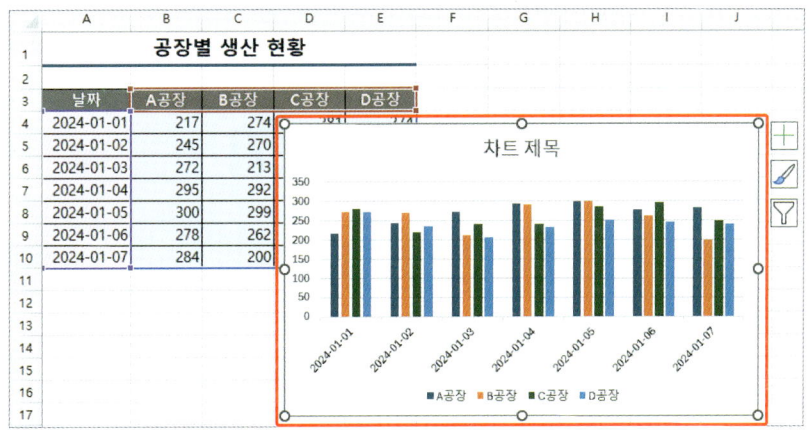

가볍게 알려주는 올이's 엑셀 NOTE — 서식 복사 기능

예제 파일 : C1L2_서식복사.xlsx

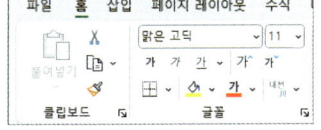

엑셀에서 셀에 입력된 데이터의 글꼴, 크기, 글꼴 색 그리고 셀에 적용된 배경색, 테두리 그리고 데이터 자체의 표시 형식까지 모두 '서식'이라고 한답니다. 엑셀에서 보고서를 만들 때 이런 서식을 일일이 적용하기 매우 귀찮은 작업이죠! 하지만 서식 복사 기능을 활용하면 편리하답니다.

서식 복사 기능은 [홈] 탭 – [클립보드] 그룹 – [서식 복사 🖌]를 클릭하면 됩니다.

사용 방법은 간단해요! 서식을 복사할 셀(범위)을 선택하고 [서식 복사 🖌] 클릭 후 서식을 붙여 넣을 셀(범위)을 클릭하거나 드래그하면 됩니다.

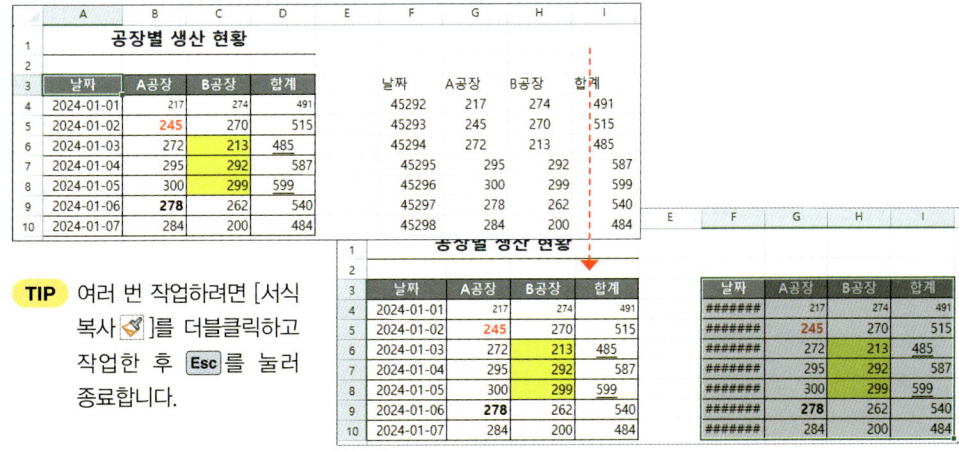

TIP 여러 번 작업하려면 [서식 복사 🖌]를 더블클릭하고 작업한 후 `Esc`를 눌러 종료합니다.

넓게 알려주는 올이's 꿀팁

예제 파일 : C1L2_붙여넣기.xlsx

엑셀 붙여넣기 이해와
다양한 붙여넣기 옵션 알아보기

엑셀의 붙여넣기 실행 원리 이해하기

보통 다른 프로그램에서 복사, 붙여넣기 작업을 진행하면 한 번 복사(혹은 잘라내기) 후에 여러 번 붙여 넣을 수 있지만 엑셀에서 조금 다릅니다! 복사(혹은 잘라내기)할 범위를 선택한 후 Ctrl + C 를 누르면 테두리가 표시되는데요! 이 테두리가 표시되는 상태에서만 붙여넣기 작업이 가능합니다. Esc 를 누르면 테두리 표시가 해제되고 다시 붙여 넣으려면 다시 범위를 선택하고 복사해야 합니다. 참고로 잘라낸 후 붙여 넣는 건 한 번만 실행 가능해요!

다양한 붙여넣기 옵션

엑셀은 다양한 데이터, 양식을 다루는 프로그램인 만큼 단순히 Ctrl + C , V 만 활용해서는 원하는 데이터를 복사하기 어려운데요! 엑셀의 다양한 붙여넣기 옵션을 한번에 알아볼게요!

① **붙여넣기** : 셀의 모든 내용, 서식, 수식을 그대로 붙여 넣어요. 단, 열 너비는 붙여 넣을 곳의 너비를 따라가요!

② **수식** : 셀에 입력된 데이터, 수식을 그대로 붙여 넣어요. 표시 형식을 포함한 서식(셀 배경색, 테두리, 글꼴 등)은 제외됩니다.

③ **수식 및 숫자 서식** : 셀이 입력된 수식과 데이터 표시 형식을 같이 붙여 넣어요. 단, 셀과 글꼴 서식은 제외됩니다.

④ **원본 서식 유지** : 셀과 데이터에 적용된 서식을 유지한 데이터를 붙여 넣어요. [붙여넣기]와 거의 동일한 기능입니다.

⑤ 테두리 없음 : 셀 테두리 서식을 제외한 나머지 데이터, 서식을 모두 적용합니다.

⑥ 원본 열 너비 유지 : 복사했던 데이터와 동일한 열 너비를 적용해 붙여 넣어요.

⑦ 행/열 바꿈 : 복사한 데이터(표)의 행/열을 바꾸어 붙여 넣습니다.

⑧ 값 : 서식을 제외한 데이터만 붙여 넣습니다. 이때 수식은 결괏값 그대로 입력됩니다.

⑨ 값 및 숫자 서식 : [값] 붙여넣기와 동일한 기능에 더해 데이터 표시 형식도 적용합니다.

⑩ 값 및 원본 서식 : [값] 붙여넣기와 동일한 기능에 더해 모든 서식을 적용합니다.

⑪ 서식 : 입력된 데이터를 모두 제외하고 서식만 붙여 넣습니다. [서식 복사] 기능과 동일합니다.

⑫ 연결하여 붙여넣기 : 복사한 범위의 데이터를 붙여 넣을 곳에 '연결'합니다. 이때 연결은 '참조'이며 데이터가 아닌 셀 주소가 입력됩니다. 서식은 제외됩니다.

⑬ 그림 : 복사한 데이터를 그림(이미지) 형식으로 붙여 넣습니다. 단, 기존 데이터가 변경되어도 이미지 안의 데이터는 변경되지 않습니다.

⑭ 연결된 그림 : 복사한 데이터를 그림(이미지) 형식으로 붙여 넣습니다. 이 기능은 기존 데이터가 변경되면 이미지 안의 데이터도 같이 변경됩니다.

> **TIP** 처음에는 각 기능이 잘 이해되지 않을 수 있는데요! 예제 파일의 [A3:D10] 범위의 데이터를 [F3] 셀에 붙여 넣고 다양한 옵션을 적용해보세요! 더욱 쉽게 이해할 수 있습니다!

됐 때까지 같이 하는 올이

STEP 03 [선택하여 붙여넣기] 대화상자

똑똑한 [선택하여 붙여넣기]와 연산 기능 알아보기

붙여넣기 옵션 대화상자와 연산 기능 사용해보기

예제 파일 : C1L2_연산기능.xlsx

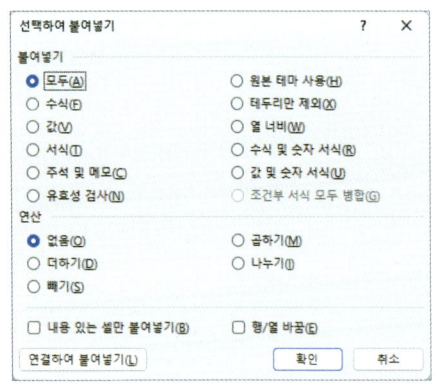

특정 범위를 복사한 상태로 임의의 셀에서
Ctrl + Alt + V 를 누르면
[선택하여 붙여넣기] 대화상자가 나타납니다.
이 대화상자에서는 일반적인 붙여넣기 작업 외에
독특한 작업이 가능해요!
바로 [연산] 기능인데요! 나머지 기능은 거의
동일하니 연산 기능에 대해 실습하며 알아볼게요!

01 예제 파일을 열면 [F4], [F5] 셀에 각각 100, 10이 입력되어 있습니다.
[F4] 셀을 클릭하고 Ctrl + C 를 눌러 우선 복사해볼게요!

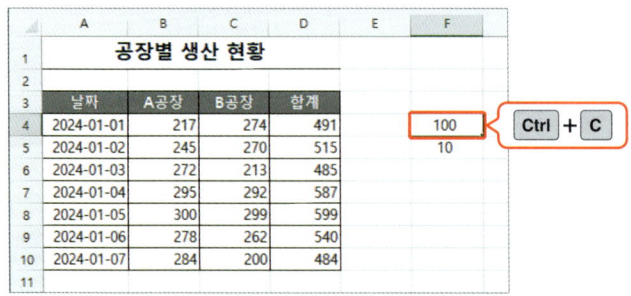

02 ❶ [B4:C10] 범위를 선택하고 Ctrl + Alt + V 를 누릅니다.
[선택하여 붙여넣기] 대화상자가 나타나네요?
우선 ❷ [연산]에서 [더하기]를 클릭하고 ❸ [확인]을 클릭해볼게요!

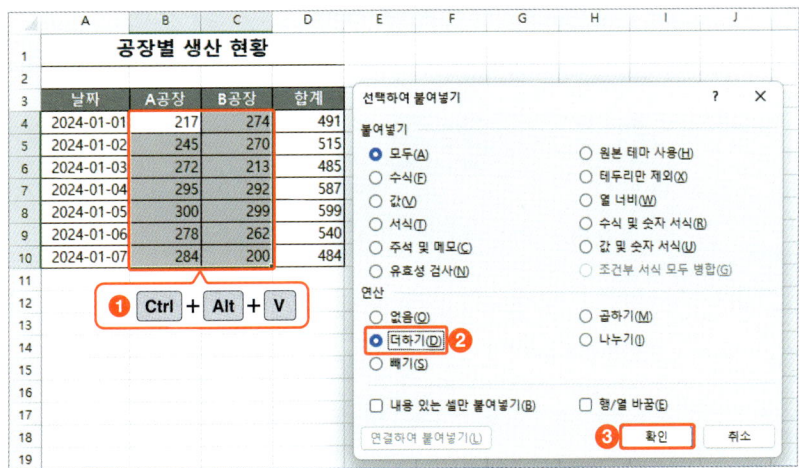

03 그럼 각 셀에 100이 더해진 결과가 나타납니다.
그런데 [F4] 셀의 데이터가 가운데 정렬, 서식이 없어
나머지 셀에도 모두 동일한 서식이 적용되었죠?
일단 ❶ Ctrl + Z 를 누른 후 다시 ❷ Ctrl + Alt + V 를 누릅니다.
이번에는 ❸ [붙여넣기]에서 [값], ❹ [연산]에서 [더하기]를 각각 선택하고
❺ [확인]을 클릭해볼게요!

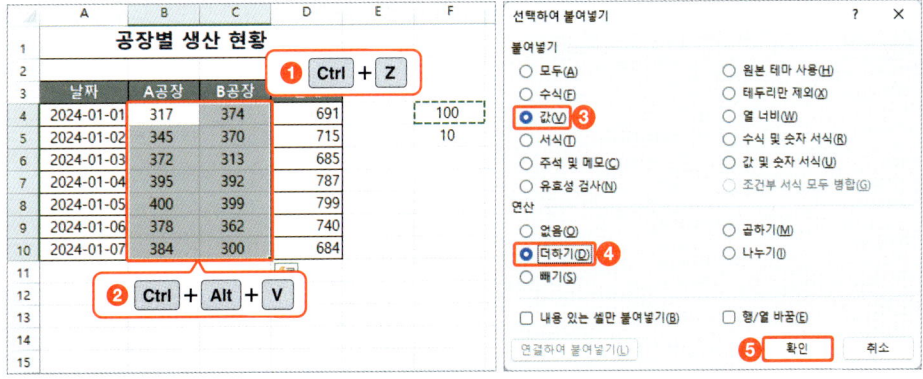

04 그럼 이렇게 붙여 넣은 범위에 각각 100이 더해진 걸 확인할 수 있습니다.

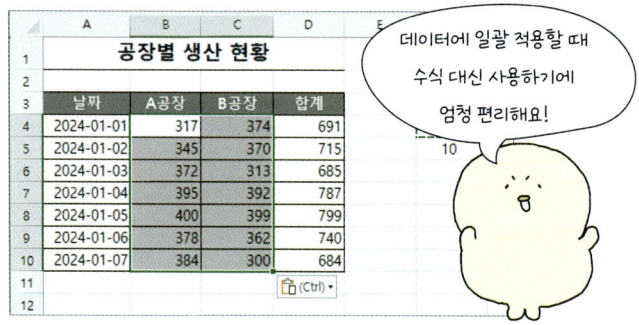

05 이어서 [F5] 셀의 10도 동일한 방법으로 [연산]-[곱하기] 기능을 사용해보세요! [선택하여 붙여넣기] 대화상자가 확 이해될 거에요!

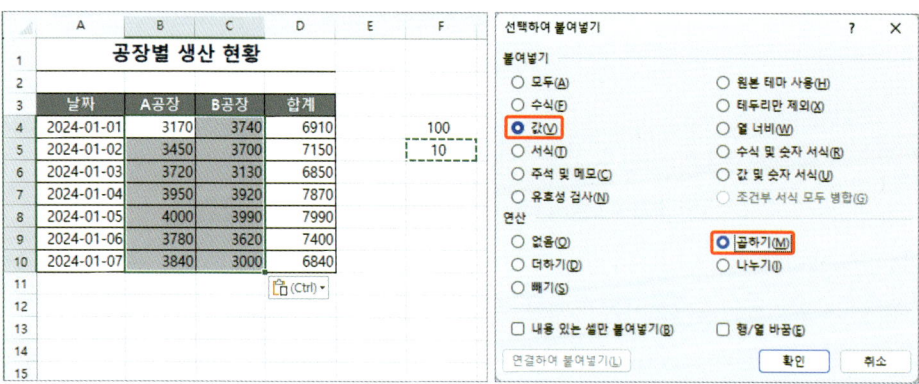

또 일반적인 행/열 바꿈 붙여넣기는 원본 데이터 서식이 그대로 유지되는데요! [선택하여 붙여넣기] 대화상자에서 [붙여넣기] 방식을 선택하고 ❶ [행/열 바꿈]에 체크하면 행과 열을 뒤집어 내용을 붙여 넣습니다. ❷ [내용 있는 셀만 붙여넣기]에 체크하면 복사한 범위에서 내용이 있는 셀만 붙여 넣을 수 있습니다.

다양하게 조합해서 사용할 때 매우 유용하답니다!

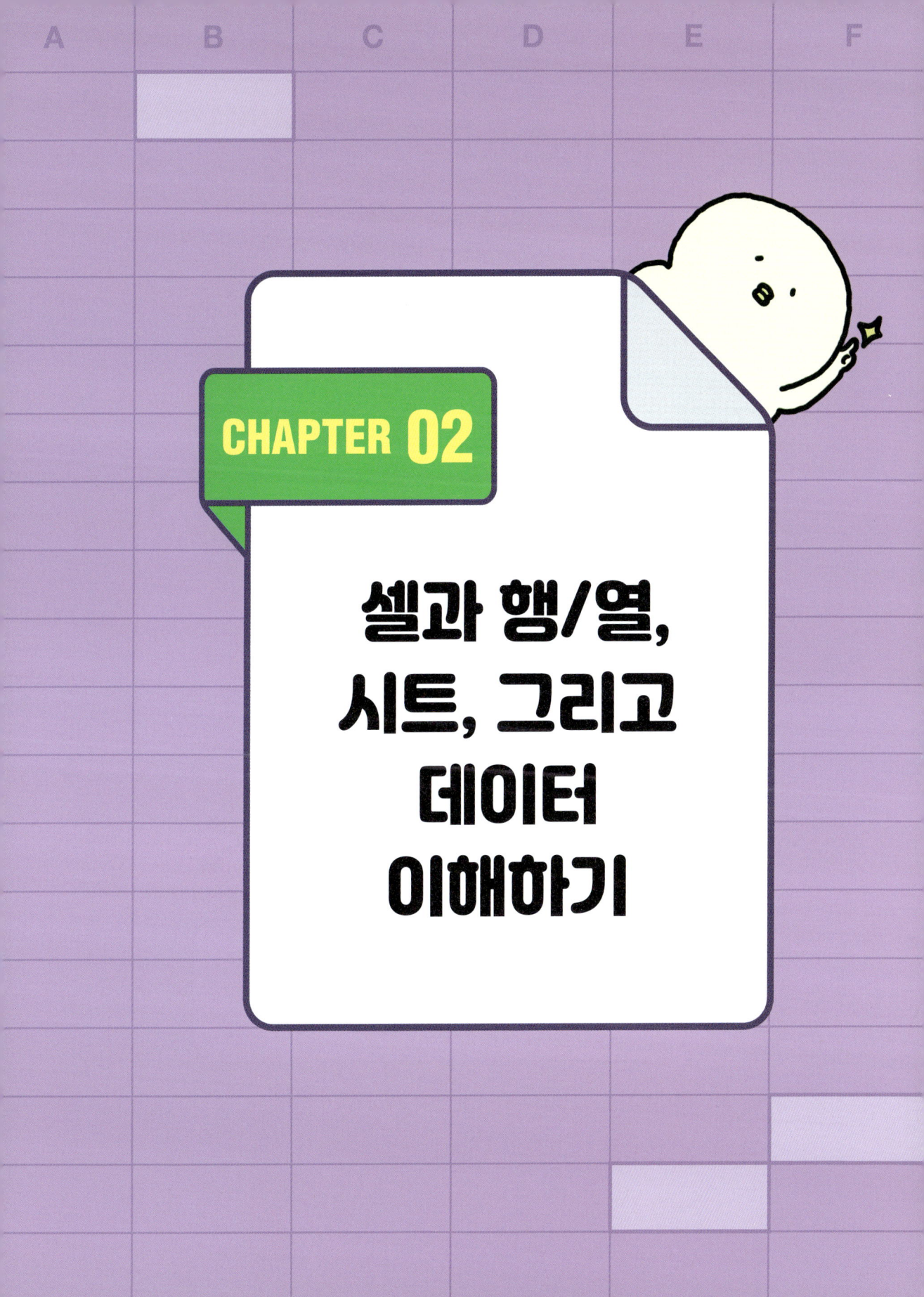

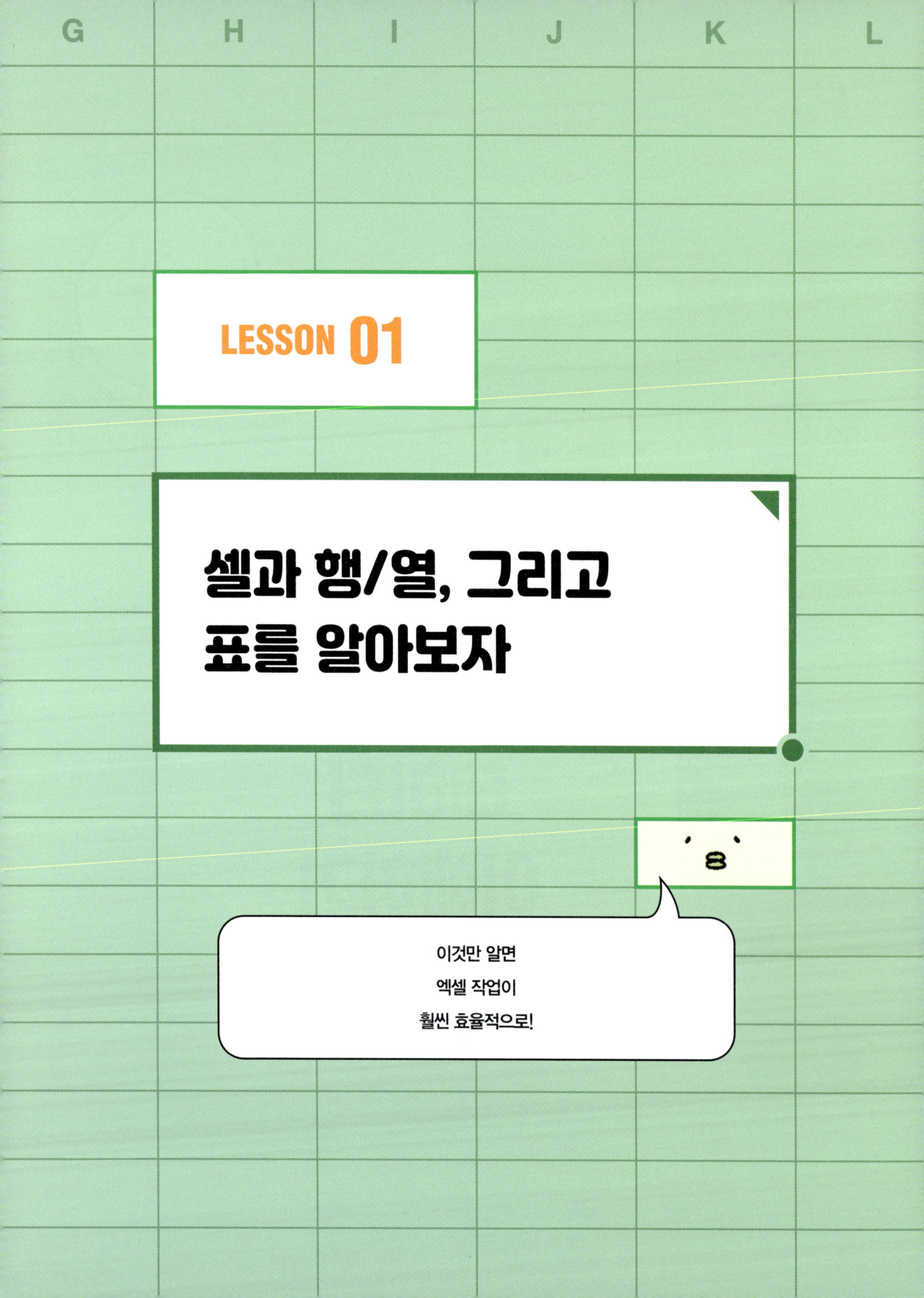

눈으로만 읽는 엑셀

STEP 01 셀과 행/열의 개념 챙기기!
데이터 관리의 기본 중에 기본, 셀과 행/열!

셀과 행/열, 그리고 표의 기본!

예제 파일 : C2L1_셀과표.xlsx

우리가 흔히 작업하는 '엑셀 화면'을 워크시트라고 한다는 건 배웠는데요! 엑셀 워크시트는 셀 그리고 행/열로 이루어져 있습니다.

먼저 화면 위에 A~Z와 같이 알파벳으로 된 부분을 '열'이라고 부르고
왼쪽에 숫자 1부터 표시된 걸 '행'이라고 부른답니다.
그리고 행과 열은 아래 그림에서는 각각 F열, 8행이라고 부르죠.
이 F열과 8행이 교차되는 지점의 셀을 [F8] 셀이라고 부릅니다.

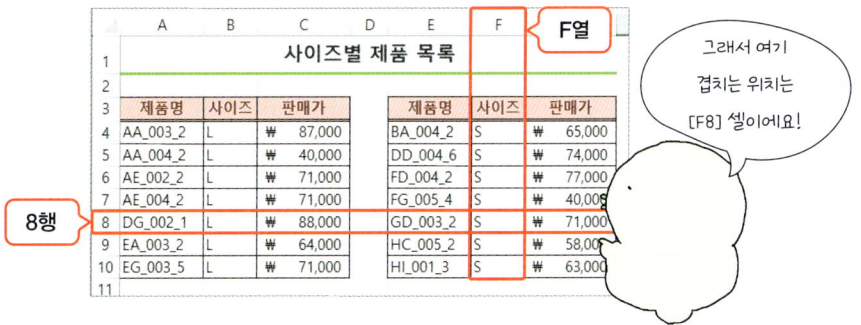

 TIP 여러 셀을 한번에 선택할 때는 '범위'라고 하는데, 이때는 '[A1:C4] 범위'와 같이 부른답니다.

그럼 표의 개념도 가볍게 알아볼까요!?

엑셀에서 표를 구분하는 방식은 간단한데요!

예를 들어 아래 그림에서 ❶ [A3]셀을 선택하고 ❷ Ctrl + A 를 눌렀을 때

한번에 선택되는 범위를 엑셀에서는 보통 '표'라고 부릅니다.

행/열의 공백 없이 연속된 데이터를 엑셀에서는 하나의 표로 인식합니다.

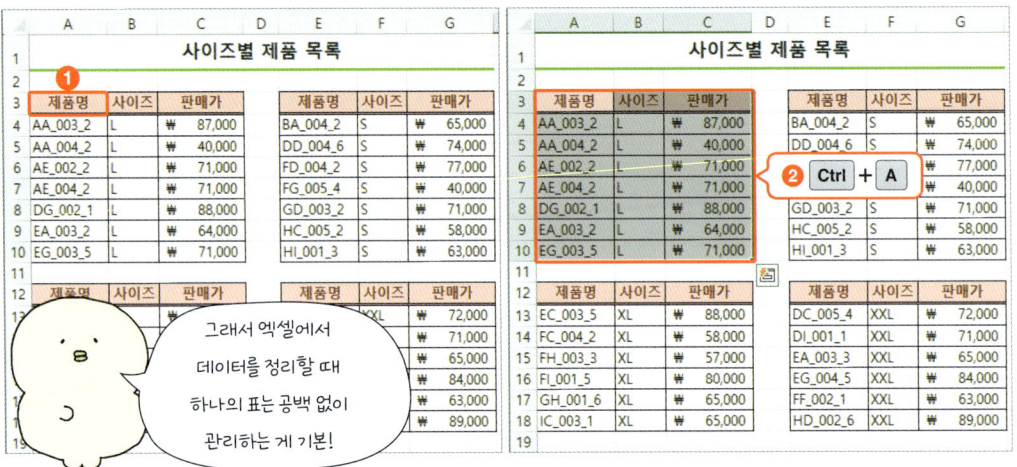

그래서 엑셀에서 데이터를 정리할 때 하나의 표는 공백 없이 관리하는 게 기본!

TIP 여기서 이야기하는 '표'는 이렇게 셀이 모여 만들어진 연속된 데이터를 의미합니다. 엑셀에는 [표]라는 이름을 가진 별도의 기능이 있는데요! 이 부분은 074페이지에서 확인해보겠습니다.

쉽게 행/열 구분하고 외우기

예제 파일 : 없음

저도 엑린이 시절에는 행과 열을 헷갈릴 때가 있었죠!

(좀 자주…)

그렇지만 행과 열! 바로 구분할 수 있는 방법을 찾았습니다!

한 번 보면 잊기 힘든 행/열 구분 방법 알려드려요!
입을 비열한 표정으로 "행~"하고 발음하면 옆으로 쭉 찢어지는 모습이 '행',

"열~"하고 입을 위아래로 벌어지는 모습을 생각하면 '열'로 쉽게 구분할 수 있어요.

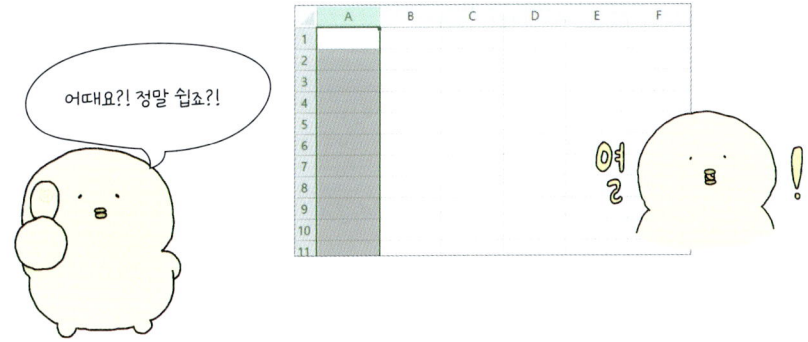

1초 만에 행/열 선택하고 추가/삭제하기

예제 파일 : C2L1_행과열.xlsx

행/열을 한번에 선택하는 방법과 추가와 삭제 방법!
중간중간 표에 추가할 내용을 넣거나, 지울 때 꼭 필요한데요!
간단하게 단축키를 이용하는 방법 위주로 알아보겠습니다!

예제 파일을 열면 아래와 같은 표가 보이는데요!
5행을 간단히 선택해보겠습니다. 일단 [A5] 셀을 선택해주시구요!

❶ Shift + Spacebar 를 누르면 5행이 바로 선택됩니다.
❷ 이 상태에서 Ctrl + - 를 누르면!?

[A5] 셀에 있던 'AA_004_2' 항목이 삭제된 걸 확인할 수 있어요!

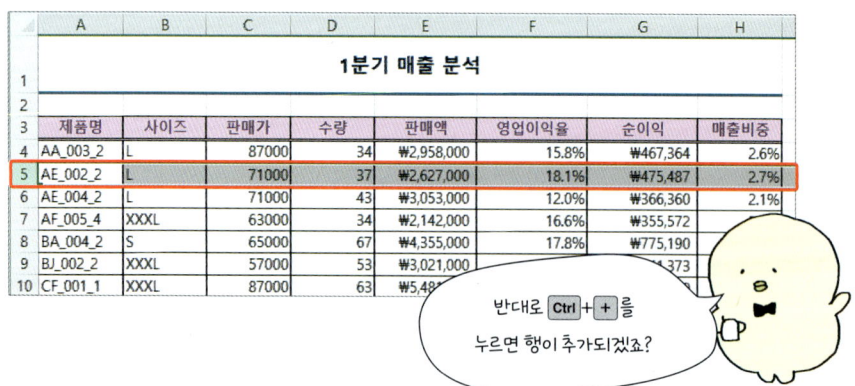

반대로 Ctrl + + 를 누르면 행이 추가되겠죠?

TIP 이 방식으로 행을 삭제하면 아래 있는 열이 위로 밀려 올라옵니다. 열의 경우 삭제한 열의 오른쪽 열이 끌려 옵니다.

반대로 Ctrl + + 를 누르면 새 행/열이 추가됩니다.
추가될 때는 내용이 빈 상태로 추가되고, 인접한 셀 스타일이 적용됩니다.

❶ 열 삭제는 B열의 임의 셀에서 Ctrl + Spacebar 로 열 전체를 선택해주시구요!

❷ 동일하게 Ctrl + - 를 눌러줍니다! 그럼 열이 삭제되며 오른쪽 열이 끌려옵니다.

가볍게 알려주는 올이's 엑셀 NOTE — 삭제/삽입 기능

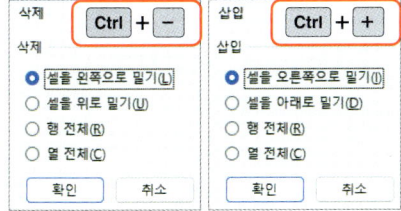

Ctrl + - 와 Ctrl + + 는 원래 삭제/삽입 기능입니다. 한 개의 셀 혹은 범위를 선택한 상태에서 누르면 왼쪽과 같은 [삭제] 혹은 [삽입] 대화상자가 나타나구요! 여기에서 각각의 삭제 혹은 삽입 방법을 선택하고 [확인]을 클릭해서 작업할 수 있어요! 열 혹은 행을 이미 선택한 상태라면 삭제/삽입 기능을 실행했을 때 자동으로 '열 혹은 행을 삭제 또는 삽입하겠구나!'라고 자동으로 작업이 실행되는 거랍니다. 단순히 Delete 를 눌러 삭제하는 건 '셀 안의 내용만 삭제'하는 개념이고, 여기에서 [삭제]는 셀 자체를 밀어내어 삭제하는 개념으로 이해하면 편합니다.

TIP 참고로 대화상자에서 각각의 단축키를 활용하려면 Alt 와 기능 이름 옆의 오른쪽 괄호 안에 있는 영문자(행 전체라면 Alt + R)를 같이 누르면 됩니다.

참고로 스프레드시트 가장 마지막에 있는 행/열에서
새로 행/열을 추가하면 이렇게 빈 서식이 나타나고 앞부분에 아이콘이 나타납니다.

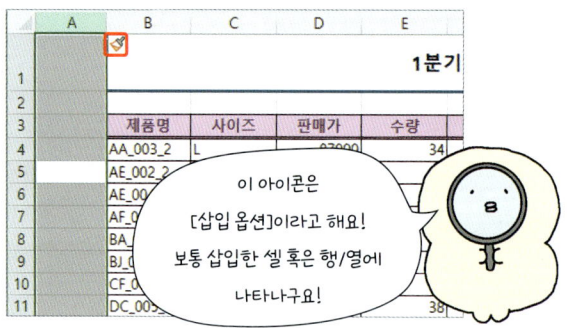

❶ [삽입 옵션]을 클릭하면 메뉴가 나타나고, ❷ 여기서 원하는 옵션을 선택해보세요!
예제에서는 [오른쪽과 같은 서식]을 클릭해볼게요!

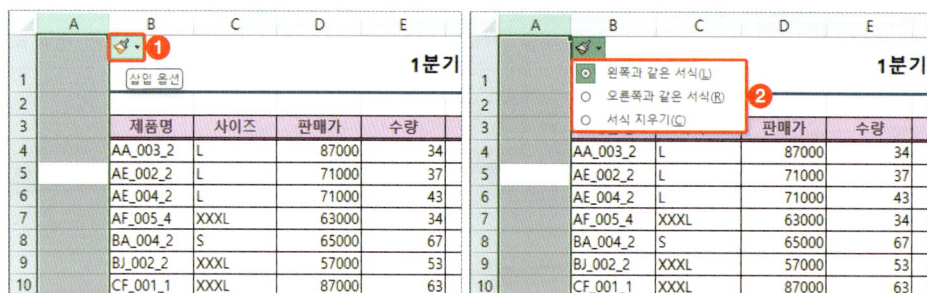

TIP 참고로 [삽입 옵션] 아이콘이 표시된 상태에서는 Alt +메뉴키(또는 Shift + F10)로 바로 메뉴를 열 수 있습니다.

그럼 이렇게 앞서 선택했던 [오른쪽과 같은 서식] 즉, 오른쪽 열과 동일한 서식이 적용된답니다.
여기서 서식은 셀 색이나 테두리 외에도 셀에 입력된 데이터 표시 형식도 포함됩니다.

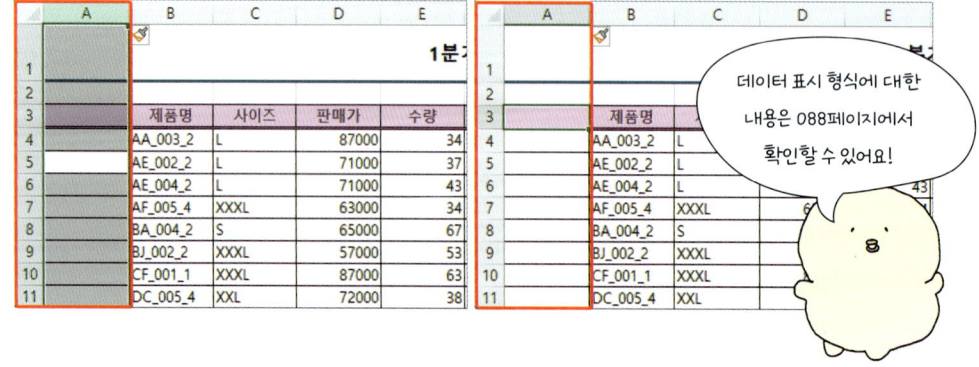

> 넓게 알려주는 올이's 꿀팁

예제 파일 : C2L1_가운데로.xlsx

셀 병합은 그만! 대신 선택 영역의 가운데로!

예제 파일을 열어보면 B3 셀에서 Ctrl + Spacebar 를 눌렀을 때 B행만 선택되는 게 아니라 표 전체가 선택되는데요!

이런 현상은 보통 엑셀에서 표를 만들 때 제목 부분이나 열 머리글 부분에 '셀 병합'으로 처리하는 경우가 많기 때문에 발생해요! 이처럼 셀 병합 기능을 사용하면 엑셀의 일부 기능 사용이 제한됩니다.

그래서 엑셀 고수 대부분은 문서 서식 외에는 셀 병합 사용을 별로 권장하진 않습니다. 그럼 이렇게 제목을 삽입할 때는 어떻게 하느냐!? 바로 '선택 영역의 가운데로' 기능을 활용하면 됩니다. 간단한 실습으로 알아볼게요!

01

예제 파일에서 ❶ [A1] 셀을 선택해보면 해당 셀만 선택되는 게 아니라 [A1:H1] 범위 전체가 선택됩니다. 실제로는 [A1] 셀만 선택된 것이며 이것은 해당 범위의 셀이 모두 병합되어 있기 때문에 가장 앞에 위치한 [A1] 셀이 선택되는 거구요! [홈] 탭-[맞춤] 그룹-[병합하고 가운데 맞춤 ▦]이 활성화된 걸 확인할 수 있습니다.

❷ [병합하고 가운데 맞춤 ▦]을 클릭해 해제하여 병합을 일단 해제한 후

❸ [A1:H1] 범위가 선택된 상태에서 Ctrl + 1 을 눌러볼까요?

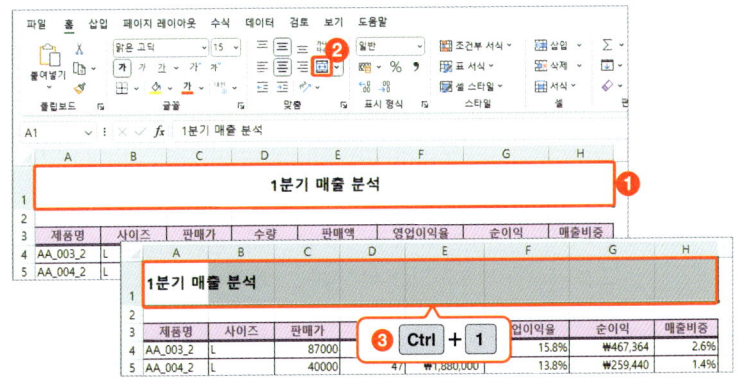

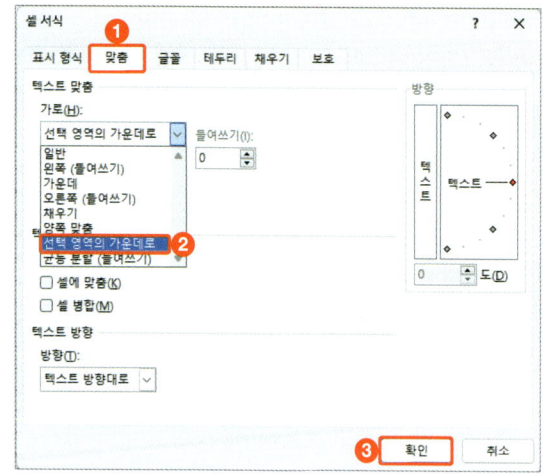

02 그럼 [셀 서식] 대화상자가 나타납니다.
❶ [맞춤] 탭을 클릭하고
❷ [텍스트 맞춤]-[가로] -[선택 영역의 가운데로]를 선택한 후
❸ [확인]을 클릭할게요!

03 다시 스프레드시트에서 ❶ [B2] 셀 선택하고 ❷ Ctrl + Spacebar 를 누르면? 아까와는 달리 B열만 선택되는 것을 확인할 수 있습니다.

이렇듯 제목행에는 셀 병합 대신 선택 영역의 가운데로 기능을 사용해야 열 선택 등 기능을 편리하게 활용할 수 있답니다. 참고로 열 머리글에는 가급적 한 열에 한 개의 항목만 들어가는 게 좋은데요! 이런 엑셀의 데이터 표 관리 방법에 대해서는 뒤에 STEP 03에서 확인해볼게요!

> **TIP** 참고로 '선택 영역의 가운데로' 기능은 두 개 행 이상을 가지는 범위에는 적용되지 않습니다. 따라서 데이터 표가 아닌 '문서 서식'을 엑셀로 만든다면 이때는 '셀 병합' 기능을 사용하거나, '선택 영역의 가운데로' 기능을 적용한 셀의 높이를 적절하게 조절하는 방식으로 작업해야 합니다. '셀 병합' 기능은 권장하지 않는 것 뿐이지 아예 사용하면 안된다는 것은 아닙니다!

하나라도 더 알려주는 올이

STEP 02 행과 열을 제대로 다뤄보자!
행/열 빠르게 숨기고 표시하기&틀 고정 기능까지!

행/열 한 번에 여러 개 선택하고 해제하기

예제 파일 : C2L1_행과열.xlsx

여러 개의 행/열을 선택할 때
연속된 범위는 Shift를 누른 상태에서 행 머리글을 드래그하고,
개별적으로 선택할 때는 Ctrl을 누른 상태 행 머리글을 클릭하면 됩니다!

> 열도 방법은 동일해요!

TIP 연속된 범위를 선택할 때 Shift를 누른 상태에서 드래그하는 것 외에도 첫 머리글과 마지막 머리글을 각각 클릭해도 됩니다.

엑셀 365 버전에서는 Ctrl 을 누른 상태에서 행/열을 각각 선택 해제할 수 있지만,
엑셀 2013 이전 버전에서는 안 된다는 점을 참고해주세요!

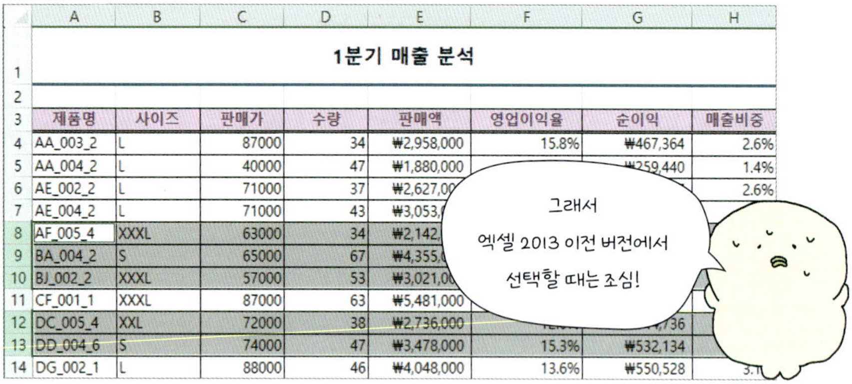

그래서 엑셀 2013 이전 버전에서 선택할 때는 조심!

불필요한 행/열 숨기고 다시 표시하기

예제 파일 : C2L1_행과열.xlsx

불필요한 행을 숨길 때는 숨길 행 머리글을 선택한 후 간단하게
Ctrl + 9 를 누르면 바로 숨겨지는 걸 확인할 수 있구요!

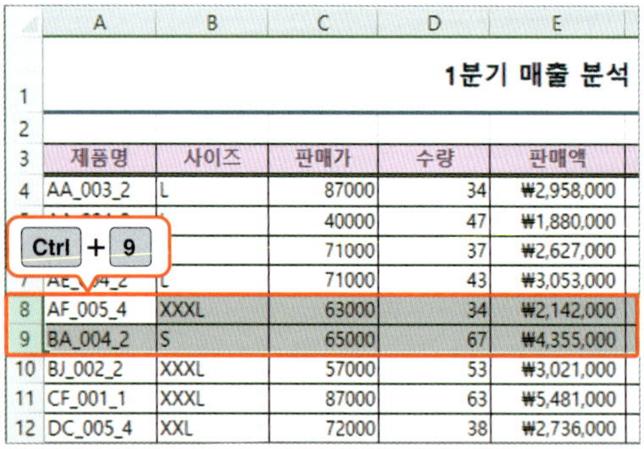

TIP 오른쪽 그림을 보면 8, 9행이 숨겨져 있고 7, 10행 사이에 약간 두꺼운 선으로 표시된 걸 확인할 수 있어요!

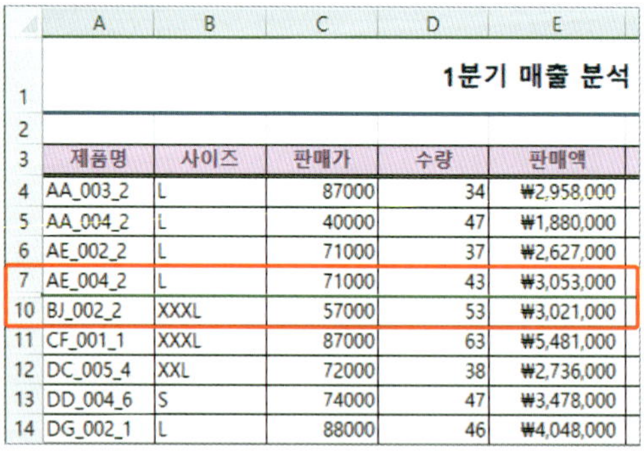

다시 표시할 때는 숨겨진 행 위아래 행 머리글 범위를 선택한 후
Ctrl + Shift + 9 를 누르면 다시 표시되는 걸 확인할 수 있습니다.

❶ 열을 숨길 때는 열 머리글을 선택하고 Ctrl + 0 을 누르면 되고,
다시 표시할 때는 숨겨진 범위 좌우 열 머리글 범위를 선택한 후

❷ Ctrl + Shift + 0 을 누르면 됩니다! 하지만! 가끔 이 단축키가 안되는 경우가 있는데요!

윈도우 키보드 설정의 문제인데요!
막상 안되면 당황하기 쉬워요!

이때 ❶ 키보드의 메뉴키를 누르면 이렇게 컨텍스트 메뉴가 나타나고

❷ U 를 누르거나 [숨기기 취소]를 클릭해 다시 표시할 수 있습니다.

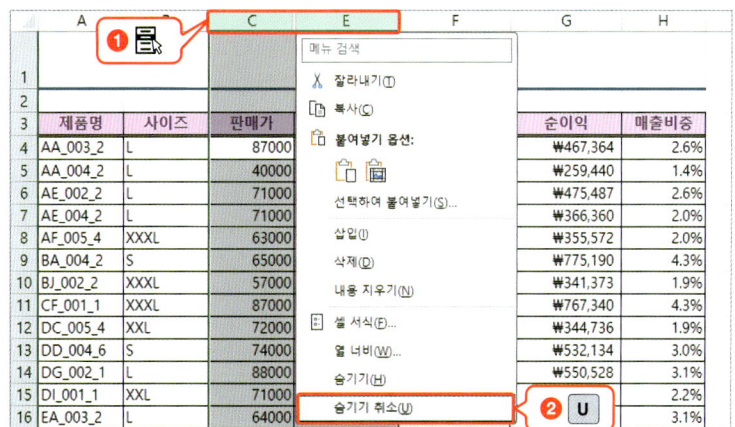

TIP 마우스 오른쪽 버튼으로 클릭하고 나타나는 메뉴에서 [숨기기] 혹은 [숨기기 취소]를 클릭해 작업할 수도 있어요!

참고로 꼭 행과 열을 선택할 필요는 없고,
특정 셀에서 바로 단축키로도 작업할 수 있습니다.

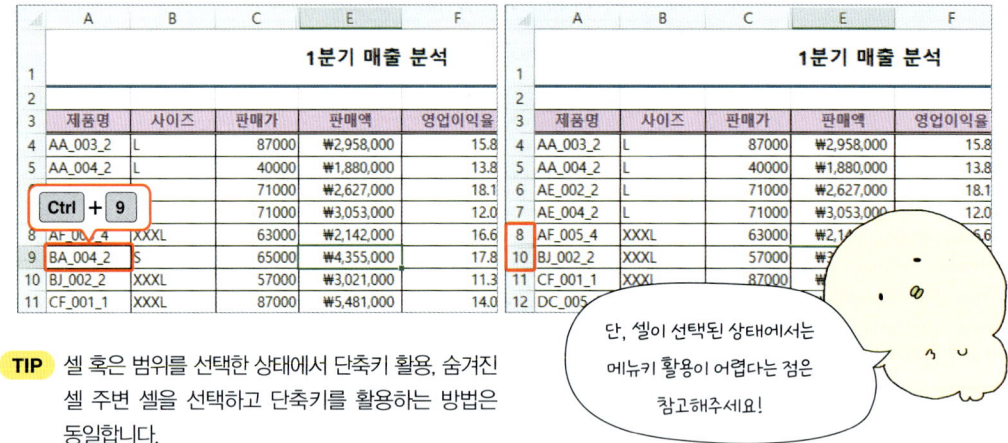

TIP 셀 혹은 범위를 선택한 상태에서 단축키 활용, 숨겨진 셀 주변 셀을 선택하고 단축키를 활용하는 방법은 동일합니다.

틀 고정 기능으로 중요한 행과 열을 항상 표시하기

예제 파일 : C2L1_틀고정.xlsx

간혹 시트 데이터가 너무 길어서 제목행이나 특정 열만 고정해서 보고 싶을 때가 있죠!
이때는 ❶ 고정할 위치의 바로 오른쪽 혹은 아래에 있는 셀을 선택하고,
❷ [보기] 탭-[창] 그룹-[틀 고정]-[틀 고정]을 클릭해보세요!
예제에서는 우선 [A4] 셀을 기준으로 적용했습니다.

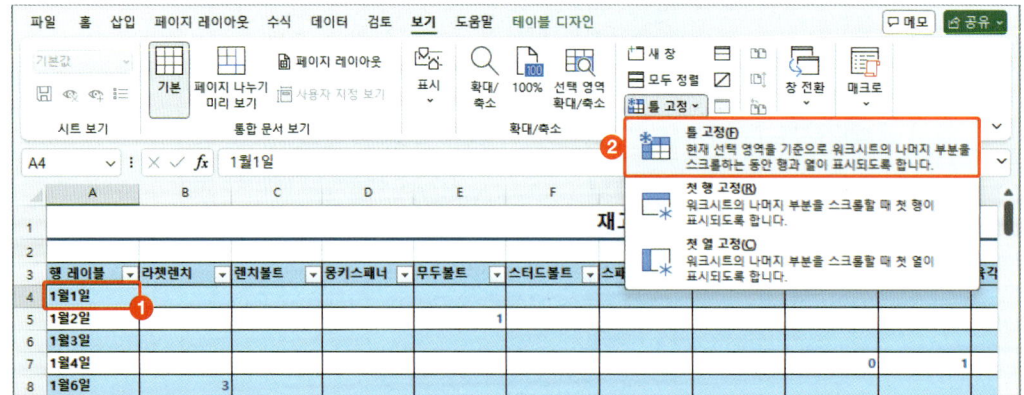

TIP [첫 행 고정] 혹은 [첫 열 고정]을 사용해 별도의 셀 선택 없이 첫 행만 혹은 첫 열만 고정할 수도 있어요!

우선 [A4] 셀을 기준으로 틀 고정이 적용된 상태에서 마우스 휠을 내려보면
3행까지 고정된 것을 확인할 수 있어요!

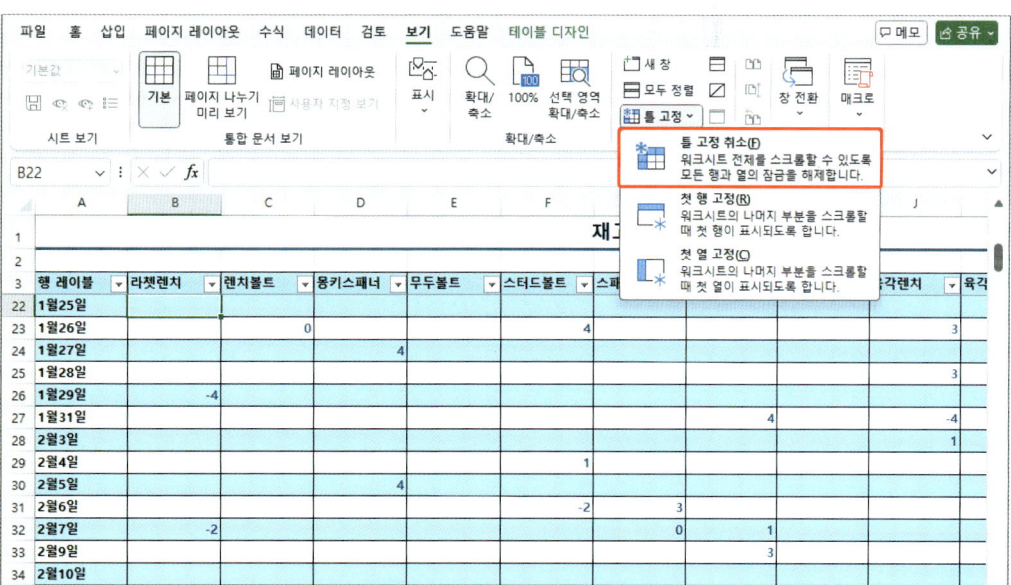

TIP 틀 고정 기능은 한 시트에서 하나만 적용 가능합니다.

적용된 틀 고정을 취소하려면
[보기] 탭-[창] 그룹-[틀고정]-[틀 고정 취소]를 클릭하면 됩니다.

틀 고정 기능은 행은 물론 행과 열을 동시에 적용할 수 있습니다.

❶ [B4] 셀을 선택한 상태에서

❷ [보기] 탭-[창] 그룹-[틀고정]-[틀 고정]을 클릭해보세요!

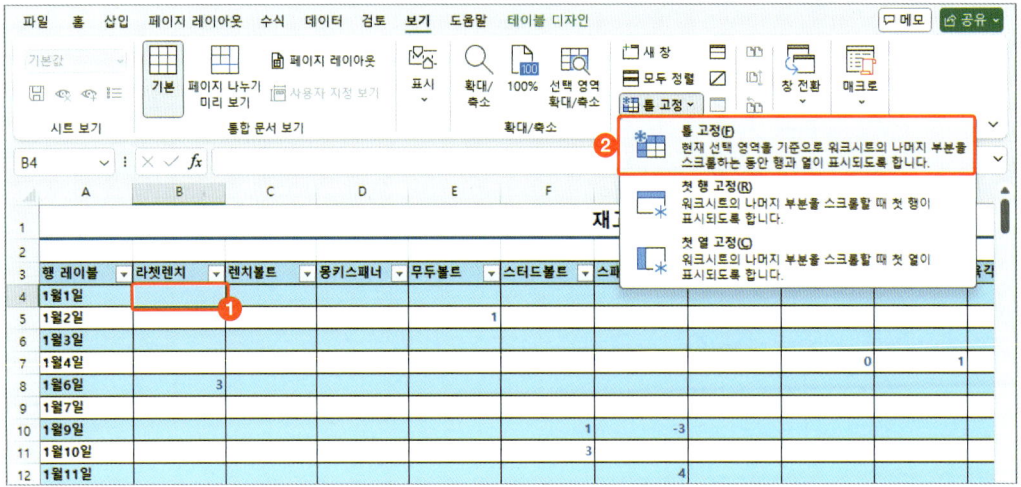

A열, 3행이 고정된 상태에서 데이터를 확인할 수 있습니다.

이렇게 틀 고정 기능은 선택한 셀 기준 왼쪽 열과 위쪽 행을 고정하는 방식이에요!

상하좌우로 이동해보기

넓게 알려주는 올이's 꿀팁

예제 파일 : C2L1_셀과표.xlsx

엑셀의 다양한 셀, 범위, 표 선택 방식

엑셀은 기본적으로 데이터를 입력하고, 편집하는 작업이 많다 보니 셀, 범위, 표를 이동하고 선택하는 방법을 알아야 더욱 편리하게 작업할 수 있어요! 이번에는 엑셀의 다양한 셀, 범위, 표 선택 방법에 대해 알아보고 정리해볼게요!

01 표 안에서 ❶ 임의의 셀을 선택하고 Ctrl + A 를 누르면 표 범위 전체가 선택되고, ❷ 한 번 더 누르면 시트 전체가 선택됩니다.

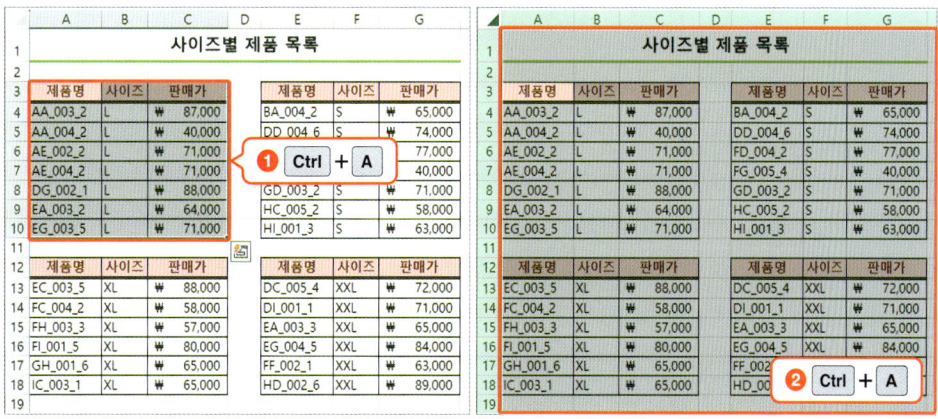

02 ❶ 드래그만 하거나 ❷ Ctrl 을 누른 상태에서 클릭 혹은 드래그해
개별 셀 혹은 범위를 선택할 수 있고, ❸ Ctrl + Shift +방향키를 누르면
최초 선택된 셀에서 표 범위의 마지막 위치까지 선택할 수 있습니다.
예시에서는 Ctrl + Shift + ↓ 를 누른 상황입니다.

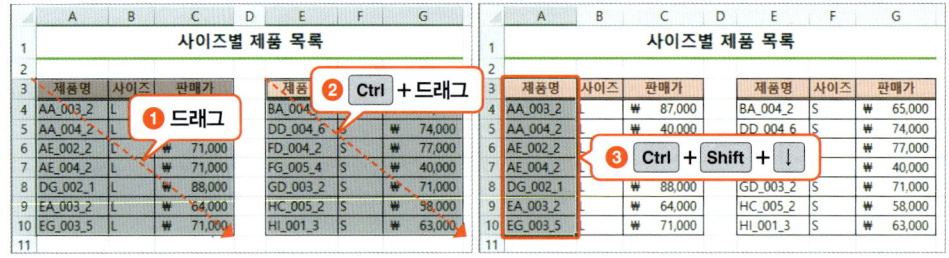

03 Ctrl + Shift +방향키를 연속으로 사용해 표 범위를 선택할 수도 있습니다.
예를 들어 아래 그림에서는
❶❷ [A3] 셀에서 Ctrl + Shift + → , Ctrl + Shift + ↓ 를
연달아 눌러 표 전체 범위를 선택한 경우입니다.

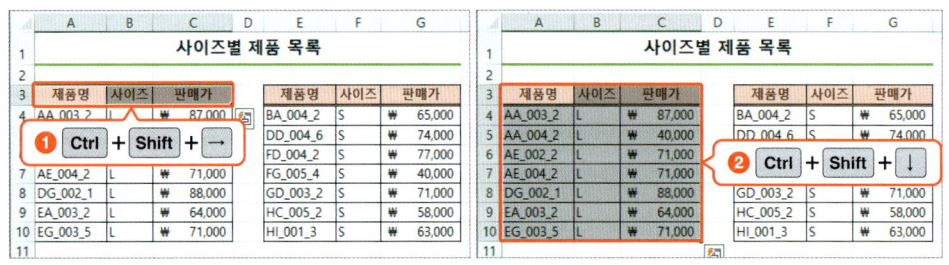

04 이외에도 엑셀에는 키보드, 마우스를 활용해
다양하게 데이터를 선택할 수 있는 방법이 있습니다.
키보드만 사용하는 것이 꼭 진리는 아니기 때문에
여러분이 작업하기에 편한 방법 위주로 작업해보고,
다양하게 시도해보면 좋습니다. 모든 것을 외울 필요도 없어요!
다음에 소개할 다양한 이동, 선택 방법을 예제 파일과 함께 실습해보아도 좋습니다.

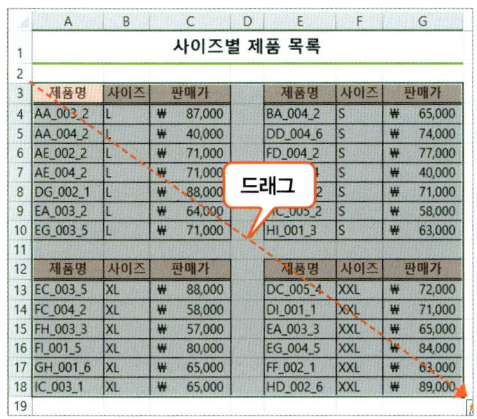

TIP 왼쪽 그림처럼 서로 떨어진 범위의 표를 한번에 선택할 때 Ctrl + Shift + 방향키를 여러 번 사용할 수 있지만, 경우에 따라서는 마우스로 한 번에 드래그하는 게 편할 수도 있어요.

이동		선택	
→, ←, ↑, ↓	셀 상하좌우 이동	Shift + →, ←, ↑, ↓	선택된 셀부터 이동 방향 셀까지 연속 선택
Ctrl + →, ←, ↑, ↓	표 범위의 끝에 위치한 셀로 이동	Ctrl + Shift + →, ←, ↑, ↓	선택된 셀부터 이동 방향에 위치한 표 마지막 셀까지 연속 선택
Tab	오른쪽 셀로 이동 (오른쪽 열로 이동)	Shift + Spacebar	행 전체 선택
Enter	아래 셀로 이동 (아래 행으로 이동)	Ctrl + Spacebar	열 전체 선택
Shift + Tab	왼쪽 셀로 이동 (왼쪽 열로 이동)	Shift + Page up / Page down	선택된 셀과 현재 표시된 행만큼 선택
Shift + Enter	위 셀로 이동 (위 행으로 이동)	Alt + Shift + Page up / Page down	선택된 셀과 현재 표시된 열만큼 선택
Page up / Page down	현재 화면에 표시된 행만큼 위/아래로 이동	Ctrl + A	전체 표 범위 선택 한 번 더 누르면 전체 시트 선택
Alt + Page up / Page down	현재 화면에 표시된 열만큼 좌우로 이동		

TIP Ctrl 을 누른 상태에서 클릭, 드래그 등을 활용해 개별 범위를 각각 선택할 수 있습니다.

TIP Shift 를 누른 상태에서 처음 선택한 셀과 마지막 셀을 클릭해 한번에 선택할 수 있습니다.

 넓게 알려주는 올이's 꿀팁

예제 파일 : C2L1_이동기능.xlsx

이동 옵션 기능 활용하기

수식으로 입력된 데이터 찾기

01 엑셀에서는 셀을 선택하는 기능 외에도 내가 필요한 셀을 찾아 선택해주는 다양한 기능이 있습니다. 그중에서도 가장 많이 사용하는 기능은 '이동 옵션' 기능인데요! [홈] 탭-[편집] 그룹-[찾기 및 선택 🔍]-[이동 옵션]을 클릭하면 나타나는 [이동 옵션] 대화상자에서 작업합니다.

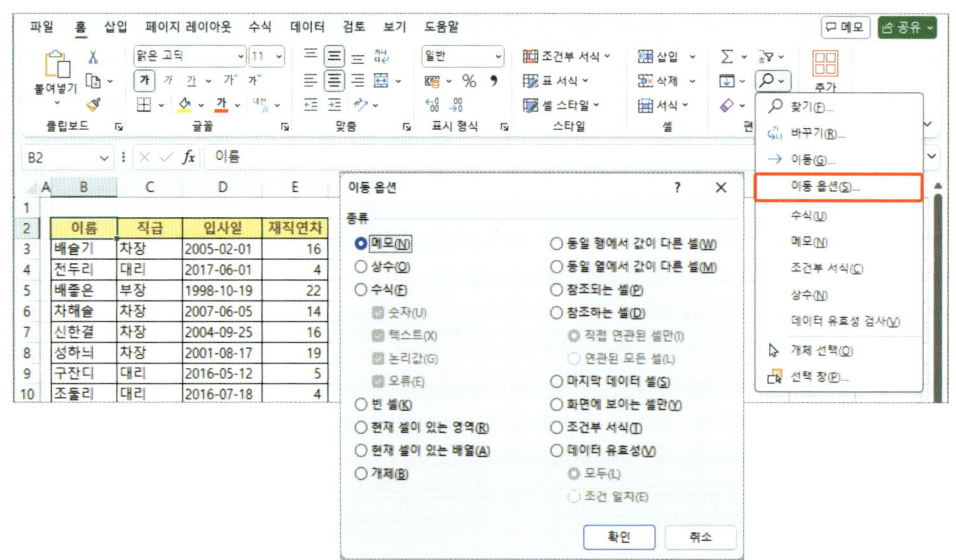

02 찾을 셀이 포함된 범위를 우선 간단히 선택해볼게요! 예제에서는 ❶ [B2:E24] 범위를 선택했구요! ❷ Ctrl + G 를 누르면 나타나는 [이동] 대화상자에서 ❸ Alt + S 를 누르거나 [옵션]을 클릭하면 [이동 옵션] 대화상자를 표시할 수 있습니다. [이동 옵션] 대화상자에서 ❹ [수식]을 선택하고 ❺ [확인]을 클릭해볼게요!

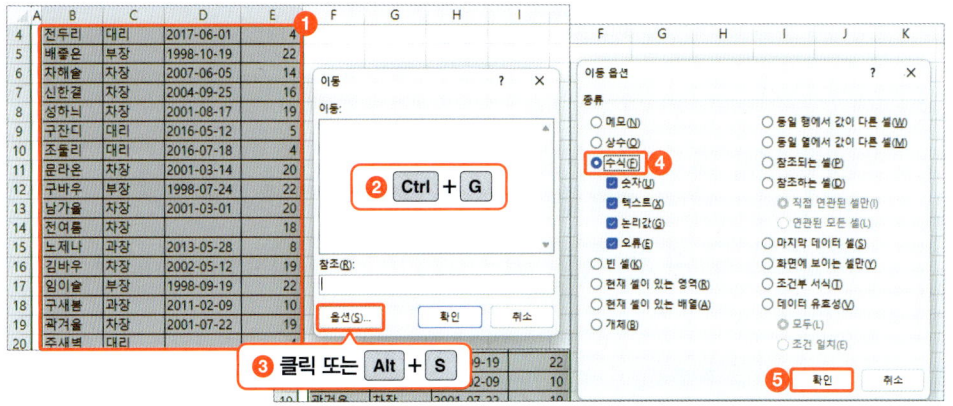

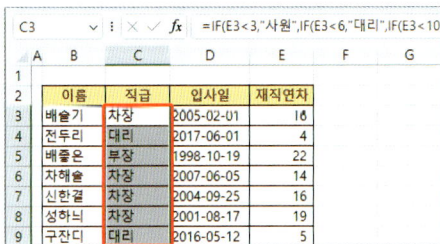

03 그러면 이렇게 함수가 입력된 셀만 선택되는 걸 확인할 수 있습니다.

데이터 표에서 빈 셀만 찾기

빈 셀만 찾을 때는 ❶ 동일한 범위가 선택된 상태로 [이동 옵션] 대화상자에서 ❷ [빈 셀]만 선택한 후 ❸ [확인]을 클릭하면 간단하게 선택할 수 있습니다.

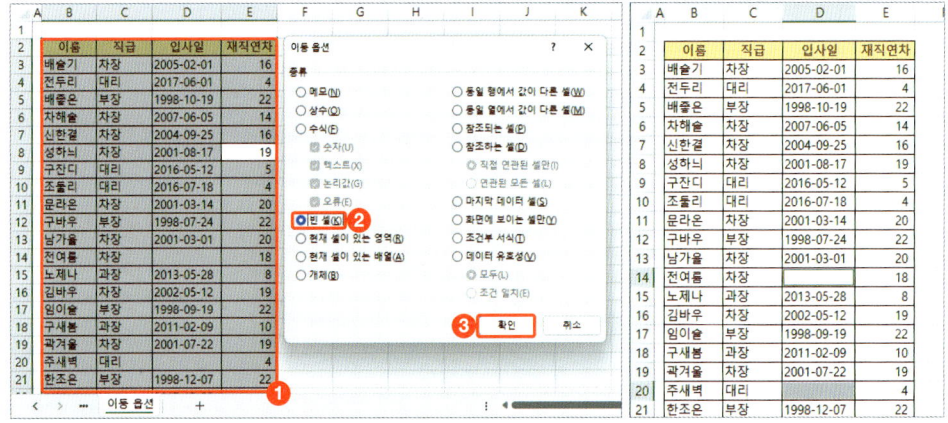

될 때까지 같이 하는 을이

STEP 03 엑셀 표 제대로 다루기!
엑셀 표 구성 원칙과 표 기능도 같이 배워보세요!

 엑셀 데이터 구성 기본 원칙

예제 파일 : C2L1_엑셀표1.xlsx

예제 파일을 열면 이렇게 표를 확인할 수 있는데요!
보기에는 편하지만 엑셀에서 데이터를 관리하기에는 안 좋은 양식이에요!
엑셀 데이터 관리 방법은 여러 가지가 있지만 네 가지만 기억하면 좋습니다.

❶ 열 머리글(열 제목)은 한 줄로 구성하세요!
❷ 표 안에 병합된 셀 없이 한 셀에는 한 가지 데이터만 입력하세요!
❸ 같은 열에는 동일한 형식(숫자는 숫자끼리)의 데이터만 입력하세요!
❹ 정렬 가능한 기준(연번, 날짜, 이름)을 정해주세요!

이 네 가지만 지켜도 엑셀 데이터 관리가 훨씬 편할 거예요!

01 우선 열 머리글의 병합을 해제하고 정리해볼게요!

❶ [B4:K5] 범위를 선택하고 ❷ [홈] 탭-[맞춤] 그룹-[병합하고 가운데 맞춤 🔲]을 클릭합니다.

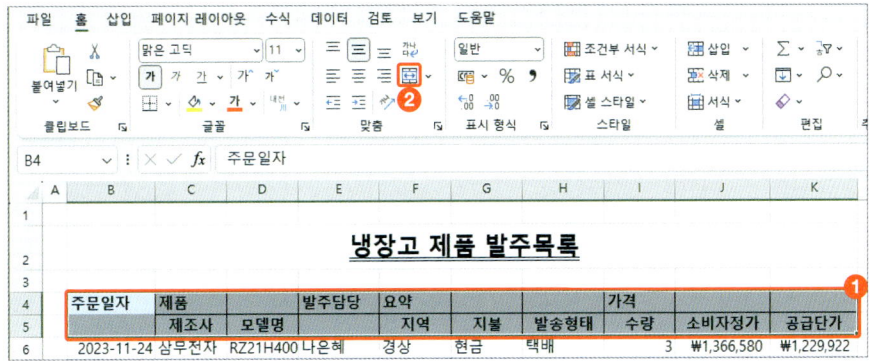

02 5행에 있던 텍스트를 4행으로 이동합니다.

> **TIP** 5행에 위치한 데이터를 드래그해 4행 위치로 옮겨도 되고, Ctrl + X , Ctrl + V 를 이용해 잘라낸 후 붙여 넣어도 됩니다.

03 5, 17~20행을 선택한 후 삭제합니다.

LESSON 01 셀과 행/열, 그리고 표를 알아보자

04 엑셀 표 데이터 형식에 맞게 정리를 완료했습니다!

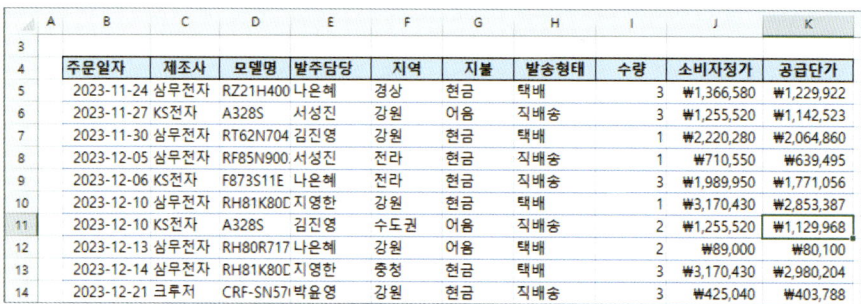

엑셀 데이터에 표 기능 적용해보기

예제 파일 : C2L1_엑셀표2.xlsx

엑셀 데이터의 기본 구성 원칙을 적용해 관리하면 엑셀의 다양한 기능을 활용할 수 있는데요!
그중 가장 대표적인 게 엑셀 데이터 표 기능입니다. 엑셀 표 기능을 사용하면
데이터 활용은 물론 관리도 정말 편리한데요! 표 기능 활용 방법! 바로 알아볼게요!

01 예제 파일에서 ❶ 표 데이터 중 임의의 셀을 선택하고
❷ [홈] 탭-[스타일] 그룹-[표 서식]에서 원하는 표 스타일을 선택합니다.
❸ [표 만들기] 대화상자가 나타나면 [확인]을 클릭하세요!

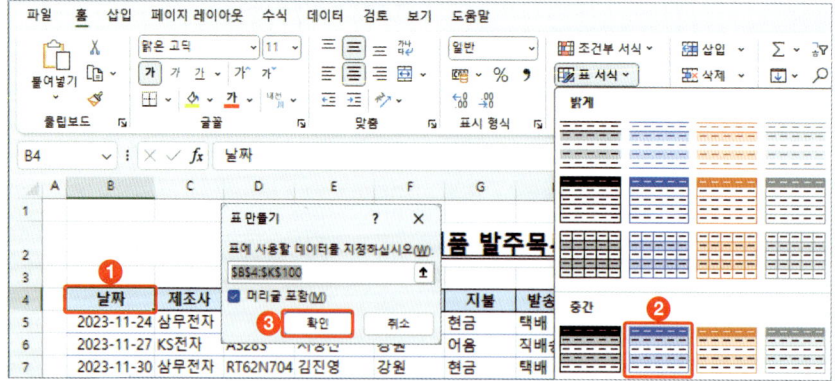

TIP 표 서식을 적용하면 표로 인식되는 범위가 자동으로 적용됩니다.

TIP [머리글 포함]에 체크하면 표 범위의 열 머리글도 표에 포함됩니다.

02 ❶ B열을 새로 삽입하고 ❷ [삽입 옵션 🖌]-[오른쪽과 같은 서식]을 클릭합니다.

TIP B열을 선택하고 Ctrl + + 를 눌러 추가해도 되고, B열에서 마우스 오른쪽 버튼을 클릭하고 [삽입]을 클릭해도 됩니다.

03 ❶ [B4] 셀에 **no**를 입력하고 ❷ [M4] 셀에 **합계**를 입력합니다.
M열은 자동으로 표 서식이 적용됩니다.

04 ❶ 표 범위에서 임의의 셀 선택하고
❷ [테이블 디자인] 탭-[도구] 그룹-[범위로 변환 🔁]을 클릭합니다.

TIP [테이블 디자인] 탭 – [속성] 그룹 – [표 이름]에서 표 이름을 입력해 더욱 편리하게 관리할 수 있습니다.

— 075 —

LESSON 01 셀과 행/열, 그리고 표를 알아보자

05 표 기능이 해제됩니다. ❶ [B4:M100] 범위를 선택한 후 다시 ❷ [홈] 탭-[스타일] 그룹-[표 서식 📋]에서 원하는 표 스타일을 선택합니다.

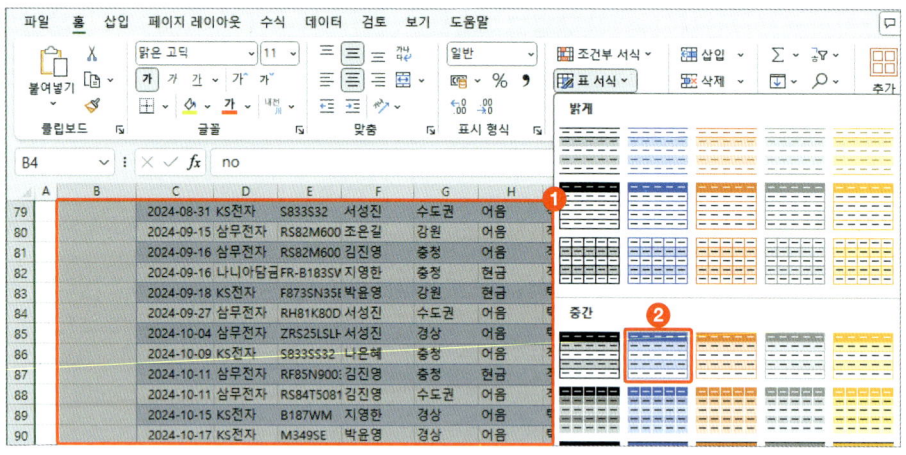

06 ❶ [B5] 셀에 =ROW()-4를 입력합니다. B열에 날짜가 입력되는데요! 기존 B열이 날짜 표시 형식이기 때문에 연번 형식으로 바꿔볼게요.

❷ [B5:B100] 범위 선택 후 Ctrl + 1 을 누릅니다.

❸ [셀 서식] 대화상자에서 [표시 형식] 탭의 [범주]-[사용자 지정]을 클릭합니다.

❹ [형식]에 000을 입력 후 ❺ [확인]을 클릭합니다.

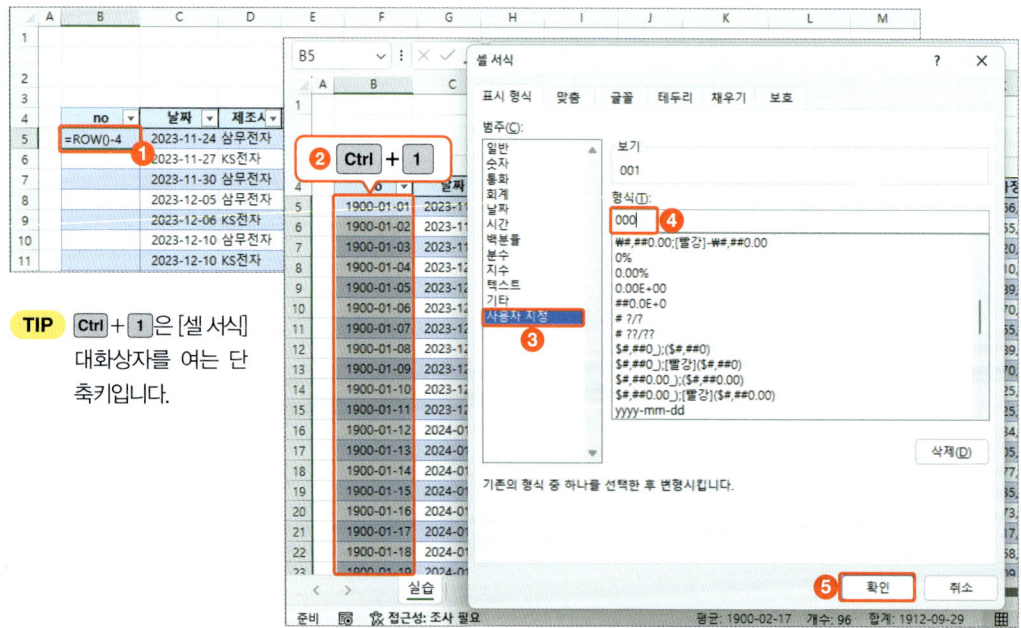

TIP Ctrl + 1 은 [셀 서식] 대화상자를 여는 단축키입니다.

07 ❶ [M5] 셀에 =를 입력 후 ❷ [L5] 셀 클릭합니다.
❸ 이어서 *를 입력 후 ❹ [J5] 셀 클릭합니다. ❺ Enter 를 눌러 입력을 완료합니다.

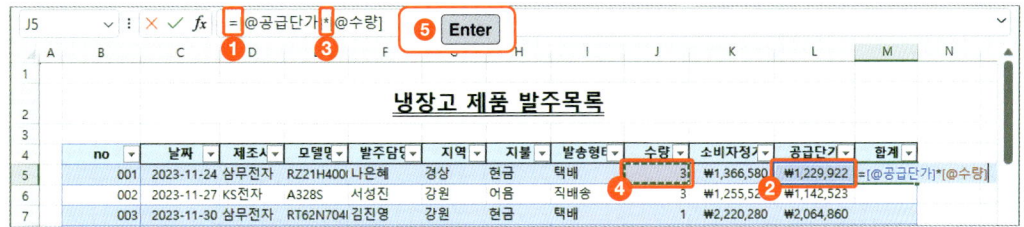

08 M열에 결과가 한 번에 나타납니다. 4열 테두리를 적당히 정리합니다.

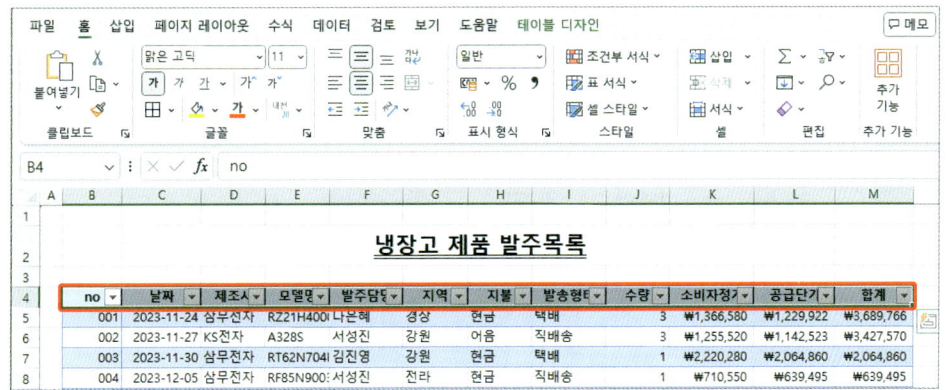

> **TIP** 표 기능이 적용된 데이터에서 하나의 셀에 수식을 입력하면 나머지 행에도 결과가 모두 나타납니다. 기본적으로 표 내부의 계산은 '열 머리글' 단위로 계산되기 때문에 별도의 셀 주소를 입력할 필요가 없습니다.

09 엑셀 데이터에 표 기능이 적용되었습니다!
엑셀 표 기능을 사용하면 열 머리글에 필터가 자동 적용되어

훨씬 편하게 데이터를 관리할 수 있답니다!

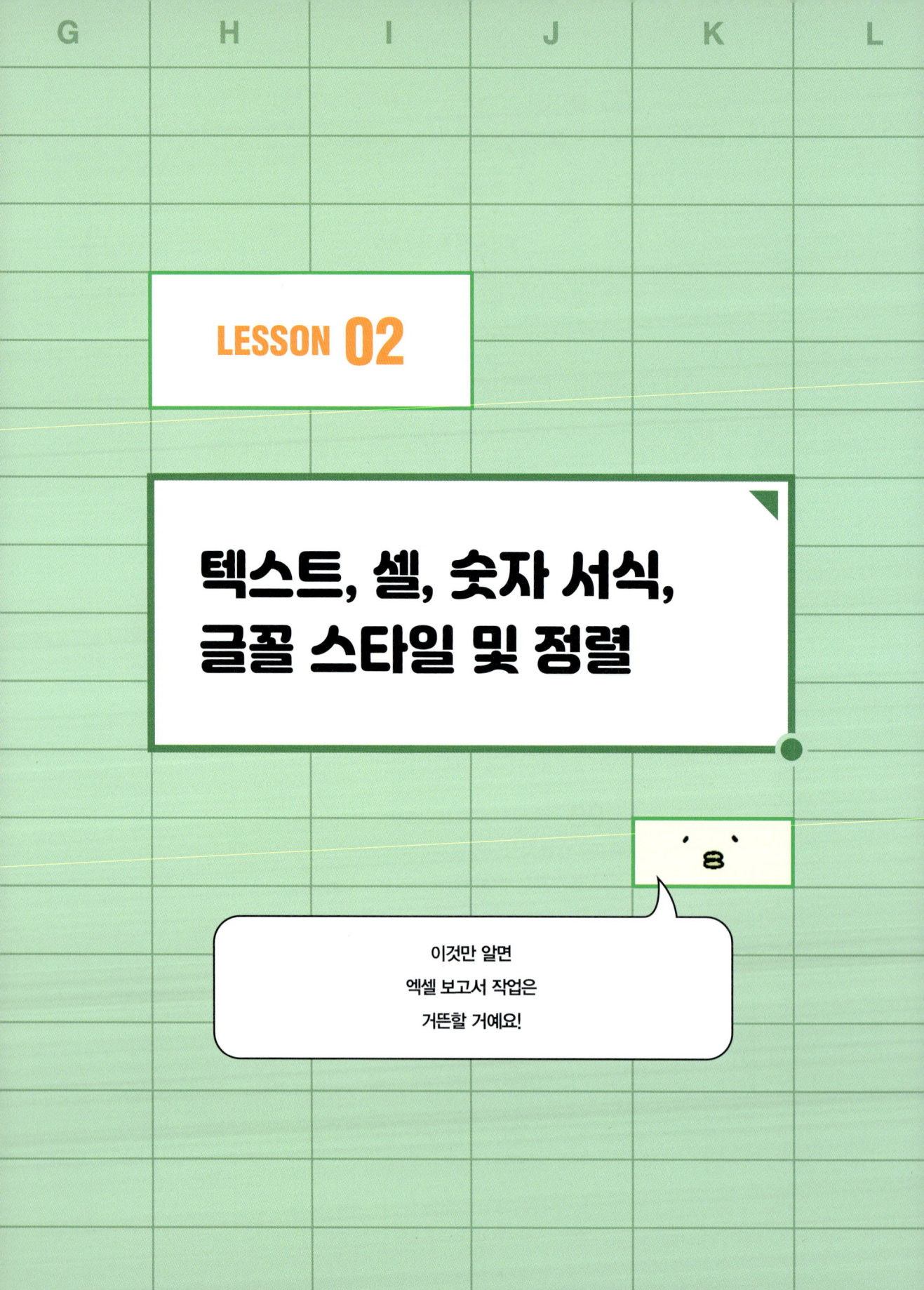

눈으로만 읽는 엑셀

STEP 01 글꼴 스타일과 셀 서식 적용
보고서에 기본이 되는 서식 적용 알아보기

글꼴 스타일 적용하기

예제 파일 : C2L2_스타일.xlsx

엑셀 보고서 작성에 꼭 필요한 글꼴 스타일과 셀 서식 적용!
그렇게 어렵지 않은데요! 예제 문서로 실습하며 기능을 확인해볼게요!

01 먼저 예제 파일을 열면 이렇게 간단한 데이터가 작성되어 있습니다.

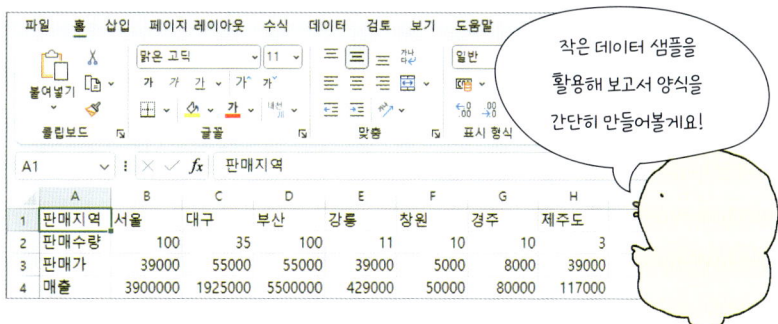

작은 데이터 샘플을 활용해 보고서 양식을 간단히 만들어볼게요!

02 ❶ [A1:H4] 범위를 선택하고 ❷ [홈] 탭-[글꼴] 그룹-[글꼴 크기]를 10으로 설정할게요.

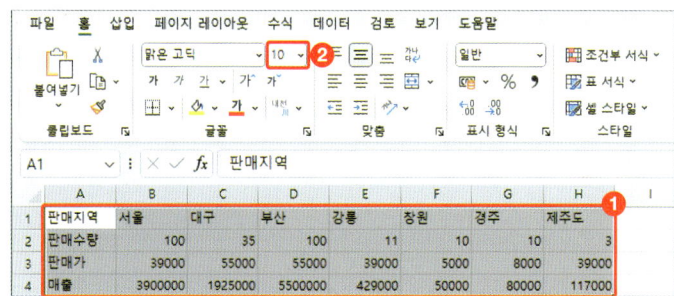

TIP [홈] 탭-[글꼴] 그룹에 있는 [글꼴 크기 크게 가↑]/[글꼴 크기 작게 가↓]를 클릭해 한 단계씩 글꼴 크기를 조절할 수도 있습니다.

셀 서식 적용하기

예제 파일 : C2L2_스타일.xlsx

01 ❶ A열과 ❷ 1~2행을 추가합니다. A열의 너비는 좁게 조절합니다.

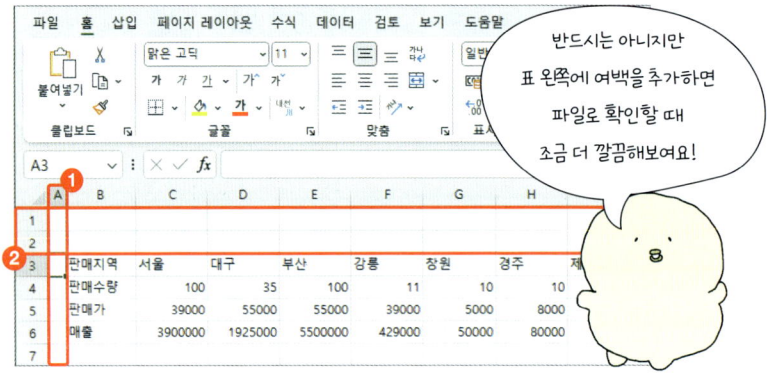

> 반드시는 아니지만 표 왼쪽에 여백을 추가하면 파일로 확인할 때 조금 더 깔끔해보여요!

TIP 두 개 행을 추가한 이유는 1행에 데이터 제목을 입력하기 위해서입니다. 행과 열을 추가하는 방법은 이제 알고 계시죠!? 아직도 헷갈리신다면 055페이지를 참고하세요!

02 ❶ [B3:I6] 범위를 선택한 후 Ctrl + 1 을 눌러
❷ [셀 서식] 대화상자를 열고 [테두리] 탭을 클릭합니다.

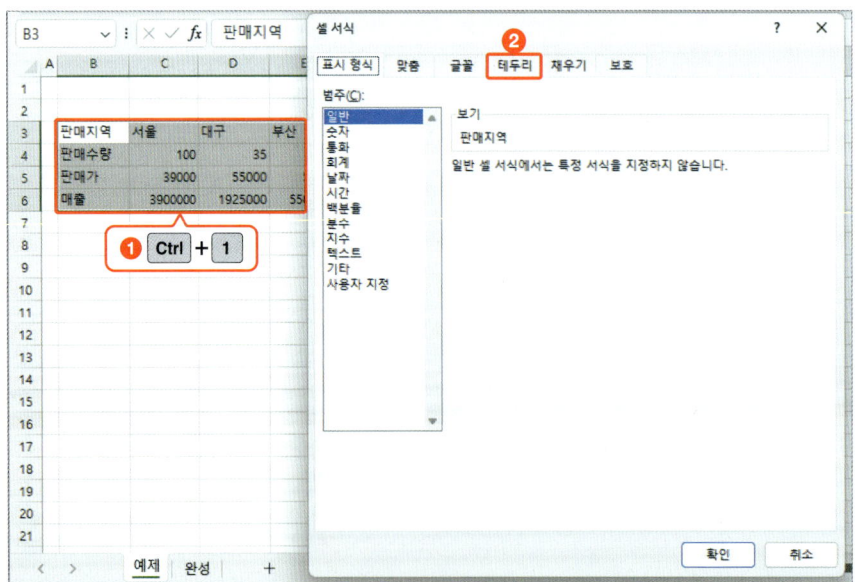

03 ❶ [선]-[스타일]에서 [실선]을 클릭하고 ❷ [미리 설정]-[윤곽선]을 먼저 클릭해주시구요!
❸ [선]-[스타일]에서 [없음]을 클릭한 후 ❹ 표 좌우를 각각 클릭합니다.

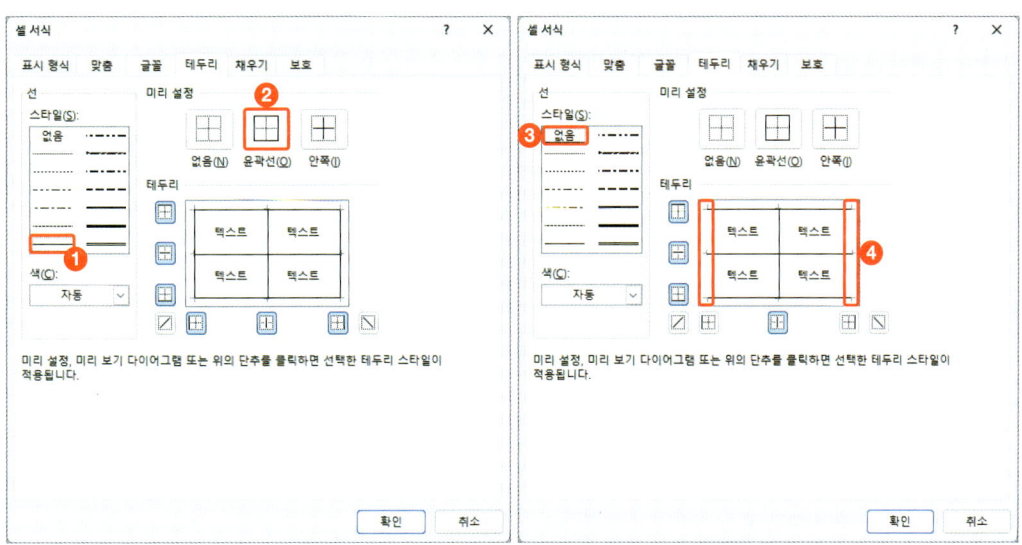

04 ❶ [선]-[스타일]에서 [두꺼운 실선]을 클릭하고 ❷ 표 위아래를 각각 클릭합니다.
❸ [확인]을 클릭하고 ❹ [B3:B6] 범위를 선택한 후
❺ [홈] 탭-[글꼴] 그룹-[채우기 색]에서 적당한 채우기 색을 선택합니다.

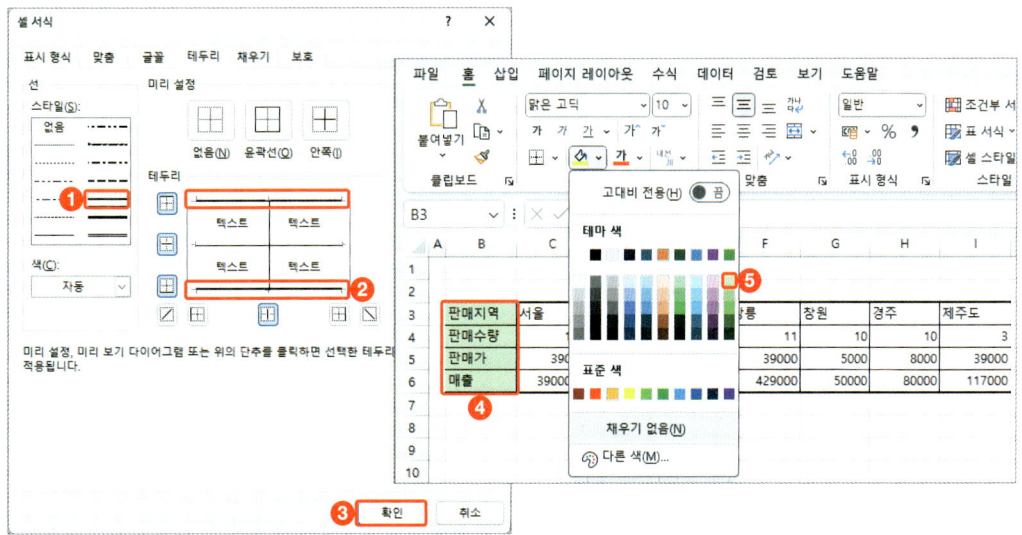

TIP 엑셀 각각의 ⌄을 클릭하면 해당 기능의 하위 메뉴가 표시됩니다.

05 ❶ [C3:I3] 범위를 선택한 후 ❷ [홈] 탭-[글꼴] 그룹-[채우기 색]에서 적당한 색을 선택해 마무리합니다.

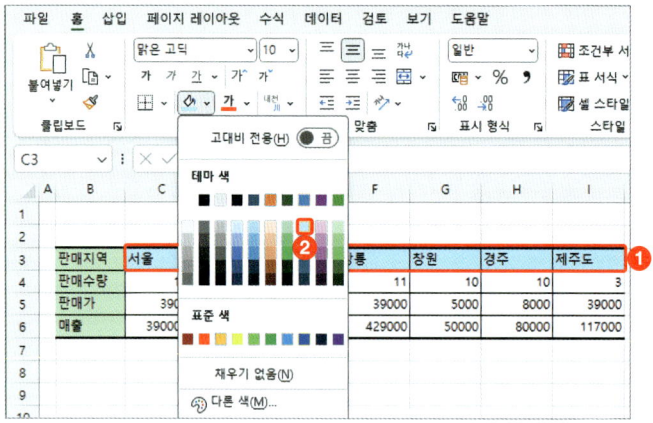

06 ❶ [B3:B6] 범위를 선택하고 ❷ Ctrl 을 누른 상태에서 [C3:I3] 범위를 추가로 선택합니다. ❸ [홈] 탭-[맞춤] 그룹-[가운데 맞춤]을 클릭합니다.

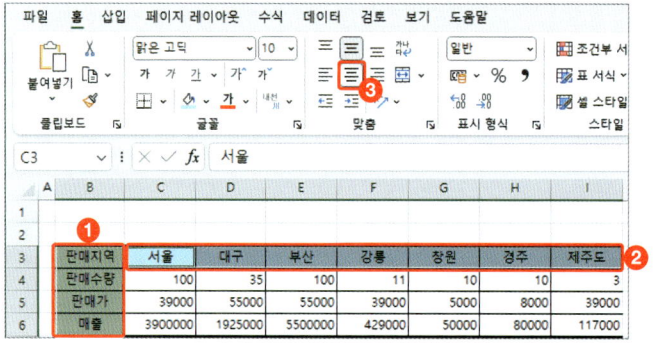

07 ❶ [C4:I6] 범위를 선택하고 ❷ [홈] 탭-[표시 형식] 그룹-[쉼표 스타일]을 클릭합니다.

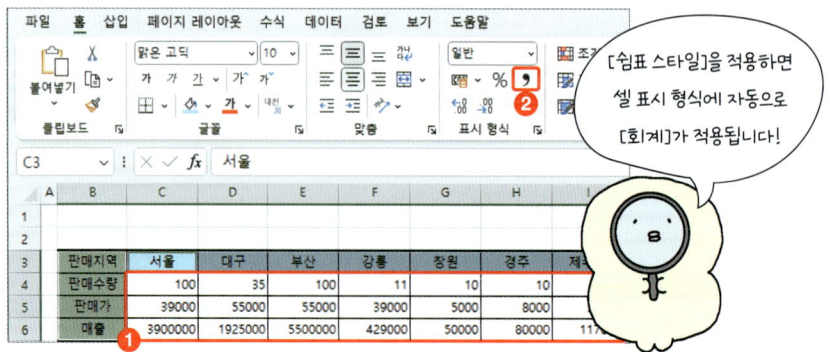

[쉼표 스타일]을 적용하면 셀 표시 형식에 자동으로 [회계]가 적용됩니다!

08
❶ [B1] 셀에 **판매/매출 현황**을 입력하고
❷ [B8] 셀에 보고서에 필요한 임의의 내용을 입력합니다.
❸ [B1] 셀을 클릭하고 ❹ [홈] 탭-[글꼴] 그룹에서 글꼴 크기는 **16**으로,
❺ [굵게 가]를 클릭한 후 ❻ [B1:I1] 범위를 선택합니다.

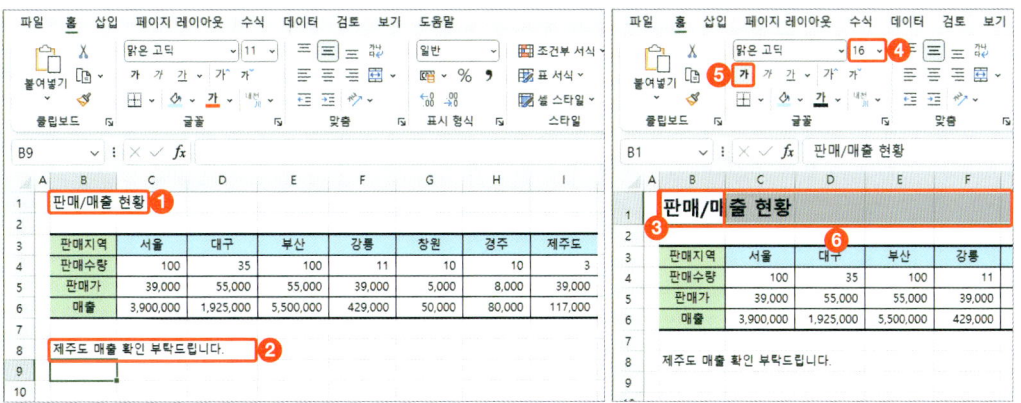

09
❶ Ctrl + 1 을 눌러 [셀 서식] 대화상자를 열어주시구요!
❷ [맞춤] 탭을 클릭하고 ❸ [텍스트 맞춤]-[가로]는 [선택 영역의 가운데로]를 선택합니다.
❹ 이어서 [테두리] 탭을 클릭합니다. ❺ [선]-[색]에서 임의의 색을 선택하고
❻ [스타일]에서 [굵은 실선]을 클릭해주세요!
❼ 표 아래 부분을 클릭하고 ❽ [확인]을 클릭합니다.

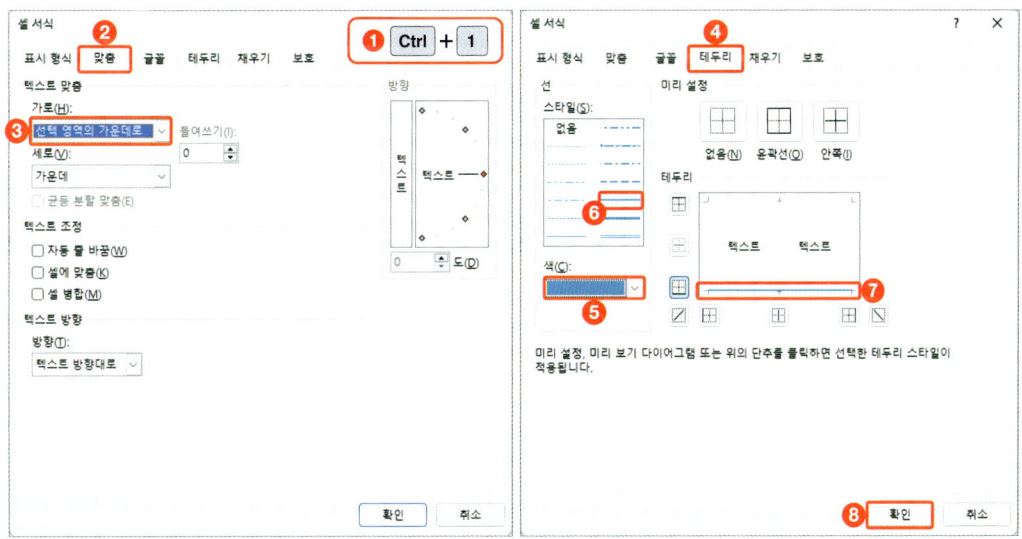

10 그럼 이렇게 간단한 엑셀 보고서 표가 완성됩니다!

잘 따라오셨나요!? 보기에는 복잡한 내용처럼 보일 수 있지만 엑셀 보고서는 결국 반복 작업이기 때문에 생각만큼 그리 어려운 내용은 아닙니다! 여기에서 배운 내용들은 나중에 보고서를 작성할 때 꼭 필요한 내용이기 때문에 가벼운 마음으로 실습했길 바랍니다!

특수 문자(기호) 입력하기

예제 파일 : C2L2_스타일.xlsx

01 ❶ [B1] 셀을 더블클릭하고 ❷ [삽입] 탭-[기호] 그룹-[기호 Ω]를 클릭하세요!

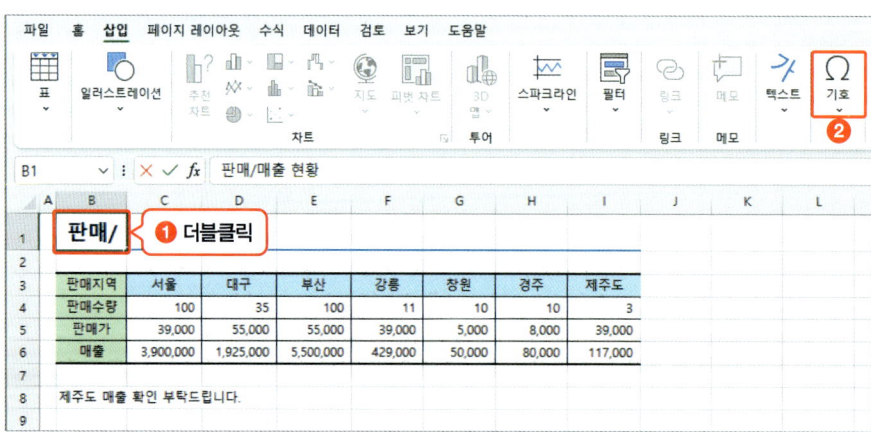

TIP 셀을 편집할 때는 더블클릭도 가능하지만 F2를 눌러도 가능해요!

TIP 셀 입력 상태에서 Alt + I , S 를 눌러도 됩니다. 참고로 I , S 는 같이 누르는 게 아니라 Alt + I 를 누른 후 S 는 따로 눌러야 합니다.

02 [기호] 대화상자가 나타납니다. ❶ 독특한 모양의 괄호를 찾아 선택합니다. ❷ [삽입]을 클릭해도 되고 각 특수 문자를 더블클릭해도 됩니다.

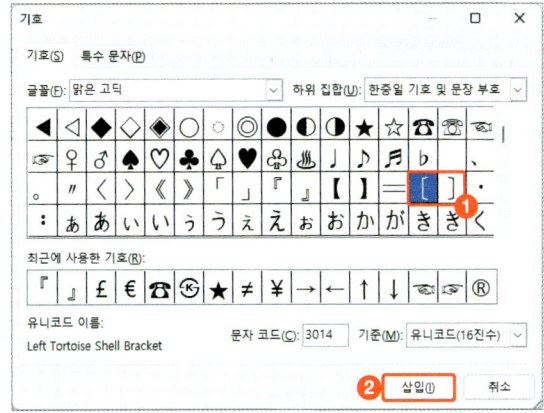

03 제목 앞뒤로 괄호를 배치합니다.

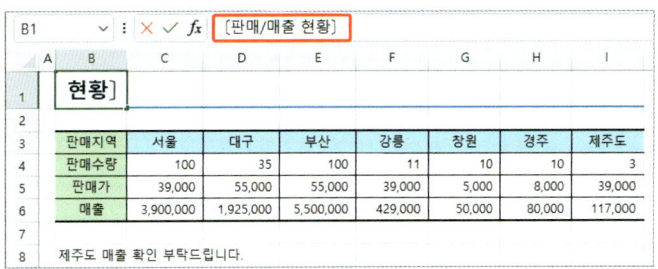

04 ❶ [B8] 셀을 더블클릭하고 ㅁ을 입력한 후 ❷ 키보드의 한자 를 누릅니다.

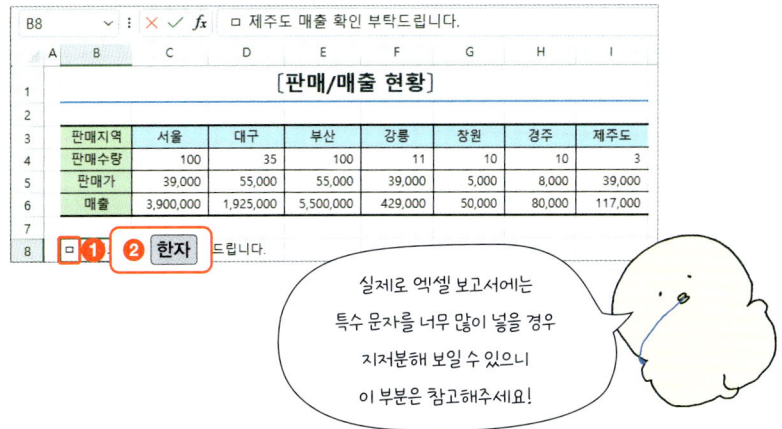

실제로 엑셀 보고서에는 특수 문자를 너무 많이 넣을 경우 지저분해 보일 수 있으니 이 부분은 참고해주세요!

05 특수 문자 메뉴가 나타납니다. ❶ ☆ 기호를 찾아 클릭합니다. ❷ Enter 를 눌러 입력을 마무리합니다.

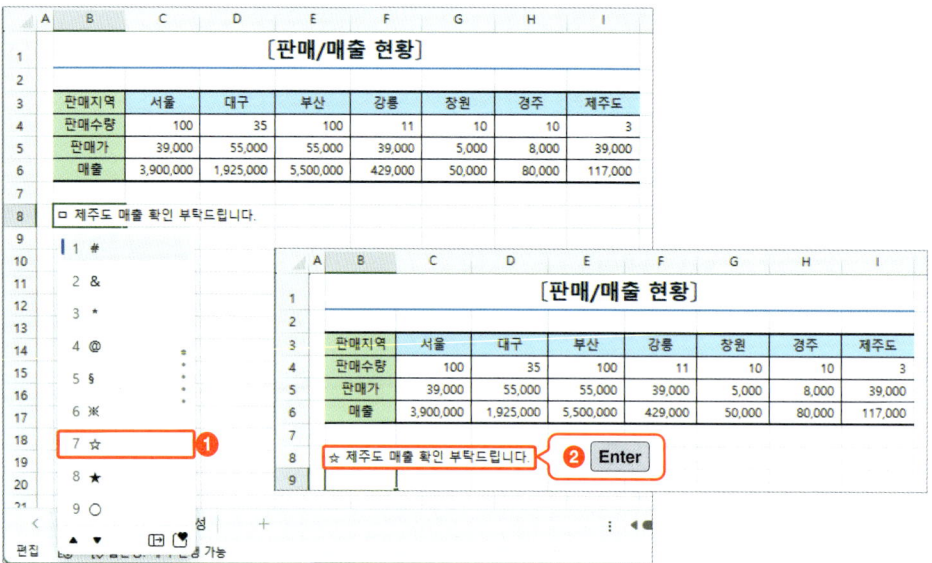

가볍게 알려주는 올이's 엑셀 NOTE
다양한 모양을 가진 wingdings 폰트

[기호] 대화상자에서는 기본 글꼴의 특수 문자 외에도 다양한 특수 문자를 선택할 수 있습니다. Wingdings 폰트가 대표적인데요! [기호] 대화상자에서 [글꼴]-[Wingdings]를 선택하면 독특한 모양의 특수 문자를 확인할 수 있습니다. Wingdings 서체는 총 세 가지가 있으니 어떤 기호가 있는지 찾아보는 것도 좋습니다!

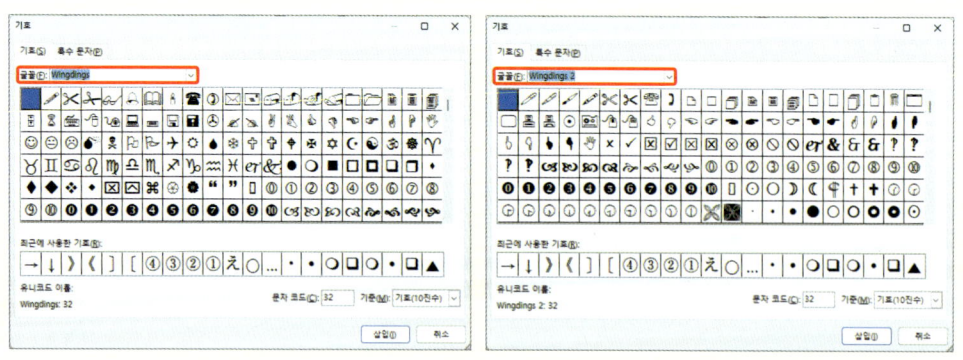

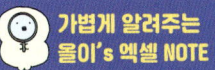 ## 엑셀에 이모지 특수 문자 입력하기

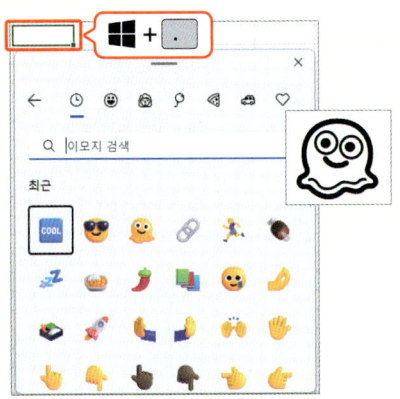

윈도우 10부터는 자체적으로 이모지(Emoji)를 삽입할 수 있습니다. 셀 입력 상태에서 키보드의 윈도우 키 ⊞ 와 마침표 키 . 를 같이 누르면 이모지 입력 메뉴가 나타나는데요! 여기서 원하는 이모지를 클릭해 입력할 수 있습니다. 참고로 이모지는 엑셀에 삽입해도 경계선 형태의 모양으로 나타나 그대로 적용이 안 되니 참고해주세요!

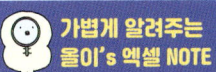 ## 문서 전체에 동일한 스타일 적용하기

나만 보는 엑셀 문서야 글꼴이나 스타일을 어떻게 적용해도 상관없겠죠! 하지만 보고서로 만들어 여러 사람, 특히 상사에게 보여줄 때는 정리된 양식으로 만드는 게 좋아요. 한글이나 워드, 파워포인트로 작성한 문서는 다양한 폰트를 적절하게 사용해야 하지만, 엑셀 보고서는 깔끔한 한 가지 폰트, 그중에서도 가장 기본 폰트인 '맑은고딕'을 주로 사용합니다. 가장 눈에 익고, 대중적으로 쓰이기 때문에 많은 사람이 선호하거든요! 예전 엑셀 데이터나 인터넷에서 다운로드해 편집한 데이터는 글꼴이 다르게 적용될 수 있으니 Ctrl + A 를 두 번 눌러 시트 전체를 선택한 후 '맑은 고딕'으로 일괄 변경하는 작업도 유용합니다. 이때 글씨 크기는 10p를 추천드려요!

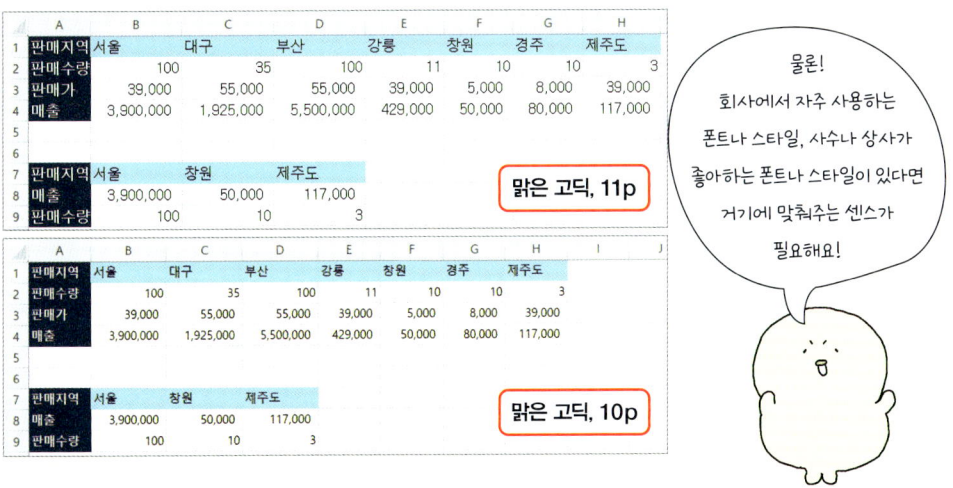

하나라도 더 알려주는 올이

STEP 02 텍스트와 숫자 서식 스타일
조금이라도 빠르게 작업하고 싶을 때 유용한 꿀팁

 텍스트와 숫자 형식 이해하기

예제 파일 : C2L2_데이터형식.xlsx

엑셀에 입력되는 데이터는 기본적으로 고유한 '데이터 형식'을 가집니다.
똑같이 숫자로 입력해도 일반 숫자 대신 어떤 때는 날짜로, 어떤 때는 회계(돈)로
표시되는 이유가 여기에 있습니다!
현재 셀의 데이터 표시 형식은 [홈] 탭-[표시 형식] 그룹에서 확인할 수 있어요!

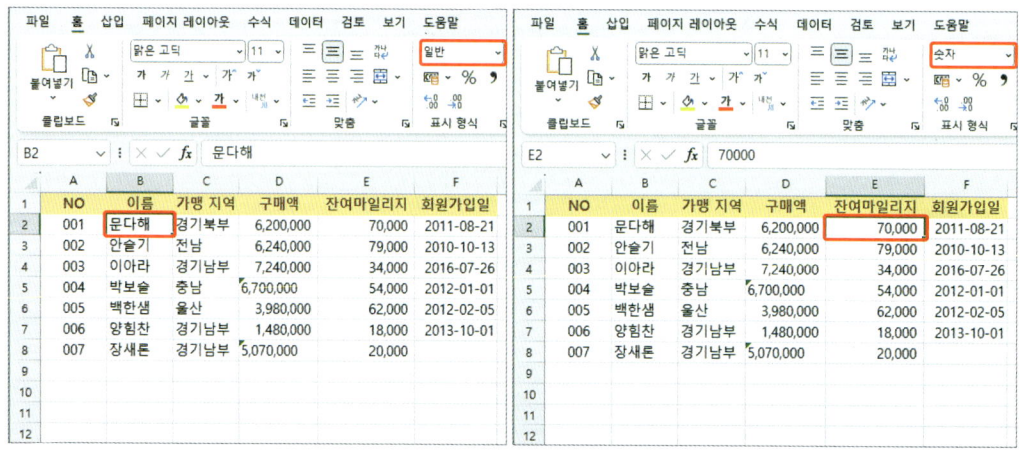

별도의 '표시 형식'과 '맞춤'이 지정되지 않은 경우에는
숫자나 텍스트 모두 '일반'으로 설정됩니다. 쉽게 말해 '자동'이라고 이해하면 좋습니다.
텍스트는 왼쪽 맞춤, 숫자는 오른쪽 맞춤으로 입력되는 게 기본입니다.

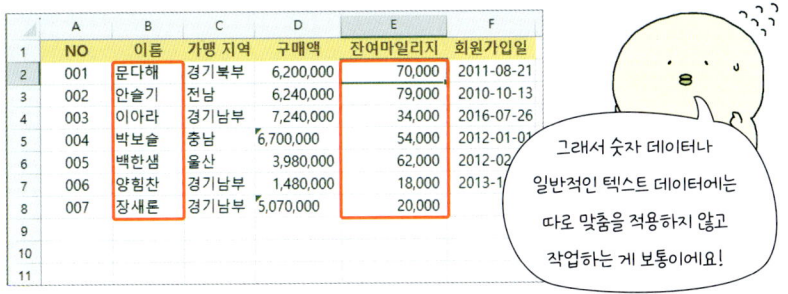

[홈] 탭-[표시 형식] 그룹의 표시 형식 메뉴를 클릭해보면
다양한 데이터 표시 형식을 확인할 수 있습니다.
[기타 표시 형식]을 클릭하면 바로 [셀 서식] 대화상자의
[표시 형식] 탭이 나타나니 여기서도 작업할 수 있구요!

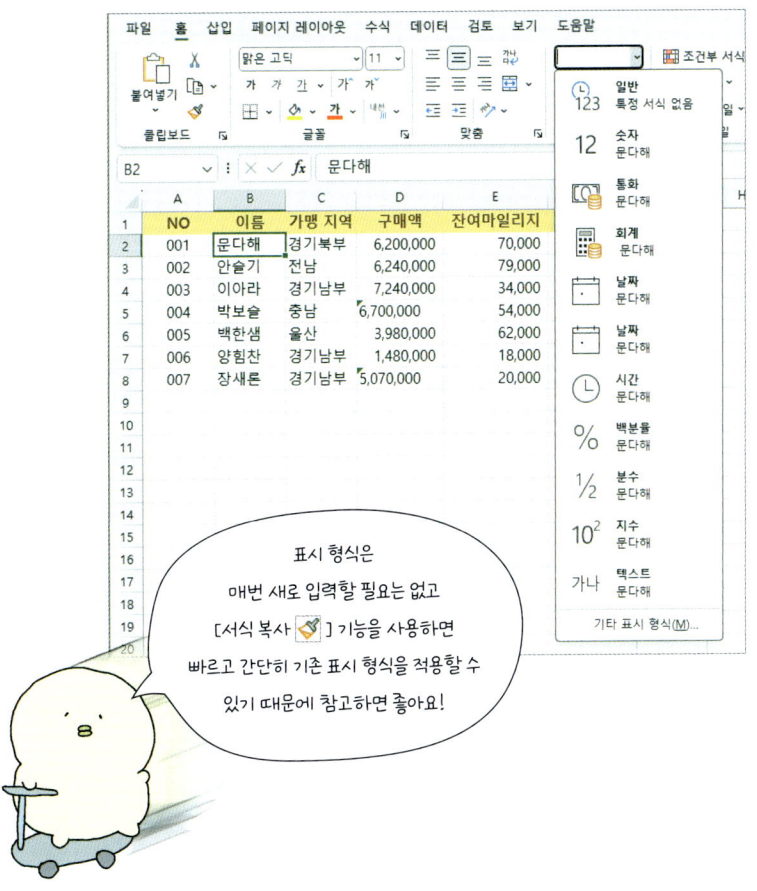

날짜와 다양한 표시 형식

예제 파일 : C2L2_데이터형식.xlsx

엑셀의 다양한 표시 형식 중에서 날짜와 관련된 내용을 알아볼게요!
[F2] 셀을 클릭하고 Ctrl + 1 을 눌러 [셀 서식] 대화상자에서 작업해볼게요!

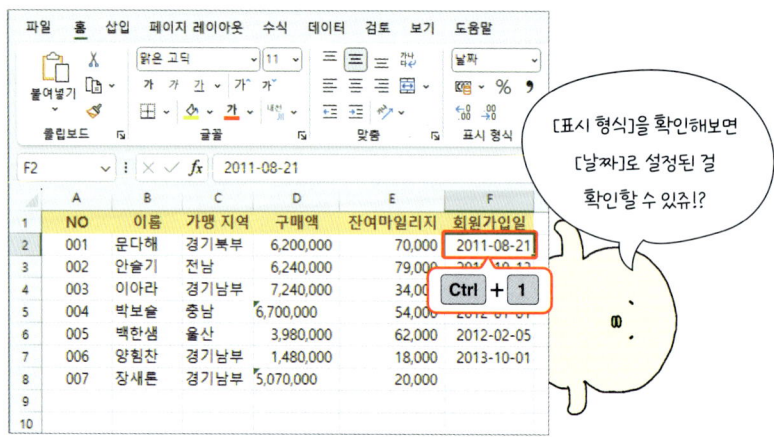

❶ [표시 형식] 탭의 [범주]-[날짜]가 지정되어 있고 ❷ 다양한 날짜 형식을 선택할 수 있어요!
❸ [시간]을 클릭해보면 시간과 관련된 다양한 표시 형식도 확인 가능하답니다!

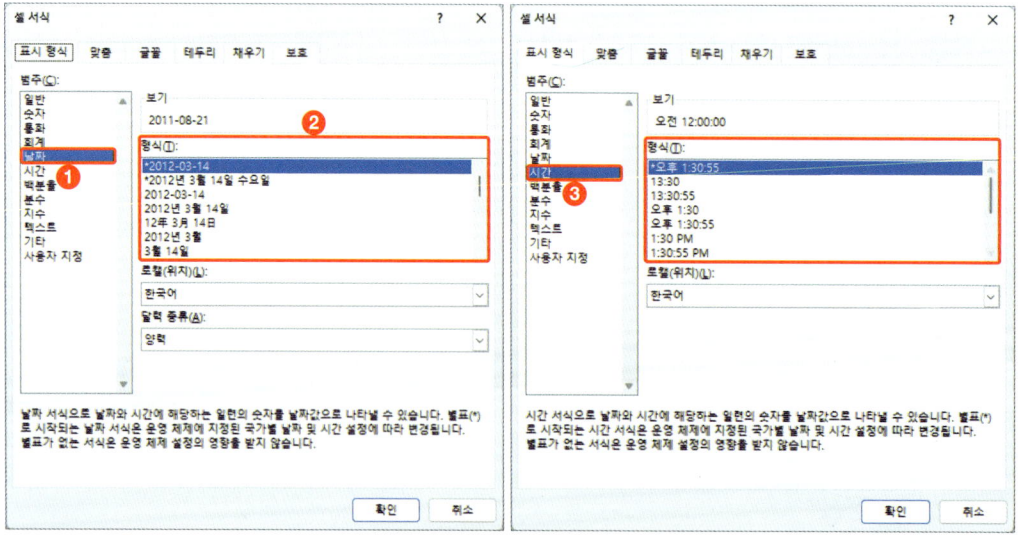

❶ [사용자 지정]을 클릭하면 기호를 활용해 내가 원하는 표시 형식을
자유롭게 입력할 수도 있습니다! ❷ [형식]에 **yy년 mm월 dd일**을 입력하고,
❸ [확인] 클릭한 다음 ❹ [F2] 셀을 확인해보면 '11년 08월 21일'로 표시되는데요!
yy는 두 자리 연도, mm은 두 자리 월, dd는 두 자리 일이고
여기에 각각 '년, 월, 일' 텍스트를 조합하는 식이에요!

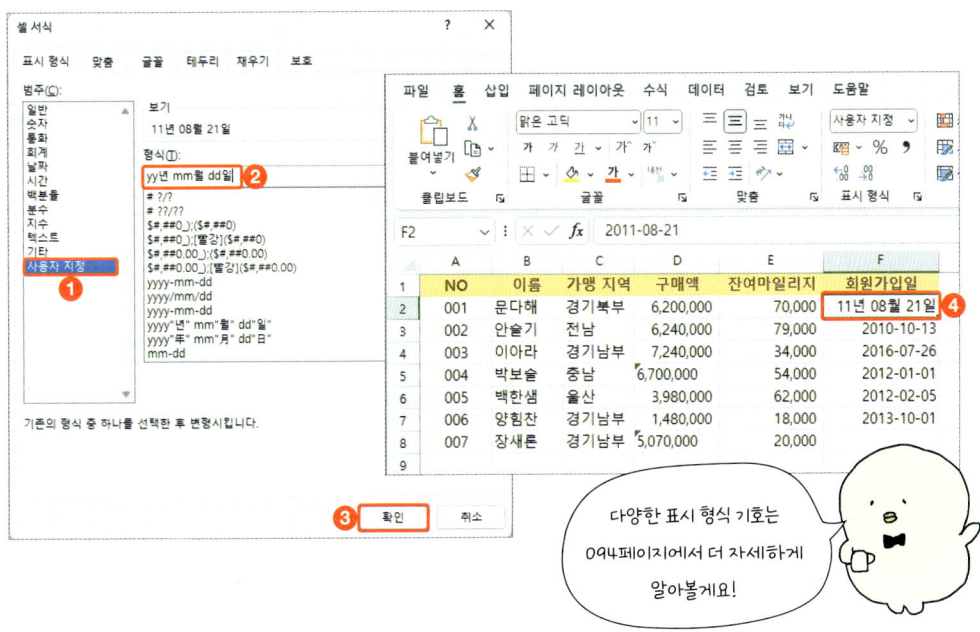

TIP [표시 형식] 그룹을 확인해보면 [사용자 지정]으로 바뀐 걸 확인할 수 있습니다.

숫자 서식 오류 마크

예제 파일 : C2L2_데이터형식.xlsx

예제 파일을 열어 보면 특정 셀에 ▰ 표시가 나타나는데요!
이 경우 '셀의 표시 형식이나 수식에 문제가 있다!'라고 엑셀이 이야기하는 것이랍니다.

왼쪽에 표시된 ⚠ 아이콘에 마우스 포인터를 올리면
어떤 종류의 에러인지 확인하고 오류에 대한 조치가 가능해요!

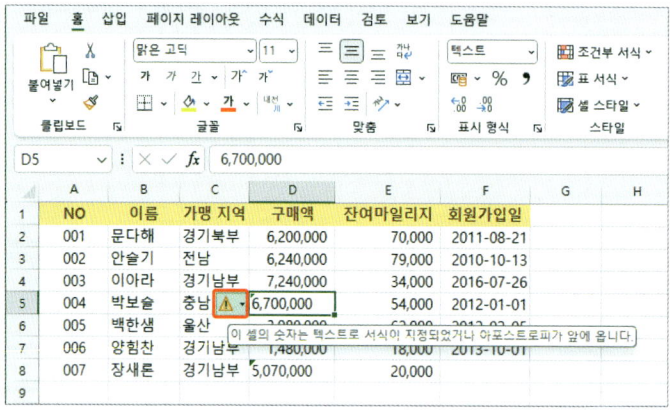

예제에서는 [숫자로 변환], [오류 무시] 둘 중 한 가지 옵션을 선택할 수 있구요!
[숫자로 변환]을 클릭하면 해당 데이터를 숫자 형식으로 바꿔줍니다.

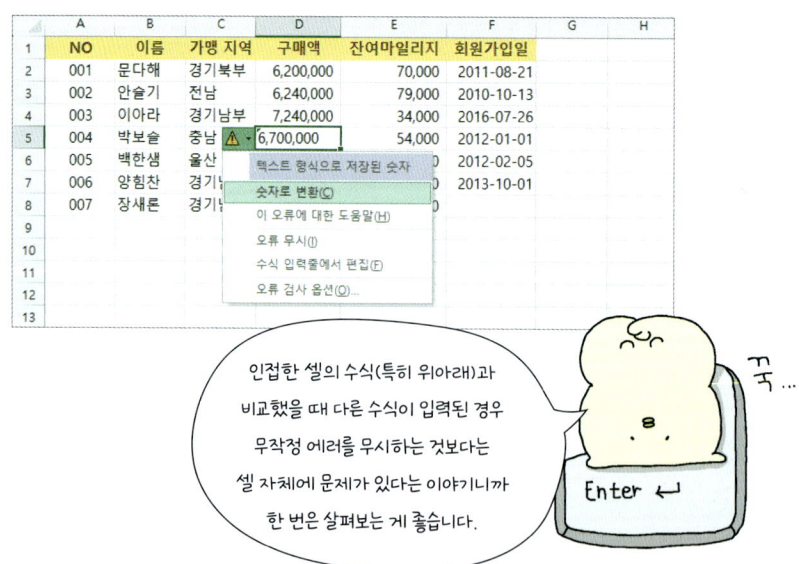

인접한 셀의 수식(특히 위아래)과 비교했을 때 다른 수식이 입력된 경우 무작정 에러를 무시하는 것보다는 셀 자체에 문제가 있다는 이야기니까 한 번은 살펴보는 게 좋습니다.

넓게 알려주는 올이's 꿀팁

예제 파일 : C2L2_날짜와시간.xlsx

날짜와 시간 표시 형식 알아보기

날짜 데이터의 기본 원리

엑셀의 날짜 데이터는 기본적으로 '일련번호' 형태로 관리됩니다. 1900년 1월 1일을 기준으로 일련번호 '1'이 적용되고, 하루가 지날 때마다 1씩 추가되는 형태인데요! 1900년 1월 2일은 2, 1900년 1월 3일은 3, 이렇게 쭉 이어져 2024년 7월 1일은 44831이라는 일련번호가 붙는 형태예요! 이러한 일련번호를 통해 엑셀은 날짜를 숫자로 처리할 수 있고 날짜 간 계산도 쉽게 수행할 수 있답니다. 예를 들어 1900년 1월 1일에 '+5'를 적용하면 1900년 1월 6일이 계산되는 방식이구요!

날짜를 입력할 때는, 예를 들어 2024-01-01을 입력하면 자동으로 '날짜 형식'이 적용됩니다. 날짜 표시 형식은 앞서 확인한 것처럼 [셀 서식] 대화상자에서 원하는 표시 형식으로 선택할 수 있고 필요에 따라 사용자 지정 표시 형식으로도 표시할 수 있습니다.

시간 데이터의 기본 원리

엑셀에서 시간 데이터는 1일을 1로 간주하고 그 이하 소수 부분으로 처리됩니다. 시간은 1을 기준으로 소수로 나눠집니다. 예를 들어 1시간은 1/24(=0.04167), 1분은 1/1440(=0.000694), 1초는 1/86400(=0.000012)로 표현되는 방식이죠!

따라서 0.5는 하루의 절반인 12:00 PM(정오)을, 0.25는 하루의 4분의 1인 6:00 AM을, 0.75는 하루의 4분의 3인 6:00 PM을 나타내는 것입니다.

날짜와 시간의 결합

엑셀에서는 날짜는 양수, 시간은 소수로 표시되기 때문에 양수+소수 형태의 값으로 '날짜+시간' 형태로 표시할 수 있습니다. 예를 들어 '44197.5'는 날짜+시간의 표시 형식을 적용하면 2021년 1월 1일 12:00 PM으로 표시할 수 있는 것이죠!

LESSON 02 텍스트, 셀, 숫자 서식, 글꼴 스타일 및 정렬

> **넓게 알려주는 올이's 꿀팁**
>
> 예제 파일 : C2L2_표시형식.xlsx

다양한 사용자 지정 표시 형식

엑셀의 사용자 지정 표시 형식은 기본적으로 제공되는 엑셀 표시 형식 외에 사용자가 원하는 표시 형식을 지정할 수 있도록 제공되는 기능이에요! 사용자 지정 표시 형식은 숫자를 포함해 텍스트 형식을 자유롭게 지정할 수도 있고, 양수, 음수, 0, 문자 형식을 세미콜론으로 구분하는 등 정말 다양한 형태의 표시 형식을 제공한답니다! 그럼 어떤 표시 형식이 있는지 간단히 알아볼게요! 바로 외우려 하는 것보다는 참고해야 할 일이 있을 때마다 확인하는 게 가장 좋답니다!

문자, 숫자 표시 형식

문자, 숫자 표시 형식은 기본적으로 #, @, 0, ? 등 네 가지 기호를 다양한 양식과 조합해 사용합니다. 예를 들어 #,###으로 입력할 경우 세 자리마다 쉼표를 표시하는 형식인데요! 기본 활용 방법은 다음과 같습니다.

데이터 형식	기능
#	입력된 데이터 중 무효한 0을 제외하고 유효한 숫자만 표시
@	문자 데이터 형식입니다. 문서에 특정 문자를 표시하고 싶을 때 사용
0	무효인 0을 포함하여 자릿수를 맞출 때 사용
?	무효인 0을 공백으로 표시하여 자릿수를 맞출 때 사용
.	소수점을 표시하는 기호
,	숫자 구분 기호입니다. 세 자리마다 표시하거나, 잘라서 표시할 때 사용
$, ¥, £, ₩	숫자에 통화 기호를 표시

숫자를 한글, 한자로 표시하는 형식 기호

엑셀 문서에서 거래 영수증이나 은행 업무용 문서에는 숫자를 한자, 갖은자, 한글로 표시해야 하는 경우 유용하게 사용할 수 있는 표시 형식입니다. 단위만 한자로 표시하는 방법 외에는 [범주]-[기타]에서 [로캘(위치)]을 [한국어]로 설정한 후 간단하게 선택할 수도 있습니다.

데이터 형식	기능
[DBNum1][$-ko-KR]G/표준	한자로 표시, [숫자(한자)]
[DBNum2][$-ko-KR]G/표준	한자 갖은자로 표시, [숫자(한자-갖은자)]
[DBNum3][$-ko-KR]G/표준	단위만 한자로 표시
[DBNum4][$-ko-KR]G/표준	한글로 표시, [숫자(한글)]

예시는 예제 파일의 [숫자관련], [한자] 시트에서 각각 확인할 수 있어요!

날짜 표시 형식

날짜 형식은 연-월-일 형태의 yyyy-mm-dd 서식을 입력합니다. 날짜 형식에서 요일은 표시 방식에 따라 aaa, aaaa, ddd, dddd 기호를 사용합니다. 대소문자는 구분하지 않습니다!

데이터 형식	기능
YY/YYYY	연도를 두 자리 혹은 네 자리로 표시
M/MM/MMM/MMMM	월을 1(1~12) 혹은 01(01~12) 형식, 영문 세 글자 또는 전체로 표시
D/DD	일을 1(1~31) 혹은 01(01~31) 형식으로 표시
DDD/DDDD	요일을 영문 세 글자 또는 전체로 표시(Mon, Monday)
AAA/AAAA	요일을 한글 한 글자 또는 전체로 표시(월, 월요일)

시간 표시 형식

시간 형식은 시, 분, 초의 데이터에 따라 h, m, s 데이터 형식 기호를 사용합니다. 참고로 날짜와 시간 표시 형식에서 양수 1은 1일로 인식되지만, 시간 표시 형식에서 1 이상은 시간으로 인식되지 않습니다! 하지만 1일로 인식해 생략하는 대신 24시간 누적으로 표시하려면 [h]와 같은 형식으로 입력합니다. 대소문자는 구분하지 않습니다!

시간 형식에서 24시간이 넘어서는 누적 시간을 표시해야 할 때는 대괄호([ ])와 함께 h, m, s 기호를 사용합니다.

데이터 형식	기능
H/HH	시간을 0~23 혹은 00~23시로 표시
M/MM	분을 0~59 혹은 00~59분으로 표시
S/SS	초를 0~59 혹은 00~59초로 표시
[H]	24시간 이상의 시간을 누적해 표시

	A	B	C
1	데이터	표시 형식	표시 결과
2	2024-07-01	YY-MM-DD	24-07-01
3	2024-07-01	YY-M	24-7
4	2024-07-01	MM-DD(AAA)	07-01(월)
5	2024-07-01	DD(AAAA)	01(월요일)
6	2024-07-01	M월 D일	7월 1일
7	13:13	H시 MM분	13시 13분
8	13:13	HH시 MM분	13시 13분
9	2024-07-01 13:13	M월 D일(H시 MM분)	7월 1일(13시 13분)
10	1.5	[h]시간 mm분	36시간 00분

기타 표시 형식

사용자 지정 표시 형식에는 조건에 따라 다양한 서식을 적용할 수 있습니다. 가장 대표적으로는 세미 콜론(;)으로 구분하여 '양수 형식 ; 음수 형식 ; 0 형식 ; 문자 형식'과 같이 지정할 수 있으며 각각의 형식에 대괄호([ ])로 색상을 지정할 수도 있습니다. 색상은 [검정], [파랑], [녹색], [노랑], [자홍], [하양], [적색], [노랑] 등으로 설정할 수 있어요!

참고로 예제 파일의 [특수형식] 시트에 다음과 같은 데이터를 확인할 수 있습니다. 각각의 표시 형식은 세미 콜론(;)으로 구분되어 있고 다음과 같이 해석할 수 있어요!

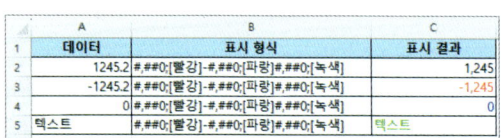

#,##0	[빨강]-#,##0	[파랑]#,##0	[녹색]
양수는 4자리 구분 기호로 표시	음수는 앞에 음수 기호(-)를 표시하고, 4자리 구분 기호와 빨간색 적용	0은 파란색 적용 (4자리 구분 기호는 00이기 때문에 무효)	텍스트는 녹색 적용

> 넓게 알려주는 올이's 꿀팁

예제 파일 : C2L2_VALUE함수.xlsx

함수를 활용해 숫자 표시 형식 에러 수정하기

숫자 데이터에서 표시 형식 에러가 발생하는 경우

예제 파일을 열어보면 [A2:A4] 범위에 ▯ 표시와 함께 에러가 발생한 걸 확인할 수 있어요! 에러가 발생하는 이유는 여러 가지가 있지만 엑셀 365 등 최신 버전의 엑셀에서 발생하는 이유는 두 가지 정도로 요약할 수 있습니다.

	A	B	C		E	F
1	숫자	VALUE함수	VALUETOTEXT함수		텍스트	결과
2	3986	3986	3986		TS_001_1	=LEFT(D2,2)
3	7160	7160	7160		TS_002_1	=LEFT(D3,2)
4	8,144	8144	8,144		SH_001_1	SH
5	6166	6166	6166		SH_002_2	SH
6	3414	3414	3414		TS_003_1	TS
7	4950	4950	4950			
8	6334	6334	6334			
9	6479	6479	6479			
10	4943	4943	4943			
11	4970	4970	4970			
12	8172	8172	8172			
13						
14	45428	64718		0	합계	

❶ 숫자 앞에 아포스트로피(')가 입력되어 있는 경우
❷ 1,000단위 구분 기호인 콤마(,)가 입력된 숫자 데이터가 '텍스트' 표시 형식으로 설정된 경우

따라서 이런 데이터는 숫자 앞의 아포스트로피를 제거하거나 1,000 단위 구분 기호가 입력된 숫자 데이터를 '일반' 혹은 '숫자' 형식으로 바꿔서 문제를 해결할 수 있습니다. 표시 형식 에러가 발생한 셀이 생기면 [A14] 셀과 [B14] 셀을 비교해봤을 때 합계가 반영되지 않은 것처럼 계산에 문제가 생길 수 있어요!

VALUE 함수와 VALUETOTEXT 함수 사용하기

이때 간단하게 VALUE 함수와 VALUETOTEXT 함수를 사용할 수 있는데요! VALUE 함수는 지정될 셀의 데이터를 '숫자 형식'으로, VALUETOTEXT 함수는 지정된 셀의 데이터를 '텍스트 형식'으로 바꿔주는 역할을 합니다. B열에는 **=VALUE(셀)**, C열에는 **=VALUETOTEXT(셀)** 형태의 수식이 입력되어 있습니다. 그래서 아래 합계를 보면 B열과 달리 숫자가 텍스트 형식으로 변환된 C열에는 합계가 적용되지 않은 걸 확인할 수 있습니다.

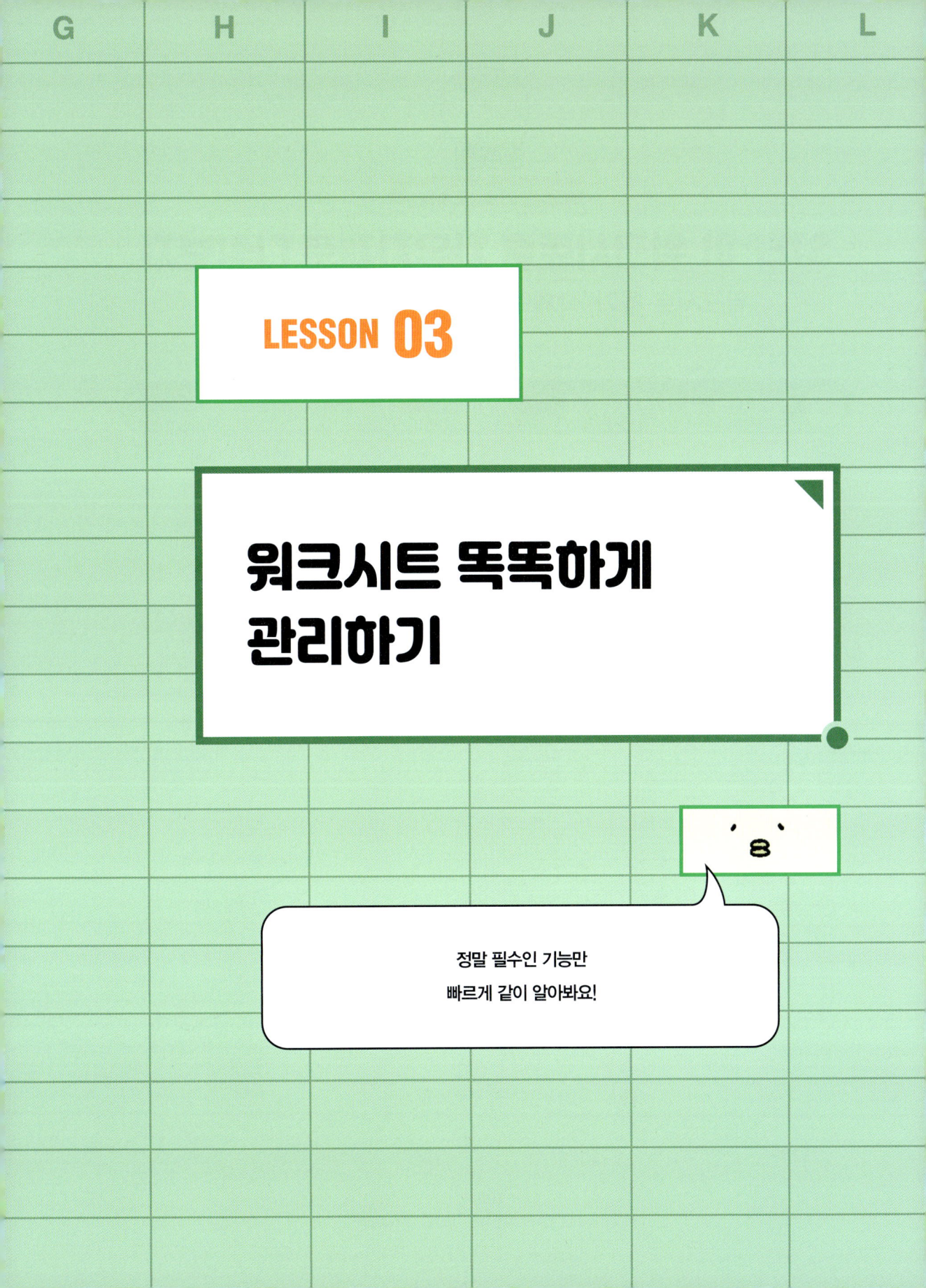

눈으로만 읽는 엑셀

STEP 01 워크시트를 자유자재로 다뤄보자
워크시트 추가/삭제와 이동/복제 기능 확인하기

워크시트 추가/삭제하기

예제 파일 : C2L3_워크시트.xlsx

엑셀 파일은 한 개 이상의 워크시트로 이루어져 있어요!

❶ 예제 파일을 열면 총 세 개의 워크시트가 있구요! 여기를 워크시트 탭이라고 부른답니다!

❷ [새 시트 ➕]를 클릭하면 ❸ 'Sheet(시트) 숫자' 형태로 새 시트가 추가됩니다.

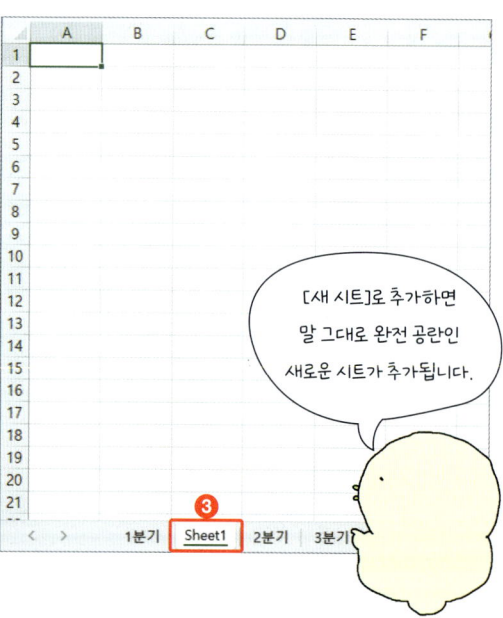

[새 시트]로 추가하면 말 그대로 완전 공란인 새로운 시트가 추가됩니다.

시트를 삭제하려면 ❶ 마우스 오른쪽 버튼으로 삭제할 시트 탭을 클릭한 후 ❷ [삭제]를 선택하면 시트가 삭제됩니다!

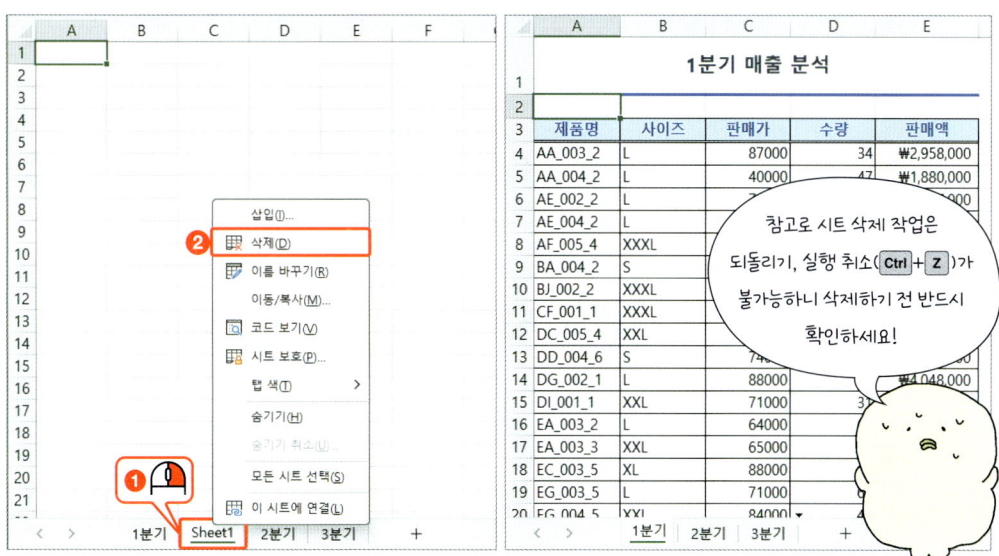

TIP 빈 시트가 아닌 내용이 있는 시트의 경우 [삭제]를 클릭하면 '해당 시트가 영구히 삭제된다'는 경고 메시지가 나타납니다. 해당 작업은 취소가 불가능한 작업이라 한 번 더 엑셀에서 확인하는 것이기 때문에 삭제해도 문제가 없는지 꼭 한 번 확인하세요!

워크시트 이동 및 복제하기

예제 파일 : C2L3_워크시트.xlsx

워크시트는 시트 탭을 드래그해 간단하게 이동하거나 Ctrl +드래그로 복제할 수도 있어요! 하지만 다른 문서로 시트를 이동, 복사를 해야 하는 경우도 있는데요! 이때는 [이동/복사] 기능을 사용합니다.

❶ 이동 혹은 복사하고자 하는 시트 탭을 마우스 오른쪽 버튼으로 클릭한 후
❷ [이동/복사]를 클릭하면 됩니다.

다른 문서로 이동하거나 복사할 때는 ❶ [대상 통합 문서]에서 해당 문서를 선택하면 되고 시트를 복제할 때는 ❷ [복사본 만들기]에 체크한 후 [확인]을 클릭하면 됩니다.

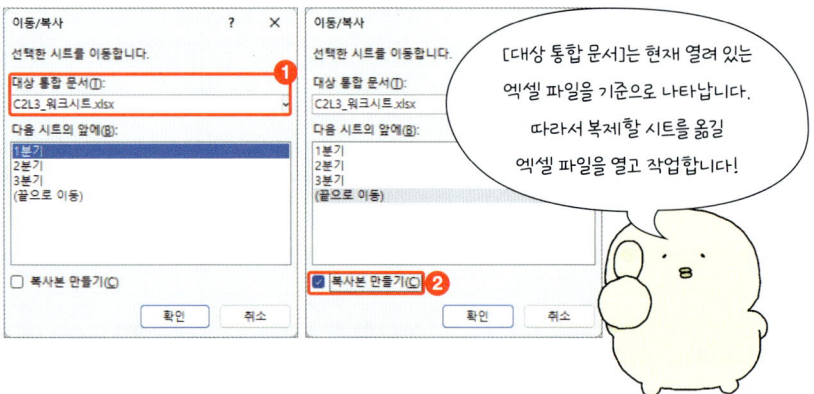

[대상 통합 문서]는 현재 열려 있는 엑셀 파일을 기준으로 나타냅니다. 따라서 복제할 시트를 옮길 엑셀 파일을 열고 작업합니다!

워크시트 이름 바꾸고 색상 적용하기

예제 파일 : C2L3_워크시트.xlsx

시트 이름을 변경할 때는 ❶ 시트 탭을 더블클릭 한 후 입력 상태가 되면 ❷ 시트 이름을 입력하고 Enter 를 누릅니다.

시트 탭에 구분이 필요할 경우 색을 지정할 수도 있습니다.

❶ 마우스 오른쪽 버튼으로 시트 탭을 클릭한 후 ❷ [탭 색]에서 원하는 색을 선택하면 됩니다.

LESSON 03 워크시트 똑똑하게 관리하기

 넓게 알려주는 올이's 꿀팁

예제 파일 : C2L3_워크시트.xlsx

워크시트 숨기기

엑셀에서 불필요한 시트를 삭제하는 대신 잠시 안보이게 하고 싶으면 숨겨서 처리할 수 있어요! ❶ 숨김 처리할 시트 탭을 마우스 오른쪽 버튼으로 클릭한 후 ❷ [숨기기]를 클릭하면 바로 시트가 숨겨집니다. ❸ 참고로 엑셀 파일에 숨겨진 시트가 있다면 [숨기기 취소]가 활성화된답니다!

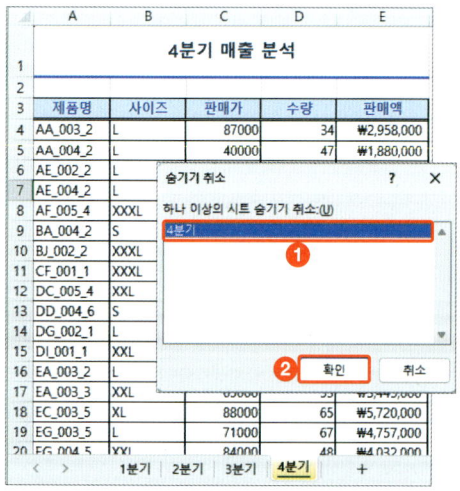

숨기기를 취소하려면
[숨기기 취소] 클릭 후 나타나는
❶ [숨기기 취소] 대화상자에서
숨김 취소할 시트를 선택하고
❷ [확인]을 클릭하면 간단하게
다시 표시할 수 있어요!

하나라도 더 알려주는 울이

STEP 02 다양한 워크시트 선택 방법
여러 개 시트를 선택하는 두 가지 방법!

워크시트 다중 선택 방법

예제 파일 : C2L3_워크시트.xlsx

❶❷ 워크시트 탭에서 Ctrl 을 누른 상태로 클릭하면
개별적으로 여러 개의 시트를 선택할 수 있고,

❸❹ Shift 를 누른 상태로 클릭하면 처음 선택된 시트부터
마지막에 선택한 시트까지 모든 시트가 한 번에 선택됩니다.

시트 탭을 여러 개 선택한 상태에서도 동일하게
숨기기 작업이나 탭 색을 한 번에 지정할 수 있답니다!

예제 파일 : C2L3_보고용문서.xlsx

워크시트 보고용으로 정리하기

엑셀 파일을 마지막 보고용으로 정리할 때 워크시트를 정리할 필요가 있겠죠!? 예제 파일을 열면 [2024매출] 시트 외에도 각 분기별 데이터에 해당하는 시트가 있습니다. 해당 파일은 [2024매출]이 보고용, 나머지 데이터는 참조용(로우 데이터)이라는 점을 감안하고 정리해볼게요!

01 참고로 워크시트를 숨김 처리하기 전 참고용인 로우 데이터가 들어 있는 시트를 포함해 보고용 파일은 [A1] 셀에 셀 포인터를 위치시키는 것이 좋습니다.
파일을 열었을 때 셀 포인터는 '가장 마지막 위치'에서 시작하기 때문에 보고서를 받는 사람 입장에서는 [A1] 셀에서 열렸을 때 더욱 깔끔하게 보이거든요!
[1분기] 시트부터 ❶ Ctrl + Page Up , Ctrl + Page Down 으로 시트를 이동하면서
❷ Ctrl + Home 을 눌러 [A1]셀로 셀 포인터를 위치시킵니다.

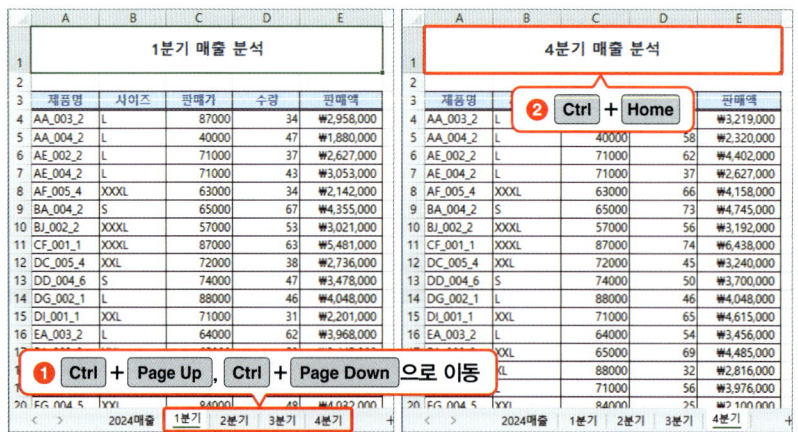

TIP 시트 탭을 이동할 때는 Ctrl + Page Up , Ctrl + Page Down 으로 간단히 이동할 수 있습니다!

02 나머지 [1분기]부터 [4분기] 시트는 마우스 오른쪽 버튼으로 클릭한 후 [숨기기]를 클릭해 모두 숨김 처리해줍니다. 시트 탭을 한 번에 선택해도 좋지만, 보고용 시트는 꼭 필요한 시트가 누락될 수 있기 때문에 하나씩 확인하면서 작업하는게 좋아요!

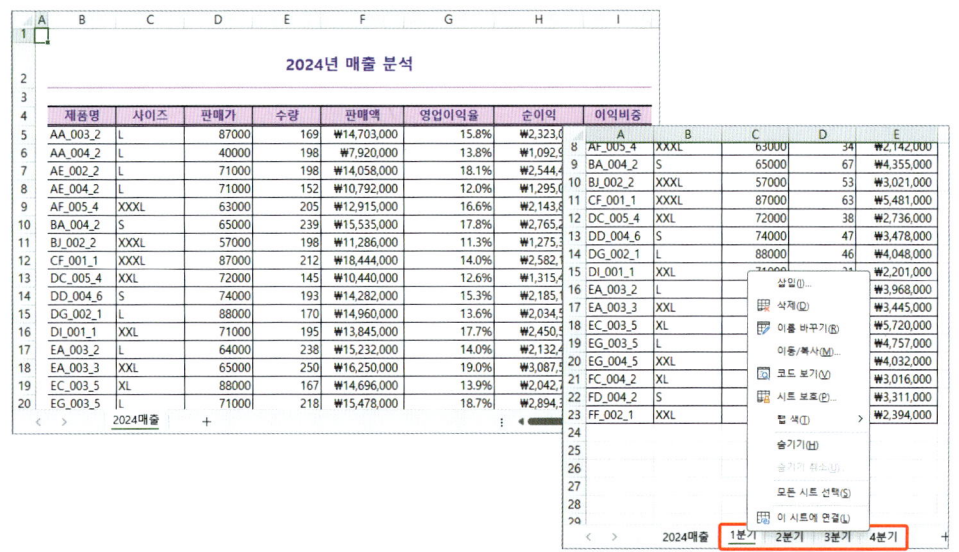

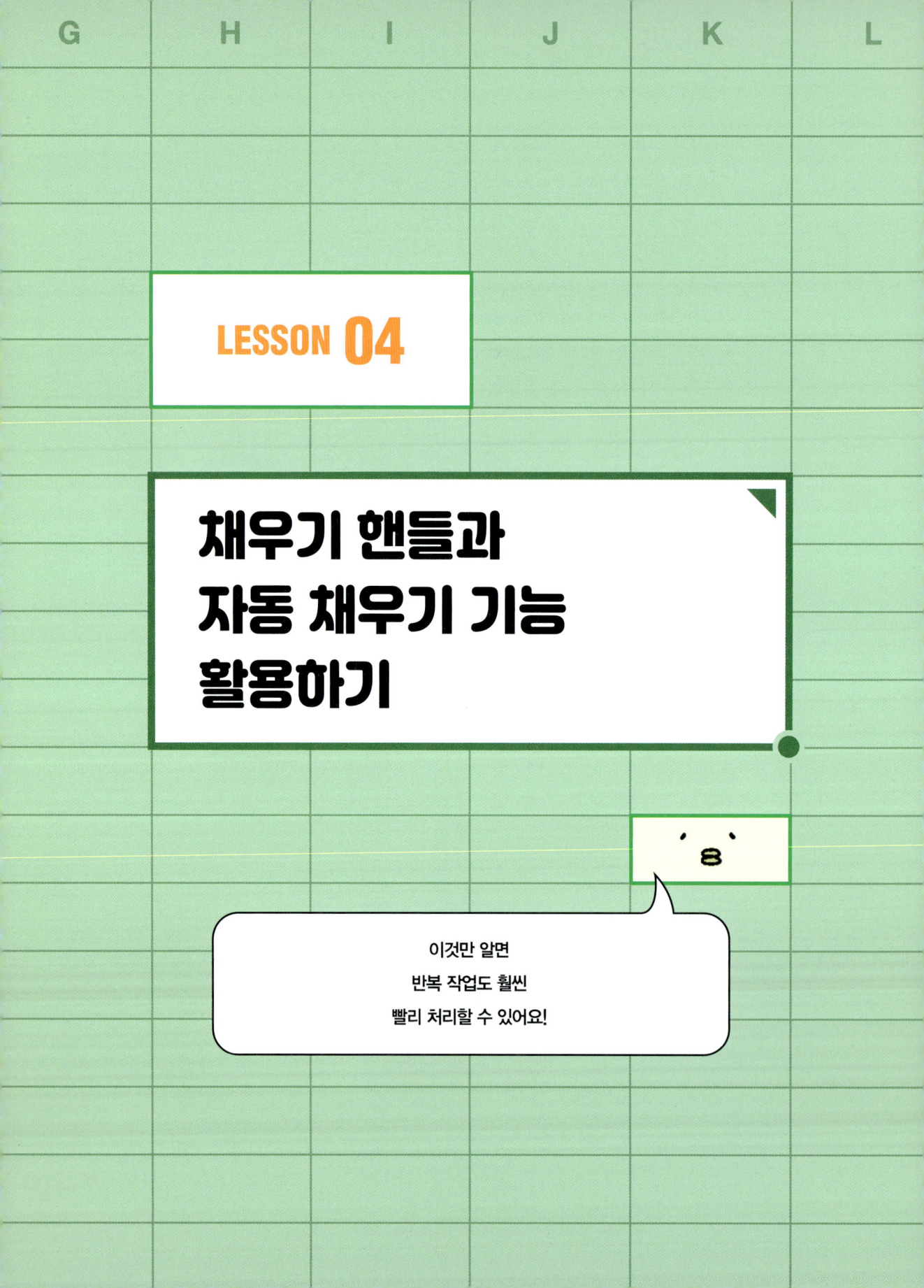

눈으로만 읽는 엑셀

STEP 01 채우기 핸들 활용하기
규칙성이 있는 반복된 데이터 편하게 입력하기!

규칙성이 있는 데이터와 숫자 데이터의 채우기 핸들 활용

예제 파일 : C2L4_채우기핸들.xlsx

셀 포인터 오른쪽 아래에는 이런 모양의 표시가 있고 이걸 채우기 핸들이라고 불러요! 사용 방법은 정말 간단한데요! ❶ [A1] 셀이 선택된 상태에서 을 [A4] 셀까지 드래그해볼게요! ❷ 그럼 2~4분기가 차례대로 표시됩니다.

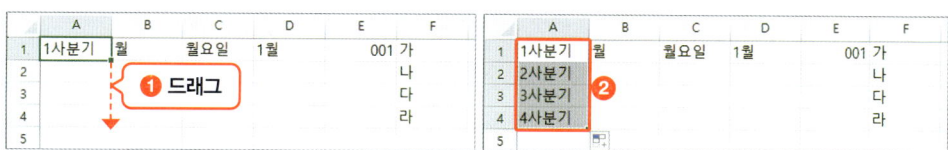

❶ 이번에는 [B1:D1] 범위를 선택하고 더블클릭해볼게요!
❷ 월~목, 월요일~목요일, 1~4월의 데이터가 차례대로 입력됩니다.
인접한 열(A열)의 마지막 행(4행)까지 채워지는 걸 확인할 수 있습니다.

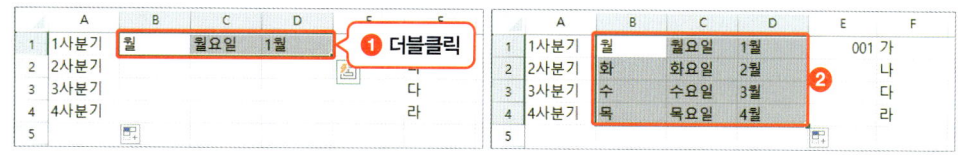

엑셀은 자체적으로 '1~4분기', '월~일', '월요일~일요일', '1~12월'에 해당하는 데이터가 내장되어 있어 '이 데이터는 이런 규칙으로 채운다!'라고 인식한답니다!

TIP 규칙성 없이 동일한 데이터로 채우려면 `Ctrl`을 누른 상태에서 드래그합니다.

숫자 데이터의 채우기 핸들 활용

예제 파일 : C2L4_채우기핸들.xlsx

숫자 데이터는 그냥 ❶ 채우기 핸들을 드래그할 경우
채우기가 적용되지 않습니다. 이때 ❷ Ctrl 을 누른 상태로 드래그하면
'001~004'가 자동으로 채워집니다.

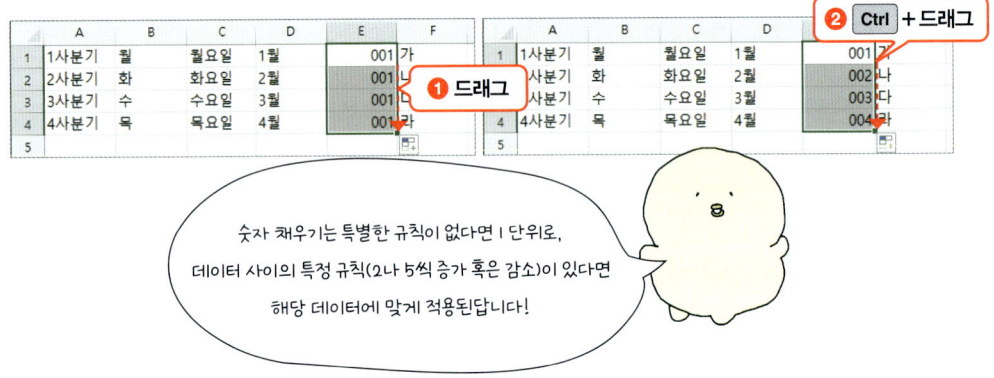

숫자 채우기는 특별한 규칙이 없다면 1 단위로, 데이터 사이의 특정 규칙(2나 5씩 증가 혹은 감소)이 있다면 해당 데이터에 맞게 적용된답니다!

TIP '1사분기'를 채우기 핸들로 채우면 '4사분기'까지 입력된 후 '1사분기'가 입력되고, '1분기'로 입력할 경우 '4분기' 다음에 다시 '1분기'가 아닌 '5분기'가 입력됩니다. 이 경우는 숫자+텍스트(1+분기)로 숫자가 증가하는 형태로 작동하는데요! 'n사분기'와 달리 'n분기'는 엑셀 자체적으로 내장된 데이터가 아니기 때문입니다.

TIP 수식도 동일하게 채우기 핸들을 활용해 채울 수 있고, 더블클릭도 활용할 수 있습니다. 수식의 경우 참조 방법에 따라 다르게 적용되기 때문에 이 부분은 수식과 함수 관련 내용인 179페이지에서 같이 알아볼게요!

가볍게 알려주는 올이's 엑셀 NOTE — 반복되는 텍스트 채우기

예제 파일 : C2L4_채우기핸들.xlsx

[F4] 셀에서 채우기 핸들을 드래그하면 '라'만 반복해 입력되지만, [F1:F4] 범위를 선택한 상태에서 채우기 핸들을 드래그하면 '가~라'가 반복되어 입력됩니다. 텍스트 데이터는 별도의 규칙성이 없으면 선택된 범위의 데이터를 반복적으로 표시합니다.

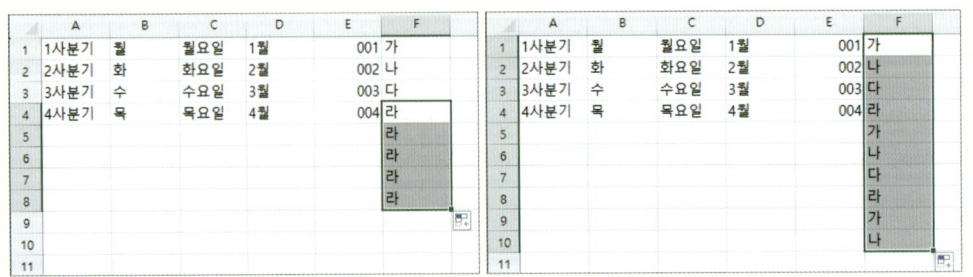

하나라도 더 알려주는 올이

STEP 02 다양한 채우기 활용 방법
똑똑하게 데이터를 완성하는 빠른 채우기!

빠른 채우기 기본 활용 방법

예제 파일 : C2L4_자동채우기.xlsx

엑셀 속 반복되는 데이터를 입력할 때 활용하면 좋은 빠른 채우기 기법이 있습니다.
우선 예제 파일을 열고 [B3] 셀에 010-5454-4545를 입력한 후 Ctrl + E 를 누르면
나머지 전화번호가 자동으로 입력됩니다. 이게 첫 번째 방법이구요!

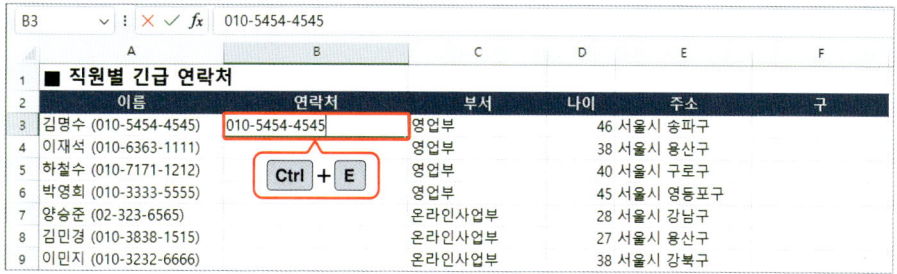

❶ 두 번째 방법은 [B3] 셀에 연락처를 입력하고
이어서 [B4] 셀에 010-63까지 입력하면 자동으로 미리 보기 데이터가 나타나요!
이때 ❷ Enter 를 누르면 나머지 데이터가 자동으로 채워지게 됩니다.

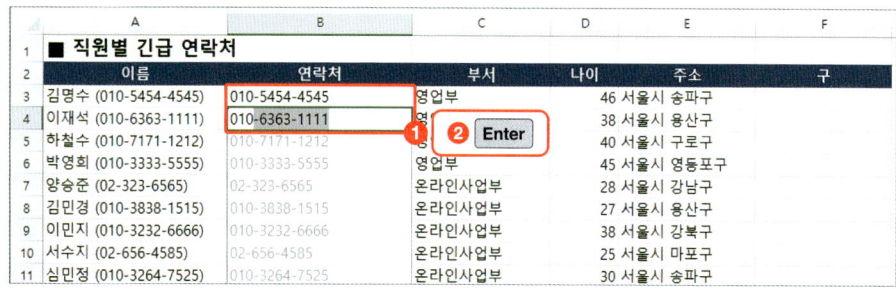

꼭 전화번호가 아니더라도 추출을 원하는 규칙성이 있는 데이터는 모두 가능합니다.
[F3] 셀에 송파구, [F4] 셀에 용산구를 입력하면 이렇게 '구' 단위로 분리할 수도 있구요!

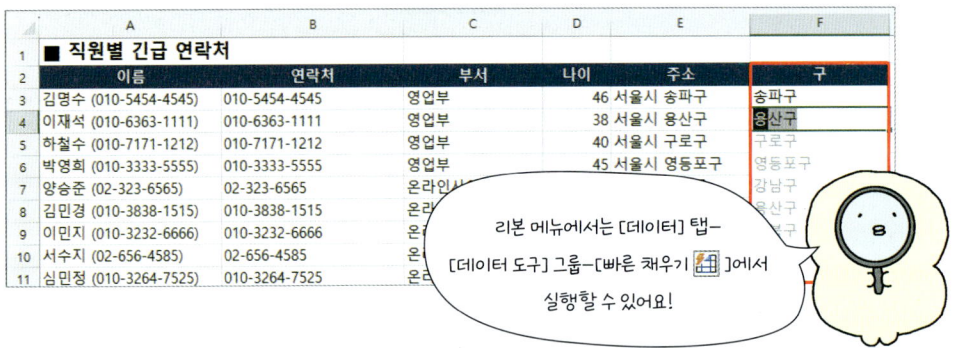

TIP 빠른 채우기를 적용한 데이터에는 [빠른 채우기] 옵션이 나타납니다. 해당 옵션에서는 자동 채우기를 취소하거나, 적용하는 작업이 가능합니다. 옵션 아이콘을 클릭하는 대신 Alt + 를 눌러도 됩니다!

텍스트 나누기 마법사로 깔끔하게 데이터 분리하기

예제 파일 : C2L4_자동채우기.xlsx

빠른 채우기로 텍스트를 나누면 빠르긴 해도 기존 데이터는 남아 있다는 단점이 있어요!
이때는 텍스트 나누기를 사용하면 됩니다! ❶ [E3:E12] 범위를 선택한 후
❷ [데이터] 탭-[데이터 도구] 그룹-[텍스트 나누기]를 클릭해보세요!

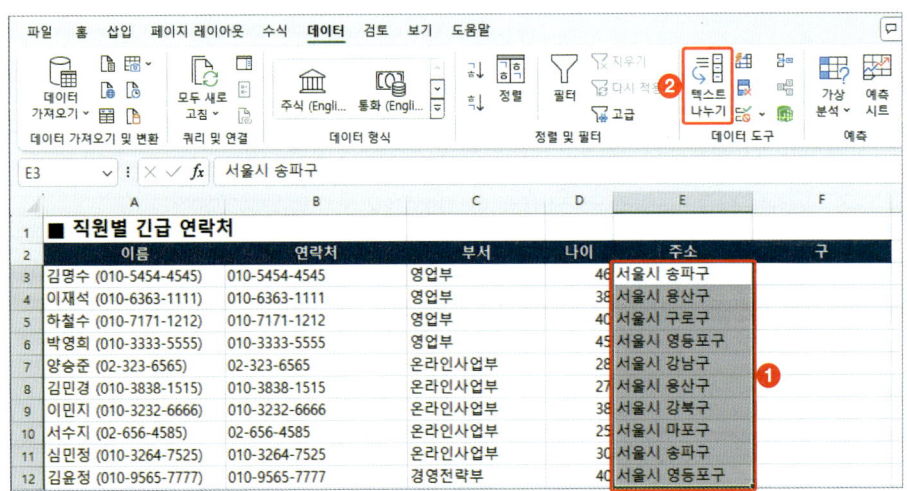

그럼 [텍스트 마법사] 대화상자가 나타납니다. [텍스트 마법사-1단계] 대화상자에서는
❶ [구분 기호로 분리됨]을 클릭하고 ❷ [다음]을 클릭하구요!
[텍스트 마법사-2단계] 대화상자에서는 ❸ [구분 기호]의 [공백]에 체크한 후
❹ [다음]을 클릭해주세요!

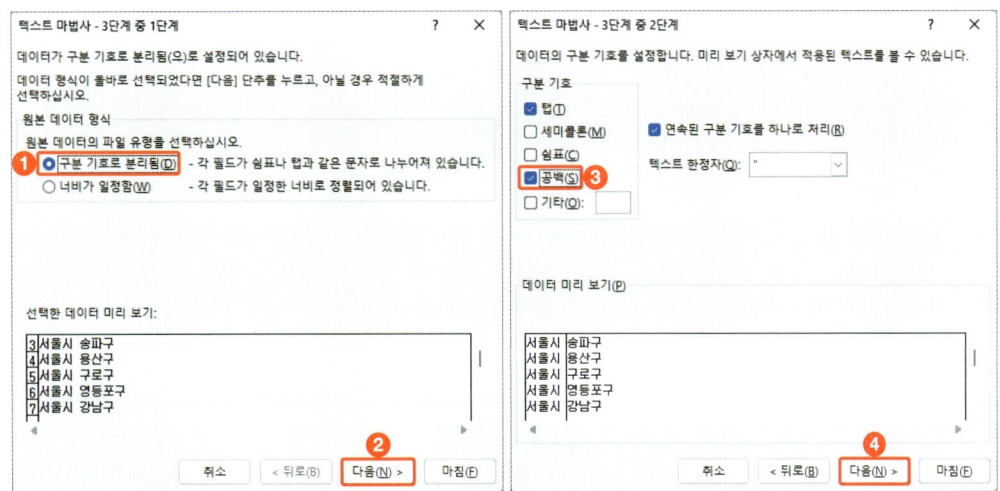

TIP [너비가 일정함]은 텍스트(데이터)의 길이(글자 수)를 기준으로 나누는 방식입니다!

TIP 주소는 띄어쓰기(공백)를 기준으로 시와 구가 나누어지기 때문에 [공백]을 선택했어요!

[텍스트 마법사-3단계] 대화상자에서는 [마침]을 클릭합니다.

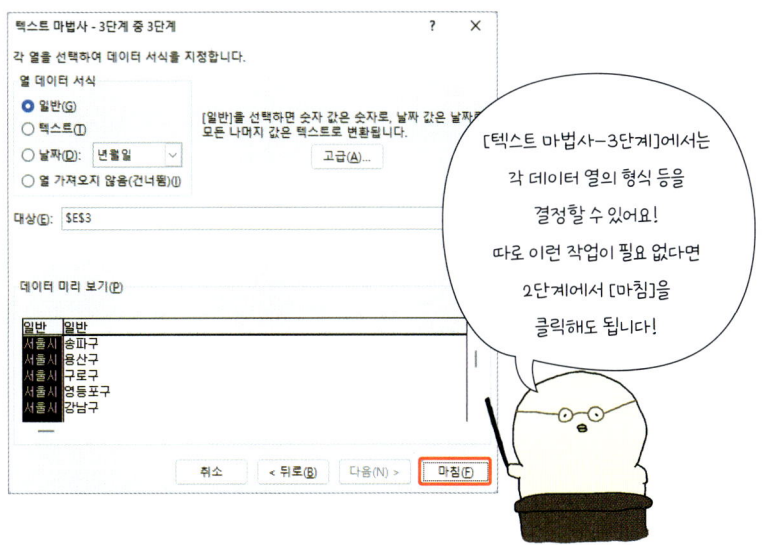

[텍스트 마법사-3단계]에서는
각 데이터 열의 형식 등을
결정할 수 있어요!
따로 이런 작업이 필요 없다면
2단계에서 [마침]을
클릭해도 됩니다!

그럼 이렇게 빠른 채우기와 다르게 텍스트 자체를 분리해서 완성할 수 있습니다.

TIP 참고로 '텍스트 나누기' 기능을 사용하려면 텍스트를 열로 분리할 만큼 공백 열이 필요합니다. 예제에서는 주소를 '시'와 '구'로 나누기 때문에 '구'가 들어갈 공백 열이 한 개가 필요하고 '시', '구', '동'까지 있는 데이터라면 '구'와 '동'이 들어갈 공백 열이 두 개가 필요합니다.

가볍게 알려주는 올이's 엑셀 NOTE — 자동 채우기 옵션 아이콘

예제 파일 : C2L4_채우기핸들.xlsx

자동 채우기를 실행하면 자동 [채우기 옵션 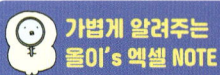] 아이콘이 나타납니다. 이때 Alt + 를 눌러서 옵션을 열 수도 있구요!

채우기 핸들 을 드래그하거나 더블클릭하면 자동 채우기가 실행되면서 나머지 셀에 셀 서식과 기타 여러 옵션이 같이 적용됩니다. 이때 [서식 없이 채우기]를 선택해 데이터만 채우거나, [셀 복사]/[연속 데이터 채우기]를 선택해 채우는 방식을 선택할 수도 있어요!

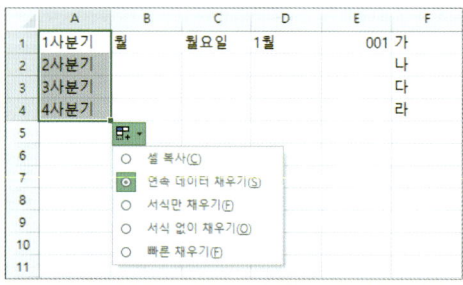

될 때까지 같이 하는 올이

STEP 03 사용자 지정 목록 활용하기

내가 원하는 양식으로 자동 채우기가 가능해요!

사용자 지정 목록 추가하기

예제 파일 : C2L4_사용자목록.xlsx

엑셀에서 자동 채우기는 엑셀에 내장된 '지정 목록'이라는 점을 알아봤는데요!
엑셀에 어떤 '지정 목록'이 있는지 확인하고,
내 업무에 맞는 '사용자 지정 목록'을 추가해 활용할 수도 있습니다.

01 우선 예제 파일을 열고 작업해볼게요!
❶ [홈] 탭 클릭 후 ❷ 백그라운드 화면에서 [옵션] 클릭합니다.

TIP 위 그림처럼 낮은 해상도에서는 [더 보기]를 클릭한 후 [옵션]을 클릭합니다.

02 ❶ [고급] 탭을 클릭하고 아래로 내려보면
❷ [일반]-[사용자 지정 목록 편집]이 있습니다. 클릭해주시구요!

03 [사용자 지정 목록] 대화상자가 나타나면
[목록 가져올 범위]의 셀 주소 입력란을 클릭합니다.

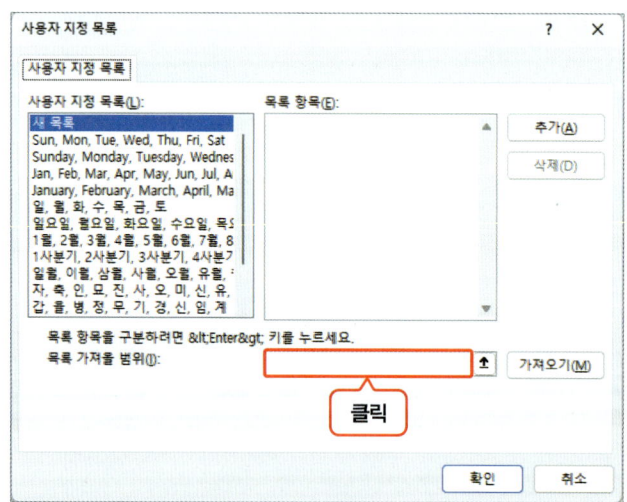

04 ❶ [A1:A6] 범위를 드래그해 선택하고 ❷ [가져오기]를 클릭한 후
❸ [추가]를 클릭해주세요!

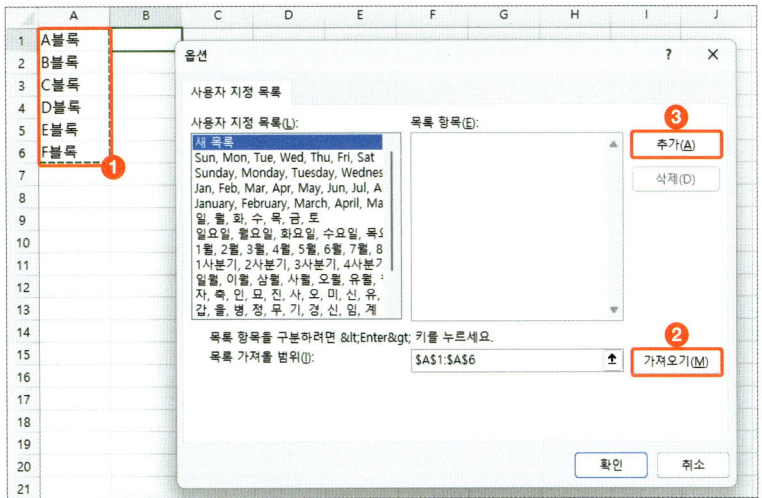

05 ❶ [목록 항목]에 'A~F블록'이 추가되고 줄 바꿈으로 구분됩니다.
❷ [확인]을 클릭하고 ❸ [C1] 셀에 A블록을 입력한 후 채우기 핸들을
[C6] 셀까지 드래그하면 A~F블록이 입력되는 걸 확인할 수 있어요!

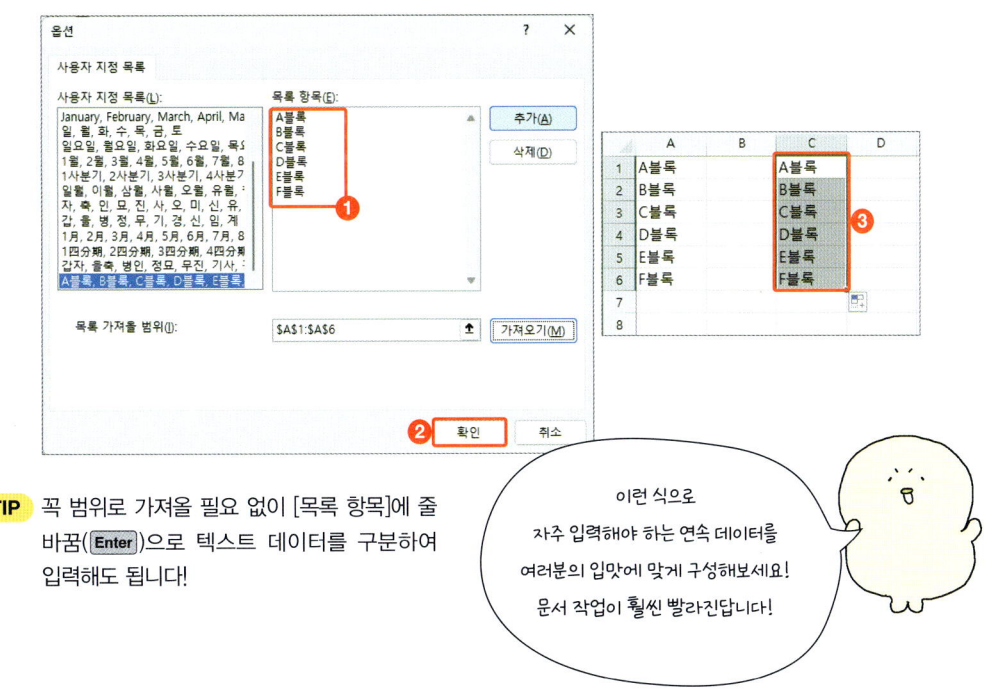

TIP 꼭 범위로 가져올 필요 없이 [목록 항목]에 줄
바꿈(Enter)으로 텍스트 데이터를 구분하여
입력해도 됩니다.

이런 식으로
자주 입력해야 하는 연속 데이터를
여러분의 입맛에 맞게 구성해보세요!
문서 작업이 훨씬 빨라진답니다!

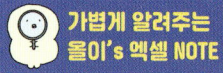 ## 저장 기본값을 PC로 설정하는 법

엑셀 파일을 다른 이름으로 저장할 때 `Ctrl`+`F12`를 사용하려고 해도 `Ctrl`+`S`를 사용하는 게 아무래도 익숙하죠! `Ctrl`+`S`를 누르면 [이 파일 저장하기] 대화상자가 나타나고, 위치는 PC가 아닌 OneDrive 폴더가 선택되어 있는데요! 이때 PC의 폴더가 기본으로 지정되도록 설정하는 방법을 알아볼까요?

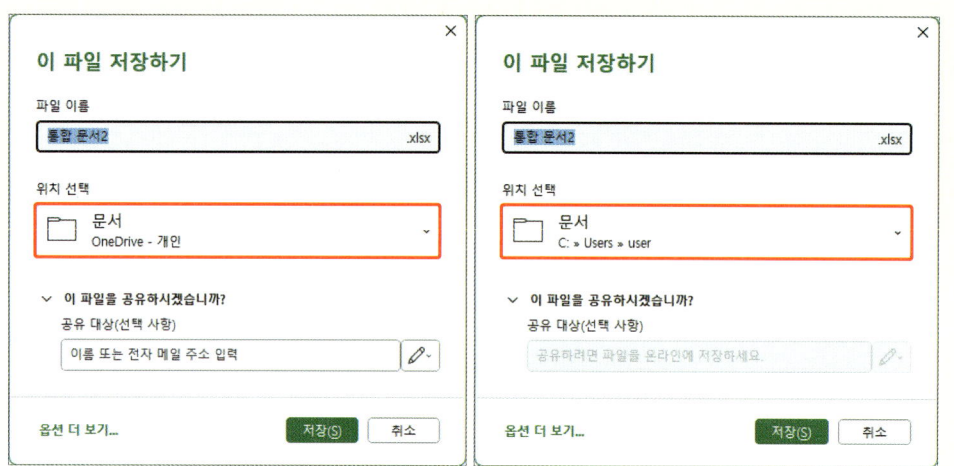

[Excel 옵션] 대화상자에서 ① [저장]을 클릭하고 ② [통합 문서 저장]-[기본적으로 컴퓨터에 저장]에 체크합니다. ③ [기본 로컬 파일 위치]를 여러분이 자주 사용하는 폴더로 지정하고 ④ [확인]을 클릭합니다. 그러면 `Ctrl`+`S`를 눌렀을 때 기본 저장 위치가 여러분이 설정한 폴더로 지정됩니다.

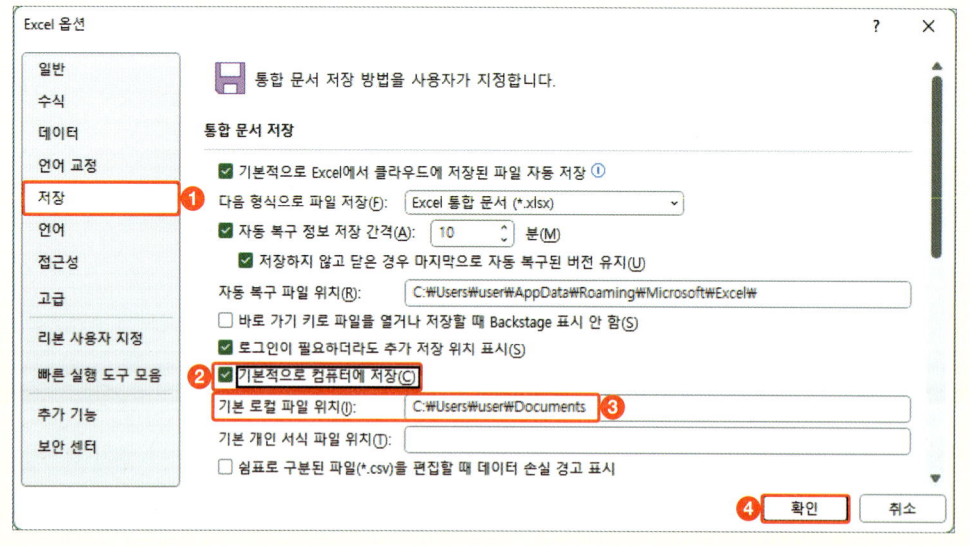

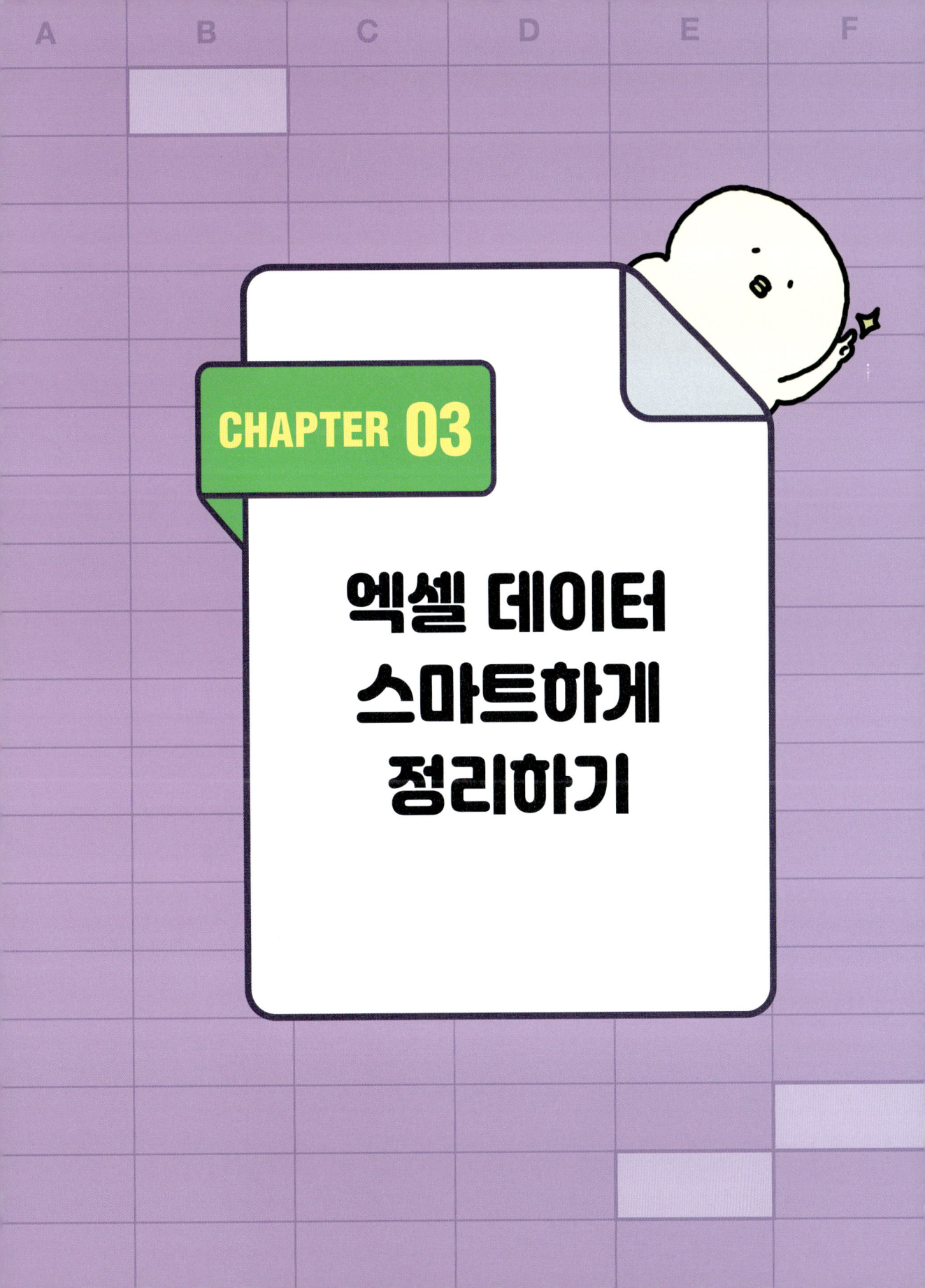

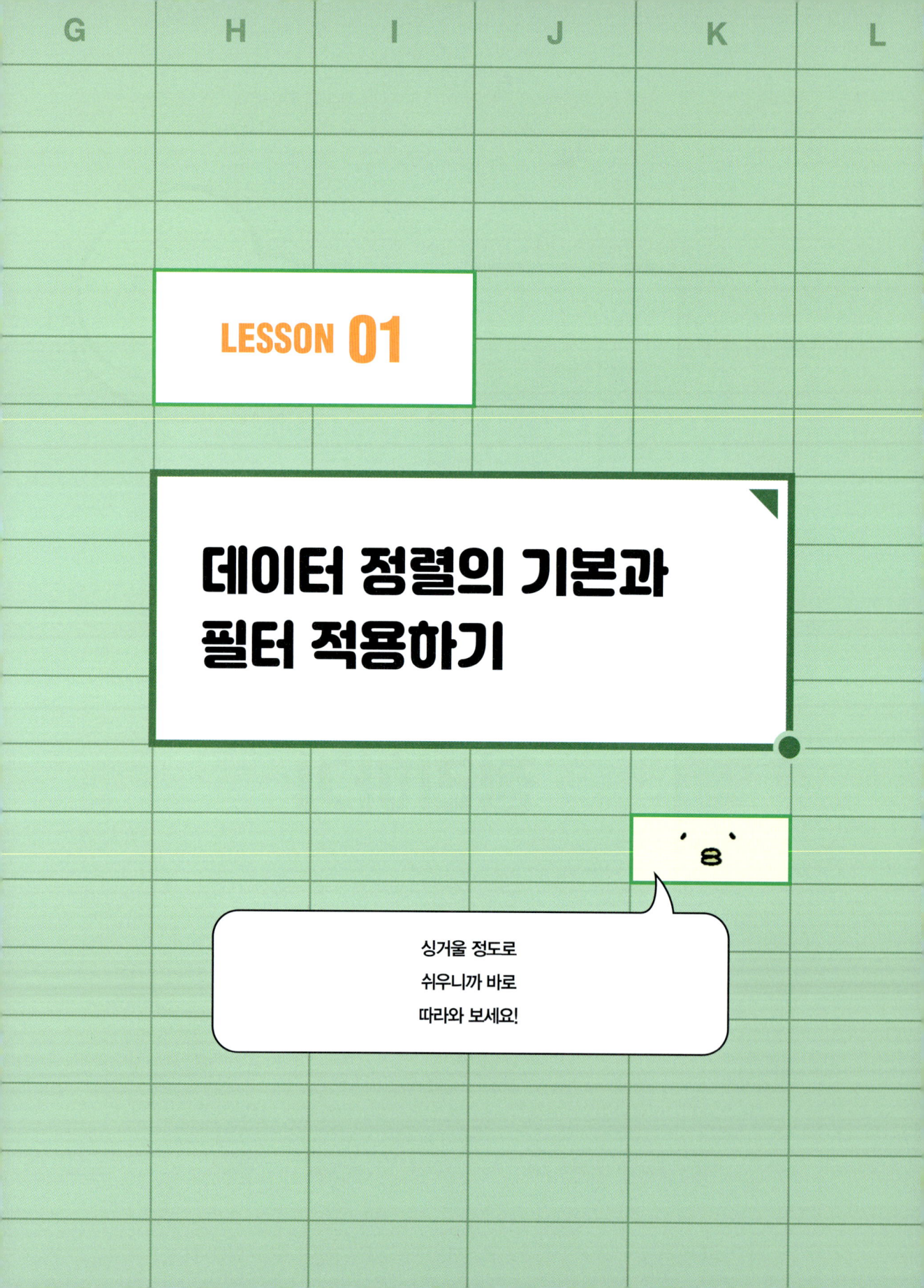

눈으로만 읽는 엑셀

STEP 01 데이터 정리의 기본은 정렬
오름차순, 내림차순, 사용자 지정 정렬 알아보기

오름차순/내림차순으로 정렬하기

예제 파일 : C3L1_오름차순.xlsx

데이터를 정리할 때는 가급적 기준을 가지고 정렬하는 게 보기에 좋습니다.
보통 날짜나 이름, 금액 등 특정 데이터를 기준으로 삼아 정렬을 적용하는데요!
예제의 '판매처'에 해당하는 ❶ [A2] 셀을 클릭하고
❷ [홈] 탭-[편집] 그룹-[정렬 및 필터]-[텍스트 오름차순 정렬]을 클릭해볼까요?

그럼 이렇게 '판매처'의 텍스트(이름)가 기준이 되어 오름차순으로 간단하게 정렬됩니다!

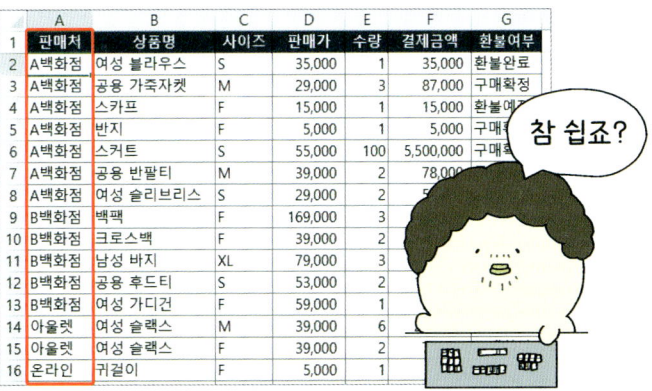

이번에는 '결제금액'에 해당하는 ❶ [F2] 셀을 클릭하고
❷ [정렬 및 필터]-[숫자 내림차순 정렬]을 클릭해볼게요!

> **TIP** 오름차순/내림차순의 기능 이름은 클릭한 셀 데이터를 기준으로 숫자면 숫자, 텍스트면 텍스트, 날짜면 날짜로 바뀝니다.

그럼 '결제금액'이 내림차순으로 정렬된 것을 확인할 수 있습니다.
숫자 내림차순은 큰 수부터 작은 수로 정렬됩니다.

> **TIP** 텍스트 오름차순은 숫자, 특수 문자, 영문, 한글 순서로 정렬되고, 내림차순은 한글, 영문, 특수 문자, 숫자 순서로 정렬됩니다.
> - **오름차순** : 숫자는 작은 숫자에서 큰 숫자, 한글은 ㄱ→ㅎ, 영어는 A→Z 순서로 정렬
> - **내림차순** : 숫자는 큰 숫자에서 작은 숫자, 한글은 ㅎ→ㄱ, 영어는 Z→A 순서로 정렬

사용자 지정 정렬로 두 가지 이상 기준 적용하기

예제 파일 : C3L1_오름차순.xlsx

정렬 기능을 사용하면 매번 기준이 달라지니
한 번에 한 가지 기준만 적용이 가능할까요?
물론 아닙니다! 사용자 지정 정렬 기능을 활용하면
각각의 기준을 정할 수 있습니다.

데이터 표에서 ❶ 임의의 셀을 선택하고
❷ [홈] 탭-[편집] 그룹-[정렬 및 필터]-[사용자 지정 정렬]을 클릭해볼까요?

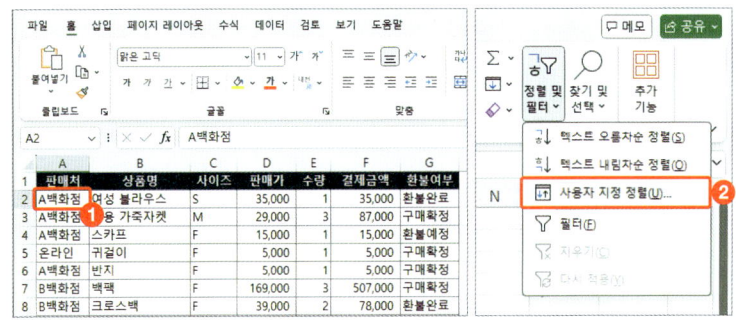

그럼 [정렬] 대화상자가 나타납니다. ❶ 첫 번째(가장 우선되는) 기준을 설정하고
❷ [기준 추가]를 클릭해볼까요?

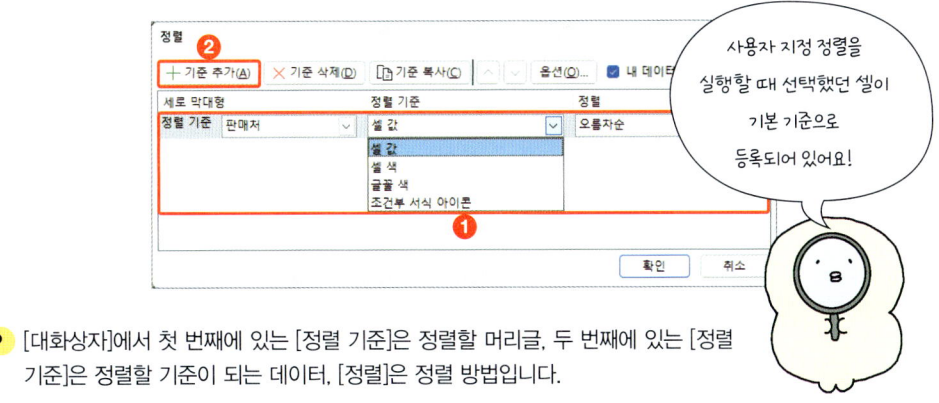

사용자 지정 정렬을
실행할 때 선택했던 셀이
기본 기준으로
등록되어 있어요!

TIP [대화상자]에서 첫 번째에 있는 [정렬 기준]은 정렬할 머리글, 두 번째에 있는 [정렬 기준]은 정렬할 기준이 되는 데이터, [정렬]은 정렬 방법입니다.

❶ 기준은 여러 개를 추가할 수 있고 위에서부터 차례대로 기준 설정이 가능합니다.
설정을 완료했다면 ❷ [확인]을 클릭하세요!

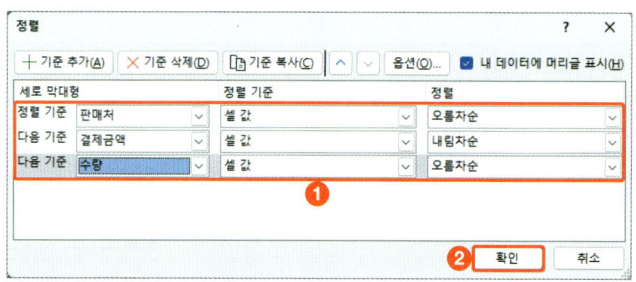

그럼 앞서 설정한 것처럼 '판매처', '결제금액', '수량'을 기준으로
각각 오름차순, 내림차순, 오름차순으로 정렬된 걸 확인할 수 있어요!
판매처가 가장 우선 기준 그 다음은 결제금액, 수량 순서로 정렬되었죠?

기존에 있던 기준을 ❶ [기준 삭제]를 클릭해 삭제하거나
❷ [기준 복사]를 클릭해 복제해 사용할 수도 있답니다.

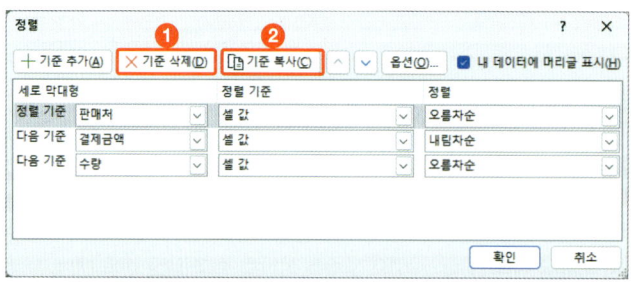

TIP 사용자가 정렬을 적용한 표에서 다시 [사용자 지정 정렬]을 클릭하면 기존에 적용된 정렬 방법을 수정, 취소할 수 있습니다.

넓게 알려주는 올이's 꿀팁

예제 파일 : C3L1_가로정렬.xlsx

가로(행 기준) 데이터 정렬하기

데이터가 가로로 입력되어 있는데 기본적인 오름차순/내림차순 기능을 적용하면 세로 방향(열 기준)으로만 정렬됩니다. 간단히 가로로 입력된 데이터를 세로로 돌려서 정리하고 다시 돌리면 그만이겠지? 싶지만 100% 완벽한 해결 방법은 아닙니다! 이때는 사용자 지정 정렬 기능을 활용해 정렬할 수 있습니다.

01 먼저 예제 파일에서 도시 이름을 순서대로 정렬해보겠습니다.
❶ [B1:H4] 범위를 선택하고 ❷ [홈] 탭-[편집] 그룹-[정렬 및 필터]-[사용자 지정 정렬]을 클릭합니다.

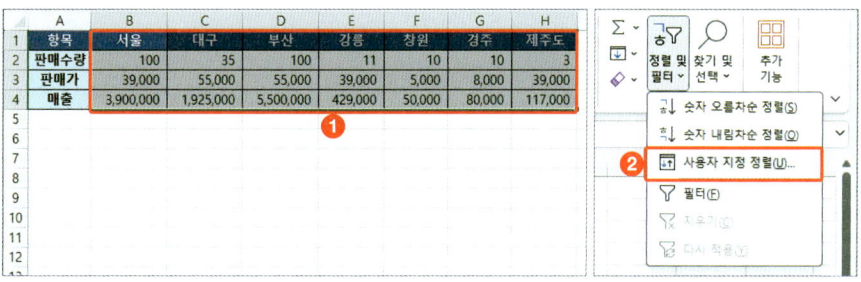

02 [정렬] 대화상자가 나타나면 ❶ [옵션]을 클릭합니다.
[정렬 옵션] 대화상자가 나타나면 ❷ [방향]에서 [왼쪽에서 오른쪽]을 선택합니다.
❸ [확인]을 클릭합니다.

03 [정렬] 대화상자에서 기준이 [세로 막대형]에서 [행]으로 바뀝니다.
❶ [정렬 기준]에서 기준이 될 행을 선택하고 [정렬 기준]과 [정렬]도 각각 선택해주세요!
❷ [확인]을 클릭합니다.

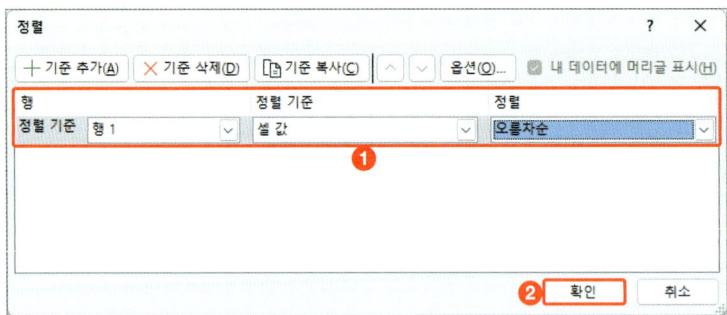

04 그럼 이렇게 텍스트 오름차순으로 정렬됩니다.
참고로 가로로 입력된 데이터를 정렬하면 기존 열 너비는 달라지지 않습니다.
숫자 데이터가 #####으로 표시될 경우 적절하게 열 너비를 조절해주면 됩니다.

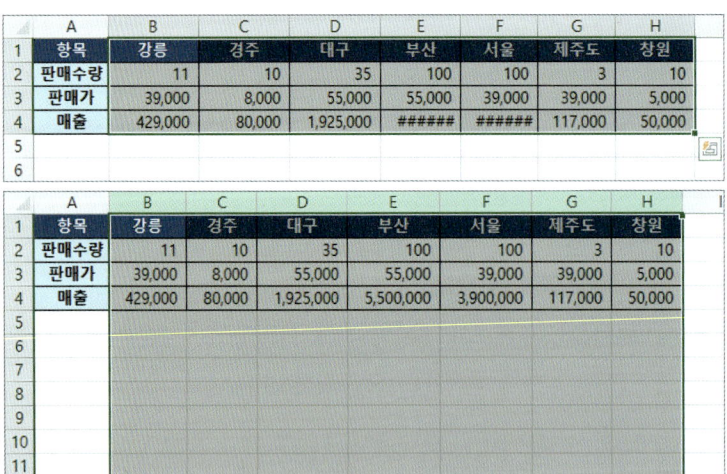

하나라도 더 알려주는 올이

STEP 02 필터 똑똑하게 사용하기

데이터에서 내가 원하는 내용만 쏙쏙 골라보세요!

데이터에 필터 적용하기

예제 파일 : C3L1_필터.xlsx

필터는 데이터에서 내가 원하는 내용만 골라서 보는 기능입니다.

❶ 임의의 셀을 선택한 후 ❷ [데이터] 탭-[정렬 및 필터] 그룹-[필터 ▽]를 클릭해볼까요?

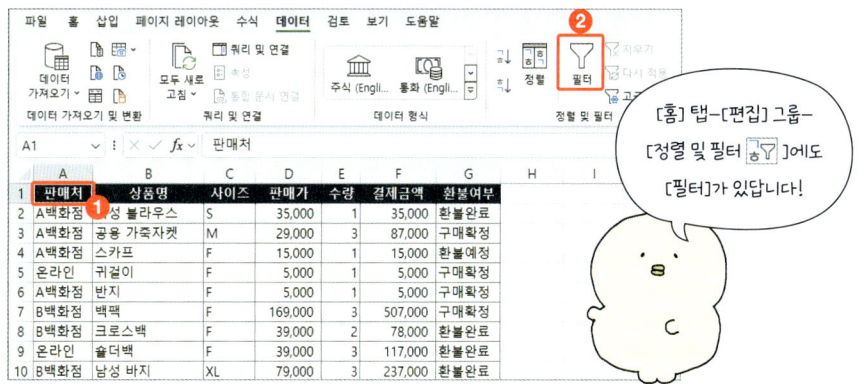

머리글에 해당하는 1행에 필터 단추 ▼ 가 추가된 것을 확인할 수 있어요!

각각의 ❶ 필터 단추 ▼ 를 클릭하면 필터 메뉴가 나타납니다.
❷ 여기에서 골라서 보고 싶은 항목에만 체크한 후 ❸ [확인]을 클릭하면 되구요!

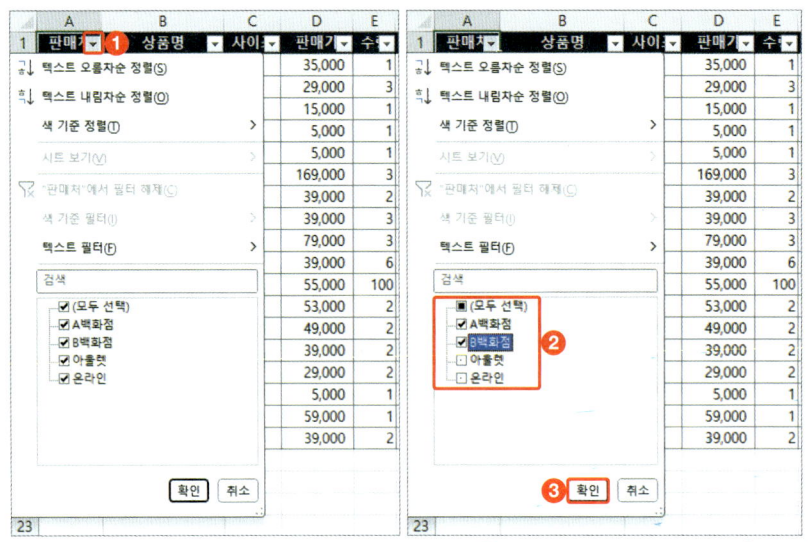

데이터가 필터링됩니다. ❶ 행 번호가 파란색으로 변했고
❷ 필터 단추 ▼ 는 필터가 적용된 경우 이런 모양 ▼ 으로 변합니다.
❸ 다른 필터 단추 ▼ 를 클릭하고 추가로 필터를 적용할 수도 있어요!

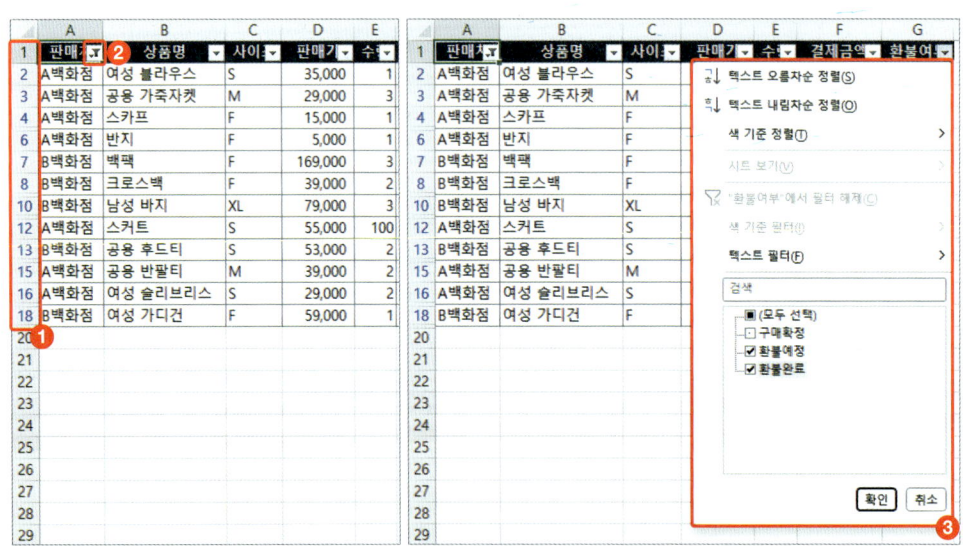

TIP 필터 적용을 해제하려면 지우기 [데이터] 탭 – [정렬 및 필터] 그룹 – [지우기 ▼]를 클릭합니다.

색을 기준으로 정렬과 필터를 적용하는 방법

예제 파일 : C3L1_색기준필터.xlsx

가끔 데이터를 확인하다 중요한 부분에는 채우기 색을 적용하는 경우가 있죠?
데이터에 글꼴 색이나 채우기 색이 적용된 경우에도 필터링이 가능합니다.

TIP 정렬 기능을 사용할 때도 색을 기준으로 정렬할 수 있습니다. 사용자 지정 정렬에서 기준을 [셀 색]으로 선택하면 됩니다.

셀 채우기 색이 적용된 데이터 열 머리글의

❶ 필터 단추 ▼를 클릭한 후 ❷ [셀 색 기준 정렬]의 원하는 색을 클릭합니다.

그럼 채우기 색이 적용된 셀이 상단으로 정렬됩니다. 필터링은 [색 기준 필터]를 활용합니다.

TIP 만약 셀에 입력된 내용에 글꼴 색이 적용된 경우 글꼴 색이 기준으로 나타납니다.

텍스트 필터 사용하기

예제 파일 : C3L1_색기준필터.xlsx

목록에서 제공되는 필터 기준만 사용하는 게 아니라
직접 필터 기준을 입력해 검색하듯 필터링할 수도 있어요!
❶ 필터 단추 ▼를 클릭하고 ❷ [텍스트 필터]-[포함]을 클릭해볼까요?

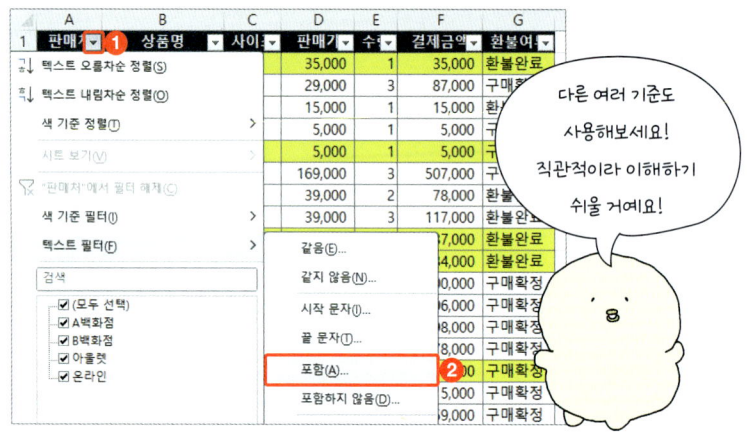

[사용자 지정 자동 필터] 대화상자가 나타납니다.
❶ **백화점**을 입력하고 ❷ [확인]을 클릭하면
❸ '백화점'이 들어간 텍스트만 필터링된 것을 확인할 수 있어요!

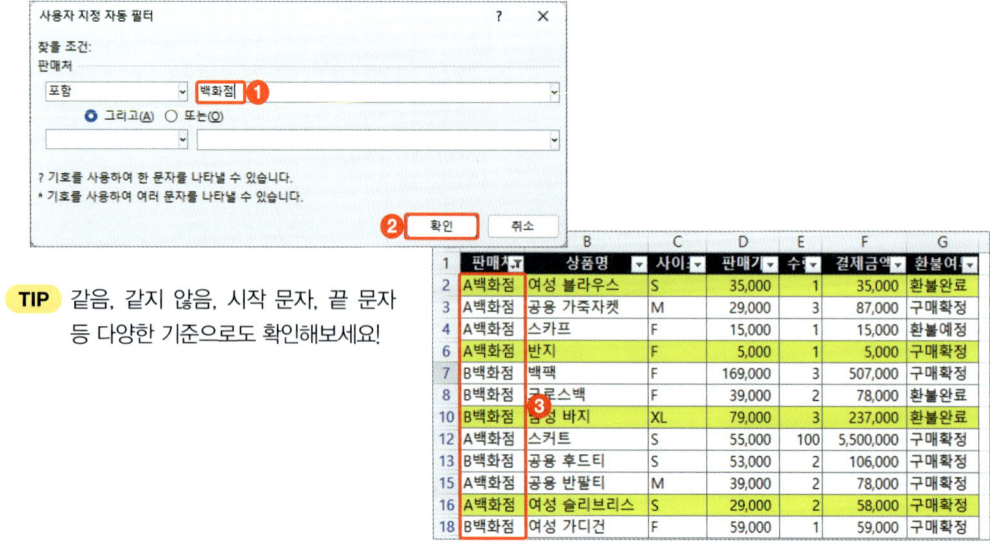

TIP 같음, 같지 않음, 시작 문자, 끝 문자 등 다양한 기준으로도 확인해보세요!

필터 대용으로 표 기능을 사용하면 훨씬 좋다

예제 파일 : C3L1_표기능.xlsx

표 기능은 CHAPTER 01에서도 알아봤는데요!
대량으로 데이터를 관리할 때는 필터 대신 표 기능을 활용하면 훨씬 편합니다.
❶ 표 데이터에서 임의의 셀을 클릭하고 ❷ [삽입] 탭-[표] 그룹-[표]를 클릭합니다.
❸ [표 만들기] 대화상자가 나타나면 지정된 범위를 확인하고 ❹ [확인]을 클릭합니다.

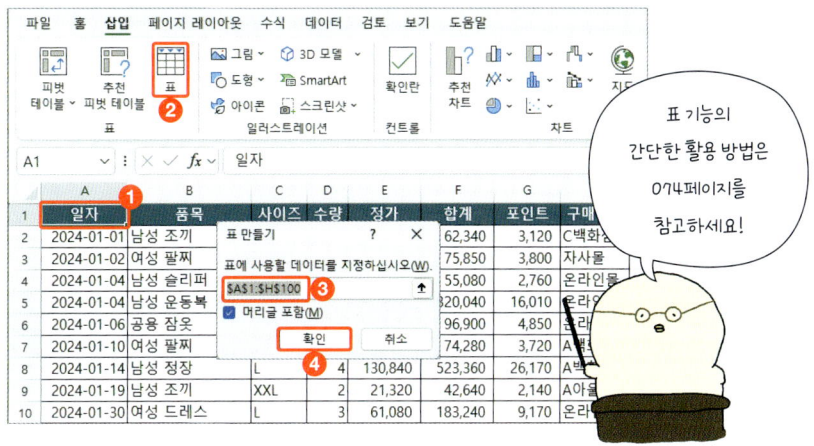

> 표 기능의 간단한 활용 방법은 074페이지를 참고하세요!

TIP 표 기능의 단축키는 Ctrl + T 입니다.

그럼 데이터에 표가 적용되고 [테이블 디자인] 탭도 활성화됩니다.
머리글 행의 필터 단추 ▼ 를 활용하면 간단하게 필터링할 수 있겠죠?

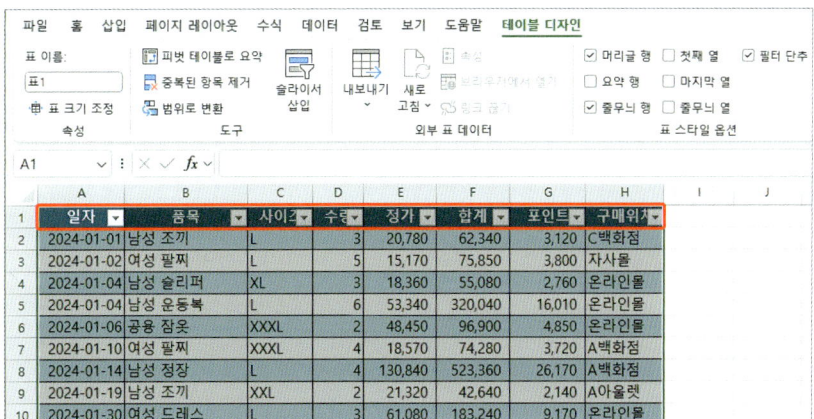

— 131 —

LESSON 01 데이터 정렬의 기본과 필터 적용하기

[테이블 디자인] 탭-[표 스타일 옵션] 그룹에서 [줄무늬 행]의 체크를 해제하면
행에 교차로 나타나는 셀 채우기 색을 제거할 수 있어요!

표에 슬라이서를 적용해 편리하게 필터링하기

예제 파일 : C3L1_슬라이서.xlsx

사실 표 기능을 사용하는 가장 큰 이유는 슬라이서 때문입니다!

우선 ❶ [테이블 디자인] 탭-[도구] 그룹-[슬라이서 삽입]을 클릭해볼까요?

❷ [슬라이서 삽입] 대화상자에서 필터할 항목을 선택하고 ❸ [확인]을 클릭합니다.

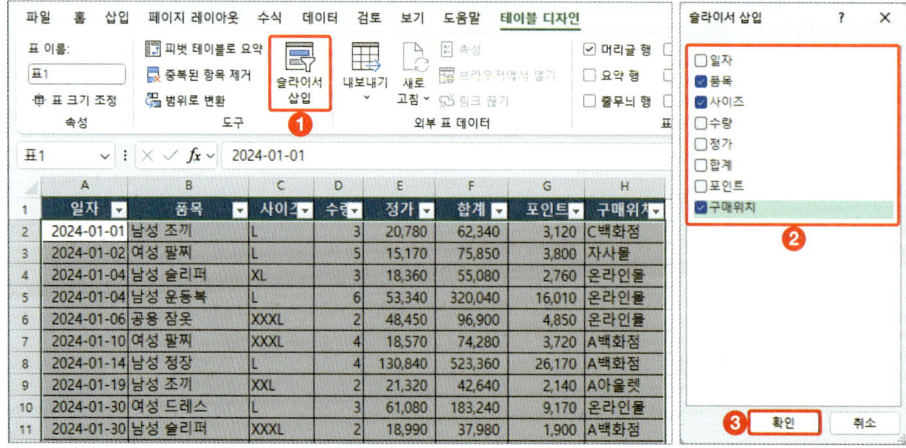

그럼 워크시트에 선택했던 항목의 슬라이서가 삽입됩니다.
각각의 슬라이서를 원하는 위치에 적절하게 배치하고, 크기도 적절하게 배치합니다.
슬라이서는 기본적으로 한 개 열로 구성되어 있는데요!
[슬라이서] 탭-[단추] 그룹-[열]에서 열 개수를 설정할 수 있습니다.

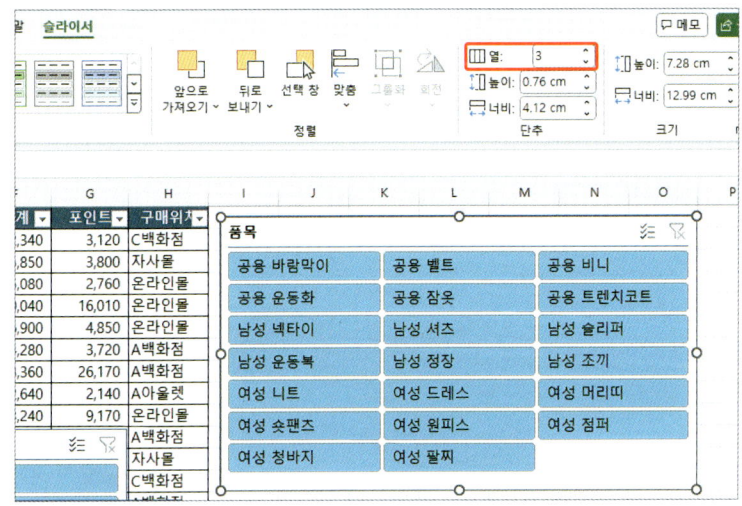

나머지 추가한 항목도 보기 좋게 설정해보세요!

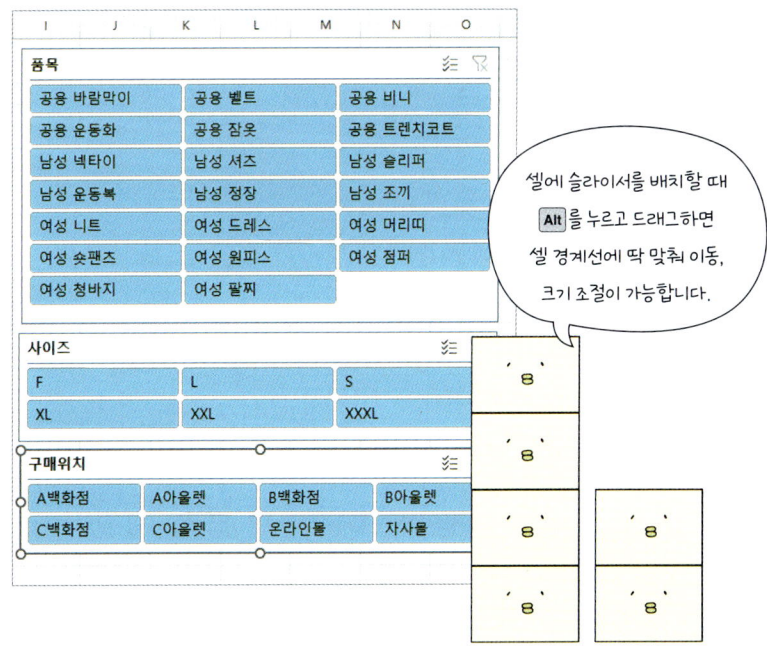

각각의 항목에서 필터링할 데이터를 클릭해보세요!

필터 단추 ▼ 를 활용할 때보다 더 빠르게 확인할 수 있답니다.

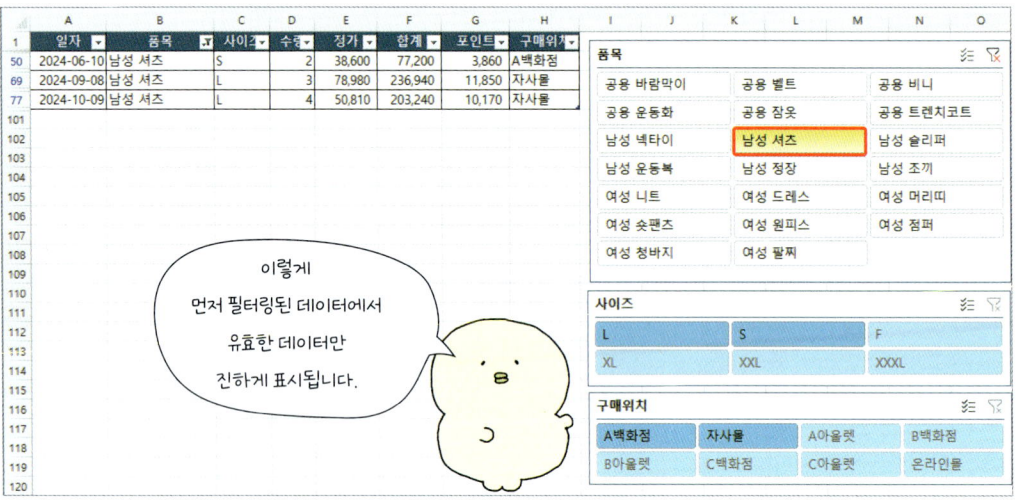

이렇게 먼저 필터링된 데이터에서 유효한 데이터만 진하게 표시됩니다.

여러 개 항목을 선택할 때는 Ctrl 을 누른 상태에서 클릭하면

여러 개를 같이 선택할 수도 있습니다.

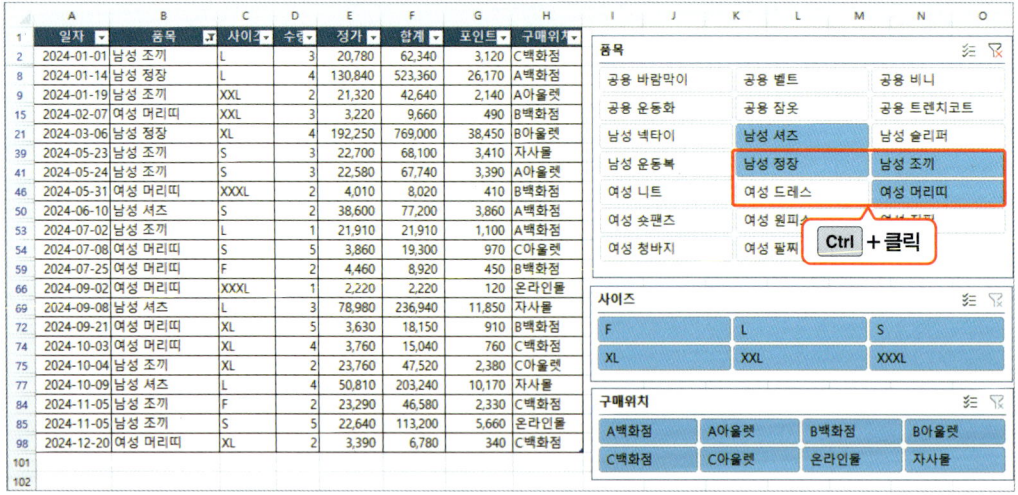

이렇게 슬라이서를 활용하면 데이터 필터를 훨씬 빠르게 사용할 수 있어

정말 편하답니다! 하지만 슬라이서는 워크시트의 공간을

차지하기 때문에 보고서 형태의 문서에는 잘 활용하지 않고

관리형 데이터, 대시보드에 주로 활용한다는 점을 주의해주세요!

슬라이서를 선택하면 나타나는 [슬라이서] 탭-[슬라이서 스타일]에서
원하는 디자인으로도 변경할 수 있습니다.

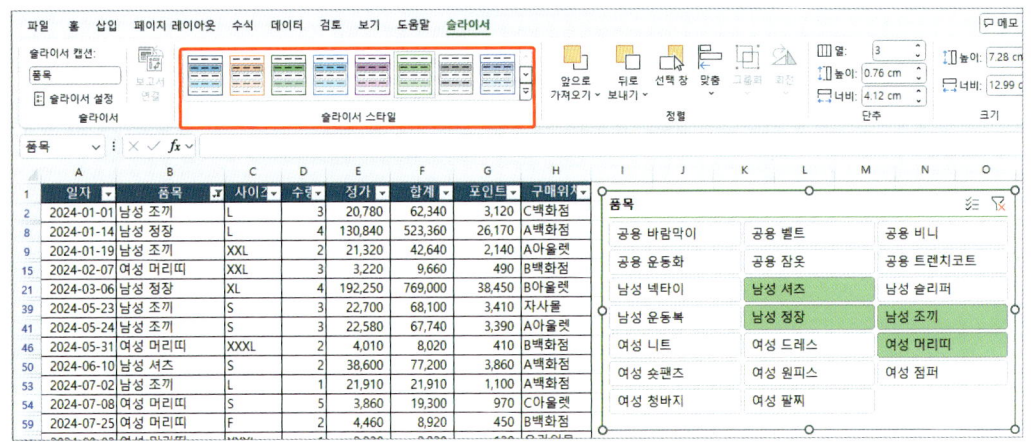

슬라이서 오른쪽 상단의
[필터 지우기 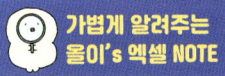]를 클릭하면
적용된 필터를 초기화할 수 있습니다.

가볍게 알려주는 올이's 엑셀 NOTE
데이터가 없는 슬라이서 항목 숨기기

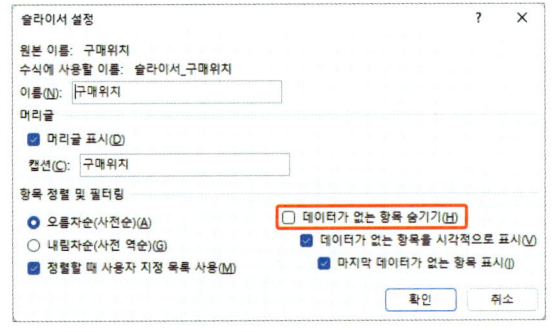

슬라이서에서 항목을 선택했을 때 다른 슬라이서의 유효하지 않은 데이터는 음영이 연하게 처리되는데요! 항목이 너무 많다면 아예 안보이도록 처리할 수도 있습니다.
[슬라이서] 탭-[슬라이서]-[슬라이서 설정]을 클릭하면 나타나는 [슬라이서 설정] 대화상자의 [데이터가 없는 항목 숨기기]에 체크하면 됩니다.

될 때까지 같이 하는 올이

STEP 03 마우스 1도 안 쓰고 필터 사용하기
마우스를 사용하지 않는 초고수의 필터 활용 방법

 엑셀 고수처럼 키보드로만 필터 작업하기

예제 파일 : C3L1_키보드필터.xlsx

지금까지 필터 기능에 대해 알아보았는데요!
아무래도 필터를 적용하고 일일이 필터 단추 ▼를 클릭해
설정하는 과정이 귀찮다면 엑셀 고수처럼 키보드만으로 작업해보세요!

01 예제 파일에서 표 데이터 중 임의의 셀을 클릭하고 Ctrl + Shift + L 을 누릅니다.

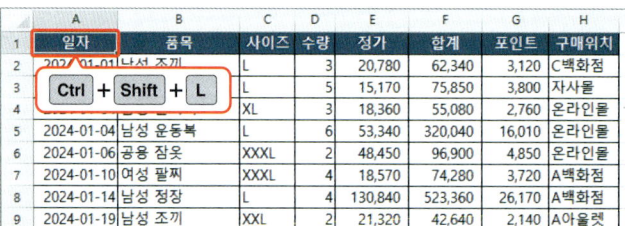

02 필터가 적용되고, 필터 단추 ▼가 추가된 것을 확인할 수 있습니다.
방향키를 이용해 필터를 적용할 열 머리글 위치로 이동합니다.

03 Alt+↓를 누릅니다. 필터 메뉴가 나타납니다.

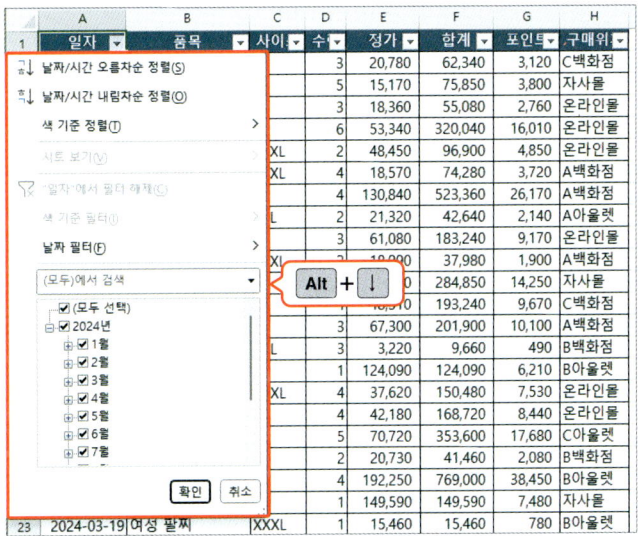

04 ❶ [H1] 셀에서 Alt+↓를 눌러 필터 메뉴를 엽니다.
필터 메뉴에서는 방향키로 이동하고 Spacebar, Enter 를 활용합니다.
❷ [(모두 선택)]에서 Spacebar 를 눌러 해제하면 모든 필터가 선택 해제됩니다.

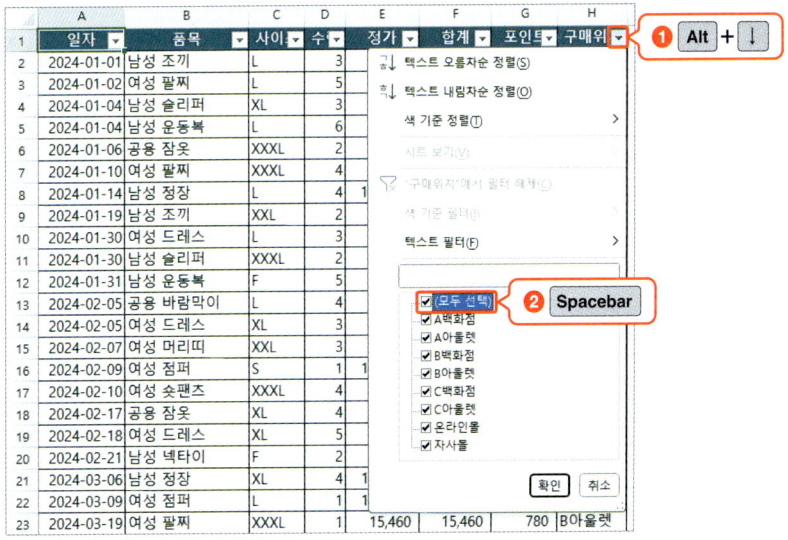

05 예제에서는 ❶ [A백화점], [A아울렛], [B백화점]에서 각각 Spacebar 를 누르고 ❷ Enter 를 눌러 선택을 완료합니다.

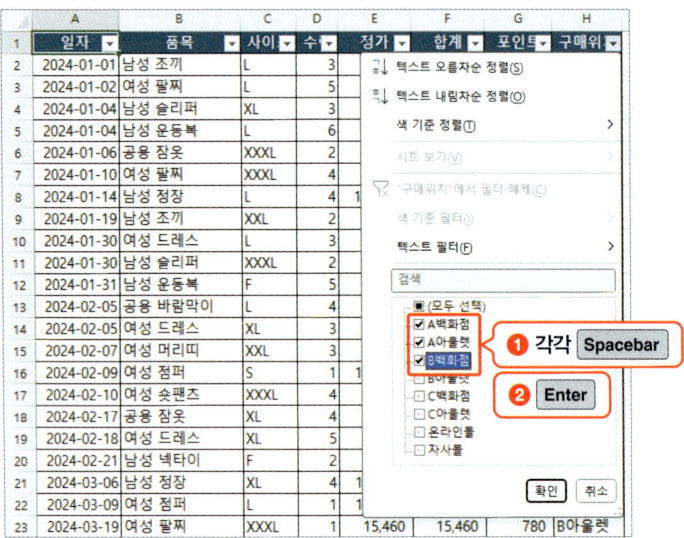

06 필터가 적용됩니다. 다시 Ctrl + Shift + L 을 눌러 필터를 해제합니다.

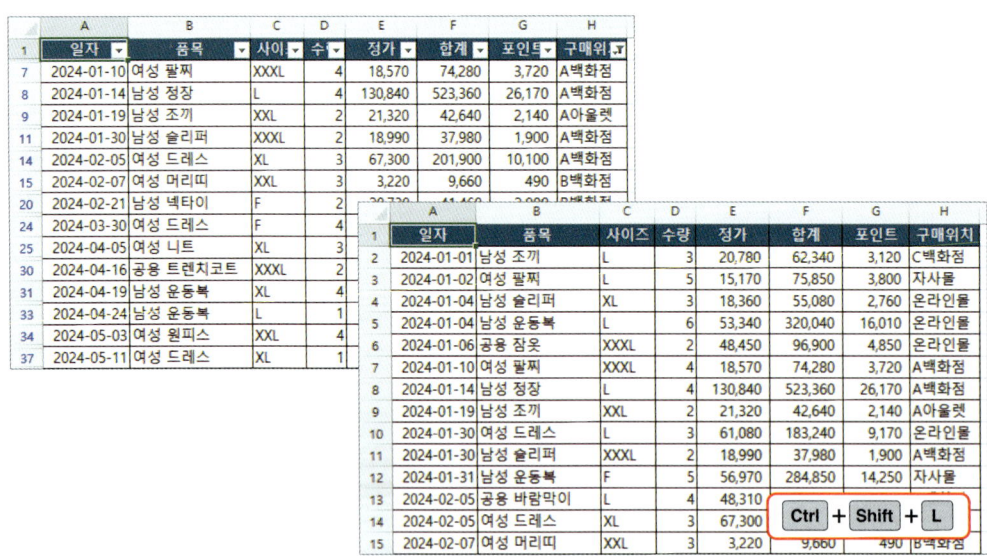

넓게 알려주는 올이's 꿀팁

예제 파일 : C3L1_병합셀필터.xlsx

병합된 셀 정리하고 필터 걸기

병합된 셀을 빠르게 해제하고 필터링하기

간혹 특정 셀을 병합하여 관리하는 경우 필터는 적용되지만 필터 기능을 실행했을 때 정상적으로 작동하지 않는데요! 이때는 병합된 셀은 해제하고 필터를 적용해야 합니다. 필터뿐만 아니라 표 데이터를 정리할 때 알아두면 유용한 방법입니다!

01 ❶ [A2:A12] 범위를 선택합니다. ❷ [홈] 탭-[맞춤] 그룹-[병합하고 가운데 맞춤 ⊞]을 클릭합니다. ❸ 셀 병합이 해제되고 [A2:A12] 범위가 선택된 상태가 됩니다.

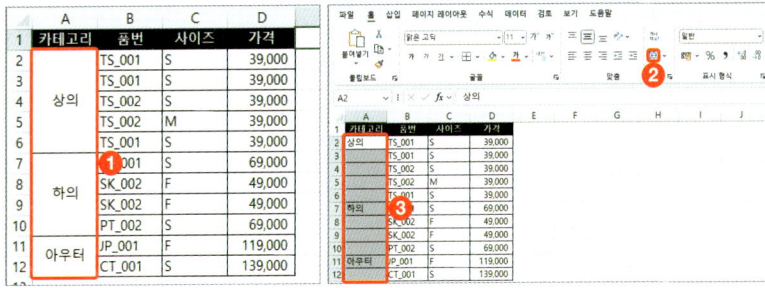

02 이 상태에서 ❶ [홈] 탭-[편집] 그룹-[찾기 및 선택 🔍]-[이동 옵션]을 클릭합니다. [이동 옵션] 대화상자에서 ❷ [빈 셀] 클릭하고 ❸ [확인] 클릭합니다.

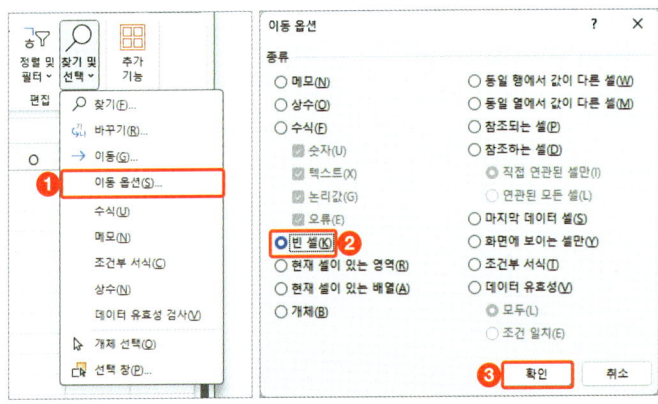

— 139 —

LESSON 01 데이터 정렬의 기본과 필터 적용하기

03 빈 셀만 선택됩니다. 이 상태에서 ❶ 수식 입력줄을 클릭하고 =를 입력한 후 ❷ [A2] 셀을 클릭합니다. 수식 ❸ =A2가 입력된 상태에서 Ctrl + Enter 를 누릅니다.

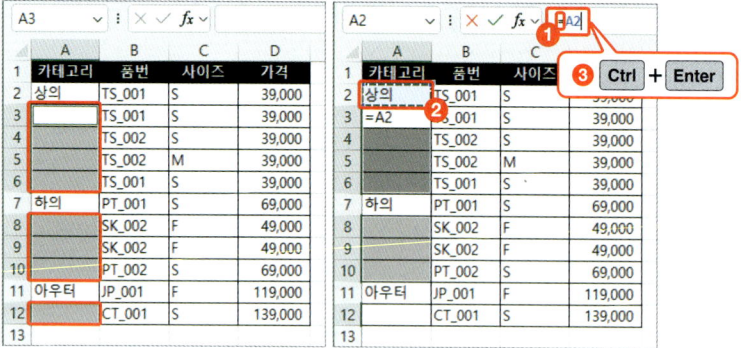

TIP 여러 셀이 선택된 상태에서 Ctrl + Enter 를 누르면 동시에 같은 데이터가 입력됩니다. 등호(=)를 입력하고 [A2] 셀을 클릭한 것은 [A3] 셀을 기준으로 바로 위의 셀 데이터([A2] 셀)를 그대로 가져오라는 의미이고 다른 셀도 마찬가지로 바로 위의 데이터를 가져오라는 방식으로 작동합니다. 예를 들어 [A4] 셀에는 [A3] 셀의 데이터가, [A8] 셀에는 [A7]의 데이터가 입력되는 방식입니다.

04 ❶ 빈 셀의 바로 위에 있는 셀의 데이터가 입력됩니다.

❷ Ctrl + Shift + L 을 눌러 필터 기능을 적용한 후 활용해보면 정상적으로 작동합니다.

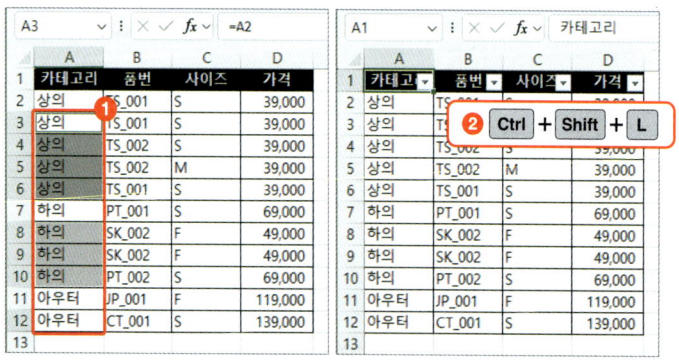

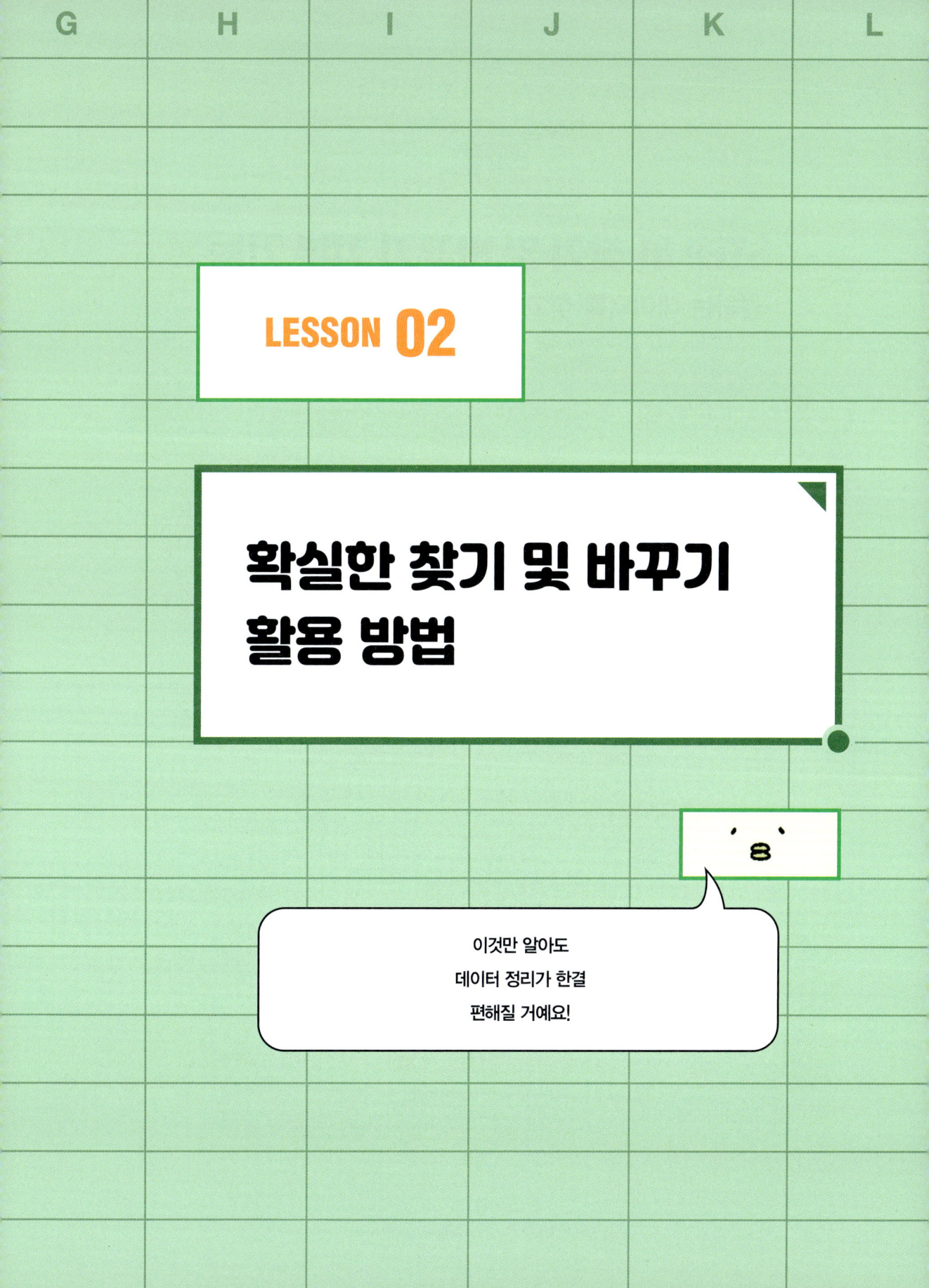

눈으로만 읽는 엑셀

STEP 01 찾기 및 바꾸기 기본 기능
원하는 데이터를 찾고, 원하는 데이터로 바꿔보자

 찾기 및 바꾸기 기능

예제 파일 : C3L2_찾기바꾸기.xlsx

엑셀에서 원하는 데이터를 찾고 바꿀 때 사용하는 찾기 및 바꾸기 기능에 대해 알아볼게요!
아래 표를 보면 F열에 수식 결과가 아닌 수식이 입력되어 있는데요!
이런 현상은 '일반', '숫자'가 아닌 '텍스트' 형식으로 데이터를 입력할 때 나타납니다.

	A	B	C	D	E	F
1	판매처	상품명	사이즈	수량	판매가	결제금액
2	A백화점	여성 블라우스	S	2	35,000	=E2*D2
3	A백화점	공용 가죽자켓	M	1	29,000	=E3*D3
4	A백화점	스카프	F	1	15,000	=E4*D4
5	온라인	귀걸이	F	1	5,000	=E5*D5
6	A백화점	반지	F	1	5,000	=E6*D6
7	B백화점	백팩	M	13	39,000	=E7*D7
8	B백화점	크로스백	F	1	39,000	=E8*D8
9	온라인	숄더백	F	1	39,000	=E9*D9

이때는 텍스트로 입력된 등호(=)를 다시 입력하는 방식으로 해결할 수 있습니다!
먼저 찾기는 ❶ Ctrl + F, 바꾸기는 ❷ Ctrl + H를 누르면 됩니다. [바꾸기] 탭에서
❸ [찾을 내용]에 =, [바꿀 내용]에 =를 입력하고 ❹ [모두 바꾸기]를 클릭해보세요!

TIP Ctrl + F 만 외워뒀다가 [바꾸기] 탭을 클릭해도 됩니다.

❶ 그럼 18개 항목이 바뀌었다는 메시지가 나타나고,
❷ 수식으로 입력되었던 내용이 모두 결괏값으로 바뀐 걸 확인할 수 있습니다.

이렇게 찾기 및 바꾸기 기능은 주로 엑셀의 텍스트 내용을 바꿀 때 사용합니다.
아래 그림을 보면 온라인을 자사몰로 바꾸면 기존 판매처의 '온라인'이
모두 '자사몰'로 바뀌기 때문에 활용도가 매우 높은 기능입니다.

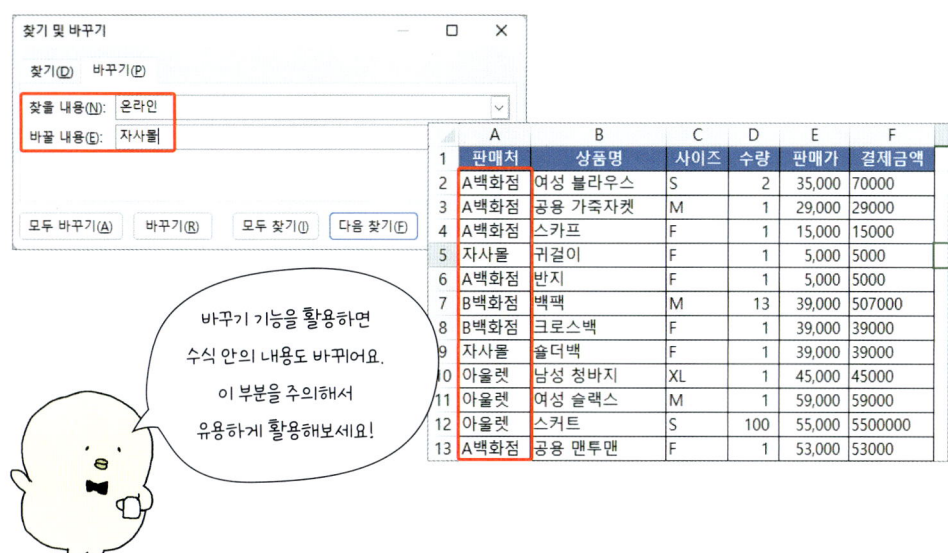

바꾸기 기능을 활용하면
수식 안의 내용도 바뀌어요.
이 부분을 주의해서
유용하게 활용해보세요!

바꾸기 기능으로 셀 서식 한 번에 바꾸기

예제 파일 : C3L2_찾기바꾸기.xlsx

바꾸기 기능을 활용하면 특정 셀의 서식만 바꿀 수도 있답니다!
❶ Ctrl + H 를 누르고 ❷ [찾을 내용]과 [바꿀 내용]에 모두 **A백화점**을 입력합니다.
❸ [옵션]을 클릭하면 여러 기능이 추가되는데요! ❹ [바꿀 내용]의 [서식]을 클릭합니다.

❶ [서식 바꾸기] 대화상자에서 [채우기] 탭을 클릭하고,
❷ [배경색]에서 원하는 셀 색을 선택한 후 ❸ [확인]을 클릭합니다.

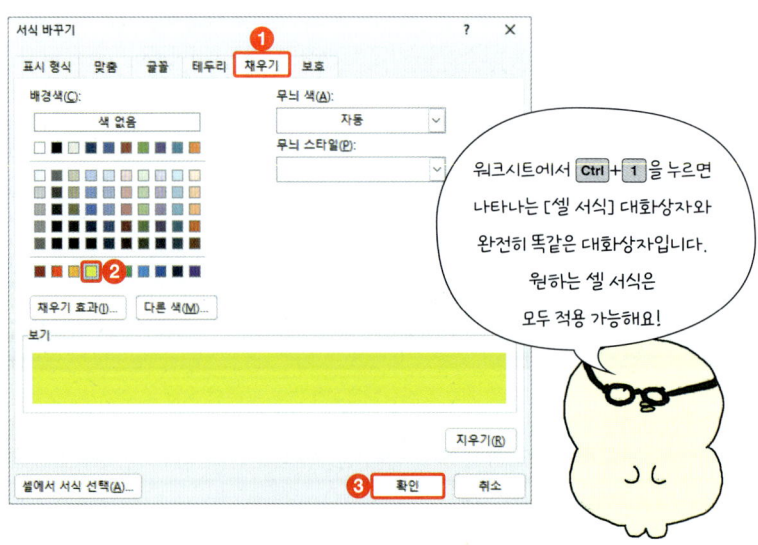

워크시트에서 Ctrl + 1 을 누르면 나타나는 [셀 서식] 대화상자와 완전히 똑같은 대화상자입니다. 원하는 셀 서식은 모두 적용 가능해요!

❶ 선택한 서식의 미리 보기가 표시됩니다. ❷ [모두 바꾸기]를 클릭해볼까요?
❸ 8개 항목이 바뀌었다는 메시지가 나타나고 ❹ A백화점의 텍스트는 그대로이지만
셀 서식만 변경된 걸 확인할 수 있답니다!

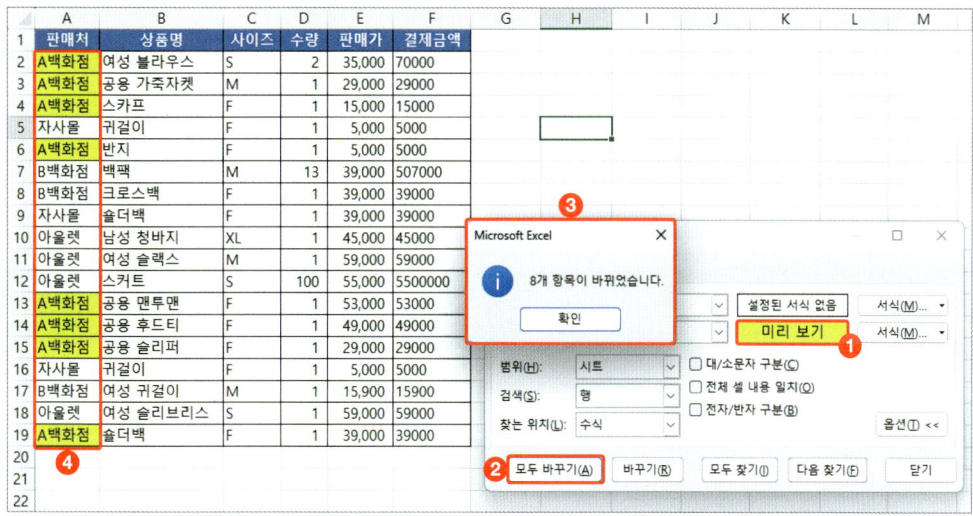

TIP [찾을 내용]과 [바꿀 내용]은 동일한 텍스트를 입력해야 텍스트 내용이 바뀌지 않으니 주의합니다.

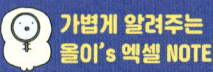 **바꾸기 서식 활용 방법**

바꾸기 기능으로 셀 서식을 바꿀 때 [서식 바꾸기] 대화상자에서 셀 서식을 일일이 지정할 필요 없이 기존에 설정한 서식을 그대로 활용할 수도 있습니다. [바꿀 내용]-[서식]의 확장 단추 ▼를 클릭하고 워크시트에 이미 서식이 지정된 셀을 선택하면 자동으로 해당 서식이 지정됩니다. 이 기능을 사용하면 반대로 특정 서식만 찾아 원하는 서식으로 바꿀 수 있으니 유용하게 활용해보세요!

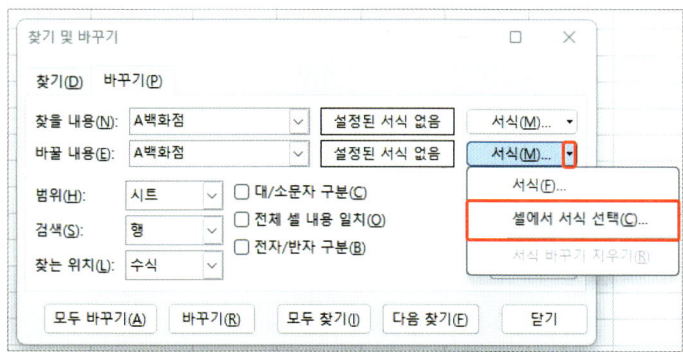

하나라도 더 알려주는 올이

STEP 02 와일드 카드 사용하기
찾기, 바꾸기가 더 강해지는 와일드 카드

와일드 카드 사용해 엑셀 데이터 찾고 바꾸기

예제 파일 : C3L2_와일드카드.xlsx

와일드 카드는 한 마디로 '아무 글자'라고 이해하면 편합니다. 찾기 및 바꾸기 기능을 사용할 때 'A백화점', 'A아울렛'과 같은 예시에서 A로 시작하는 모든 데이터를 찾고 싶다면 A*와 같이 입력하면 됩니다. 별표(*) 기호는 글자 수에 관계없이 '모든 텍스트'를 의미하기 때문이죠!

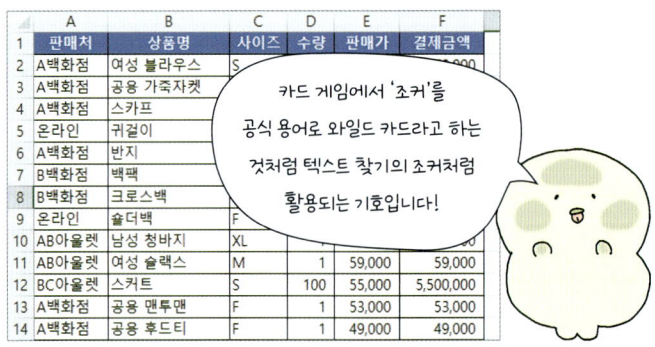

카드 게임에서 '조커'를 공식 용어로 와일드 카드라고 하는 것처럼 텍스트 찾기의 조커처럼 활용되는 기호입니다!

❶ Ctrl + H 를 눌러 [찾기 및 바꾸기] 대화상자를 열고

❷ [찾을 내용]에 **A***을, [바꿀 내용]에 **A판매점**을 입력하고 ❸ [모두 바꾸기]를 눌러볼까요?

그럼 A로 시작하는 A백화점, AB아울렛이 모두
A판매점으로 바뀐 것을 확인할 수 있습니다.
A판매점은 A 뒤 세 글자, AB아울렛은 A 뒤 네 글자이지만,
글자 수에는 제한을 받지 않고 모두 바꾸는 역할을 하죠!

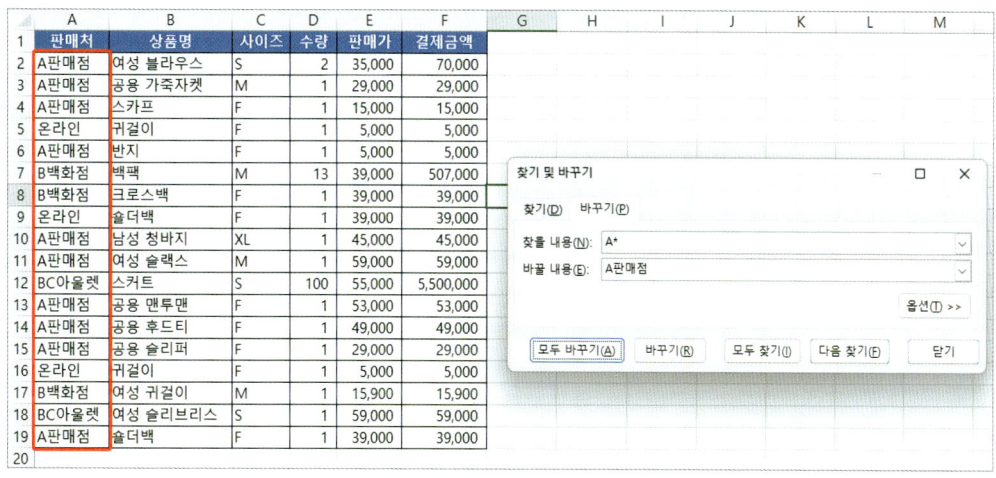

와일드 카드에는 물음표(?) 기호도 사용 가능합니다.
물음표(?) 기호는 모든 글자이지만 물음표 하나에 한 글자를 의미합니다.
이번에도 똑같이 ❶ Ctrl + H 를 눌러 [찾기 및 바꾸기] 대화상자를 열고
❷ [찾을 내용]에 **A???**를, [바꿀 내용]에 **A판매점**을 입력하고
❸ [모두 바꾸기]를 눌러볼까요?

문제는 이렇게 하면 A백화점은 A판매점으로 잘 바뀌지만
AB아울렛은 **A판매점렛**으로 바뀌게 됩니다.

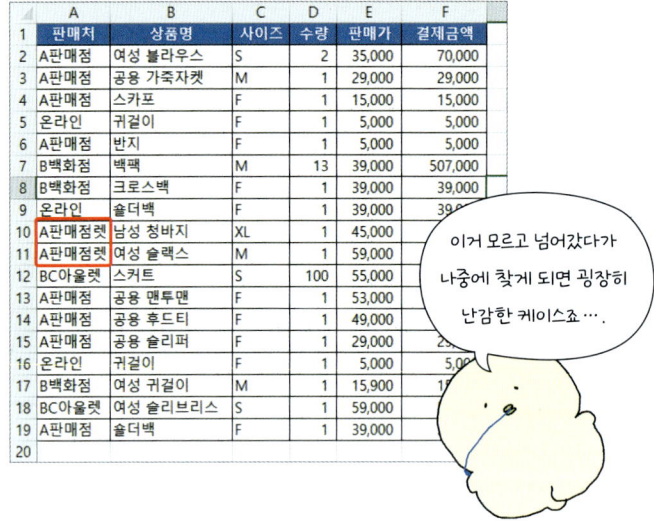

이때 ❶ [옵션]을 클릭한 후 ❷ [전체 셀 내용 일치]에 체크하고 ❸ [모두 바꾸기]를 눌러볼까요?
A??? 뒤에 다른 글자가 오는 경우는 해당되지 않고
A와 세 글자(???)에 정확하게 해당하는 셀만 바꿉니다.
와일드 카드를 사용해서 바꿀 때는 확인해야 될 사항이니 꼭 기억해주세요!

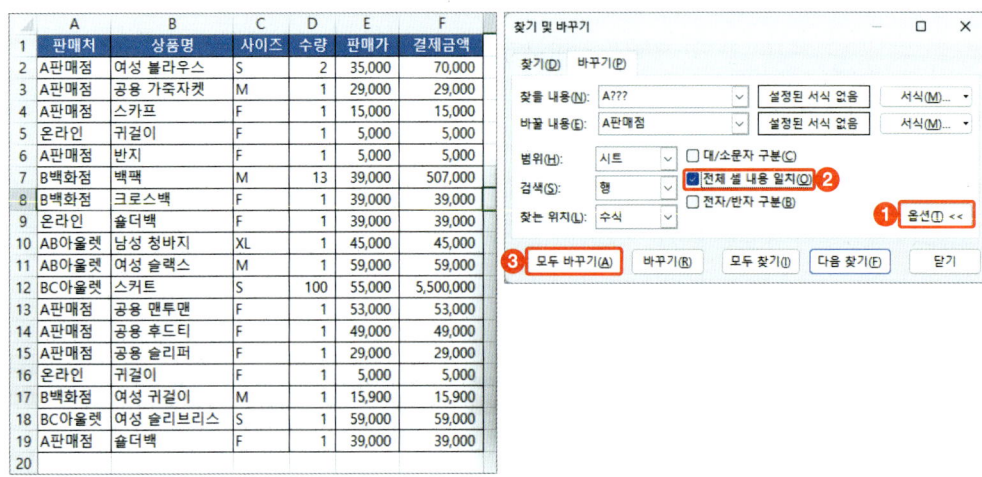

찾기 및 바꾸기 대화상자 옵션 알아보기

찾기 및 바꾸기 기능의 다양한 옵션 활용 방법 이해하기

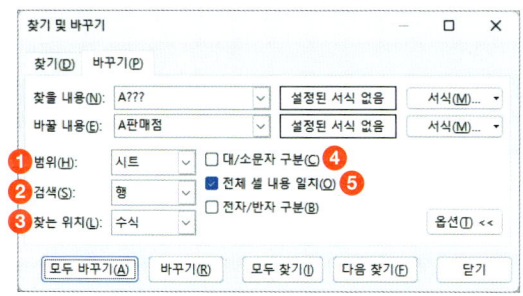

엑셀의 [찾기 및 바꾸기] 대화상자는 워크시트에서 특정 데이터를 빠르게 찾거나 다른 내용으로 일괄 변경할 수 있는 강력한 도구입니다. [찾기 및 바꾸기]를 제대로 활용할 수 있는 옵션들에 대해 조금만 자세히 알아보겠습니다! 유용하게 활용할 때가 반드시 올 거예요!

❶ **범위** : 찾기 및 바꾸기 작업의 범위를 설정하는 옵션입니다. 기본적으로 [시트]가 설정됩니다. 필요에 따라 [통합 문서]로 변경할 수 있습니다. [통합 문서]로 변경하면 현재 작업 중인 시트 외에 파일 전체를 한 번에 찾고 바꿀 수 있어요.

❷ **검색** : 텍스트를 찾을 방향을 설정합니다. [행]을 선택하면 각 행을 따라가며 검색하고, [열]을 선택하면 각 열을 따라가며 검색합니다. 평소에 중요한 옵션은 아니지만 첫 번째 데이터를 찾는 작업을 진행할 때 표가 행, 열 방향인지에 따라 설정하면 좋습니다.

❸ **찾는 위치** : 셀의 어느 부분에서 찾을지 설정하는 옵션입니다. [수식]이 기본값입니다. [수식]은 셀에 입력된 수식, 일반 텍스트가 모두 포함됩니다. [값]으로 설정할 경우 수식의 결과만 해당됩니다. 또는 [메모]를 선택할 수도 있습니다.

❹ **대/소문자 구분** : 이 옵션을 선택하면 찾을 내용에서 대문자와 소문자를 구분하여 검색합니다. 선택하지 않으면 대소문자를 구분하지 않고 검색합니다. ABC와 abc와 같이 구분하여 검색할 때 유용합니다.

❺ **전체 셀 내용 일치** : 이 옵션을 선택하면 셀의 전체 내용이 찾을 내용과 일치하는 경우에만 찾습니다. 선택하지 않으면 셀 내용의 일부만 일치해도 검색됩니다. 예를 들어 '백화점'을 검색할 경우 일반적으로 'A백화점', 'B백화점'을 모두 찾지만 체크할 경우 정확하게 '백화점'이 입력된 셀만 찾습니다.

될 때까지 같이 하는 올이

STEP 03 중복 데이터 확인하고 처리하기

중복된 데이터를 처리하는 세 가지 방법

 **찾기 기능으로 가장 간단하게(찾는 값을 알 때)**

예제 파일 : C3L2_중복데이터.xlsx [조건부서식] 시트

찾아야 하는 중복 데이터를 알고 있을 때는 찾기 기능을 활용하는게 가장 빠릅니다!
워크시트 내에 동일한 데이터가 어디에 있는지, 몇 개가 있는지 확인할 수 있어요!

01 먼저 Ctrl + F 를 눌러보겠습니다.

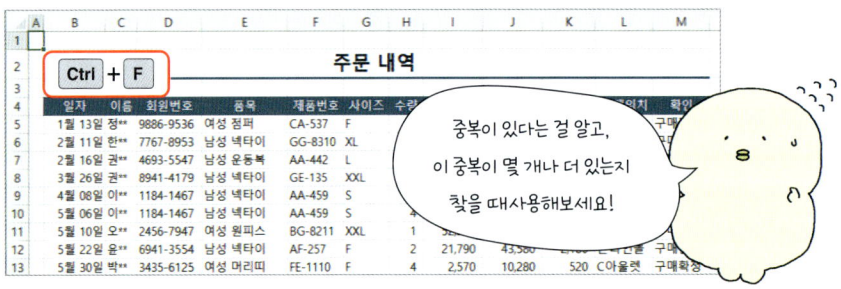

02 예제에서는 '1184-1467'이라는 중복값이 몇 개나 있는지 찾아본다고 가정할게요!
❶ [찾을 내용]에 **1184-1467**을 입력하고 ❷ [다음 찾기]를 클릭합니다.

03 찾은 내용이 [찾기 및 바꾸기] 대화상자 아래 목록으로 나타납니다.
해당 항목을 클릭하면 해당 위치로 셀 포인터가 이동해 빠르게 확인할 수 있어요!

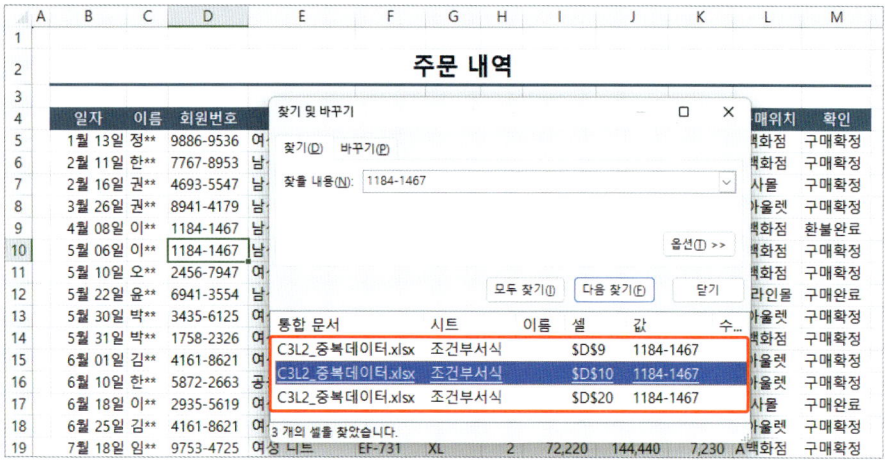

조건부 서식으로 편리하게(찾는 값을 모를 때)

예제 파일 : C3L2_중복데이터.xlsx [조건부서식] 시트

01 이번 기능은 중복된 값을 모를 때 표시하는 기능입니다.
우선 [C5:G28] 범위를 선택해볼까요!?

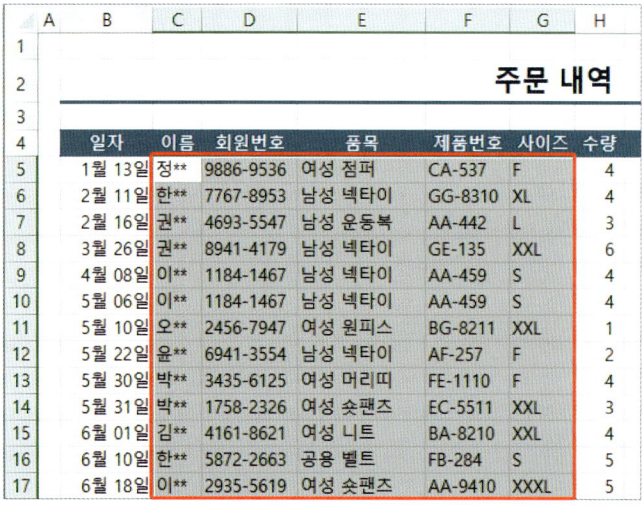

LESSON 02 확실한 찾기 및 바꾸기 활용 방법

02 ❶ [홈] 탭-[스타일] 그룹-[조건부 서식 ▦]-[셀 강조 규칙]-
[중복 값]을 클릭합니다. ❷ [중복 값] 대화상자에서 [적용할 서식]을 확인하고
❸ [확인]을 클릭합니다.

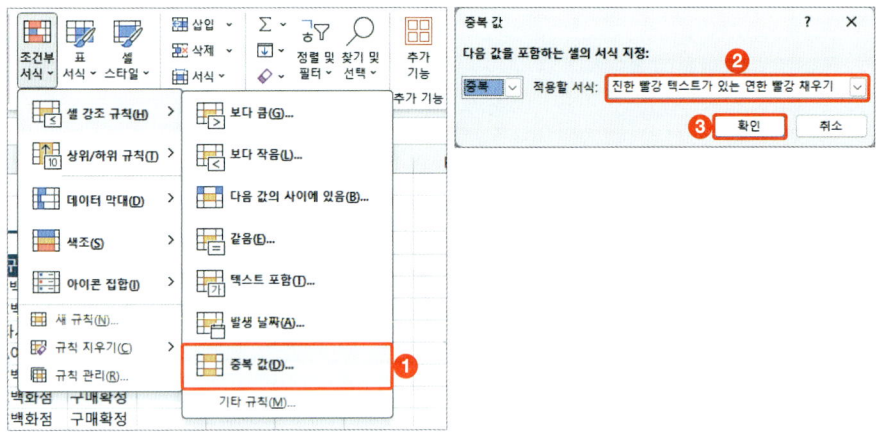

03 그럼 이렇게 같은 열에서 중복된 데이터는 빨간색으로 표시됩니다.
한 열에서 중복되는 값은 여러 개일 수 있지만
중복된 항목이 한 행에서 모두 겹친다면
명백하게 중복된 데이터라 생각하고 확인한 후 수정하면 편리하겠죠?

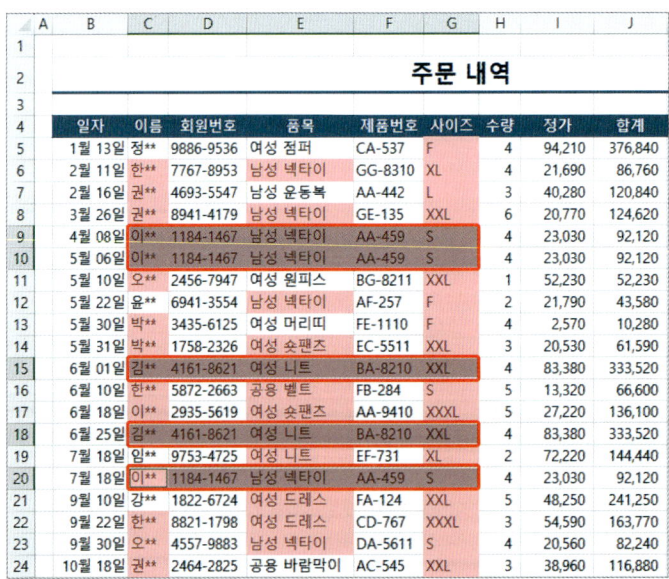

중복값 제거 기능으로 중복 데이터 바로 삭제하기

예제 파일 : C3L2_중복데이터.xlsx [중복값제거] 시트

중복값을 확인하고 이상 없다면 중복값을 한 번에 삭제하는 방법도 알아봐야겠죠?

01 ❶ [데이터] 탭-[데이터 도구] 그룹-[중복 값 제거 🔳]를 클릭합니다.
❷ [중복 값 제거] 대화상자가 나타나면 [품목]을 선택한 후 ❸ [확인]을 클릭합니다.

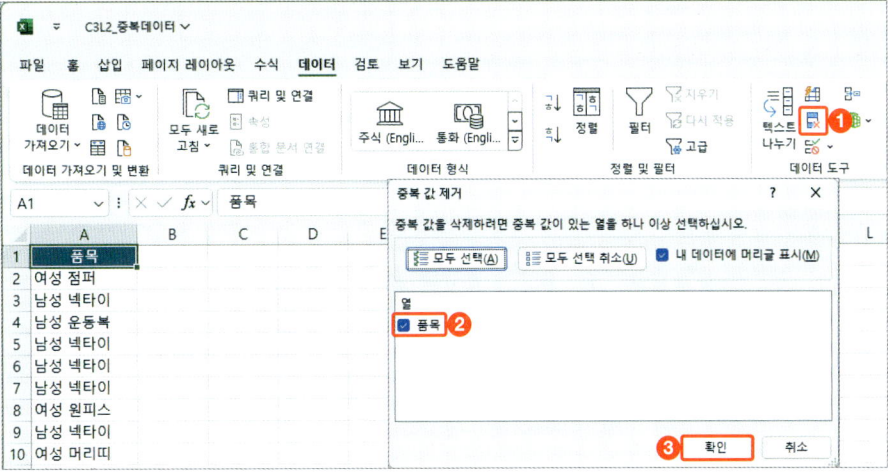

> **TIP** 중복값을 제거할 때는 두 개 이상의 열이 있을 때 두 가지 이상의 조건을 선택하면 해당 조건이 모두 중복하는 경우에 해당하는 열을 모두 삭제합니다.

02 ❶ 그럼 이렇게 중복값이 몇 개가 제거되었고, 몇 개가 남았는지 메시지가 나타나면서
❷ 데이터가 정리됩니다. 하지만 이 기능을 사용하면 원치 않는 데이터가 삭제될 수 있으니 사용하기 전에 중복 데이터를 반드시 확인하고 실행하세요!

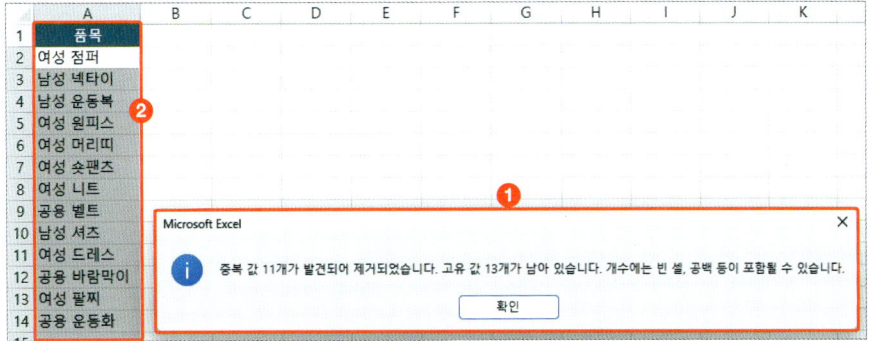

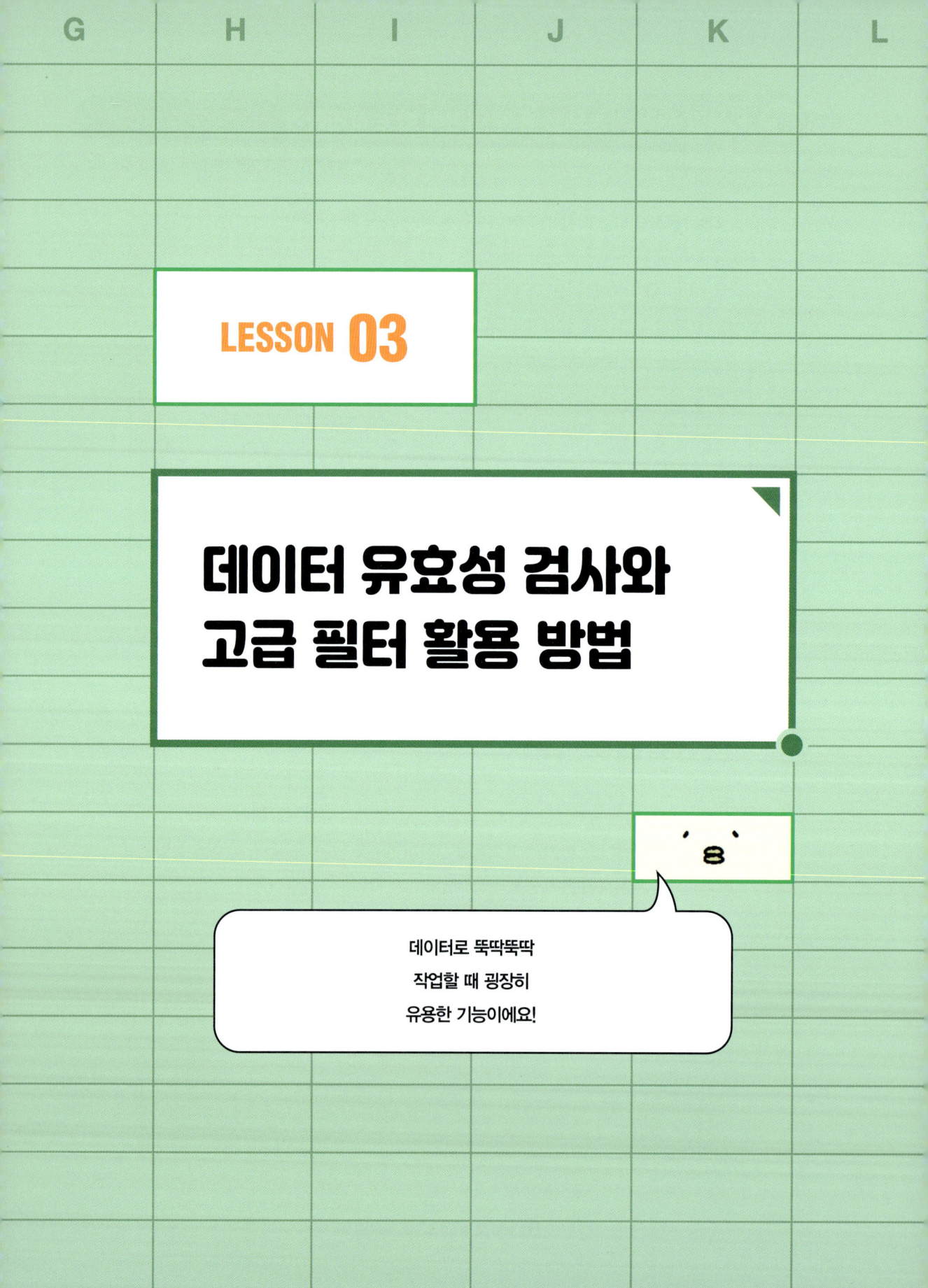

눈으로만 읽는 엑셀

STEP 01 유효성 검사 활용 방법
데이터를 원하는 내용으로만 입력하게 만드는 기술

유효성 검사로 목록상자 만들기

예제 파일 : C3L3_유효성검사.xlsx

유효성 검사로 데이터를 직접 입력하는 대신 목록에서 선택하도록 설정할 수 있어요!
예제처럼 D열에 각각 출근~조퇴를 입력해야 할 때 유용하겠죠?

❶ [D2:D5] 범위를 선택하고
❷ [홈] 탭-[데이터 도구] 그룹-[데이터 유효성 검사]를 클릭합니다.

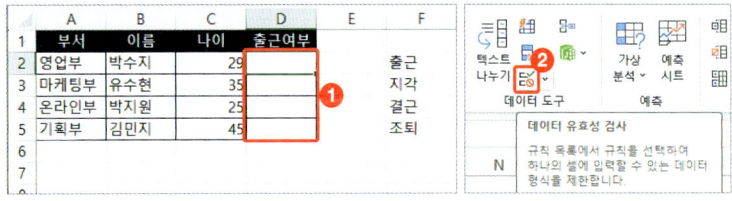

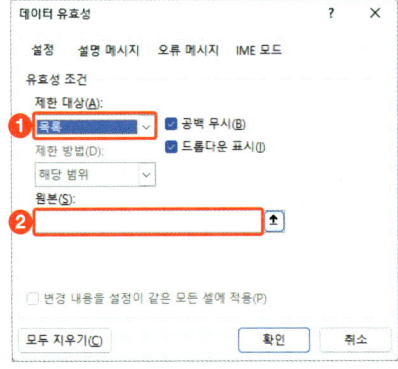

[데이터 유효성] 대화상자가 나타나면
❶ [설정] 탭의 [제한 대상]에서 [목록]을 선택하고
❷ [원본]의 입력란을 클릭합니다.

❶ [F2:F5] 범위를 선택하고 ❷ [확인]을 클릭해볼까요?

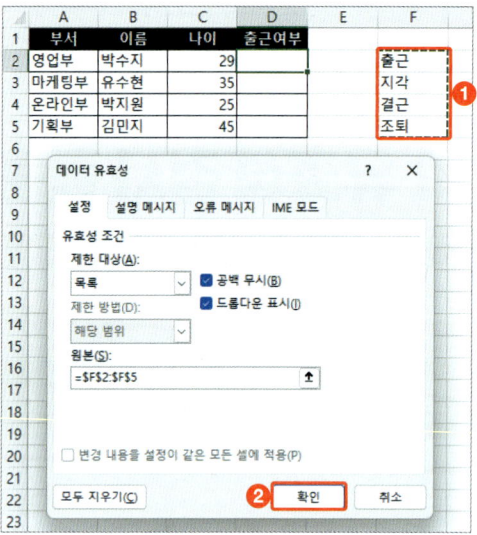

❶ [D2] 셀을 클릭하면 드롭다운 단추 가 나타나고
❷ 클릭하면 출근~조퇴 중에서 입력값을 선택할 수 있습니다.

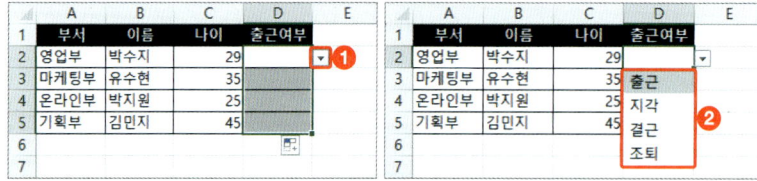

이 방법을 활용하면 여러 사람이 같이 입력해야 하는 데이터,

주기적으로 작업해야 하는 데이터를 작업할 때

입력 오류를 방지하여

매우 유용하게 활용할 수 있답니다!

입력 메시지 및 오류 경고

예제 파일 : C3L3_유효성검사.xlsx

앞서 실습한 예제에서 다른 단어, ❶ **반차**를 입력해볼까요?
❷ 경고 메시지가 나타나죠? 이런 경고 메시지도 원하는 대로 수정할 수 있답니다!
❸ [D2:D5] 범위를 선택하고
❹ [홈] 탭-[데이터 도구] 그룹-[데이터 유효성 검사 ]를 클릭합니다.

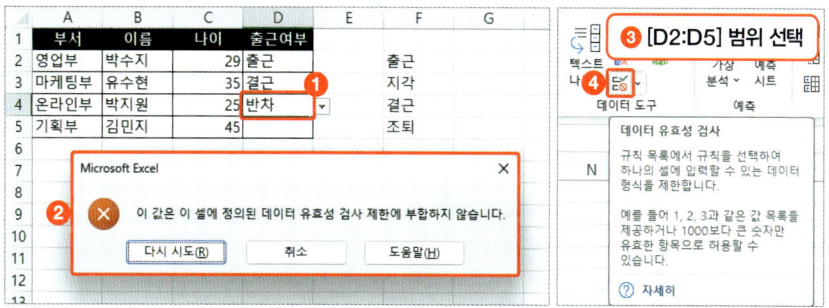

[데이터 유효성] 대화상자에서 ❶ [설명 메시지] 탭을 클릭합니다. ❷ [제목]과 [설명 메시지]에 원하는 내용을 입력하고, ❸ [오류 메시지] 탭을 클릭합니다. ❹ [스타일]은 [경고]로 선택하고, [제목]과 [오류 메시지]에는 동일하게 원하는 내용으로 입력합니다. ❺ [확인]을 클릭합니다.

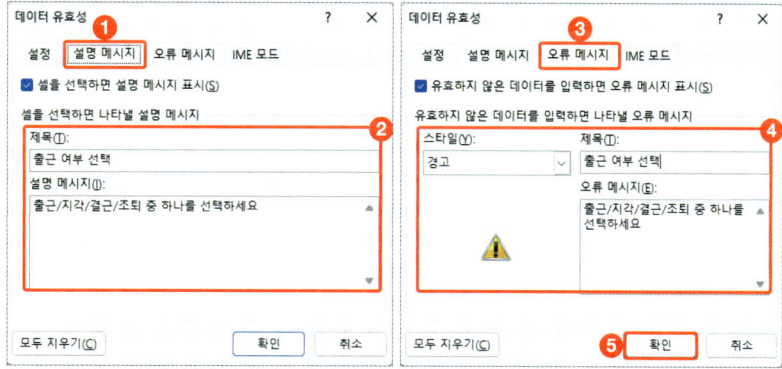

> **TIP** 대표적으로 스타일 [경고]의 경우 [예], [아니오], [취소], [도움말] 중 하나를 선택할 수 있습니다. 기본값인 [중지]와 달리 메시지를 무시하면 원하는 값을 그냥 입력할 수 있어요!

> **TIP** [오류 메시지] 탭에서 [유효하지 않은 데이터를 입력하면 오류 메시지 표시]에 체크 해제하면 데이터를 임의로 입력하더라도 에러 메시지가 나타나지 않습니다. 목록에서 선택하는 것 외에 간혹 임의 데이터를 입력해야 하는 경우라면 해제하고 활용해도 좋아요!

[D2:D5] 범위에서 임의의 셀을 클릭하면 [설명 메시지] 탭에서 설정한
[제목]과 [설명 메시지]가 말풍선으로 나타납니다.

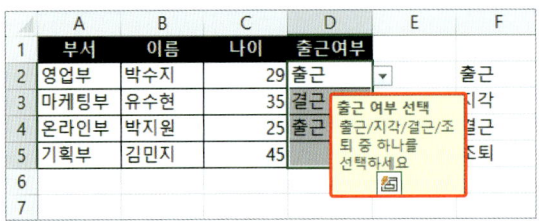

❶ 임의의 셀에 출근~조퇴가 아닌 **반차**를 입력해볼까요?
❷ 그러면 [오류 메시지]에서 설정한 경고 메시지가 나타납니다.
[경고] 스타일의 경우 [아니요]를 클릭하면 그냥 무시하고 입력됩니다.

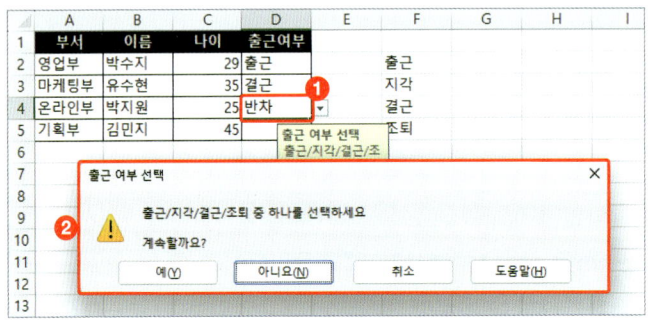

유효성 검사는 이런 방법으로 활용 가능하답니다!
이 기능을 활용해 데이터를 입력할 때
잘못된 데이터가 입력되지 않도록 지정할 수 있어요!

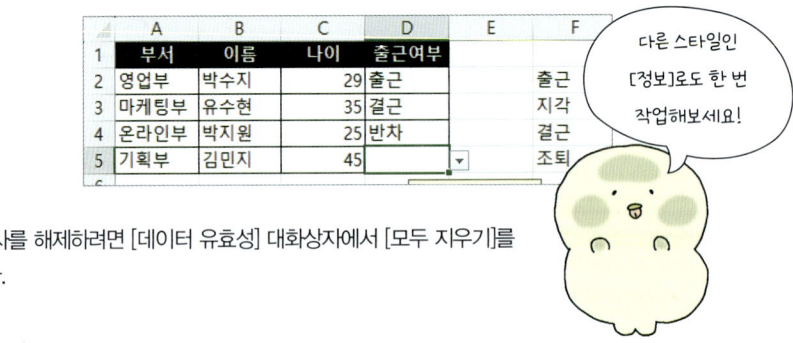

TIP 유효성 검사를 해제하려면 [데이터 유효성] 대화상자에서 [모두 지우기]를 클릭합니다.

넓게 알려주는 올이's 꿀팁

다양한 유효성 검사 옵션 알아보기

제한 대상의 입력값 옵션

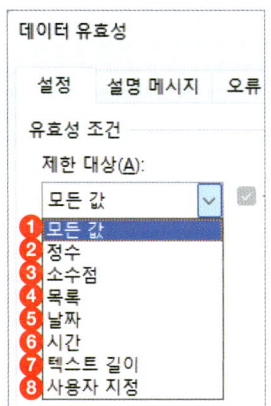

❶ **모든 값** : 말 그대로 모든 값을 입력할 수 있습니다. 데이터 유효성 검사가 적용되지 않은 기본 상태입니다.

❷ **정수** : 셀에 입력되는 값이 정수로 제한됩니다. 정수는 소수점이 없는 숫자(-1, 0, 5)로 나이, 개수, 순위 등 소수점이 없는 값만 입력할 때 사용합니다. [최소값], [최대값] 설정으로 숫자를 범위로 제한할 수도 있습니다.

❸ **소수점** : 소수점을 포함한 숫자로 제한합니다. 소수점 이하 자릿수를 포함한 값을 허용합니다. 특정 소수점 자릿수까지 제한할 수 있습니다.

❹ **목록** : 미리 정의된 목록에서 값을 선택하도록 제한합니다. 드롭다운 메뉴를 통해 값을 선택할 수 있으며, 성별(남/여), 부서명(마케팅/영업/개발) 등 미리 지정된 값 중에서 하나를 선택할 때 유용합니다.

❺ **날짜** : 셀에 입력되는 값을 날짜 형식으로 제한합니다. 특정 날짜 또는 날짜 범위 내의 값을 입력하도록 설정할 수 있습니다. 특정 날짜 이후 또는 이전의 날짜, 두 날짜 사이의 값만 허용할 수도 있습니다.

❻ **시간** : 셀에 입력되는 값을 시간 형식으로 제한합니다. 특정 시간 범위 내에서만 입력할 수 있도록 제한할 수도 있습니다.

❼ **텍스트 길이** : 셀에 입력되는 텍스트의 길이를 제한합니다. 텍스트의 글자 수가 특정 길이를 초과하지 않도록 설정할 수 있습니다. 전화번호, 우편번호, 주민등록번호 등 길이가 정해진 텍스트 입력에 유용하며, 최소 또는 최대 글자 수를 설정합니다.

❽ **사용자 지정** : 특정 수식이나 조건을 사용하여 입력하도록 설정합니다. 보다 복잡한 조건으로 설정할 수 있습니다.

IME 모드 탭 옵션

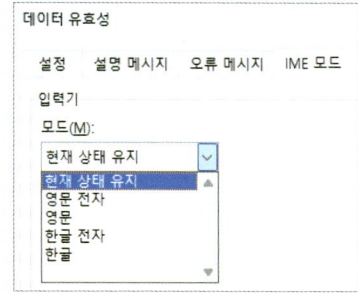

IME 모드는 'Input Method Editor 모드'의 약자로 쉽게 말해 '언어 입력 모드'입니다. 셀마다 데이터를 입력할 때 불편하게 한/영 을 반복해 누를 필요 없이 한글과 영문 둘 중 하나를 선택할 수 있습니다. 보통 [영문], [한글] 둘 중 하나를 선택해 활용합니다.

하나라도 더 알려주는 올이

STEP 02 고급 필터로 데이터 필터링하기
두 가지 이상의 조건으로 원하는 데이터만 뚝딱 뽑기!

고급 필터 사용하기 1 – 현재 위치에서 한 가지 조건

예제 파일 : C3L3_고급필터.xlsx [고급필터] 시트

일반 필터는 특정 조건에 맞는 데이터를 마우스만 활용해 쉽게 필터링할 수 있습니다.
하지만 조건을 일일이 설정해야 하고 설정도 제한적인데요!
이때 고급 필터를 활용해 여러 조건을 복합적으로 설정하거나,
필터링된 데이터를 다른 위치에 복사할 수 있어 복잡한 데이터 분석에 유리합니다.
우선 현재 위치에서 한 가지 조건을 사용해 고급 필터의 간단한 사용 방법을 알아보겠습니다.

예제 파일을 열면 [A:H] 열에는 데이터가
[J2:J3] 셀에는 구매 위치에 해당하는 조건 한 가지가 입력되어 있습니다.
[데이터] 탭-[정렬 및 필터] 그룹-[고급]을 클릭합니다.

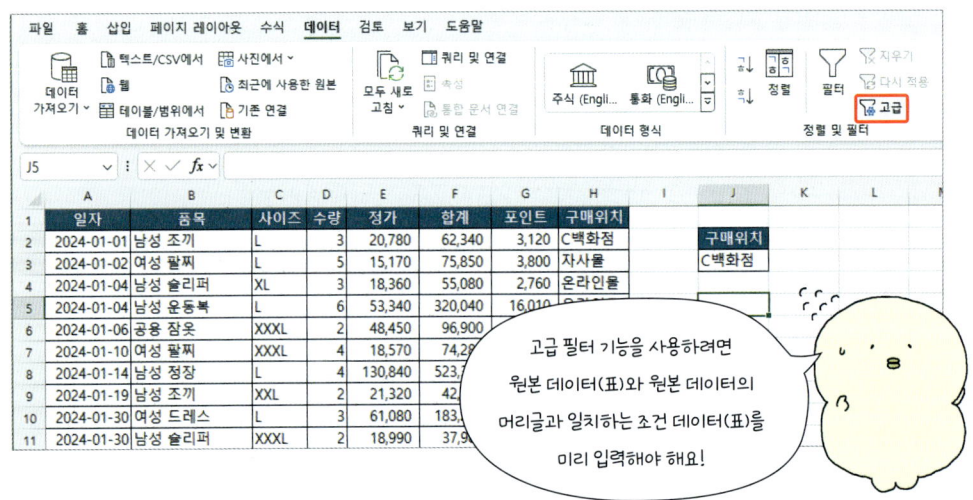

[고급 필터] 대화상자가 나타나면 ❶ [결과]-[현재 위치에 필터]를 확인하구요!

❷ [목록 범위] 입력란을 클릭하고 [A1:H100] 범위를 선택,

❸ [조건 범위] 입력란을 클릭하고 [J2:J3] 범위를 선택합니다.

❹ 설정이 끝나면 [확인]을 클릭하세요!

TIP [동일한 레코드는 하나만] 옵션에 체크하면 중복되는 데이터 중 가장 먼저 필터링된 데이터만 남기고 나머지 데이터는 제외합니다.

그럼 이렇게 데이터가 필터링된 것을 확인할 수 있습니다.

일반 필터 기능과 동일하게 원본 데이터(표)에 필터 결과가 나타나죠?

고급 필터 사용하기 2 – 다른 위치에서 두 가지 이상 조건

예제 파일 : C3L3_고급필터.xlsx [고급필터2] 시트

앞선 실습을 이어서 진행한다면

❶ [데이터] 탭-[정렬 및 필터] 그룹-[지우기]를 클릭합니다.

다른 위치에서 두 가지 이상의 조건으로 필터를 사용해볼게요!

❷ [데이터] 탭-[정렬 및 필터] 그룹-[고급]을 클릭합니다.

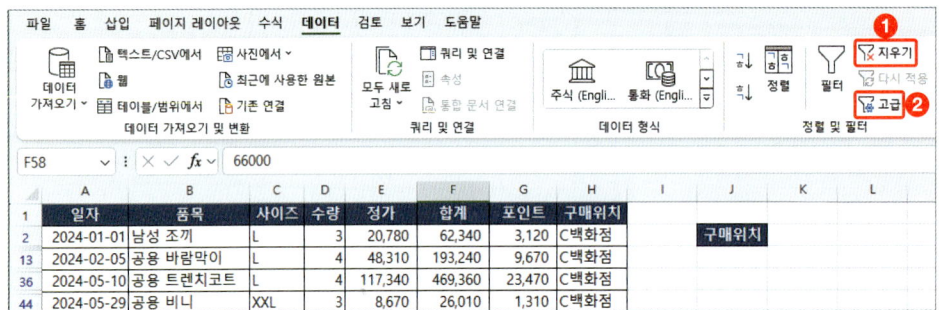

[고급 필터] 대화상자가 나타나면 ❶ [결과]-[다른 장소에 복사]를 클릭합니다.

❷ [목록 범위] 입력란을 클릭하고 [A1:H100] 범위를 선택,

❸ [조건 범위] 입력란을 클릭하고 [J2:K3] 범위를 선택합니다.

❹ [복사 위치] 입력란을 클릭하고 [J5] 셀 클릭한 후 ❺ [확인]을 클릭하세요!

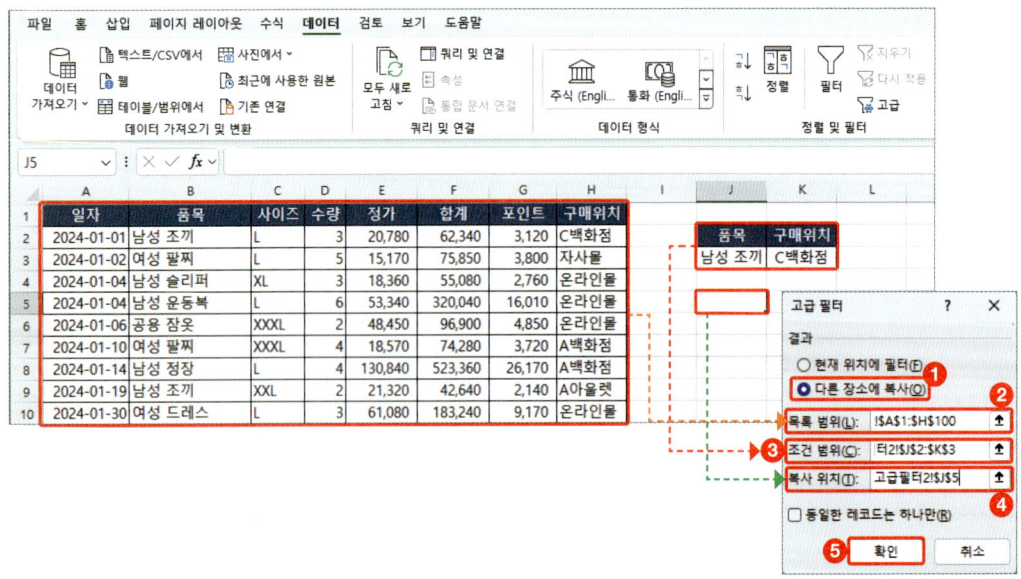

❶ 그럼 지정된 장소에 데이터 필터링이 완료됩니다.

❷ 복사 위치의 셀 너비에 따라 #####으로 나타나는 경우에는 열 너비를 적절하게 조절하면 됩니다.

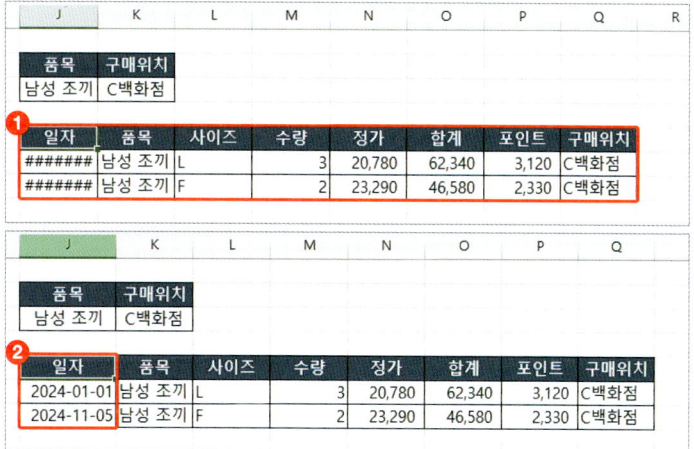

고급 필터 AND, OR 조건 사용 방법

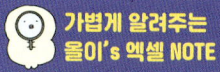

예제 파일 : C3L3_고급필터.xlsx [고급필터2] 시트

고급 필터 기능으로 조건을 검색할 때는 AND 조건과 OR 조건을 자유자재로 사용할 수 있습니다. 이 부분이 기본 필터 기능보다 고급진 부분인데요! AND 조건은 '또한'으로 두 가지 이상의 조건이 모두 일치하면, OR 조건은 '또는'으로 두 가지 이상의 조건 중 하나만 일치하면 됩니다. AND와 OR 조건을 혼합해 부등호까지 활용해볼까요?

AND 조건은 같은 행에, OR 조건은 다른 행에 조건을 입력하면 됩니다. ❶은 '남성 조끼'이면서 정가는 '20,000원 이상'인 경우만, ❷는 '남성 조끼'이거나, 정가는 '50,000'원 이상이면 모두 필터링된 것을 확인할 수 있습니다.

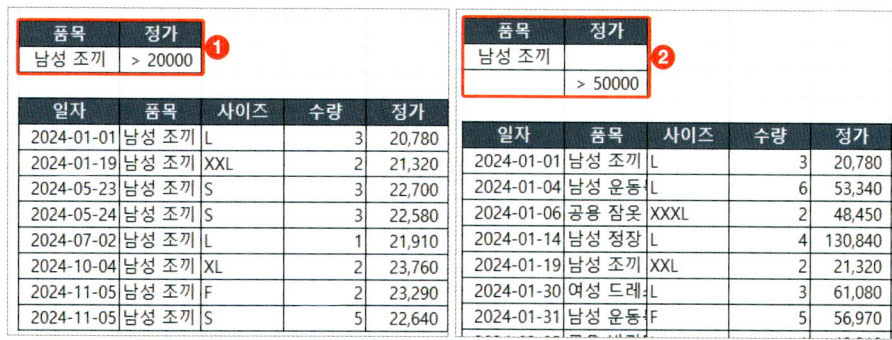

> **TIP** 부등호를 사용하는 방법은 176페이지에서, AND와 OR 조건은 207페이지에서 알아볼게요!

당연히 두 가지 이상의 조건을 AND와 OR 조건으로 묶을 수 있습니다. 필요하다면 와일드 카드까지 사용할 수 있구요! 아래 내용을 확인해보면 '남성'으로 시작하는 모든 품목 중 사이즈는 'L'이거나, 정가는 '100,000원' 이상인 모든 항목이 필터링된 것을 확인할 수 있습니다.

품목	사이즈	정가
남성 *	L	
		> 100000

일자	품목	사이즈	수량	정가	합계	포인트	구매위치
2024-01-01	남성 조끼	L	3	20,780	62,340	3,120	C백화점
2024-01-04	남성 운동	L	6	53,340	320,040	16,010	온라인몰
2024-01-14	남성 정장	L	4	130,840	523,360	26,170	A백화점
2024-02-09	여성 점퍼	S	1	124,090	124,090	6,210	B아울렛
2024-03-06	남성 정장	XL	4	192,250	769,000	38,450	B아울렛
2024-03-09	여성 점퍼	L	1	149,590	149,590	7,480	자사몰
2024-04-06	공용 운동	XL	2	100,310	200,620	10,040	온라인몰
2024-04-09	공용 운동	XXL	4	117,370	469,480	23,480	B아울렛

TIP 와일드 카드의 사용 조건은 146페이지를 참고하세요!

될 때까지 같이 하는 올이

STEP 03 FILTER와 UNIQUE 함수
필터 대신 사용할 수 있는 유용한 함수와 응용 방법

FILTER 함수를 필터 대용으로 사용하기

예제 파일 : C3L3_FILTER함수.xlsx

함수?! 갑자기 무슨 함수!?라고 생각하지 말길! 이번에 알아볼 FILTER 함수와 UNIQUE 함수는 CHAPTER 04에서 함수를 배우고 다시 읽어 본다면 분명 도움이 될 내용이랍니다!

FILTER와 UNIQUE 함수는 필터 기능과 같이 배우면 좋기 때문에 소개해요! 지금은 일단 이런 함수도 있구나~ 하고 가볍게 읽고 넘어가도 좋습니다.

FILTER 함수는 이름 그대로 함수를 활용해 필터 기능을 대신할 수 있습니다.
사용 방법은 의외로 간단해요!

01 예제 파일을 확인해보면 ❶ 왼쪽에 데이터(표), ❷ 오른쪽에 필터 기준이 입력되어 있습니다.

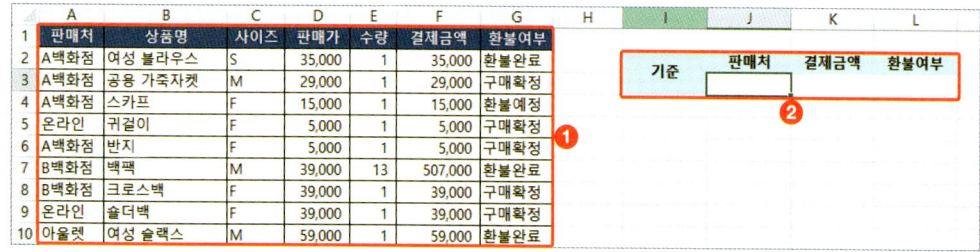

— 165 —

LESSON 03 데이터 유효성 검사와 고급 필터 활용 방법

02 [J3:L3] 범위에 각각 **A백화점**, **500**, **환불완료**를 입력해볼까요?

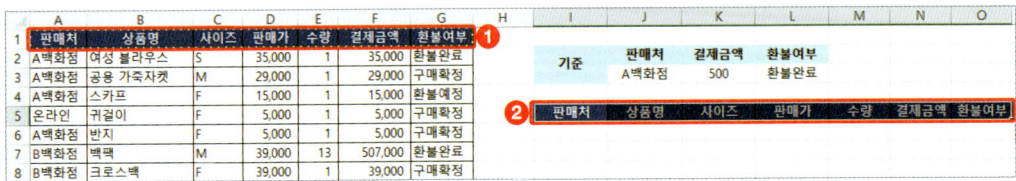

03 미리 필터 결과가 출력될 범위에 머리글 양식을 만들겠습니다.
❶ [A1:G1] 범위를 복사한 후 ❷ [I5:O5] 범위에 붙여 넣습니다.

TIP 서식을 그대로 활용하기 때문에 Ctrl + C , Ctrl + V 를 그대로 사용하면 됩니다.

04 ❶ [I6] 셀에 다음 수식을 입력하고 ❷ Enter 를 누릅니다.

❶ [I6] 셀 수식 : =FILTER(A2:G20,(A2:A20=J3)*(F2:F20>=K3)*(G2:G20=L3))

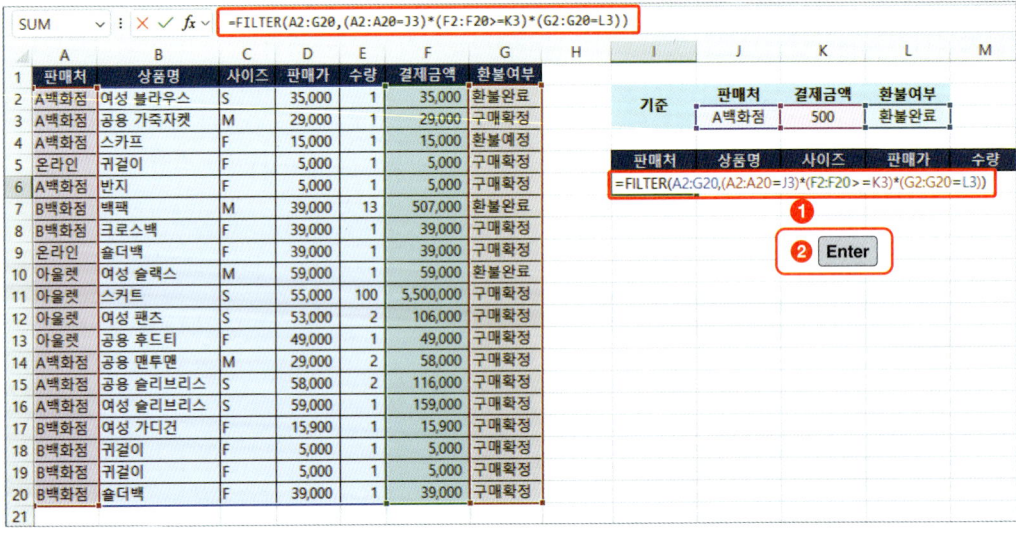

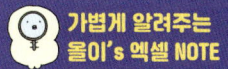

FILTER 함수·수식 설명

함수 설명 : =FILTER(배열, 포함, [if_empty])

엑셀의 FILTER 함수는 주어진 조건에 따라 데이터 범위에서 특정 데이터를 필터링하여 반환하는 강력한 함수입니다. 이 함수는 특히 대량의 데이터에서 특정 조건에 맞는 행이나 열만 추출할 때 유용합니다. FILTER 함수는 다음과 같은 형식으로 사용됩니다.

배열 : 필터링할 데이터의 범위입니다.

포함 : 참(TRUE) 또는 거짓(FALSE) 값을 반환하는 조건입니다. 참인 데이터만 필터링됩니다. 참고로 참은 숫자 1, 거짓은 숫자 0에 해당합니다.

If_empty(선택 사항) : 필터링 결과가 없을 때 반환할 값을 지정합니다. 이 인수를 생략하면 필터링된 결과가 없을 때 오류가 반환됩니다.

수식 설명 : =FILTER(A2:G20,(A2:A20=J3)*(F2:F20>=K3)*(G2:G20=L3))

배열 : A2:G20
- A2:G20 표 범위 중에서 필터링합니다.

포함 : (A2:A20=J3)*(F2:F20)=K3)*(G2:G20=L3)
- 판매처(A2:A20)가 A백화점(J3)과 일치하고, 결제금액(F2:F20)이 500(K3)보다 크고, 환불여부(G2:G20)가 환불완료(L3)인 모든 데이터를 필터링합니다.
- 여기서 곱셈 기호(*)는 각각의 조건이 참(TRUE)인 경우 숫자 1에 해당되므로 조건이 모두 참일 때(1*1*1)의 최종 결과가 1, 즉 참이 되는 수식이 반환됩니다. 세 가지 조건 중 하나라도 거짓(FALSE)이라면 0이 되므로 세 조건을 곱했을 때(1*1*0) 0이 되면 최종 결과는 거짓이 됩니다.

If_empty : 생략합니다.

05 A백화점에서 결제금액 500원 이상인, 환불 완료된 제품만 필터링된 것을 확인할 수 있습니다.

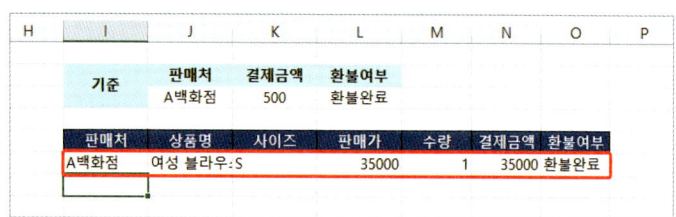

06
❶ [J3] 셀의 **A백화점**을 **B백화점**으로 변경해볼까요?
❷ 이렇게 조건이 변하면 필터링된 결과도 자동으로 변경된답니다.

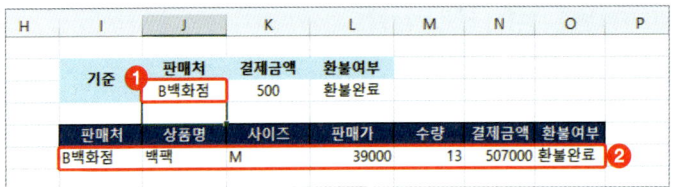

UNIQUE 함수로 중복 데이터 제거하기

예제 파일 : C3L3_UNIQUE함수.xlsx

01
이번 예제는 500행에 가까운 대용량 자료네요!
거의 1년 치 데이터가 쌓여 있지만
FILTER 함수와 UNIQUE 함수를 사용하면 쉽게 관리할 수 있습니다.
[L6] 셀에는 이미 FILTER 함수가 입력되어 있어요!

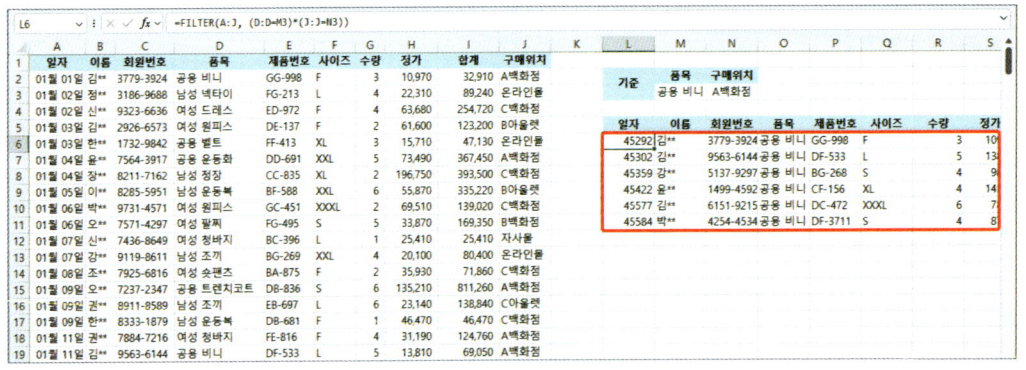

02 [W2:X2] 범위에 각각 **품목**, **구매위치**를 입력한 후 서식을 지정합니다.

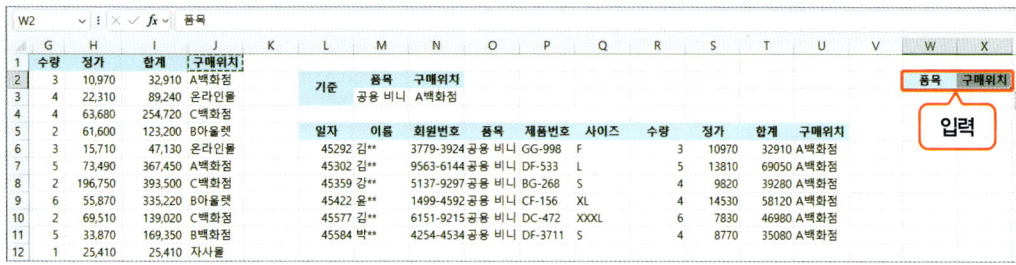

03 ❶ [W3] 셀과 ❷ [X3] 셀에 다음 수식을 각각 입력해볼게요!

❶ [W3] 셀 수식 : =UNIQUE(D2:D500)

❷ [X3] 셀 수식 : =UNIQUE(J2:J500)

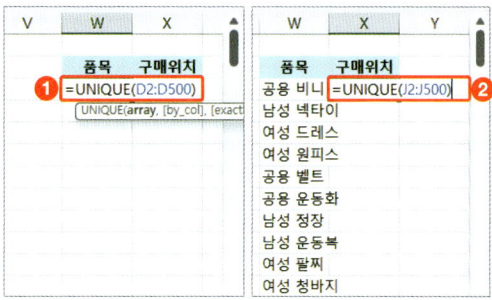

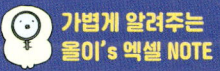 **UNIQUE 함수 설명**

함수 설명 : =UNIQUE(array, [by_col], [exactly_once])

UNIQUE 함수는 데이터 범위에서 중복되지 않는 고유한 값을 추출할 때 사용합니다. 목록에서 중복된 항목을 제거하고 고유한 항목만을 보여주고자 할 때 매우 유용합니다. 대량의 데이터에서 특정 항목의 중복 여부를 확인하거나 고유한 항목만 추출할 때 사용해보세요!

Array : 고유한 값을 추출할 데이터 범위입니다.

by_col(선택 사항) : TRUE로 설정하면 가로(열)를 기준으로 고유한 값만 반환하고, FALSE로 설정하면 세로(행)를 기준으로 고유한 값을 반환합니다. 생략하면 자동으로 FALSE가 적용됩니다.

exactly_once(선택 사항) : TRUE로 설정하면 데이터에서 정확하게 한 개만 있는 값(중복되지 않는 고유한 값만)을 반환합니다. 기본값은 FALSE입니다.

04 그럼 W행과 X행에 각각 '품목', '구매위치' 목록 중 고유한 값을 가진 데이터,
즉! 유니크한 데이터가 나타나는 걸 확인할 수 있습니다.

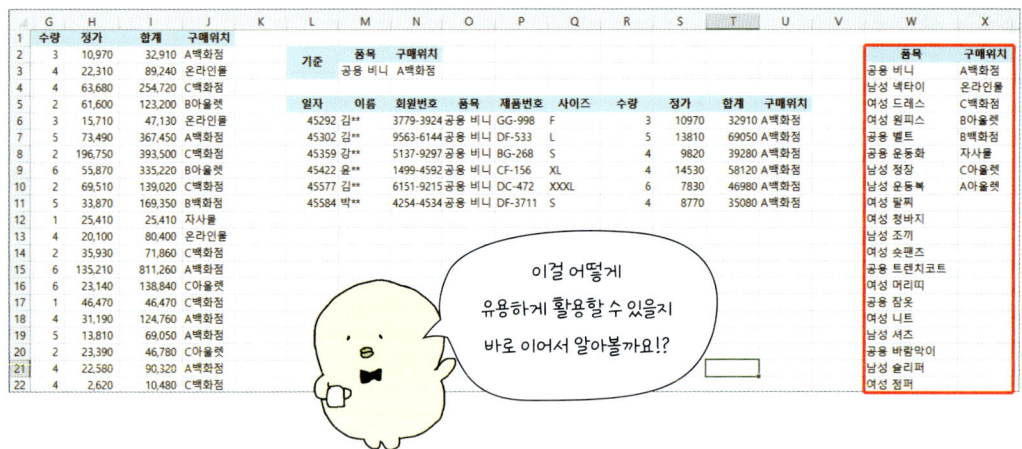

데이터 유효성 검사로 간단한 동적 데이터 만들기

예제 파일 : C3L1_키보드필터.xlsx

FILTER 함수와 UNIQUE 함수는 다양하게 활용할 수 있지만
가장 유용하게 활용할 수 있는 게 바로 동적 데이터 만들기입니다.

'품목'과 '구매위치'에서 각각 '유일한 값'에 해당하는 데이터를 얻었으니
기준에 해당하는 [M3:N3] 범위의 '품목'과 '구매위치'를
직접 입력하는 것이 아닌 선택할 수 있도록 만들어보겠습니다.

01 ❶ [M3] 셀과 ❷ [N3] 셀에 각각 W, X열에 추출한
'품목'과 '구매위치' 목록을 바탕으로 데이터 유효성 검사를 적용합니다.

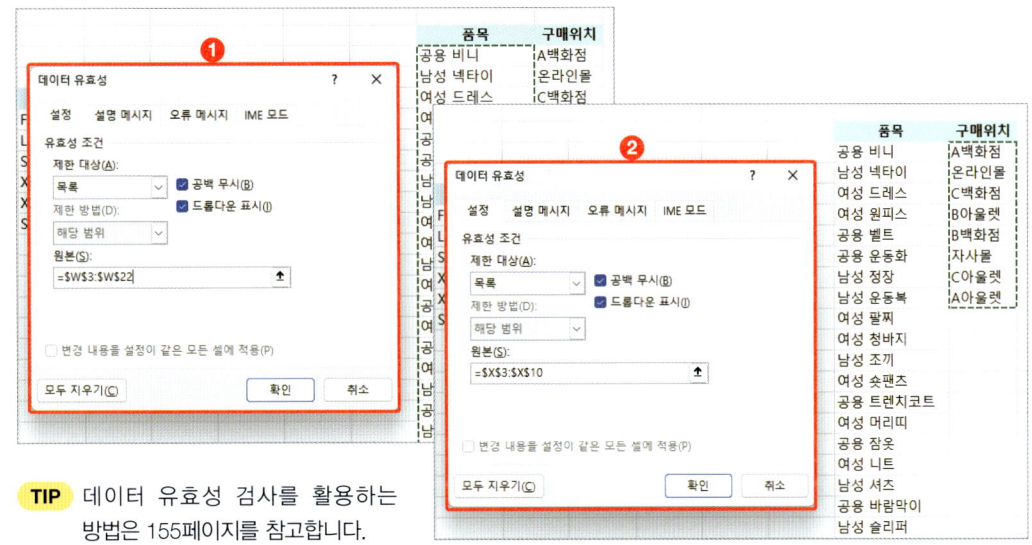

TIP 데이터 유효성 검사를 활용하는 방법은 155페이지를 참고합니다.

02 그럼 따로 항목을 입력할 필요 없이 이렇게 간단하게 확인하고,
나중에 데이터를 쌓아갈 때도 유용하게 활용할 수 있습니다.
'품목'과 '구매위치'가 늘어나면 원본 범위만 조금 수정해주면 되겠지요?

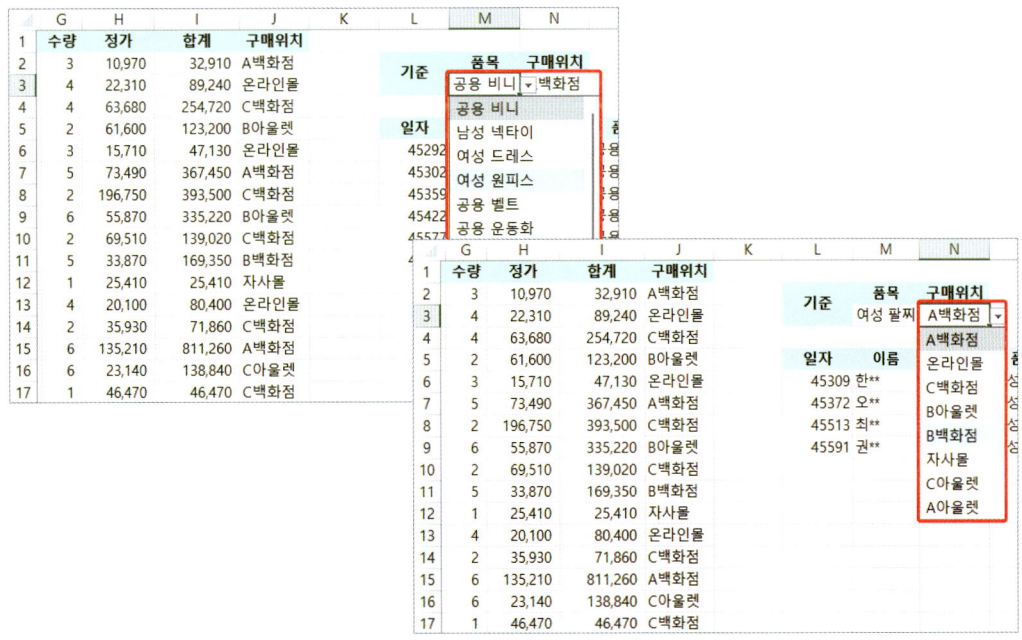

— 171 —

LESSON 03 데이터 유효성 검사와 고급 필터 활용 방법

03 이렇게 특정 항목을 지정하고 데이터가 변화하는 양식을 동적 데이터(양식)라고 합니다. 대용량 데이터 관리, 대시보드에 자주 활용하는 기능이니 유용하게 활용할 수 있을 거예요!

기준	품목	구매위치							
	여성 팔찌	B백화점 ▼							
일자	이름	회원번호	품목	제품번호	사이즈	수량	정가	합계	구매위치
45297	오**	7571-4297	여성 팔찌	FG-495	S	5	33870	169350	B백화점
45388	장**	9917-1744	여성 팔찌	FF-357	XXXL	6	19960	119760	B백화점
45411	윤**	5846-2326	여성 팔찌	GC-286	XL	4	27940	111760	B백화점
45442	윤**	6555-1682	여성 팔찌	ED-338	XL	3	12350	37050	B백화점
45549	강**	1425-4874	여성 팔찌	CD-855	XXXL	3	18620	55860	B백화점
45568	서**	8924-8212	여성 팔찌	DD-878	L	4	10480	41920	B백화점
45622	이**	4856-5459	여성 팔찌	GA-232	F	3	11750	35250	B백화점

TIP 이런 데이터를 만들 때 목록을 추출한 W, X열은 숨김 처리하면 더욱 깔끔한 워크시트로 관리할 수 있어요!

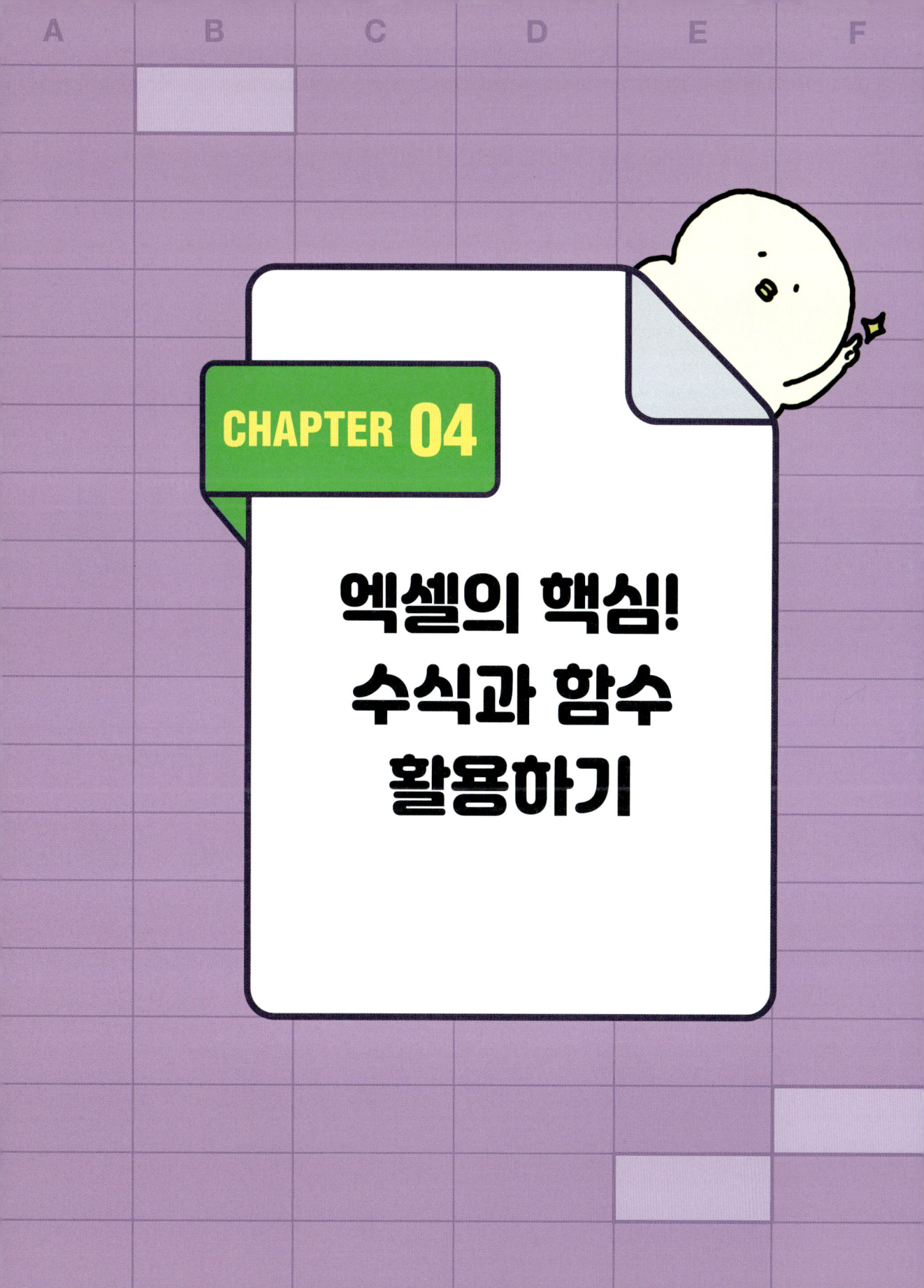

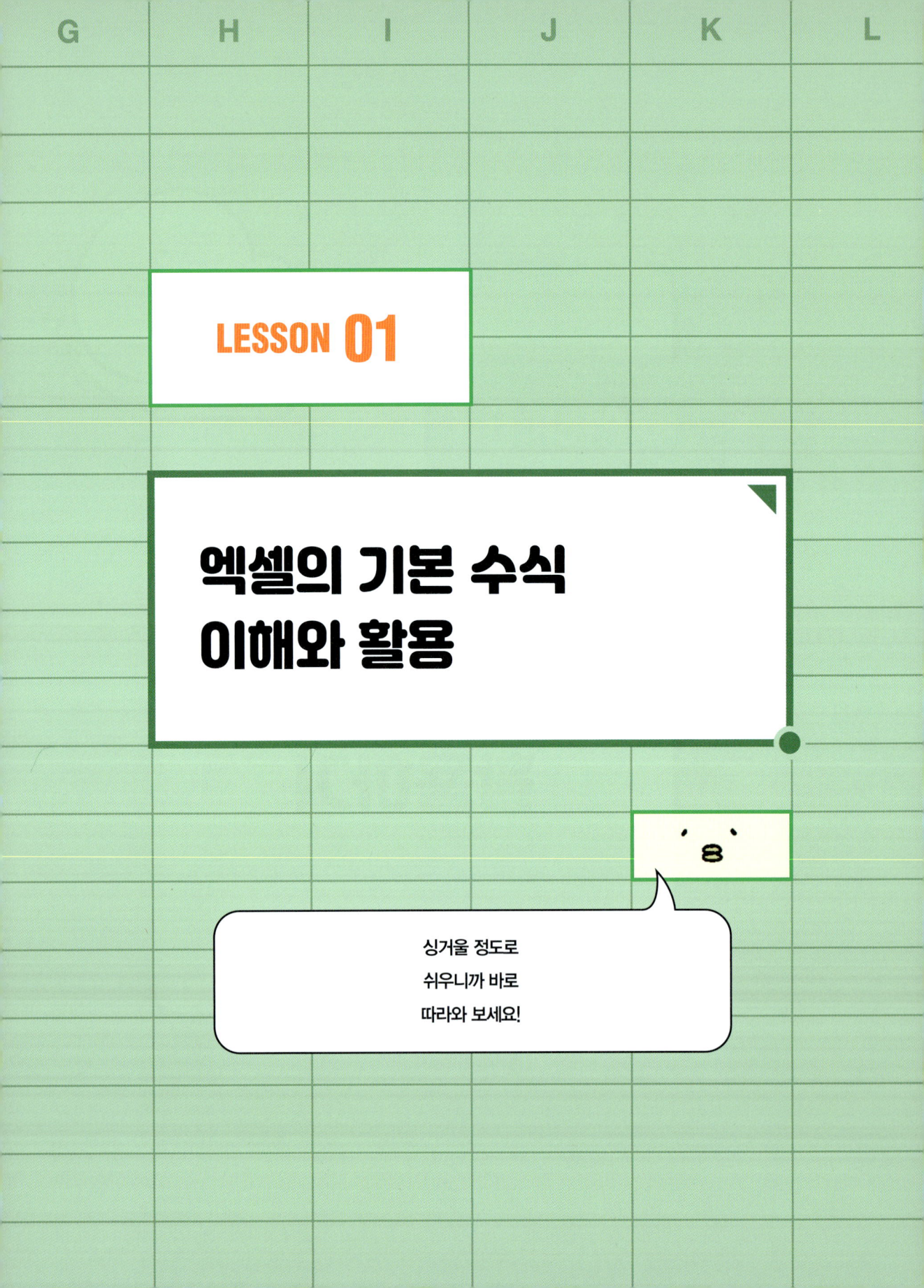

눈으로만 읽는 엑셀

STEP 01 엑셀 수식 기본 이해하기
엑셀 함수를 활용하기 위한 수식 기초!

엑셀 기본 연산자 알아보기

엑셀의 수식은 우리가 학교에서 배운 기본 연산자인
더하기(+), 빼기(-), 곱하기(*), 나누기(/), 등호(=) 등
다양한 기호와 숫자 그리고 참조(셀 주소)를 사용한답니다!
엑셀 수식 연산자는 크게 네 종류가 있어요!
산술 연산자, 참조 연산자, 비교 연산자, 텍스트 연결 연산자로 구분하지요!

01 덧셈(+), 뺄셈(-), 곱셈(*), 나눗셈(/) 등
기초적인 수학 연산을 수행하는 산술 연산자

02 범위 참조(:), 절대 참조($)등 특정 셀 또는
범위의 위치를 나타내기 위해 사용하는 참조 연산자

03 같음(=), 큼(>), 크거나 같음(>=), 작거나 같음(<=) 등 두 값을 비교하여 관계를 나타내는 데 사용하는 비교 연산자가 있어요! 조건식이라고도 하고, 사용 방법에 따라 TURE, FALSE로 결과가 표시됩니다.

TIP TRUE와 FALSE는 참값, 거짓값이라고도 하며, 숫자는 TRUE에 1, FALSE에 0이 각각 대응합니다.

04 앰퍼샌드(&)로 두 개의 값을 연결하여 하나의 연속된 텍스트를 만드는 텍스트 연결 연산자도 있어요!

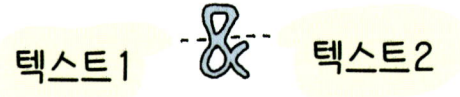

엑셀의 연산 순서

예제 파일 : C4L1_연산순서.xlsx

엑셀에서 수식을 입력할 때는 가장 먼저(제일 왼쪽에) 등호(=)를 입력하고 수식을 입력합니다.

수식은 왼쪽부터 순서대로 계산하며 괄호가 있는 경우엔 괄호 먼저 계산합니다.
그리고 기본 사칙 연산과 동일하게 곱셈(*)과 나눗셈(/) 먼저 계산하고,
그 다음 덧셈(+), 뺄셈(-) 순서대로 진행합니다.

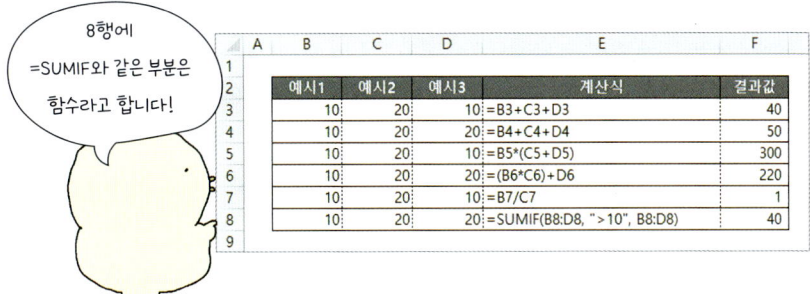

8행에 =SUMIF와 같은 부분은 함수라고 합니다!

다음은 텍스트 연결 연산자인
앰퍼샌드(&)와 비교 연산자를 사용한 예시예요!
예를 들어 ❶ [B11] 셀의 **10**과 ❷ [C11] 셀의 **20**을 연결하면
1020이 되고 거기에 ❸ [D11] 셀의 **10**을 더하면 ❹ **1030**이 되는 거죠!

[E13] 셀에 입력된 **=B13&C13=D13**은
'B13&C13인 1020과 [D13] 셀의 10이 같을까?'라고 비교하는 수식이에요!
1020과 10은 다르기 때문에 거짓값! 즉, **FALSE**가 출력됩니다.

초등학교에서 배운 사칙 연산 순서와 크게 다르지 않아요!

TIP [E8] 셀에 입력된 ="B16+C16+D16"을 셀 주소를 큰따옴표(")로 묶은 경우입니다. 이 경우 계산식이 아닌 그 자체를 텍스트로 인식하라는 의미라 결괏값으로 B16+C16+D16이 출력됩니다.

하나라도 더 알려주는 올이

STEP 02 수식 입력 기초와 활용
엑셀에 직접 수식을 입력해볼까요?

엑셀에 수식 입력하기

예제 파일 : C4L1_수식입력.xlsx

이번에는 다양한 수식을 직접 입력해보면서 확인해볼까요?
예제 파일을 열고 [E3:E8] 범위에 등호(=)를 입력한 후 다양하게 수식을 입력해보세요!
셀 주소는 직접 입력해도 되고 참조할 셀을 클릭해도 됩니다.

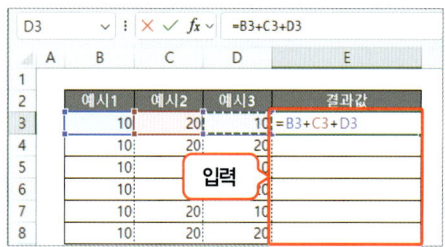

TIP 수식을 입력할 때는 셀을 클릭하고 셀에 직접 입력하거나 [수식 입력줄]에 입력해도 됩니다.

마지막 [E8] 셀까지 산술, 참조, 비교, 연결 연산자를 다양하게 활용해보세요!
수식을 수정하려면 셀을 더블클릭하고 입력된 내용을 수정할 수 있어요!

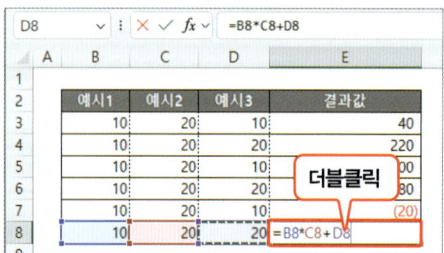

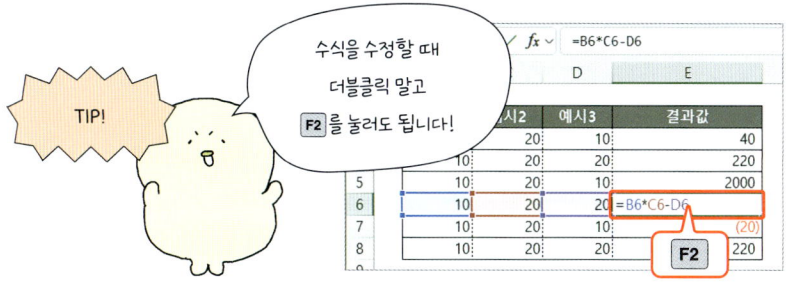

가볍게 알려주는 올이's 엑셀 NOTE
엑셀 수식 입력줄 넓게 활용하기

수식을 입력할 때 고급 함수를 사용하면 셀에 직접 입력하기가 어렵습니다. 이때는 수식 입력줄에 입력하는 게 좋고, 입력할 때 Alt + Enter 로 줄을 바꿔서 입력할 수도 있습니다. 만약 수식 입력줄이 작다면 하단을 드래그해 높이를 조절할 수도 있습니다.

채우기 핸들과 참조 이해하기

예제 파일 : C4L1_참조.xlsx

예제 파일의 ❶ [C5] 셀에 '가격X수량X할인율'의 수식을 먼저 입력해볼까요?

[C5] 셀 수식 : =C4*B5*C2

❷ [C5] 셀의 채우기 핸들 을 [G5] 셀까지 드래그하고
❸ [C5:G5] 범위가 선택된 상태에서 [G8] 셀까지 드래그해볼게요!

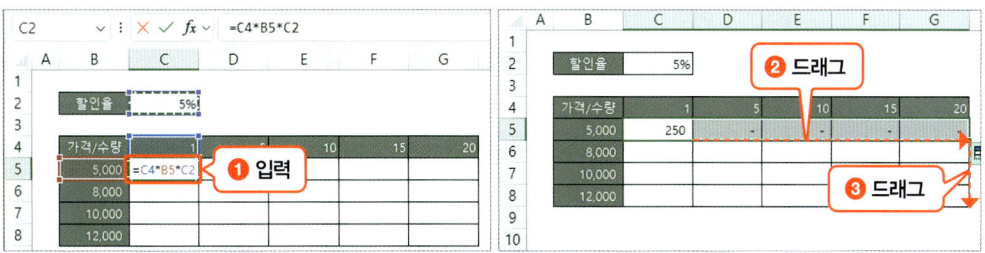

LESSON 01 엑셀의 기본 수식 이해와 활용

하지만 결과가 제대로 나타나지 않습니다. [G8] 셀을 더블클릭해 수식을 확인해보면 수식이 엉뚱한 위치를 참조하고 있는 걸 확인할 수 있습니다.

이런 문제가 발생하는 이유는 채우기 핸들을 사용할 때 원본 셀의 참조하는 위치가 상대적으로 변하는 '상대 참조' 상태에서 사용했기 때문입니다. 고정이 필요한 부분은 절대 참조, 혼합 참조를 사용하면 됩니다.

참조 연산자의 달러 기호($)는 바로 이럴 때 사용한다구요!

'상대 참조'하는 셀에서 F4 를 한 번 누르면 '절대 참조($★$★)'
→ F4 를 두 번 누르면 '행 고정(★$★)' → F4 를 세 번 누르면 '열 고정($★★)'이 되고
→ 다시 F4 를 누르면 '상대 참조'로 변합니다.

❶ C4에서 F4 를 두 번 눌러서 행 고정(C$4), ❷ B5에서 세 번 눌러서 열 고정($B5),
❸ C2는 한 번 눌러 절대 참조로 지정한 후 ❹ Enter 를 누릅니다.

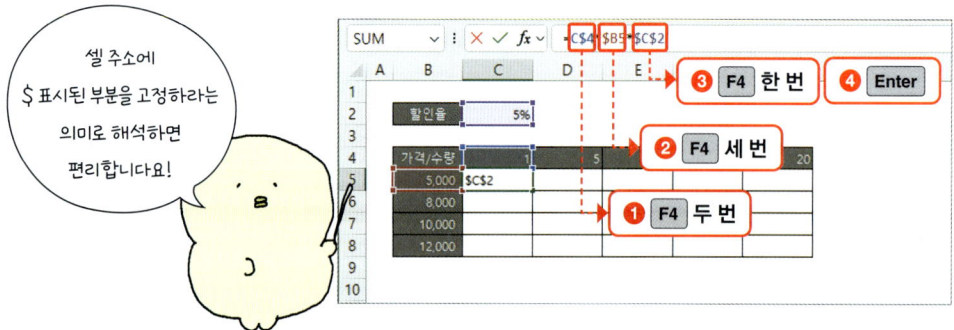

셀 주소에 $ 표시된 부분을 고정하라는 의미로 해석하면 편리합니다요!

TIP 절대 참조는 채우기 핸들을 드래그해도 항상 처음 고정된 셀 주소로만 고정되고, 행 고정과 열 고정은 '혼합 참조'라고 부릅니다. 채우기 핸들을 드래그하면 행 또는 열만 고정됩니다.

❶ [C5] 셀의 채우기 핸들을 [G5] 셀까지 드래그하고
❷ [C5:G5] 범위가 선택된 상태에서 [G8] 셀까지 드래그해볼게요!
그럼 나머지 셀에 제대로 결과가 나타나는 걸 확인할 수 있어요!

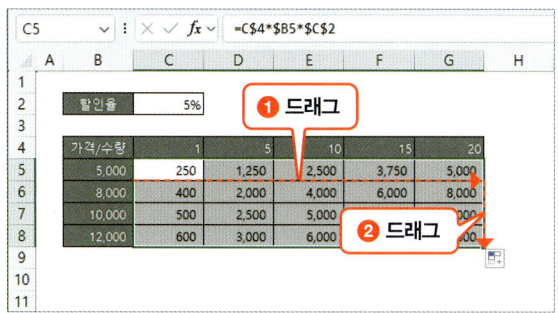

셀 서식을 유지하고 채우기 핸들 사용하기

채우기 핸들을 사용할 때 셀에 서식이 입력되어 있으면 아래 그림처럼 셀 서식이 망가집니다. 그러면 처음부터 다시 셀 서식을 지정해야 할 때가 있는데요! 이럴 땐 당황하지 말고 다음 방법을 사용해보세요!

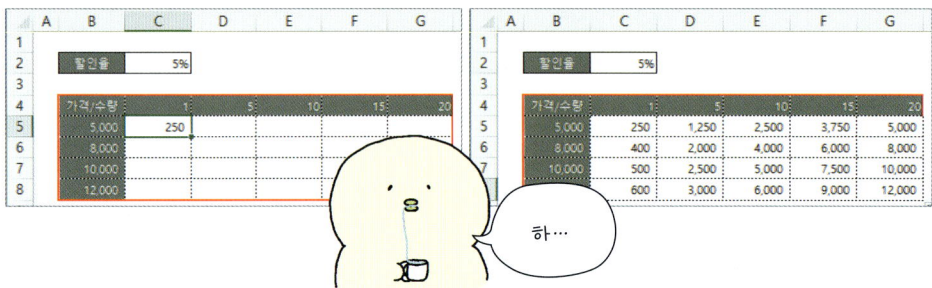

처음 채우기 핸들을 이용해 내용을 복사하면 아이콘이 나타납니다. 이걸 클릭하고 [서식 없이 채우기]를 클릭하면 서식 없이 수식 혹은 내용만 채워지는 걸 확인할 수 있습니다. 아래 그림처럼 행 방향, 열 방향으로 두 번 채워야 할 때는 각각 클릭해주면 됩니다.

LESSON 02

엑셀 활용에 필수인 기초 함수

외우지 마세요!
읽다 보면
술술 들어갑니다!

STEP 01 기초 중에 기초 함수, 합계와 평균

합계와 평균부터 가볍게 시작하는 함수 배우기

합계에는 SUM 함수

예제 파일 : C4L2_SUM함수.xlsx

엑셀에서 합계는 덧셈 기호(+)를 사용해도 되지만
10개, 20개를 더할 때 일일이 사용하려면 어렵겠죠?!
이럴 때 사용하는 게 바로 SUM 함수입니다.

[E10] 셀 수식 : =SUM(E3:E9)

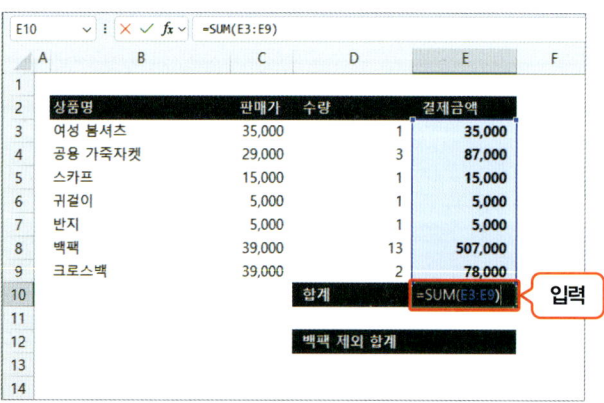

이렇게 콜론 기호(:)를 사용해 범위로 잡을 수도 있고,
범위가 떨어져 있으면 쉼표(,)로 구분해도 됩니다.
예를 들어 [E3:E9] 범위에서 '백팩'의 결제금액을 제외한 나머지를 구하려면
다음 수식과 같이 입력하면 됩니다.

[E12] 셀 수식 : =SUM(E3:E7, E9)

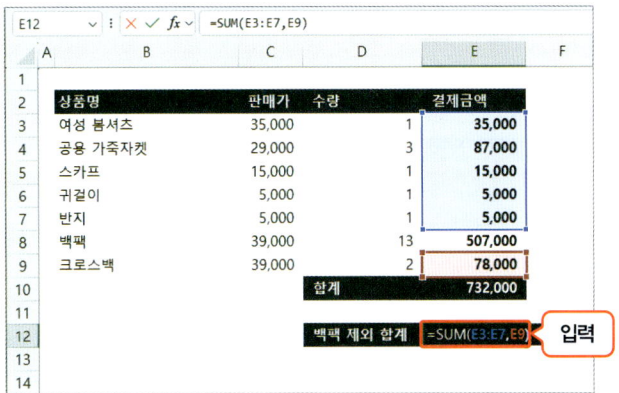

함수 구조는 등호(=), 함수 이름, 괄호 안에는 인수를 입력하는데요!
인수는 함수를 완성하기 위한 '요소'라고 생각하면 됩니다.
SUM과 AVERAGE 함수에 필요한 인수인 '요소'는
숫자 데이터가 들어간 셀 혹은 숫자 그 자체가 될 수 있는 거죠!

평균에는 AVERAGE 함수

예제 파일 : C4L2_AVERAGE함수.xlsx

합계인 SUM 함수를 이해했다면 평균인 AVERAGE 함수는 정말 쉬워요!
SUM 함수 부분을 AVERAGE 함수로 바꾸기만 해주세요!
SUM 함수와 사용 방법이 완전 동일하답니다!

① [E10] 셀 수식 : =AVERAGE(E3:E9)
② [E12] 셀 수식 : =AVERAGE(E3:E7, E9)

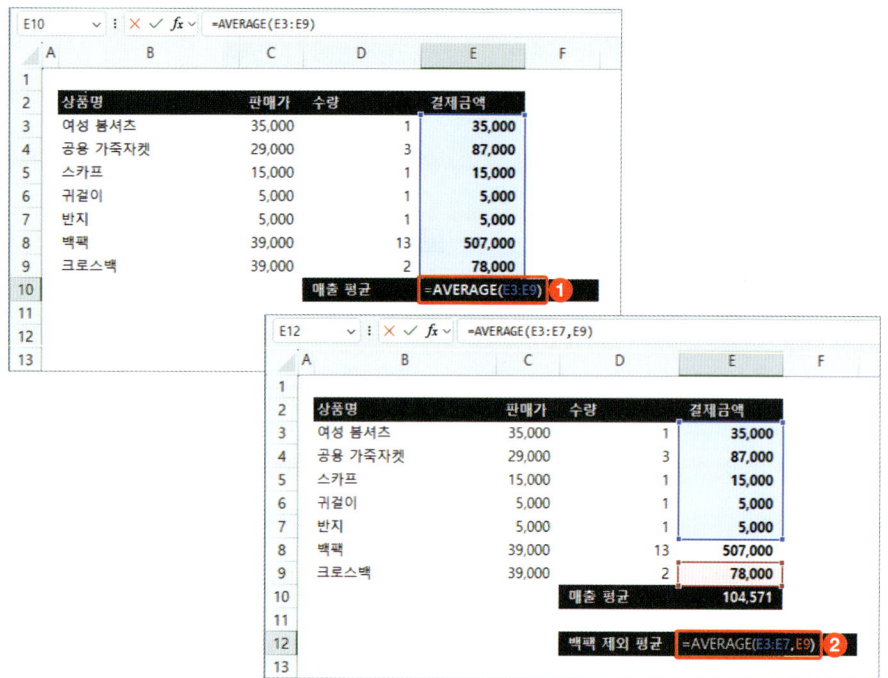

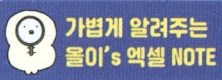 **SUM, AVERAGE 함수**

함수 설명 : =SUM(number1,[number2],…)

함수 설명 : =AVERAGE(number1,[number2],…)

SUM과 AVERAGE 함수는 각각 합계와 평균을 구하는 함수로 인수는 number 한 종류만 있습니다. 콤마(,)로 255개까지 구분할 수 있으며, 대부분은 콜론(:)을 사용해 범위의 합계와 평균을 구합니다.

number1~255 : 합계 혹은 평균을 구할 숫자, 숫자 데이터가 입력된 셀, 범위입니다.

TIP 각 함수의 인수 이름을 확인하면 대략적인 인수의 용도, 인수에 필요한 데이터의 종류를 유추할 수 있어요! number는 당연히 숫자 데이터구요!

개수를 세는 COUNT 계열 함수 – COUNTA, COUNTBLANK 함수

예제 파일 : C4L2_COUNT계열함수.xlsx

'셀의 개수를 세는 함수'는 기본적으로 COUNT 함수입니다.
COUNT 계열 함수는 COUNT, COUNTA, COUNTBLANK가 있습니다.
먼저 COUNTA 함수는 모든 종류의 데이터가 입력된 모든 셀,
다시 말해 '비어 있지 않은 셀'의 개수를 세는 함수입니다.

[F2] 셀 수식 : =COUNTA(B3:B7)

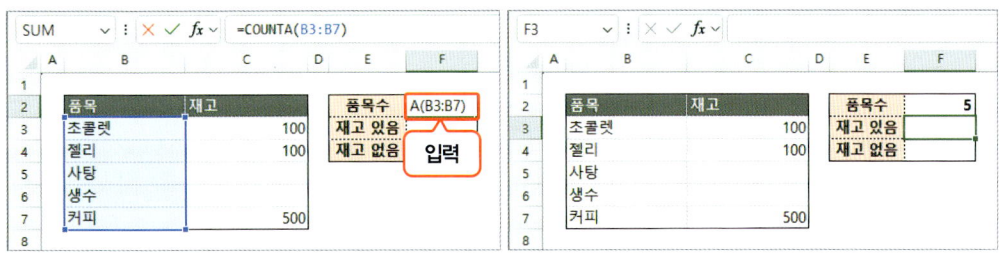

COUNT 함수는 COUNTA와 비슷하지만 '숫자 데이터가 입력된 셀의 개수만 세는 함수'입니다.
COUNTBLANK 함수는 '비어 있는 셀의 개수만 세는 함수'입니다.

❶ [F3] 셀 수식 : =COUNT(C3:C7)
❷ [F4] 셀 수식 : =COUNTBLANK(C3:C7)

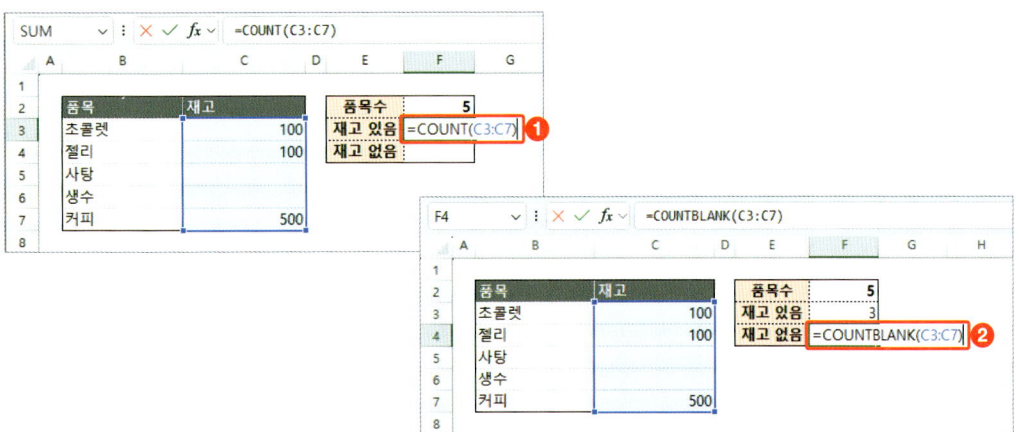

COUNT 함수로 [B3:B7] 범위를 지정하면 0이 출력되지만,
[C3:C7] 범위를 지정하면 3이 출력되구요!
COUNTBLANK 함수로 [C3:C7] 범위를 지정하면 두 개의 빈 셀 때문에 2가 출력됩니다.

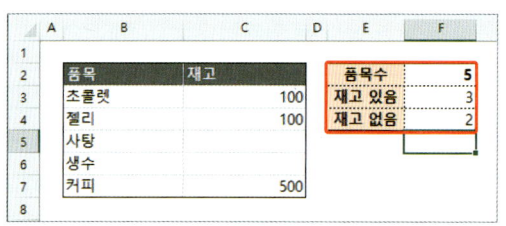

참고로! COUNTBLANK 함수는 '빈 셀'을 찾는 함수라 숫자 0도 '비어 있지 않은 셀'로 인식합니다.
[C5] 셀에 0을 입력해보면 재고 있음이 4, 재고 없음이 1로 변경되는 걸 확인할 수 있어요!

숫자가 0인 셀의 개수를 세려면 COUNTIF 함수를 사용해보세요! 사용 방법은 202페이지에 있습니다.

가볍게 알려주는 올이's 엑셀 NOTE — COUNT, COUNTA, COUNTBLANK 함수

함수 설명 : =COUNT(value1,[value2],…)

함수 설명 : =COUNTA(value1,[value2],…)

함수 설명 : =COUNTBLANK(range)

COUNT, COUNTA, COUNTBLANK 함수는 각각 숫자가 입력된 셀의 개수, 데이터가 입력된 셀의 개수, 빈 셀의 개수를 세는 함수입니다. COUNT와 COUNTA 함수는 value 인수를, COUNTBLANK 함수는 range 인수를 사용합니다.

value1~255 : 개수를 셀 범위 혹은 셀입니다. 최대 255개의 데이터, 범위 혹은 셀을 입력할 수 있습니다.

range : 빈 셀의 개수를 셀 범위입니다. 범위는 단 한 개만 입력할 수 있습니다.

최댓값/최솟값을 추출하는 MAX, MIN 함수

예제 파일 : C4L2_MAX&MIN함수.xlsx

데이터 범위에서 최댓값을 구하려면 MAX 함수를 사용합니다.
사용 방법은 SUM, AVERAGE 함수와 마찬가지로 정말 간단해요!

[F3] 셀 수식 : =MAX(D3:D11)

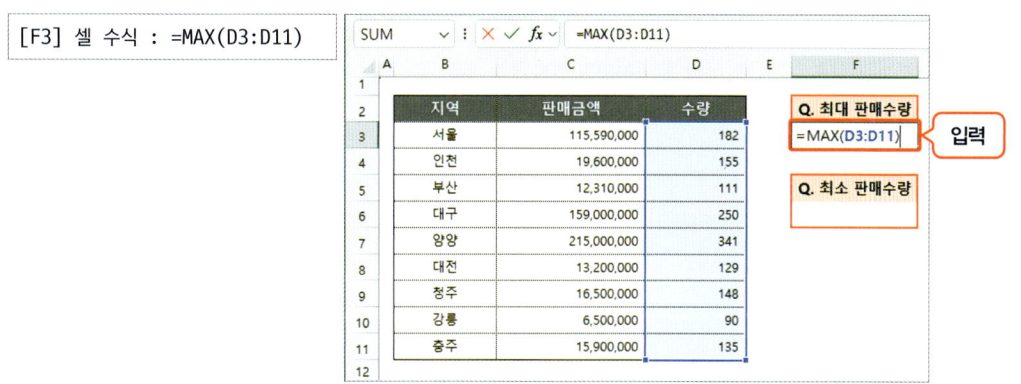

[F3] 셀에 '최대 판매수량'에 해당하는 최댓값이 구해집니다.
반대로 최솟값을 구하려면 MIN 함수를 사용합니다.
[F6] 셀에 아래 수식을 입력하면 '최소 판매수량'에 해당하는 최솟값이 구해집니다.

[F6] 셀 수식 : =MIN(D3:D11)

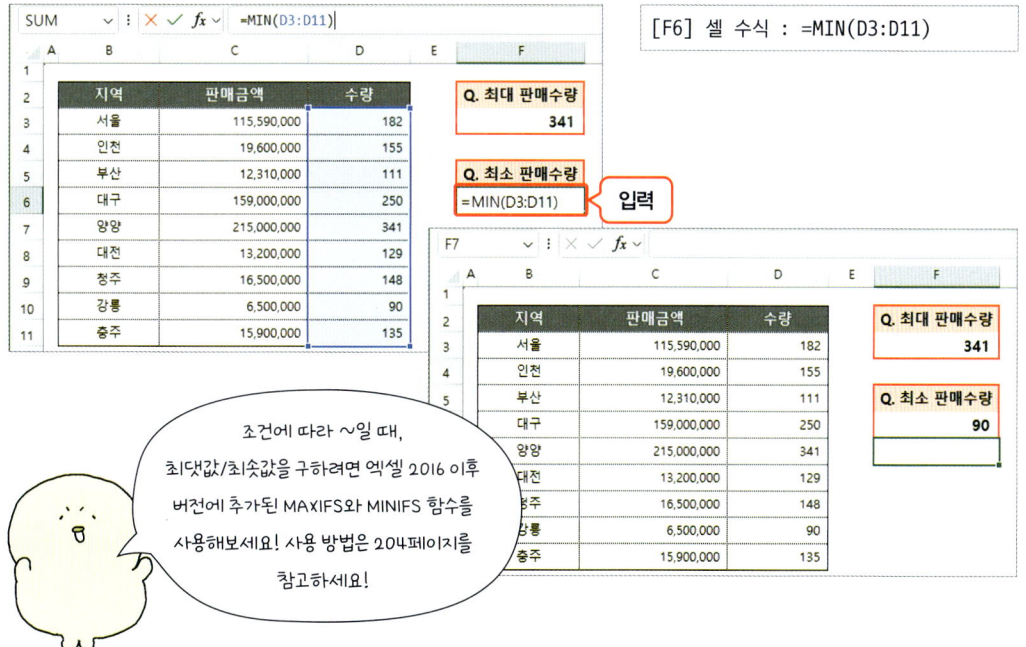

조건에 따라 ~일 때, 최댓값/최솟값을 구하려면 엑셀 2016 이후 버전에 추가된 MAXIFS와 MINIFS 함수를 사용해보세요! 사용 방법은 204페이지를 참고하세요!

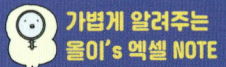

MAX, MIN 함수

함수 설명 : =MAX(number1,[number2],…)

함수 설명 : =MIN(number1,[number2],…)

MAX와 MIN 함수는 각각 최댓값과 최솟값을 구하는 함수로, 인수는 number 한 종류만 있습니다. 콤마(,)로 255개까지 구분할 수 있으며, 대부분은 콜론(:)을 사용해 지정한 범위에서 최댓값과 최솟값을 구합니다.

Number : 최댓값과 최솟값을 구하려는 데이터, 범위 혹은 셀을 입력할 수 있습니다.

넓게 알려주는 올이's 꿀팁

함수를 몰라도 쉽게 입력하는 방법

함수를 입력할 때 아직 함수의 사용법이 익숙하지 않은 초보자를 위해 엑셀에서는 다양한 기능을 제공합니다! ❶ 먼저 등호(=)를 입력하고 함수를 입력하다 보면 아래 유사한 함수 리스트가 나타납니다. ❷ 키보드 방향키로 원하는 함수를 선택하고 Tab 을 누르면 함수 입력 상태가 완성되구요! 이 상태에서 ❸ Ctrl + A 를 눌러볼까요?

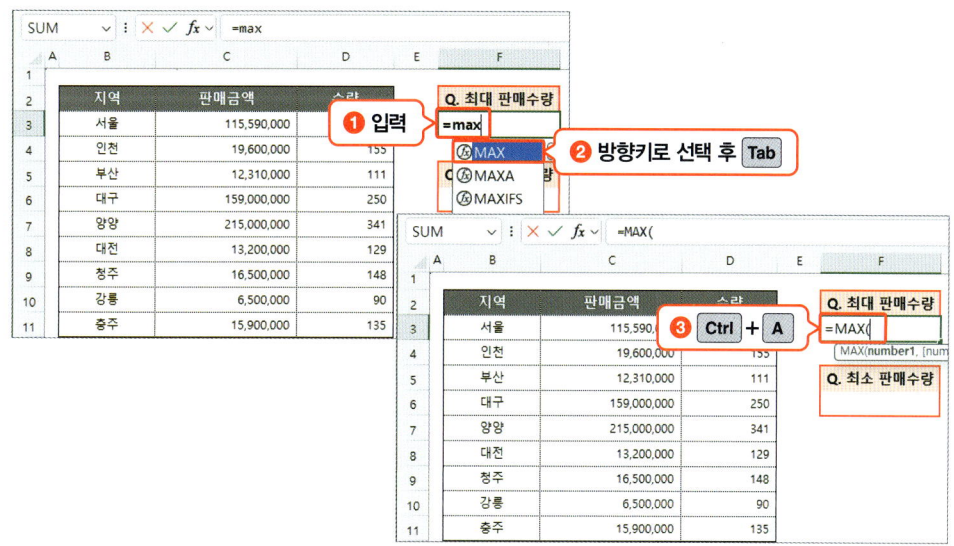

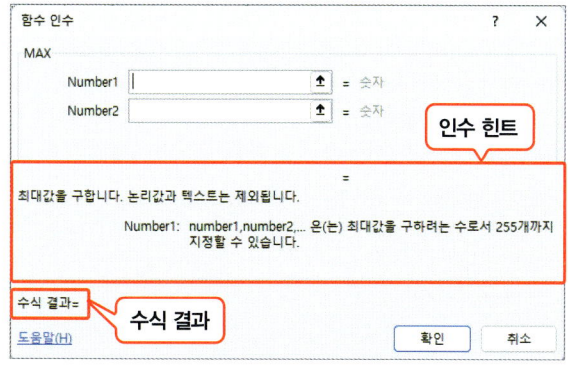

그럼 이렇게 [함수 인수] 대화상자가 나타납니다. [함수 인수] 대화상자를 활용하면 인수에 대한 힌트와 설명 그리고 수식 결과도 미리 확인할 수 있습니다. 단, 인수를 입력하는 도중에 Ctrl + A 를 누르면 수식 전체가 선택됩니다. 이때는 수식 입력줄에서 [함수 삽입 fx]을 클릭합니다.

[함수 인수] 대화상자의 ❶ 인수 입력란을 클릭하고 ❷ 워크시트에서 직접 셀이나 범위를 선택할 수도 있으니 편리하게 활용해보세요!

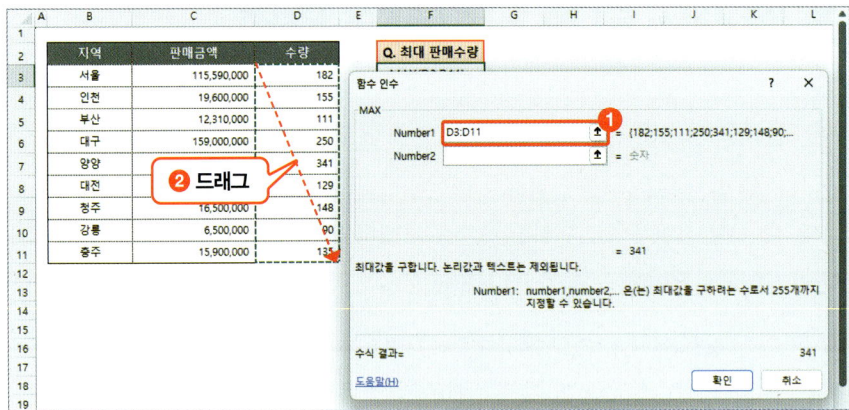

함수 이름이 번뜩 생각나지 않는다면 셀을 선택하고 Shift + F3 을 눌러보세요! 그러면 [함수 마법사] 대화상자가 나타납니다. [함수 검색]에 함수의 기능 혹은 설명을 입력하고 [검색]을 클릭하면 해당하는 함수 목록이 나타납니다.

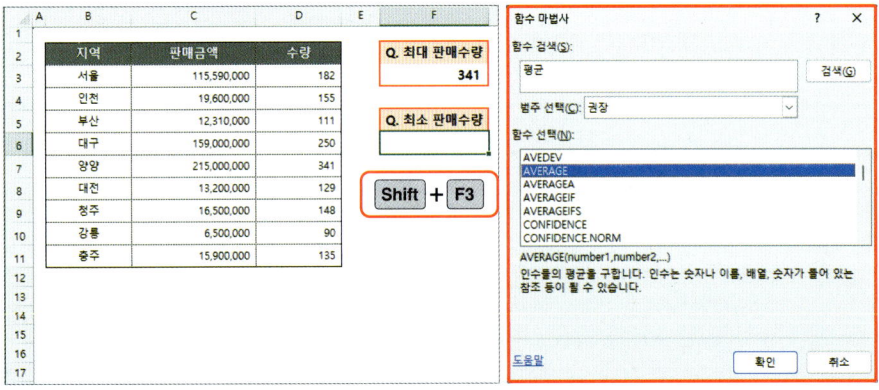

그 밖에도 ❶ [수식] 탭-[함수 라이브러리] 그룹-[함수 삽입 fx]을 클릭하거나, ❷ 다양한 범주의 함수를 선택해 입력할 수 있으니 함수에 익숙하지 않다면 '적극' 활용해보세요!

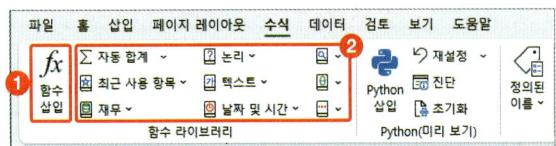

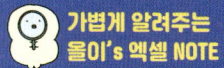

간단한 자동 계산 기능

예제 파일 : C4L2_자동계산.xlsx

엑셀은 함수를 간단하게 사용하도록 도와주는 자동 계산 기능도 있어요! [홈] 탭-[편집] 그룹-[자동 합계 ∑] 를 클릭하면 나타나는 목록에서 원하는 계산을 선택할 수 있습니다. ❶ 합계를 구할 범위를 선택한 후 ❷ [합계] 를 클릭하면 자동으로 합계가 입력됩니다.

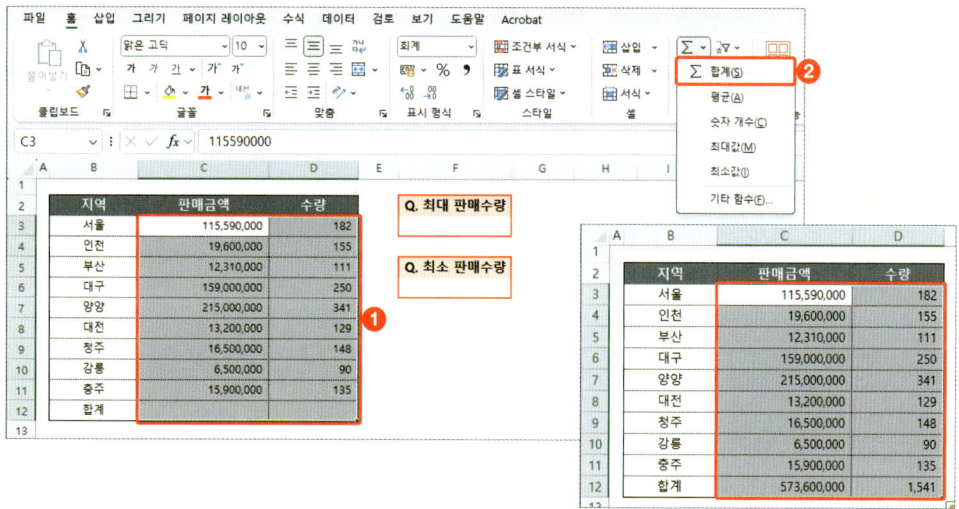

최댓값을 구할 수도 있습니다. 최댓값을 구할 셀을 클릭하고 ❶ [홈] 탭-[편집] 그룹-[자동 합계 ∑]-[최대 값]을 클릭해보세요! ❷ 셀에 함수가 입력되면 범위를 선택하고 ❸ Enter 만 눌러 간편하게 작업할 수 있습니다.

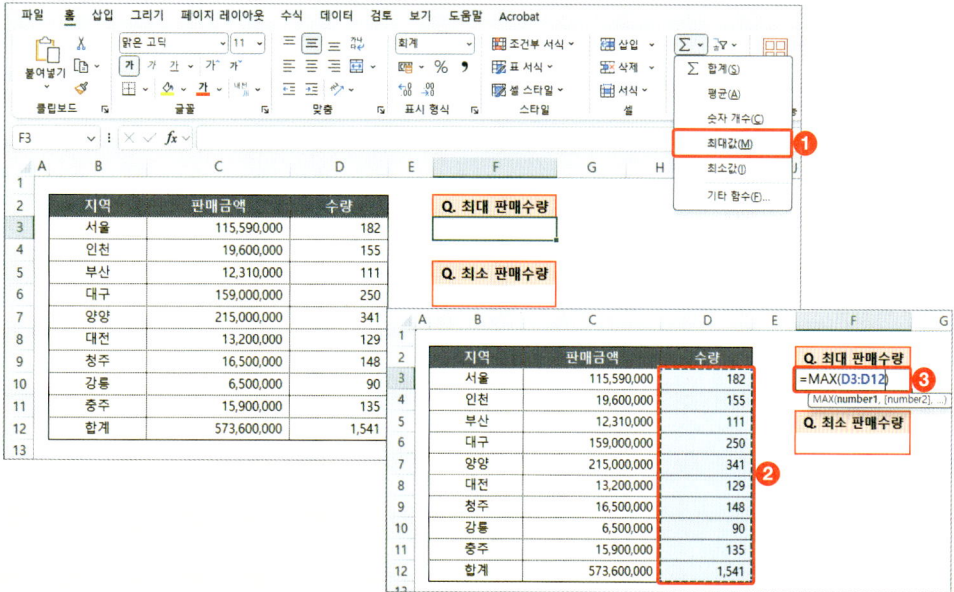

하나라도 더 알려주는 올이

STEP 02 실무에 꼭 필요한 응용 함수
이 정도 함수는 써야 엑셀을 제대로 활용하는 것!

조건이 하나일 경우 IF 함수 사용법

예제 파일 : C4L2_IF함수.xlsx [조건하나] 시트

엑셀의 IF 함수는 조건에 따라 다른 값을 표시해주는 함수예요.
특정 조건이 참이면 특정 값을, 거짓이면 다른 값을 반환합니다.

아래 예시는 재고가 0이면 '재고없음'을 출력하고,
아니면 빈 내용을 출력하는 수식입니다.

[E3] 셀 수식 : =IF(D3=0,"재고없음"," ")

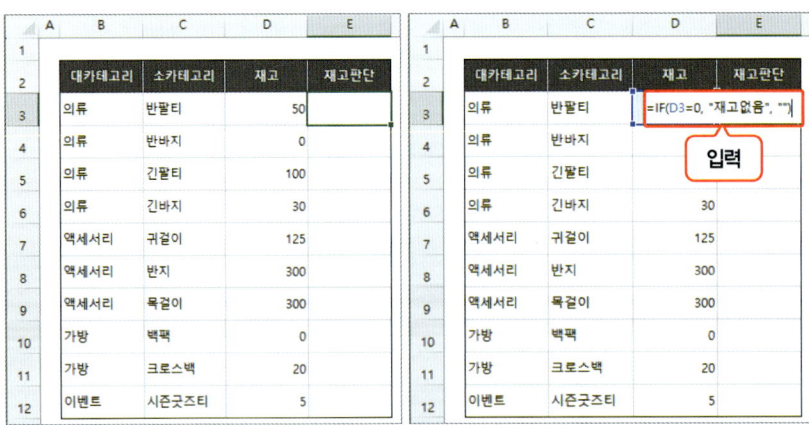

CHAPTER 04 엑셀의 핵심! 수식과 함수 활용하기

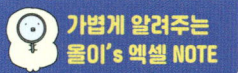

IF 함수

> 함수 설명 : =IF(logical_test, value_if_true, [value_if_false])

IF 함수는 조건식(logical_test)에 따라 결과가 참(True) 혹은 거짓(False)으로 구분하고 그에 맞는 결과를 출력할 수 있도록 도와주는 함수입니다.

logical_test : 참값과 거짓값을 검사할 조건입니다.

empt : logical_test의 결과가 TRUE일 경우 반환할 값입니다. 텍스트, 숫자, 수식 모두 입력할 수 있습니다.

value_if_false(선택 사항) : logical_test의 결과가 FALSE일 경우 반환할 값입니다. 텍스트, 숫자, 수식 모두 입력할 수 있습니다. 생략할 경우 FALSE가 출력됩니다.

> 수식 설명 : =IF(D3=0,"재고없음"," ")

• D3이 0이면 '재고없음'을 출력하고 0이 아니면 빈 내용("")을 출력합니다.

logical_test : D3=0
• D3 셀이 '0'인지 아닌지 판단합니다.

value_if_true : "재고없음"
• D3이 0이면(TRUE면), '재고없음'을 출력합니다.

value_if_false(선택 사항) : ""
• D3이 0이 아니면(FALSE면), 빈 내용("")을 출력합니다.

[E3] 셀에 함수를 입력해볼까요? [D3] 셀에 재고가 있기 때문에 따로 결과가 출력되지 않는 건 당연하겠죠?! 이때 채우기 핸들을 [E12] 셀까지 드래그해보면 재고가 0인 셀 오른쪽에는 '재고없음'이 출력됩니다.

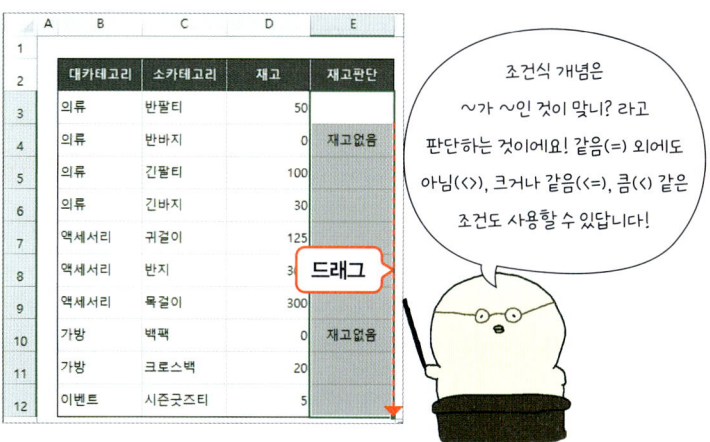

조건이 여러 개일 경우 IF 함수 중첩 사용법

예제 파일 : C4L2_IF함수.xlsx [조건여러개] 시트

IF 함수는 기본적으로 참값, 거짓값일 때 한 개씩 출력할 수 있지요!
하지만 조건식이 거짓값으로 판단될 때 추가로 판단할 수 있도록
IF 함수를 중첩하는 방식으로도 활용할 수 있습니다.
아래 예시는 오른쪽 표대로 각각 재고없음, 재고부족, 재고적정, 재고과다를 판단하는 수식입니다.

[E3] 셀 수식 : =IF(D3=0,"재고없음",IF(D3<=100,"재고부족",IF(D3>=300,"재고과다","재고적정")))

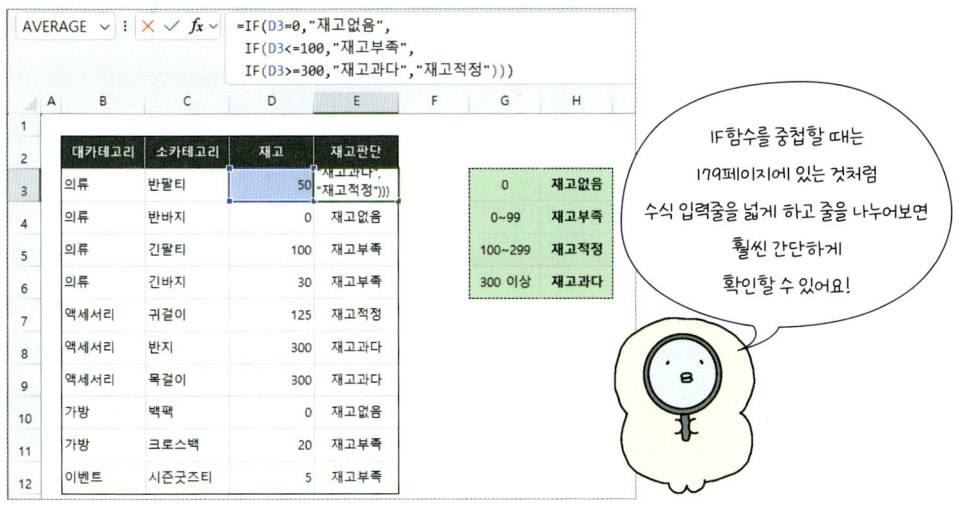

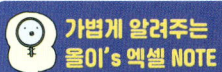 **중첩 IF 함수의 수식 설명**

IF 함수 중첩은 얼핏 보면 복잡하지만 value_if_false 인수에 추가로 IF 함수를 입력하는 방식으로 나누어서 확인하면 됩니다.

수식 설명 : =IF(D3=0,"재고없음",IF(D3<=100,"재고부족",IF(D3>=300,"재고과다","재고적정")))

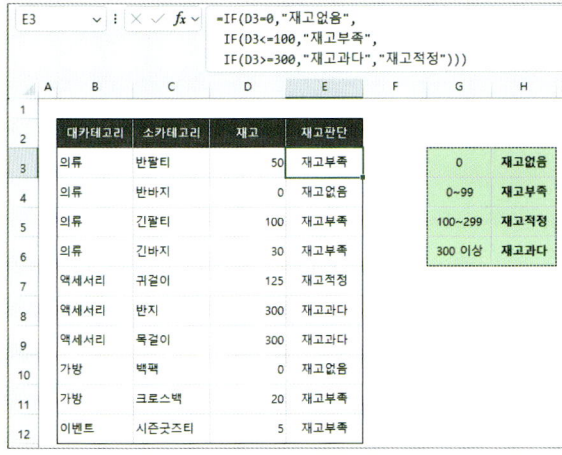

첫 번째 IF(D3=0,"재고없음") : D3 셀이 0이면 '재고없음'을 출력합니다. 아니라면 다음 IF 함수로 판단합니다.

두 번째 IF(D3<=100,"재고부족") : 참(TRUE) 또는 거짓(FALSE) 값을 반환하는 조건입니다. 참인 데이터만 필터링됩니다. 참고로 참은 숫자 1, 거짓은 숫자 0에 해당합니다.

세 번째 IF(D3>=300,"재고과다","재고적정"))) : D3 셀이 300보다 많으면 '재고과다'를 출력합니다. 앞선 모든 조건에 해당하지 않으면 '재고적정'을 출력합니다.

- IF 함수를 중첩할 때는 마지막에 중첩한 만큼 괄호를 닫아야 합니다. 엑셀 2016 버전부터는 괄호 개수가 틀려도 자동으로 보정해주는 기능이 있습니다.

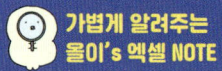 ## 조건이 여러 개일 때 특화된 IFS 함수

예제 파일 : C4L2_IFS함수.xlsx

IF 함수를 중첩하는 게 불편하다면 엑셀 2019 이후 버전에 추가된 IFS 함수를 사용해도 됩니다. 예제 파일에 사용된 IFS 함수 수식은 다음과 같습니다.

> 함수 설명 : =IFS(logical_test1,value_if_true1,[logical_test2,value_if_true2],
> [logical_test3, value_if_true3],…)

IFS 함수는 IF 함수와 달리 조건식(판단식)과 결괏값이 항상 쌍을 이루며, 127가지의 조건으로 구성할 수 있습니다. Value_if_False가 없는 대신 마지막 조건은 TURE로만 처리하면 됩니다.

logical_test1 : 참값과 거짓값을 검사할 조건입니다.

value_if_true1 : logical_test1이 TRUE로 계산되는 경우에 반환될 결과입니다. 거짓일 경우 logical_test2로 넘어갑니다.

logical_test2…, value_if_true2…(선택 사항) : 다음 조건과 TRUE일 경우 결괏값입니다.

> 수식 설명 : =IFS(D3=0,"재고없음",D3<=100,"재고부족",D3>=300,"재고과다",TRUE,"재고적정")

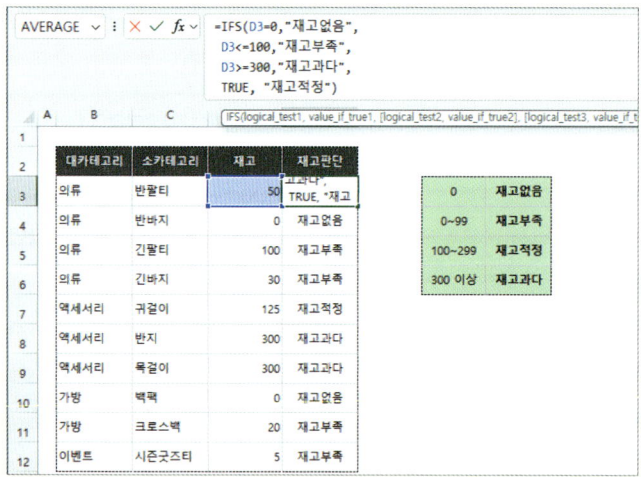

첫 번째 logical_test, value_if_true 쌍 : D3 셀이 0이면 '재고없음'을 출력합니다.

두 번째 logical_test, value_if_true 쌍 : D3 셀이 100보다 작으면 '재고부족'을 출력합니다..

세 번째 logical_test, valueI_if_true 쌍 : D3 셀이 300보다 많으면 '재고과다'를 출력합니다.

네 번째 logical_test, value_if_true 쌍 : 앞의 모든 조건에 해당하지 않는 경우 '재고적정'을 출력합니다.

- 마지막 조건이 TRUE인 이유는 앞의 모든 조건에 해당하지 않는 경우 무조건 '참값(TRUE)'에 해당하도록 처리하기 때문입니다.

조건이 맞아야 계산하는 SUMIF, AVERAGEIF 함수

예제 파일 : C4L2_SUMIF함수.xlsx [SUMIF] 시트

합계와 평균을 구하는 SUM, AVERAGE 함수에
조건을 더해 활용할 수도 있습니다.
바로 SUMIF, AVERAGEIF 함수인데요!
아래는 '의류'의 총 재고, '티셔츠'의 총 재고를 구하는 예제입니다.

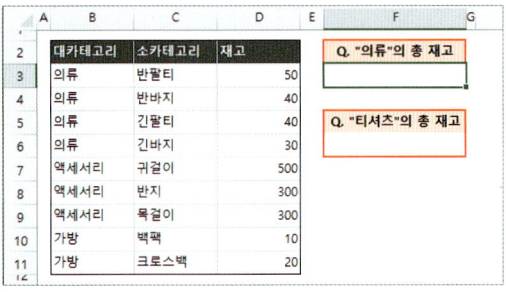

먼저 대카테고리에서 '의류'에 해당하는 제품의 재고 합계를 구하는 수식은 아래와 같습니다.

[F3] 셀 수식 : =SUMIF(B2:B11,"의류",D2:D11)

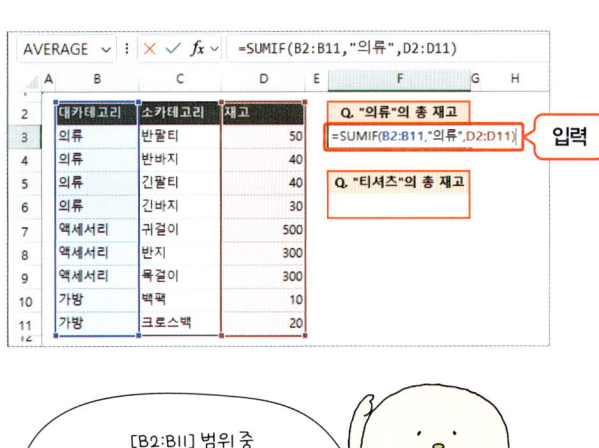

[B2:B11] 범위 중
'의류'에 해당하는 데이터와
동일한 열에 위치한 [D2:D11] 범위의
재고를 더하는 수식이에요!

다음은 소카테고리에서 '~티'로 끝나는 제품의 재고 합계를 구하는 수식입니다.
IF 함수를 제외하고 뒤에 IF가 붙은 함수의 경우 와일드 카드를 사용해
조건을 확인할 수도 있어요!

[F6] 셀 수식 : =SUMIF(C2:C11,"*티",D2:D11)

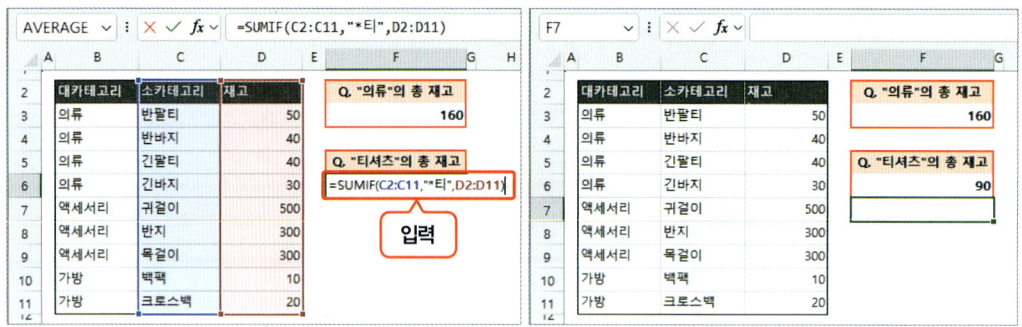

예제 파일 : C4L2_SUMIF함수.xlsx [AVERAGEIF] 시트

다음은 'A카드'의 평균 결제금액을 구하는 수식입니다.

[E3] 셀 수식 : =AVERAGEIF(B3:B11,"A카드",C3:C11)

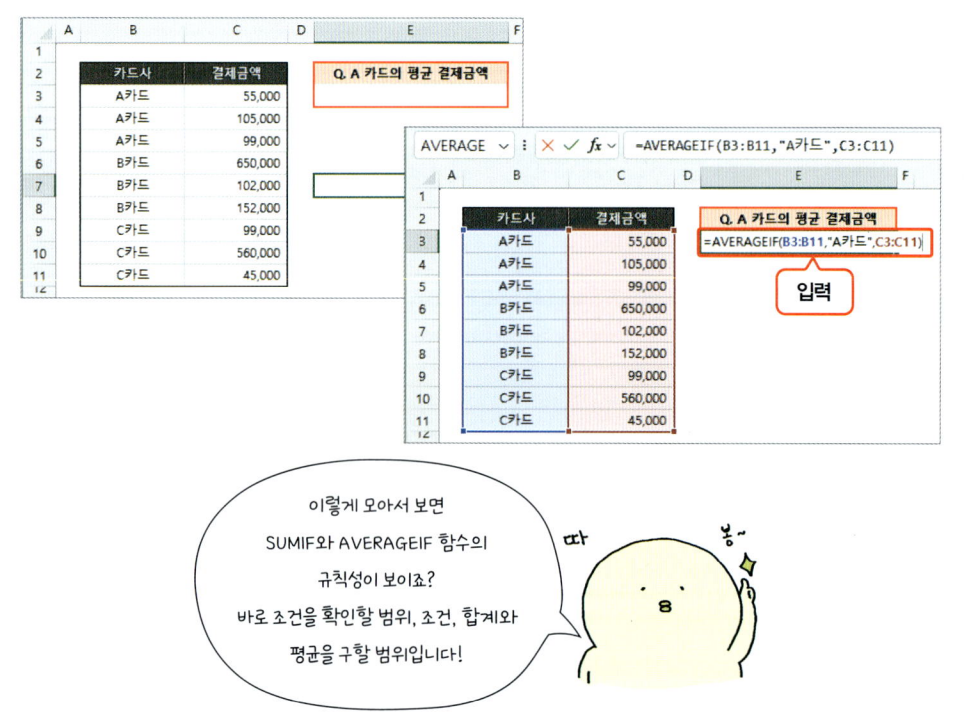

이렇게 모아서 보면
SUMIF와 AVERAGEIF 함수의
규칙성이 보이죠?
바로 조건을 확인할 범위, 조건, 합계와
평균을 구할 범위입니다!

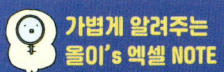

SUMIF, AVERAGEIF 함수

함수 설명 : =SUMIF(range, criteria, [sum_range])

함수 설명 : =AVERAGEIF(range, criteria, [average_range])

SUMIF와 AVERAGEIF 함수는 조건을 확인할 range, 조건에 해당하는 criteria, 합계 혹은 평균을 구한 sum_range, average_range 인수로 구성되어 있습니다. range와 sum_range, average_range의 범위(배열) 크기는 동일해야 합니다. range에서 criteria를 판단해 일치하는 위치에 있는 sum_range, average_range의 데이터 합계와 평균을 구합니다.

range : 참값과 거짓값을 검사할 범위(배열)입니다.

criteria : range 범위에서 판단할 조건입니다. 조건식의 형태나 일반 텍스트, 와일드 카드의 형태로도 입력할 수 있습니다.

sum_range, average_range(선택 사항) : range 범위에서 조건에 맞는 위치의 합계 혹은 평균을 구할 범위입니다. 생략하면 range 인수의 범위에서 합계와 평균을 구합니다.

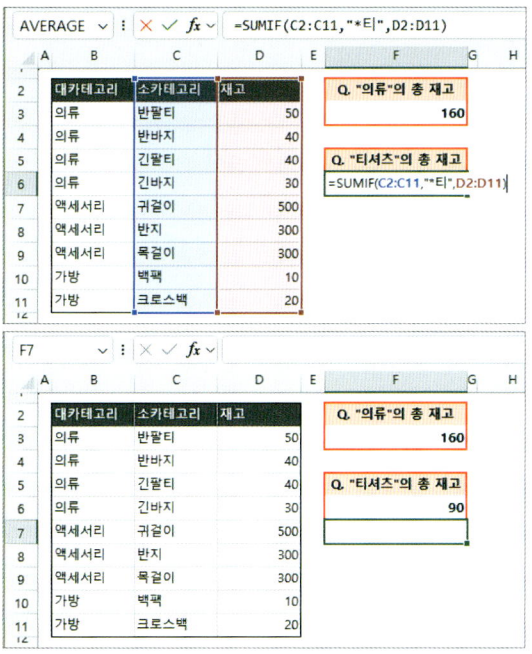

왼쪽 예시를 보면 range 인수에 해당하는 [C2:C11] 범위의 소카테고리에서 '*티'에 해당하는 위치는 두 번째, 네 번째 열입니다. 따라서 sum_range 인수에 해당하는 [D2:D11] 범위의 두 번째, 네 번째 열에 입력된 50, 40을 더한 90이 반환됩니다.

조건이 맞는 경우에만 개수를 세는 COUNTIF

예제 파일 : C4L2_COUNTIF함수.xlsx

조건에 맞는 데이터를 더하고, 평균을 구하는 함수가 있으니 당연히 개수를 구하는 함수도 있겠죠!?
바로 COUNTIF 함수입니다! COUNTIF 함수의 사용 방법은 더 쉬워요!

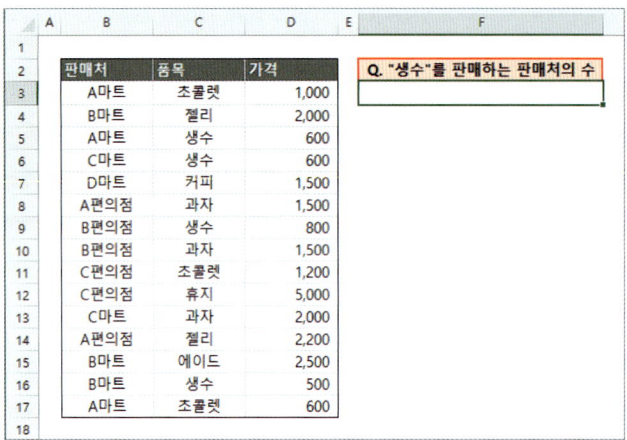

아래는 "생수"에 해당하는 셀 개수를 구하는 수식입니다.
COUNTIF 함수는 인수가 범위, 조건 딱 두 가지입니다.
하나의 범위에서 조건을 구하고 그에 맞는 개수를 세는 아주 간단한 함수예요!

[F3] 셀 수식 : =COUNTIF(C3:C17,"생수")

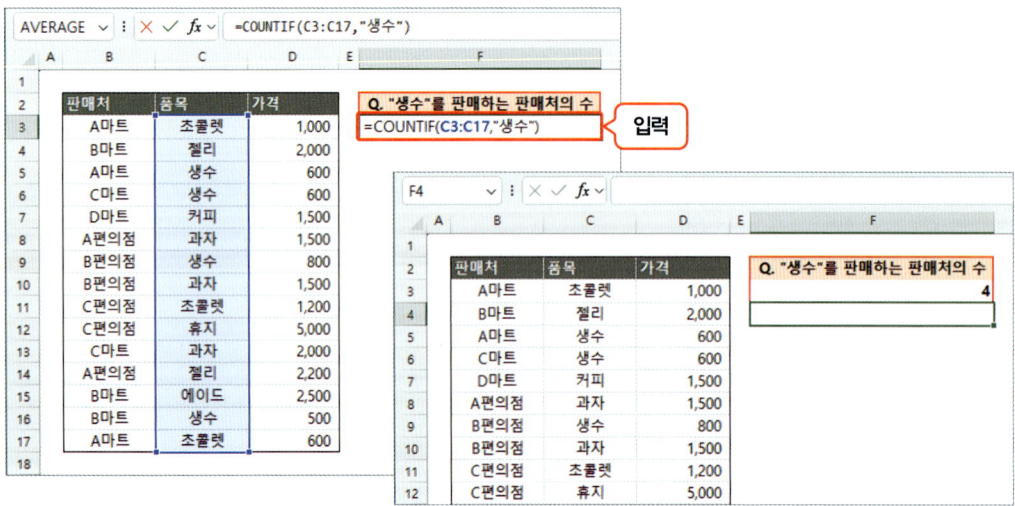

넓게 알려주는 올이's 꿀팁

예제 파일 : C4L2_IFS계열함수.xlsx

두 가지 이상의 조건을 판단하는 IFS 계열 함수

IF 함수에 IFS 함수가 있듯, SUMIF, AVERAGEIF, COUNTIF 함수도 각각 IFS에 대응하는 함수가 있어요! 바로 SUMIFS, AVERAGEIFS, COUNTIFS 함수인데요! 사용 방법을 간단히 살펴보겠습니다!

SUMIFS 함수

다음 예시는 의류에 해당하면서 티셔츠이기도 한 재고의 합계를 구하는 예시입니다. SUMIF 함수는 인수 순서가 조건을 구할 범위, 조건, 합계를 구할 범위였는데요! SUMIFS 함수는 **합계를 구할 범위, 조건을 구할 범위 1, 조건 1, 조건을 구할 범위 2, 조건 2,** … 순서입니다.

```
[F3] 셀 수식 : =SUMIFS(D2:D12,B2:B12,"의류",C2:C12,"*티")
```

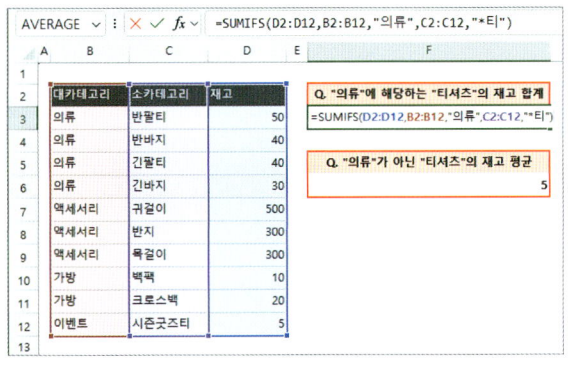

이때 합계를 구할 범위, 각각의 조건을 구할 범위는 크기가 똑같아야 합니다. 그리고 각각의 조건이 모두 일치하는 행과 동일한 위치에 있는 셀의 합계를 구합니다.

AVERAEIFS 함수

다음 예시는 의류가 아니면서 티셔츠에 해당하는 재고의 평균을 구하는 예시입니다. 함수 순서와 작동 원리는 SUMIFS 함수와 동일합니다.

[F3] 셀 수식 : =AVERAGEIFS(D2:D12,B2:B12,"<>의류",C2:C12,"*티")

COUNTIFS 함수

[F3] 셀 수식 : =COUNTIFS(C2:C17,"생수",D2:D17,">=600")

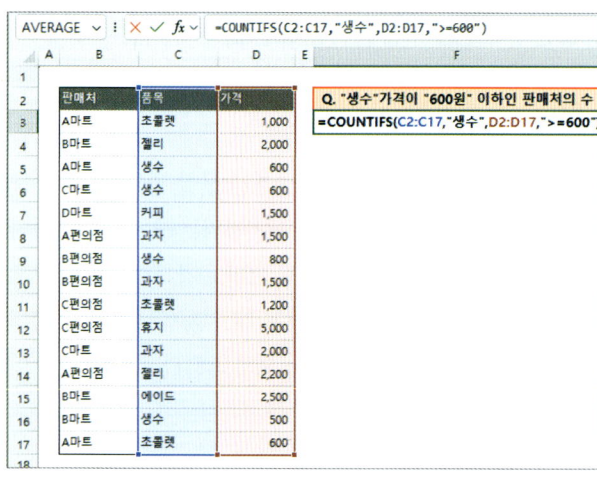

이 함수는 COUNTIF 함수의 확장으로 생각하면 이해하기 편합니다. 인수 순서는 **조건을 구할 범위 1, 조건 1, 조건을 구할 범위 2, 조건 2, …** 순서입니다. 다만 조건을 구할 범위의 크기는 모두 동일해야 하고, 두 조건이 모두 일치해야 한 개로 카운트되는 방식입니다. 다음 예시는 생수 중에서 가격이 600원 이하인 경우에 개수를 구하는 수식입니다.

유사하게 MAXIFS, MINIFS 함수도 있어요! 두 함수의 인수 순서도 SUMIFS와 동일하게 **최댓값(최솟값)을 구할 범위, 조건을 구할 범위 1, 조건 1, 조건을 구할 범위 2, 조건 2, …**를 사용합니다. 다만, MAXIFS와 MINIFS 함수는 MAXIF, MINIF 함수가 없기 때문에 하나의 조건을 구할 때도 IFS 계열 함수를 사용해야 한답니다!

IFS 계열의 다중 조건 함수 순서 쉽게 외우기

SUM, AVERAGE, MAX, MIN 함수의 활용 방법은 정말 활용하기 쉽지만,
SUMIFS, AVERAGEIFS, MAXIFS, MINIFS 함수는
인수 순서를 은근 헷갈려 하는 분들이 많아요!

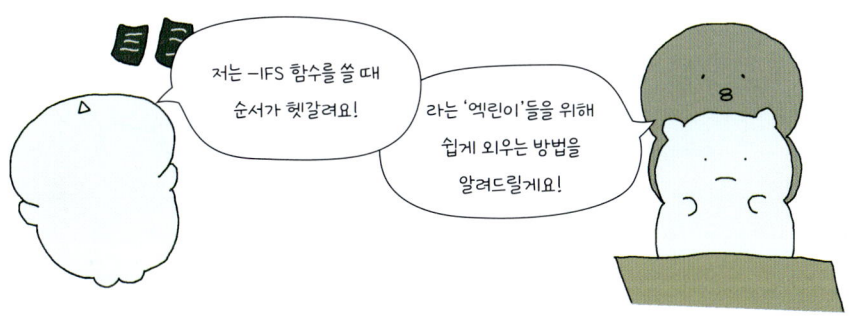

간단하게 외우는 방법은 먼저 **범위 잡고, 조건, 범위 잡고, 조건** 순서로 외우면 편해요!
단, SUMIFS, AVERAGEIFS, MAXIFS, MINIFS 함수는
맨 앞에 각각 합계, 평균, 최댓값, 최솟값을 구할 범위를 선택하고
그 뒤에 **범위 잡고, 조건,** … 순서로 외우면 됩니다!

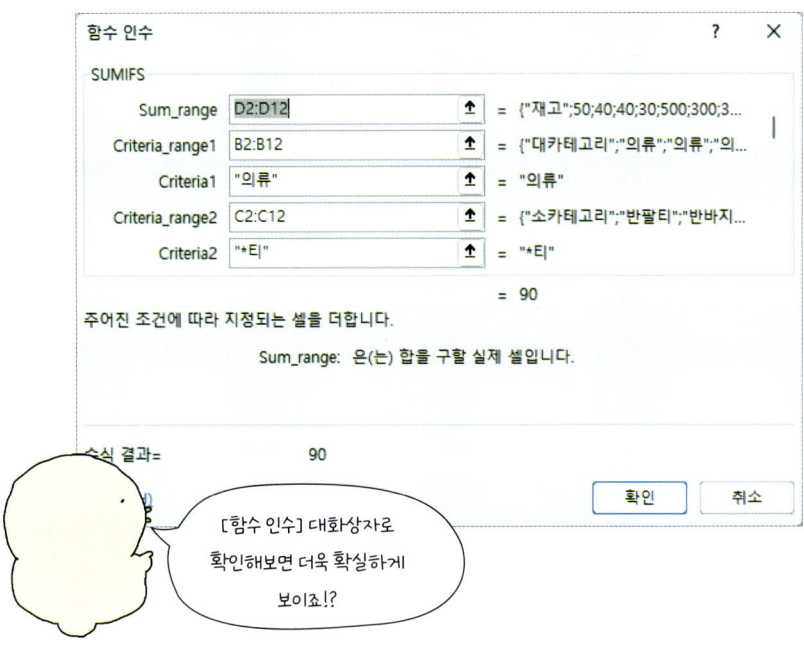

COUNTIFS 조건을 구할 범위와 조건, 두 가지 인수로 구성되니까
말 그대로 **범위 잡고, 조건, 범위 잡고, 조건** 순서로 외우면 됩니다요!

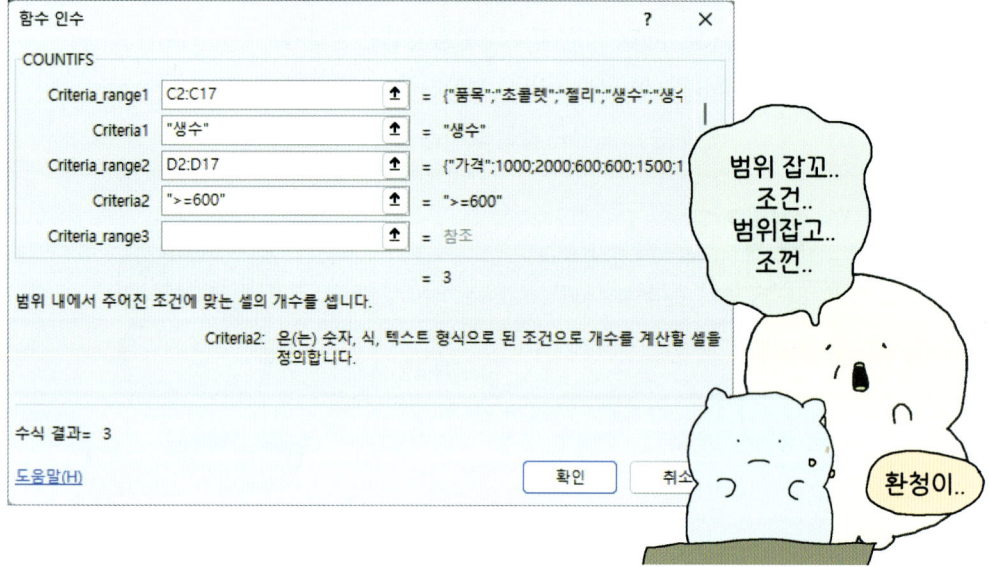

될 때까지 같이 하는 올이

STEP 03 조건을 조합하는 논리 함수
조건식을 더욱 고급지게 사용하는 방법!

 둘 중 모두 만족해야 하는 AND 함수

예제 파일 : C4L2_AND와OR.xlsx [AND조건] 시트

함수 중에는 특정 기능을 가진 함수도 있지만,
다른 함수와 조합해 보조 용도로 사용하는 함수도 있어요!
이번에 알아볼 함수는 AND, OR 함수인데요!
말 그대로 조건에서 **그리고**, **또는**의 역할로 사용하는 함수입니다.
아래는 '여성 품목'에 해당되고, 사이즈는 'F'에 해당되는 조건을
IF 함수와 AND 함수로 구하는 수식 예시입니다.

[F3] 셀 수식 : =IF(AND(LEFT(B3,2)="여성",D3="F"),"해당","")

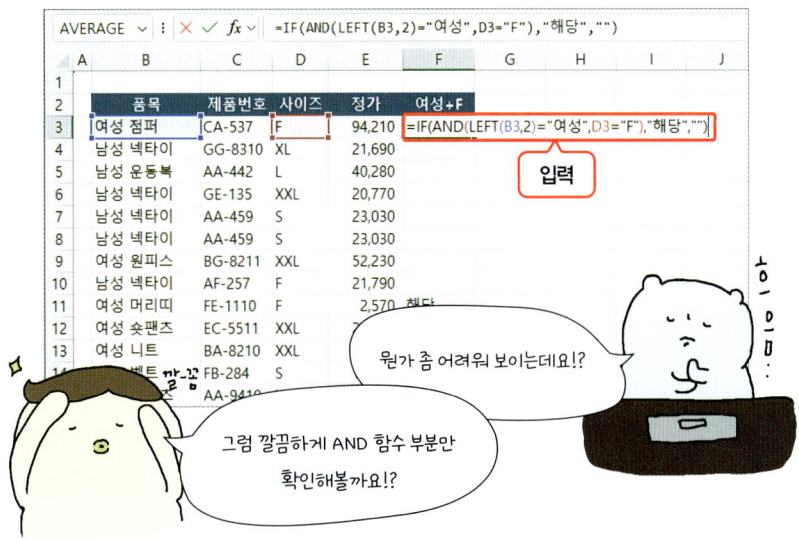

AND 함수는 Logical(논리)이라는 인수 하나만 있으며 1~255개를 지정할 수 있어요!
AND 부분만 똑 떼어서 입력해보면 TRUE가 반환됩니다.

[F3] 셀 수식 AND 함수 부분 : =AND(LEFT(B3,2)="여성",D3="F")

AND 함수는 인수로 사용된 Logical 인수가 모두 참인 경우에만
TRUE를 출력하게끔 되어 있습니다.
즉, 여기에 사용한 AND 함수에는 **LEFT(B3,2)="여성"**과 **D3="F"** 두 개의 조건,
[B3] 셀은 '여성 점퍼', [D3] 셀은 'F'이기 때문에 둘 다 참값!
그래서 TRUE가 출력되는 거죠!
IF 함수도 참값(TRUE)이 되므로 '해당'이 출력되는 거랍니다.

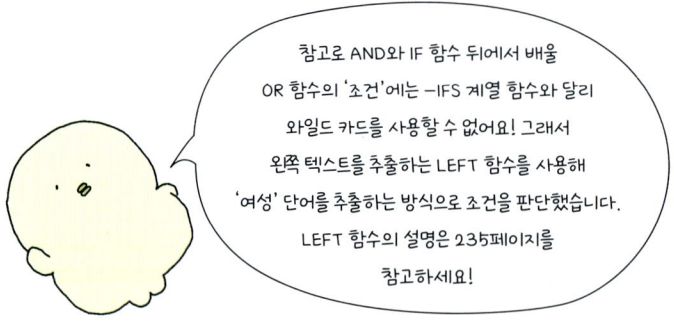

참고로 AND와 IF 함수 뒤에서 배울
OR 함수의 '조건'에는 -IFS 계열 함수와 달리
와일드 카드를 사용할 수 없어요! 그래서
왼쪽 텍스트를 추출하는 LEFT 함수를 사용해
'여성' 단어를 추출하는 방식으로 조건을 판단했습니다.
LEFT 함수의 설명은 235페이지를
참고하세요!

둘 중 하나만 만족해도 되는 OR 함수

예제 파일 : C4L2_AND와OR.xlsx [OR조건] 시트

OR 함수는 AND 함수와 사용법은 동일하지만 여러 개의 조건 중 하나만 만족해도
참값(TRUE)을 반환하는 함수입니다. 그래서 '또는'인 거죠!
아래 예시처럼 품목이 여성에 해당하거나, 사이즈가 F인 경우
둘 중 하나만 만족해도 되는 경우는 아래와 같은 수식을 사용합니다.

[F3] 셀 수식 : =IF(OR(LEFT(B3,2)="여성",D3="F"),"해당","")

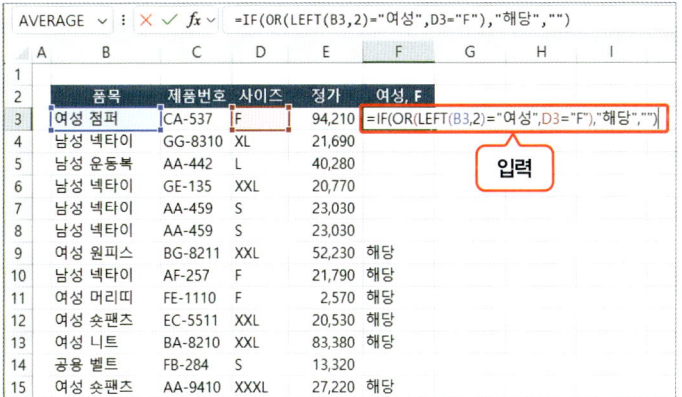

1과 0으로 계산되는 FALSE와 TRUE 활용 방법

예제 파일 : C4L2_AND와OR.xlsx [1과0] 시트

참값(TRUE)과 거짓값(FALSE)이 각각 1과 0에 대응하는 원리를 활용해
수식으로도 AND와 OR을 구현할 수도 있습니다.
다음 예시를 확인해볼까요?!
[F3], [G3] 셀의 수식 모두 AND 조건에 해당하는 수식입니다!

❶ [F3] 셀 수식 : =IF((LEFT(B3,2)="여성")*(D3="F")=1,"해당","")
❷ [G3] 셀 수식 : =IF((LEFT(B3,2)="여성")+(D3="F")=2,"해당","")

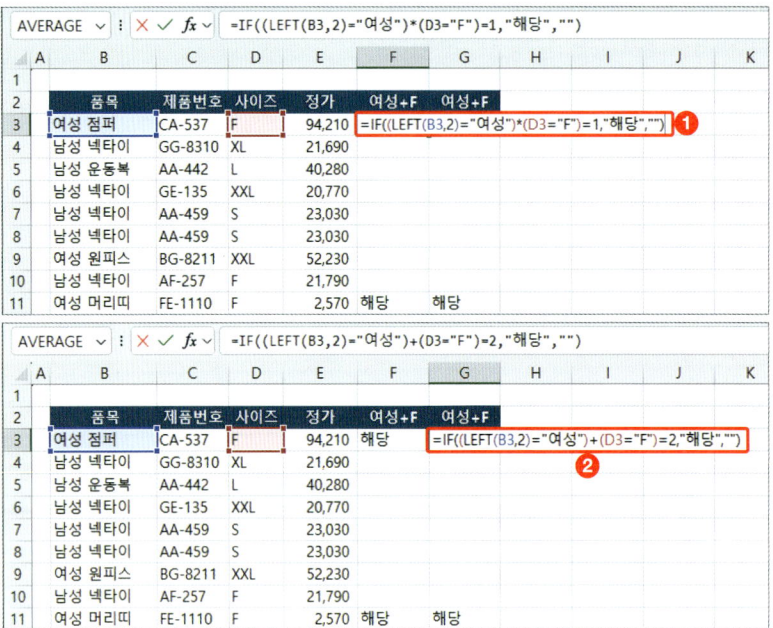

원리는 간단해요!

LEFT(B3,2)="여성"과 D3="F" 두 개의 조건이

각각 0과 1로 반환될 때 둘 다 참값이면 곱했을 때 무조건 1이, 하나라도 거짓값일 경우

0이 되기 때문에 1을 만족하는 경우, 즉 둘 다 참인 경우와

둘을 더했을 때 2가 되어 '해당'을 출력합니다.

비슷하게 [G3] 셀 수식에서 **=2**를 **=1**로 바꿔주면

OR 조건으로, **=0**으로 바꿔주면

둘 다 일치하지 않는 경우로 활용할 수 있겠죠?

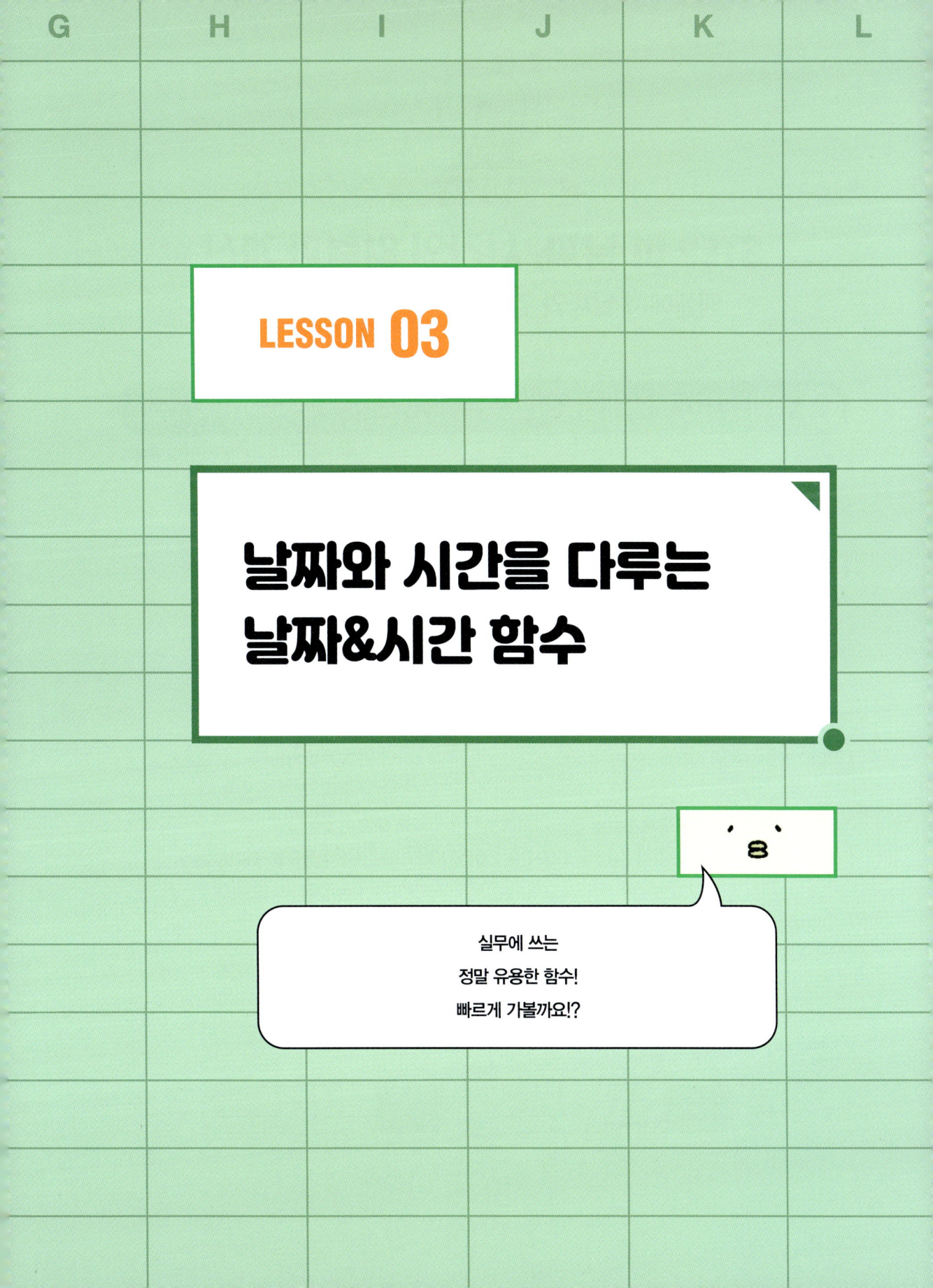

눈으로만 읽는 엑셀

STEP 01 날짜, 시간의 입력과 계산
엑셀에서 날짜와 입력, 한번 시작해볼까요?

날짜와 시간 데이터 입력 방법

예제 파일 : C4L3_날짜와시간.xlsx [입력]시트

엑셀에서 날짜와 시간을 다루는 함수를 학습하기 전
날짜와 시간 데이터 처리 원리를 다시 한번 떠올려볼까요!?

TIP 엑셀의 날짜와 시간 데이터의 처리 방법 원리는 093페이지에 자세히 설명되어 있어요!

날짜와 시간은 한번 입력해보면 금방 감을 잡을 수 있어요!
[C2:C4] 범위에 각각 **2024-09-09**, **2024/09/09**, **2024년 9월 9일**과 같이
한 번 입력해보세요! 세 가지 모두 엑셀에서 날짜로 인식하는 입력 방식입니다.
다만 엑셀에서 인식한 후에는 다르게 표시될 수 있어요!

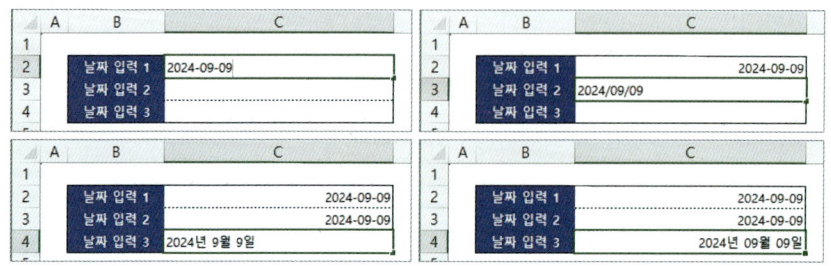

[C6:C8] 범위에 각각 **02:00 AM, 02:00, 14:00**을 입력해보세요! 마찬가지로 엑셀에서 시간을 인식하는 입력 방식과 표시하는 방식은 다르게 나타날 수 있습니다.

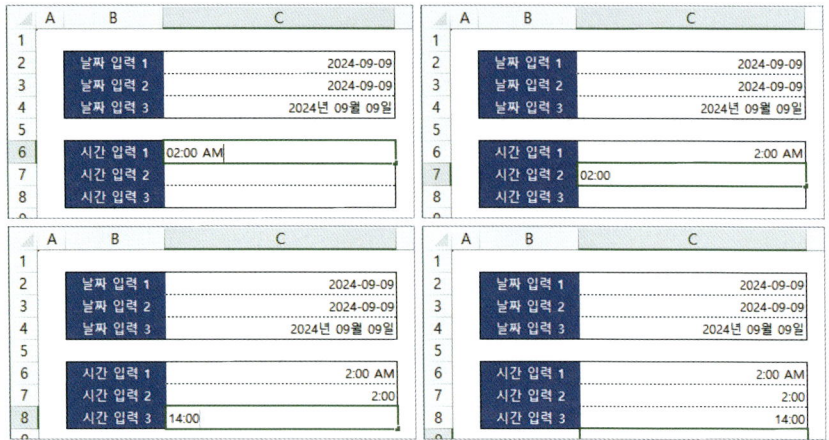

> **TIP** 엑셀에서 시간과 날짜 데이터는 표시 형식에 따라 다양한 모양으로 바꿀 수 있어요!

날짜와 시간의 계산 방법

예제 파일 : C4L3_날짜와시간.xlsx [계산]시트

날짜와 시간은 계산도 가능하다는 점! 예제 파일에서 각각의 수식을 입력해볼까요!?

❶ [C4] 셀 수식 : =C2-C3
❷ [C8] 셀 수식 : =C6+C7
❸ [C12] 셀 수식 : =C11-C10

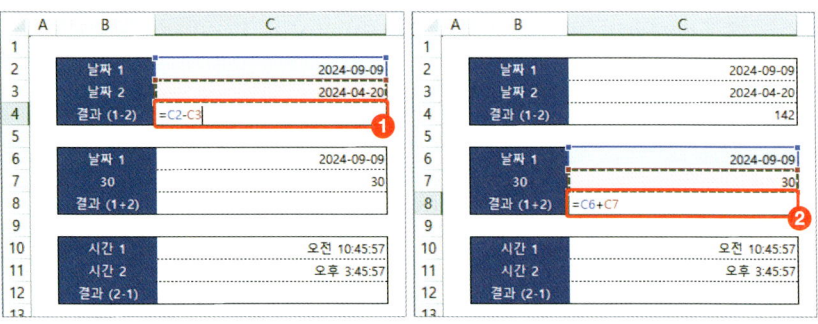

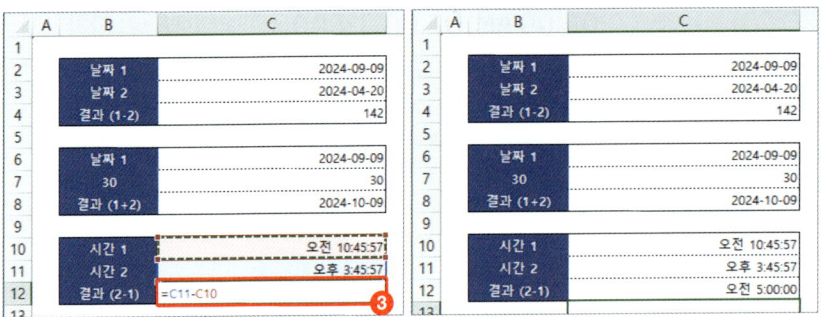

결국 시간과 날짜도 모두 숫자이기 때문에 모두 계산이 가능합니다. 또 날짜와 시간은 Ctrl + 1 을 누르면 나타나는 [셀 서식] 대화상자의 [표시 형식] 탭에서 자유롭게 서식을 지정할 수도 있어요!

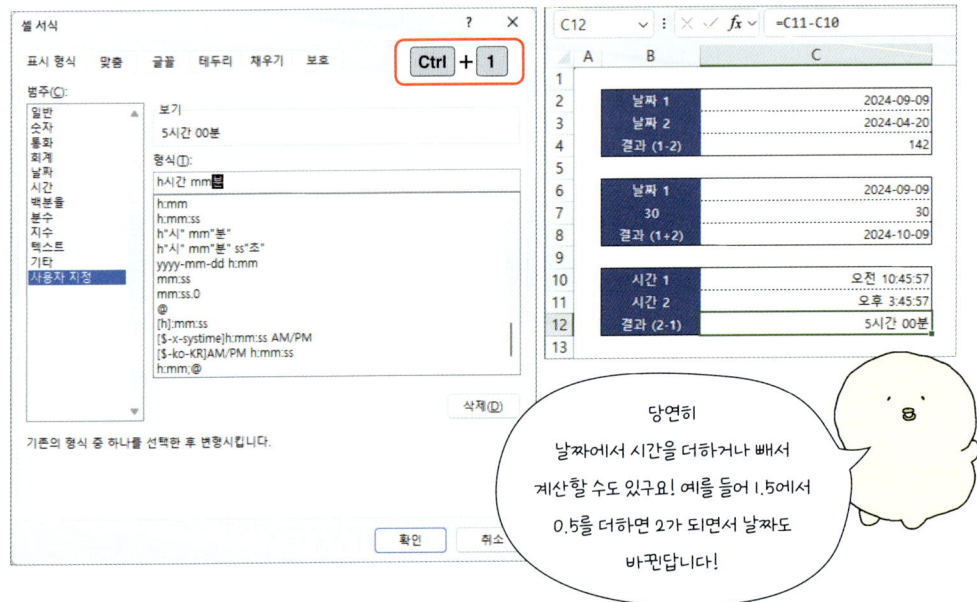

당연히 날짜에서 시간을 더하거나 빼서 계산할 수도 있구요! 예를 들어 1.5에서 0.5를 더하면 2가 되면서 날짜도 바뀐답니다!

항상 오늘과 지금 시간을 표시하는 TODAY, NOW 함수

예제 파일 : C4L3_TODAY&NOW함수.xlsx

그럼 날짜와 시간을 다루는 함수도 본격적으로 알아볼까요!?
TODAY와 NOW 함수는 별도의 인수 없이 바로 괄호를 입력하면

'현재 날짜'와 '현재 시간'을 바로 출력해줍니다.

❶ [B3] 셀 수식 : =TODAY()
❷ [B6] 셀 수식 : =NOW()

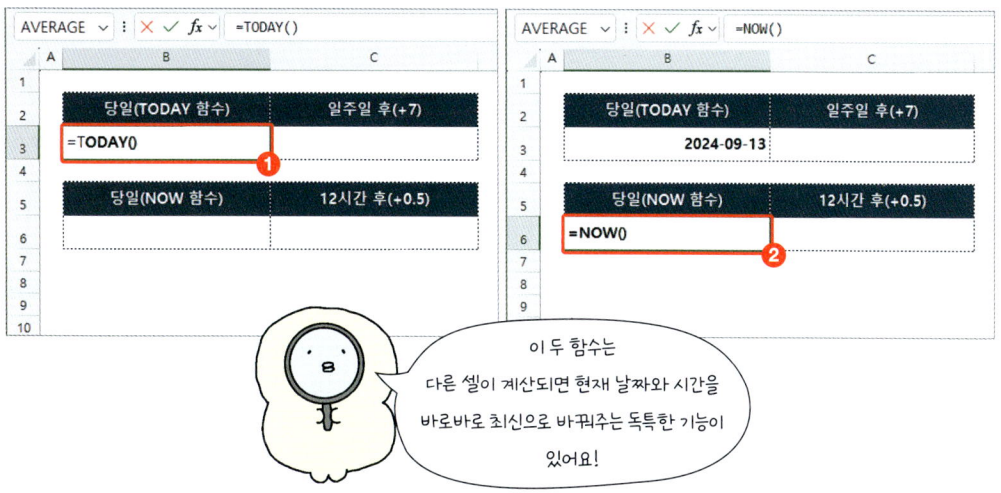

당연히 날짜와 시간이 출력되니까 바로 계산할 수도 있습니다.
아래 수식과 같이 입력하면 '현재 날짜'에서 7일 뒤의 날짜를 계산할 수 있어요!

[C3] 셀 수식 : =B3+7

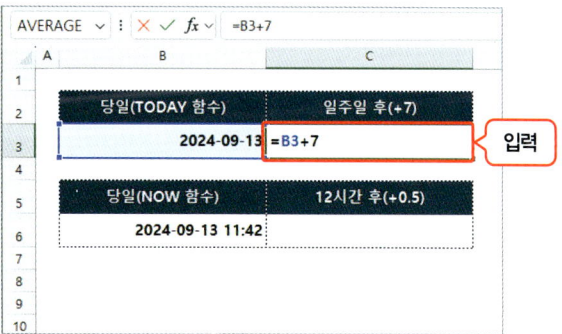

> **TIP** 만약 NOW 함수를 입력한 후 날짜와 시간이 전부 출력되지 않는다면 표시 형식이 yyyy-mm-dd h:mm과 같은 형태로 되어 있는지 확인합니다. 날짜 데이터 형식으로 지정된 셀에 NOW 함수를 입력하면 시간 부분이 나타나지 않을 수 있어요!

NOW 함수는 시간이 표시되니 아래 수식과 같이 입력하면,
'현재 시간'에서 12시간 뒤의 시간을 계산할 수 있어요!

[C6] 셀 수식 : =B6+0.5

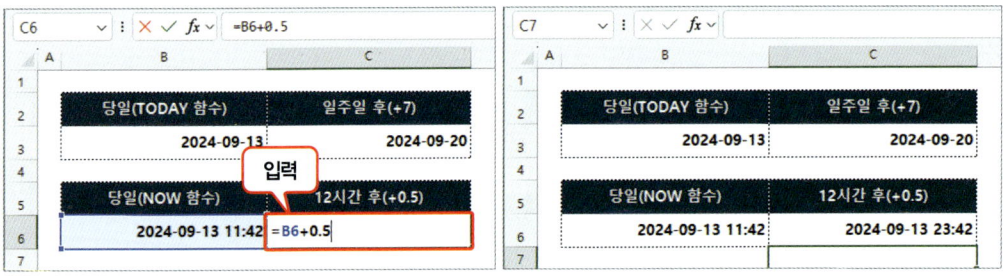

가볍게 알려주는 올이's 엑셀 NOTE
현재 시간을 입력하는 단축키와 함수의 차이점

TODAY, NOW 함수는 현재 날짜와 시간을 표시하는 함수지만 다른 셀이 계산될 때 최신화된다는 것이 장점이자 단점입니다. 그래서 엑셀에는 '지금 날짜와 시간'을 입력만 해주는 단축키가 있어요! 아무 셀이나 선택된 상태에서 아래 단축키를 한 번 눌러보세요!

- 현재 날짜 입력 : Ctrl + ;
- 현재 시간 입력 : Ctrl + Alt + ;

이렇게 입력한 날짜와 시간은 다른 셀이 계산될 때 바뀌지 않기 때문에 유용하게 활용할 수 있답니다.

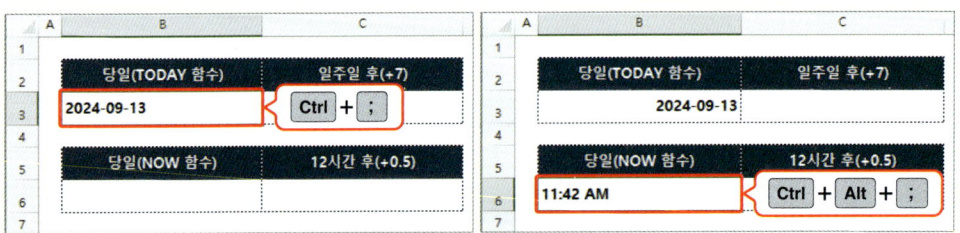

TIP Ctrl + ; 를 누르고 Spacebar 를 한 번 누른 뒤 이어서 Ctrl + Alt + ; 를 누르면 '오늘 날짜+현재 시간' 순서로 한 번에 입력할 수 있습니다.

하나라도 더 알려주는 올이

STEP 02 시간과 날짜를 다루는 다양한 함수
날짜와 시간을 붙였다, 떼었다 하는 함수들

시간과 날짜를 합체하는 DATE, TIME 함수

예제 파일 : C4L3_DATE&TIME함수.xlsx

업무를 하다 보면 편리하게 연, 월, 일 나눠서 관리하고
필요에 따라 날짜 데이터로 '합체!'해야 할 때도 있는데요!
이때 사용하는 함수가 바로 DATE 함수입니다.

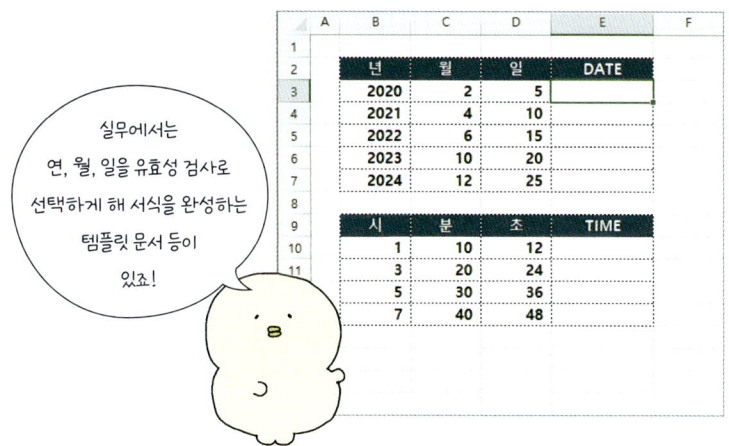

실무에서는 연, 월, 일을 유효성 검사로 선택하게 해 서식을 완성하는 템플릿 문서 등이 있죠!

❶ DATE 함수는 아주 단순해서 연, 월, 일 순서로 인수를 입력하면 됩니다.
❷ [E3] 셀의 채우기 핸들 을 더블클릭해볼까요?

[E3] 셀 수식 : =DATE(B3,C3,D3)

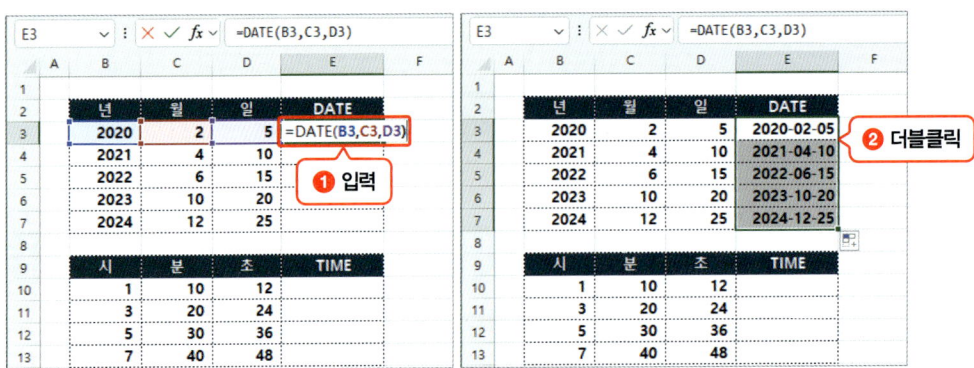

❶ 시간은 TIME 함수로 처리할 수 있고, 인수 순서는 시, 분, 초! 정말 간단하죠?
❷ [E10] 셀의 채우기 핸들을 더블클릭해보세요!

[E10] 셀 수식 : =TIME(B10,C10,D10)

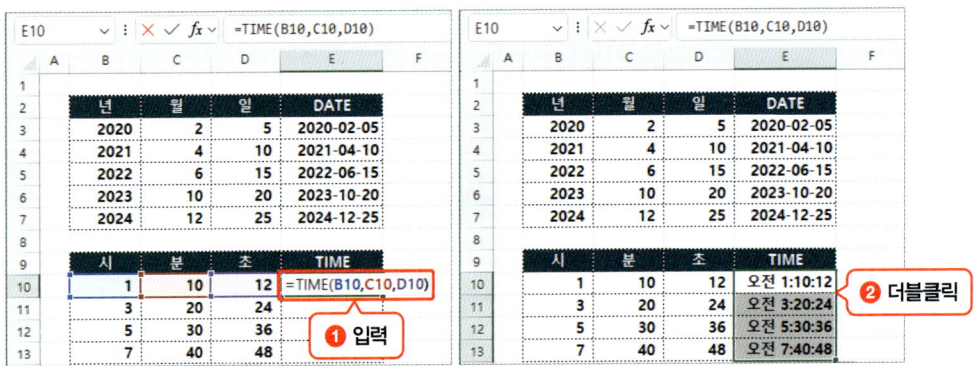

TIP 연, 월, 일과 시, 분, 초에 해당하는 인수는 계산식으로도 입력할 수 있어요!

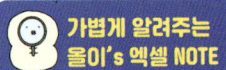
다양한 날짜 함수, 시간 함수

예제 파일 : C4L3_다양한날짜&시간함수.xlsx

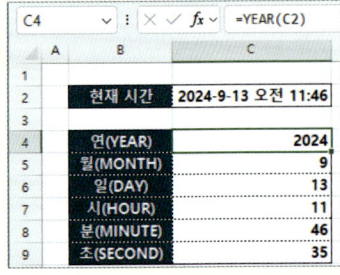

날짜와 시간을 합체하는 함수도 있으니 분해하는 함수도 있겠죠?! 정확하게는 추출이지만요! 이때는 이름 그대로 기능하는 YEAR, MONTH, DAY, HOUR, MINUTE, SECOND 함수를 각각 활용하면 됩니다. 활용 방법은 인수에 날짜나 시간을 넣으면 됩니다. 그럼 각각 연, 월, 일, 시, 분, 초를 추출해줄 거예요! 원리는 간단해요. =YEAR(TODAY( ))와 같이 입력한다면 '현재 연수'만 간단하게 구할 수도 있으니 다양하게 응용해보세요!

뒤죽박죽 날짜 데이터 형식 통일하기

예제 파일 : C4L1_수식입력.xlsx

엑셀에서 날짜 데이터를 계산에 활용하려면
뒤죽박죽인 형식을 통일해야 계산하고, 이해하기도 편하겠죠?
이때는 표시 형식 외에도 이런 방법도 사용해보세요!

❶ 예제 파일에서 [B3:B6] 범위를 선택하고

❷ [데이터] 탭-[데이터 도구] 그룹-[텍스트 나누기]를 클릭합니다.

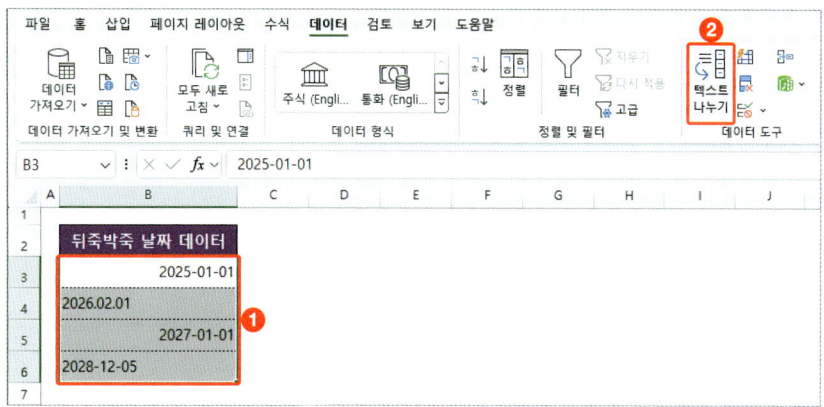

❶ [텍스트 마법사-1단계] 대화상자에서 [너비가 일정함]을 클릭하고 [다음]을 클릭합니다.

❷ [텍스트 마법사-2단계] 대화상자에서 바로 [다음]을 클릭합니다.

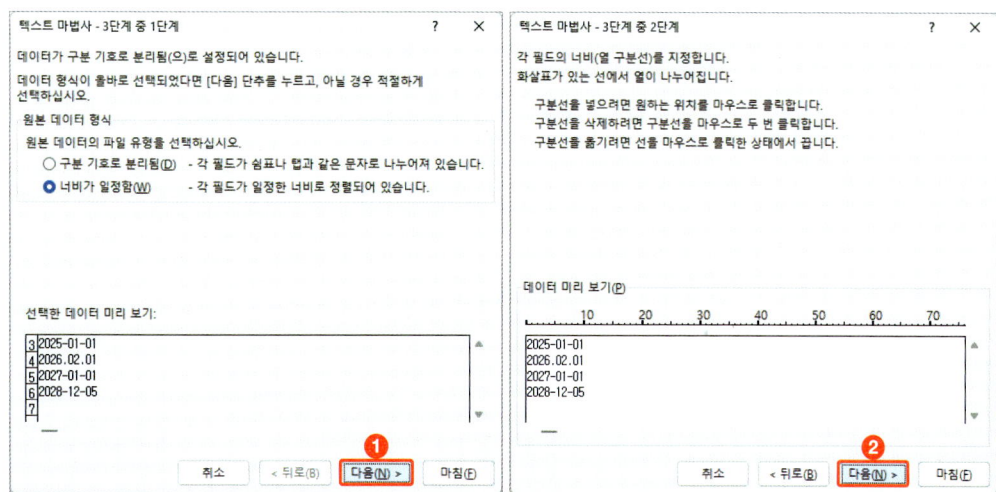

— 219 —

LESSON 03 날짜와 시간을 다루는 날짜&시간 함수

❶ [텍스트 마법사-3단계] 대화상자에서 [날짜]를 클릭하고
❷ 원하는 날짜 형식을 선택한 후 ❸ [마침]을 클릭합니다.
그러면 표시 형식 대신 날짜 데이터를 한번에 통일할 수 있어요!

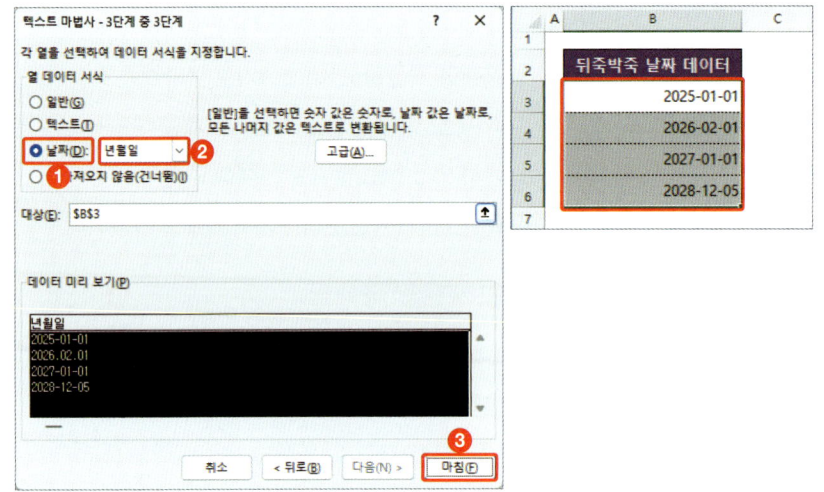

지금까지 배운 날짜 함수는
사용 방법은 매우 간단하지만
엑셀 작업에 은근 많이 사용한답니다!
응용 방법도 무궁무진하니
개념은 가볍게 익히고,
필요할 때 다시
참고해보세요!

STEP 03 날짜 함수로 자동 달력 만들기
WEEKDAY 함수로 요일 구하고 달력 구현하기

요일을 판단하는 WEEKDAY 함수

예제 파일 : C4L3_WEEKDAY함수.xlsx

엑셀에는 요일을 판단해 숫자로 출력해주는 WEEKDAY 함수가 있습니다. 요일을 반환하는 방법은 다양하기 때문에 우선 예제 파일로 가볍게 개념을 짚어볼게요!

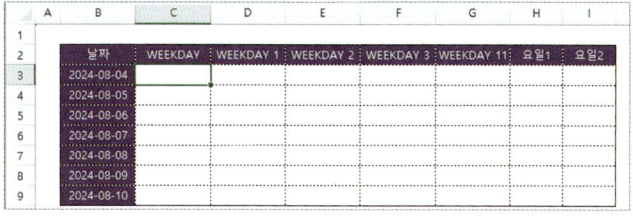

01 예제 파일에서 ❶ [C3] 셀에 아래 수식을 입력합니다.
❷ 1이 출력되는 걸 확인할 수 있습니다.

[C3] 셀 수식 : =WEEKDAY(B3)

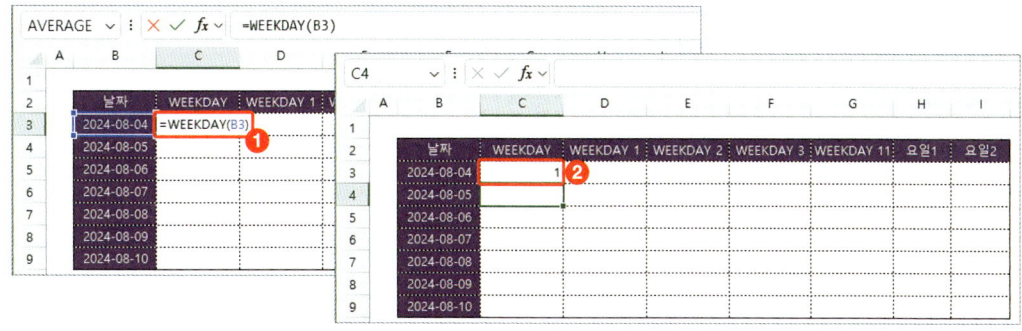

02 이번에는 [D3:G3] 범위에 아래 수식을 각각 입력합니다.

❶ [D3] 셀 수식 : =WEEKDAY(B3,1)
❷ [E3] 셀 수식 : =WEEKDAY(B3,2)
❸ [F3] 셀 수식 : =WEEKDAY(B3,3)
❹ [G3] 셀 수식 : =WEEKDAY(B3,11)

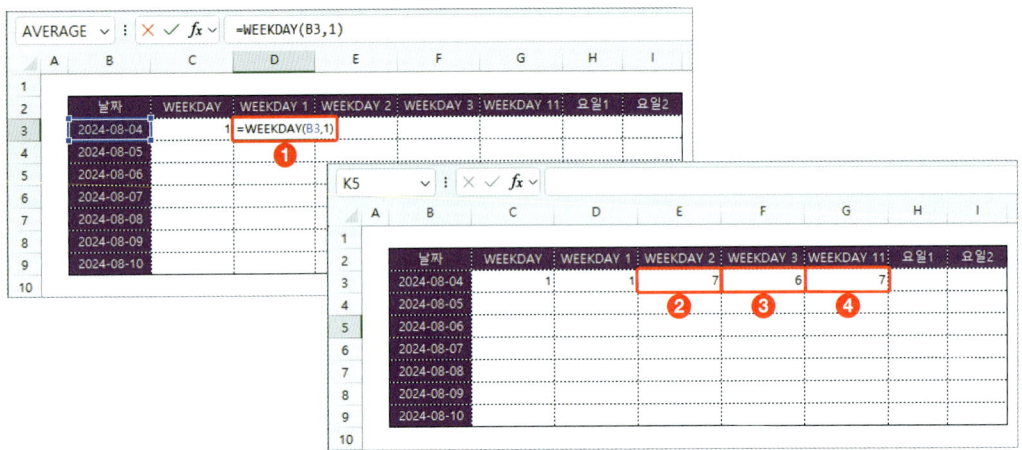

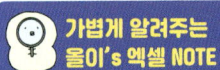 ### WEEKDAY 함수

함수 설명 : =WEEKDAY(serial_number,[return_type])

WEEKDAY 함수는 지정된 날짜가 무슨 요일인지 숫자로 반환해주는 함수입니다. 기본적으로 일요일은 1, 월요일은 2와 같이 차례대로 숫자를 반환하고, 토요일은 7로 반환됩니다.

serial_number : 날짜 데이터를 입력하는 인수입니다.

return_type(선택 사항) : 반환할 숫자 형식을 선택하는 인수입니다. 1~3, 11~17 사이의 인수를 입력할 수 있습니다. 생략할 경우 1이 적용됩니다. 자주 사용하는 형식은 다음과 같습니다.

- **1** : 일요일, 월요일, 화요일, …, 토요일 순서대로 1~7에 대응
- **2** : 월요일부터 일요일까지 0~6에 차례대로 대응
- **3** : 월요일부터 일요일까지 1~7에 차례대로 대응

예제에서는 2024년 8월 4일이 일요일이므로 각각의 숫자가 어떤 형식으로 반환되었는지 확인해보세요!

03 ❶ [H3] 셀에 아래 수식을 입력하고 ❷ Ctrl + 1 을 누릅니다.
[셀 서식] 대화상자에서 ❸ [표시 형식] 탭-[사용자 지정]을 클릭하고
❹ [형식]에 **aaa**를 입력한 후 ❺ [확인]을 클릭합니다.

[H3] 셀 수식 : =B3

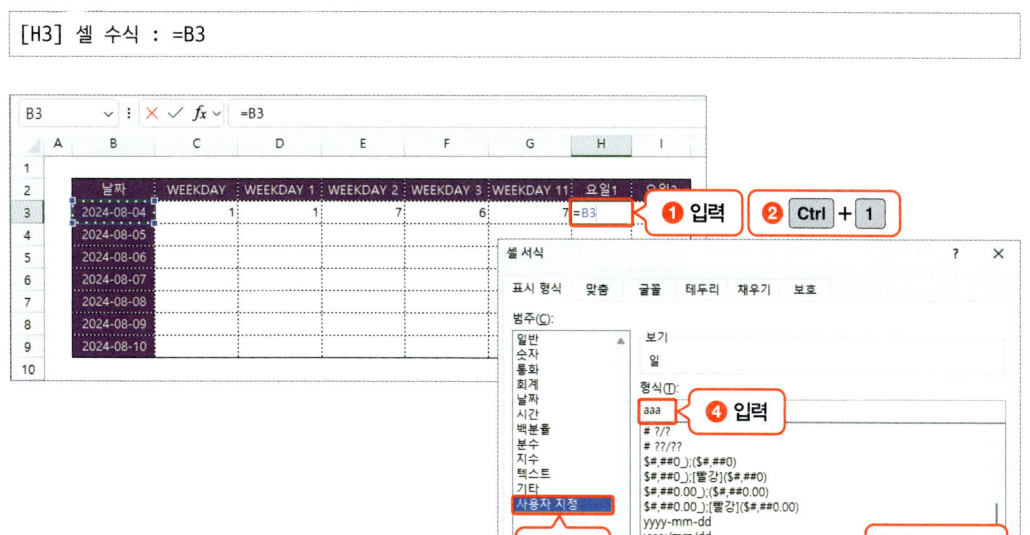

04 ❶ [I3] 셀에 아래 수식을 입력하고 ❷ Ctrl + 1 을 누릅니다.
[셀 서식] 대화상자에서 ❸ [표시 형식] 탭-[사용자 지정]을 클릭하고
❹ [형식]에 **aaaa**를 입력한 후 ❺ [확인]을 클릭합니다.

[I3] 셀 수식 : =B3

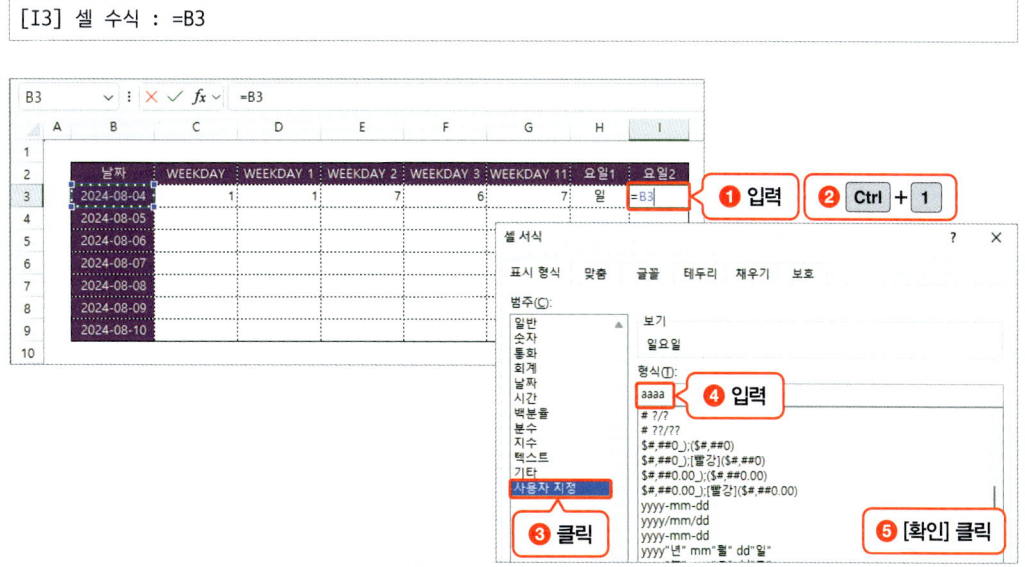

05 [H3] 셀은 일, [I3] 셀은 일요일이 표시됩니다. [C3:I3] 범위를 선택하고 채우기 핸들을 더블클릭합니다. 나머지 데이터도 모두 채워집니다.

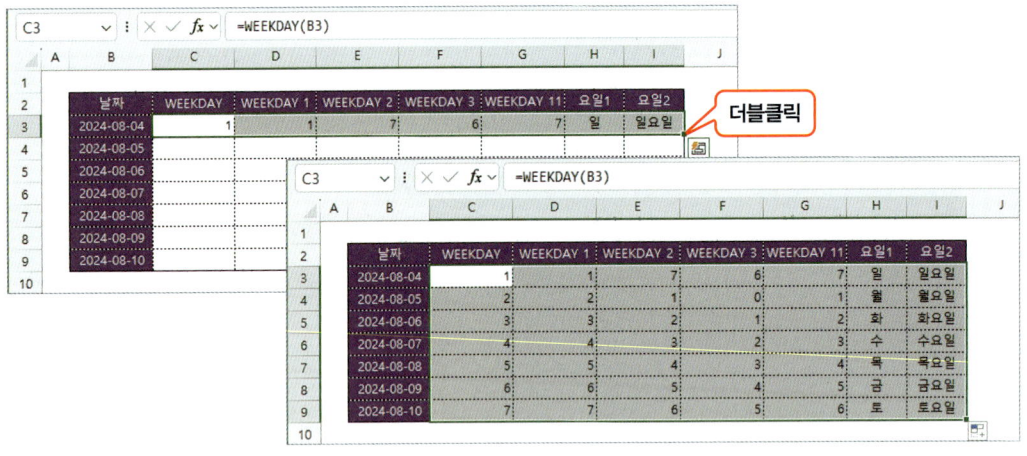

그래서 WEEKDAY에 반환되는 숫자를 사용해 조건부 서식을 적용하면 일요일이나 토요일에 색을 칠할 수 있겠죠?!

TIP 엑셀의 날짜 데이터는 표시 형식을 aaa, aaaa로 지정하면 요일로 표시됩니다. WEEKDAY 함수를 사용할 때 인수를 생략하거나 1을 사용하면 일요일, 월요일, 화요일 … 토요일 순서대로 1~7에 대응됩니다. 한 가지 특이할 부분은 이렇게 반환된 숫자에 표시 형식을 aaa, aaaa로 지정하면 의외로 요일이 정확히 표시됩니다. 1900년 1월 1일이 일요일로 시작하기 때문에 숫자 1도 일요일로 인식된다고 생각할 수 있지만 실제 1900년 1월 1일의 시작은 월요일입니다. 이는 WEEKDAY 함수를 사용하면 1900년 3월 1일 이전의 날짜는 잘못된 값을 반환하는 버그가 있기 때문입니다. 하지만 이 버그를 활용하면 작업을 더욱 간단하게 처리할 수도 있습니다.

연과 월만 선택하면 되는 자동 달력 만들기

예제 파일 : C4L3_자동달력.xlsx

그럼 앞서 배운 WEEKDAY 함수와 조건부 서식을 활용해 자동 달력을 만들어볼까요!?
참고로 예제 파일의 [G2], [I2] 셀에는 연도와 월을 선택할 수 있도록
유효성 검사가 미리 지정되어 있고요!

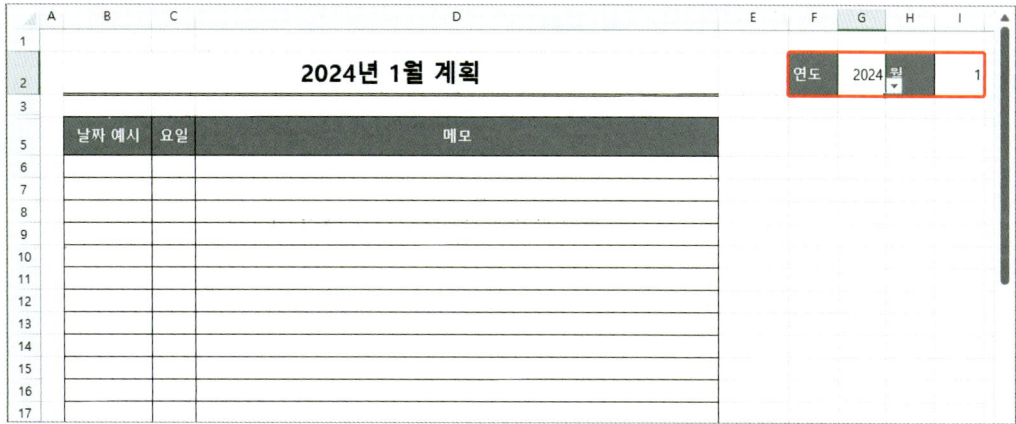

[B2] 셀에는 연산자 등을 활용해 '202n년 n월 계획'과 같이
제목이 자동으로 표시되도록 미리 수식이 입력되어 있습니다.

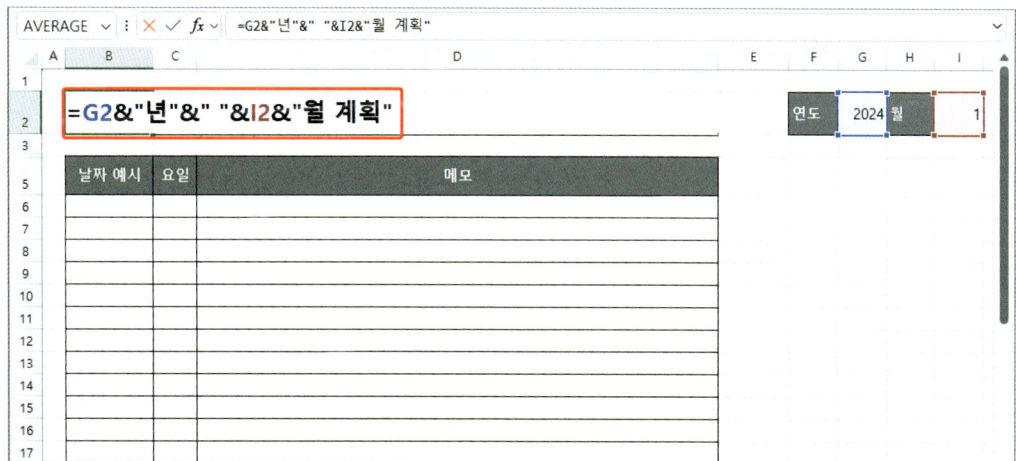

01 ❶❷ [B6]과 [C6] 셀에 아래 수식을 입력합니다.
❸ [C6] 셀을 선택하고 Ctrl + 1 을 누릅니다.

❶ [B6] 셀 수식 : =DATE($G$2,$I$2,ROW()-5)
❷ [C6] 셀 수식 : =WEEKDAY(B6)

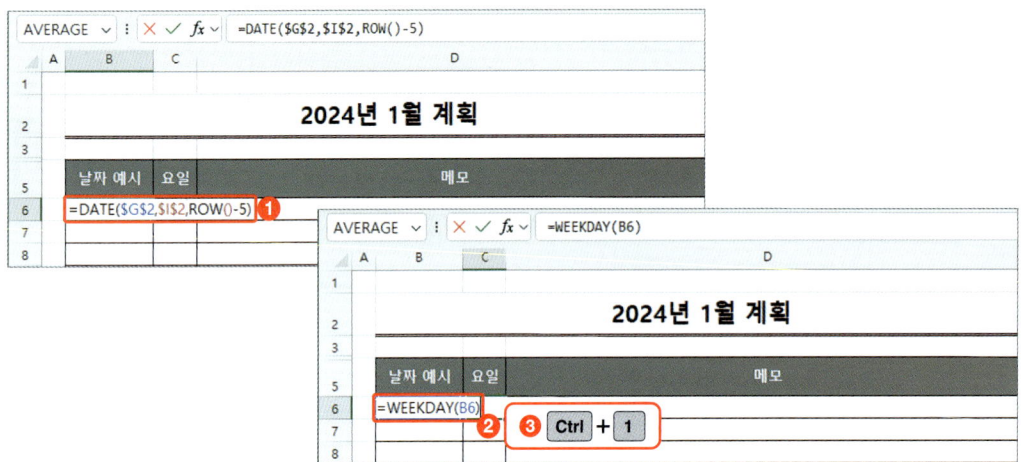

TIP ROW 함수는 행 번호를 반환해주는 함수로 =ROW( ) 형태로 사용합니다. [B6] 셀에 입력된 수식은 DATE 함수를 사용해 각각 [G2], [I2] 셀에서 연과 월을 행 번호(6행)에서 5를 빼 1일부터 입력되도록 하는 수식입니다.

02 [셀 서식] 대화상자 ❶ [표시 형식] 탭의 [사용자 지정]을 클릭하고
❷ [형식]에 aaa를 입력합니다. ❸ [확인]을 클릭하면 ❹ [C6] 셀에 '월'이 표시됩니다.

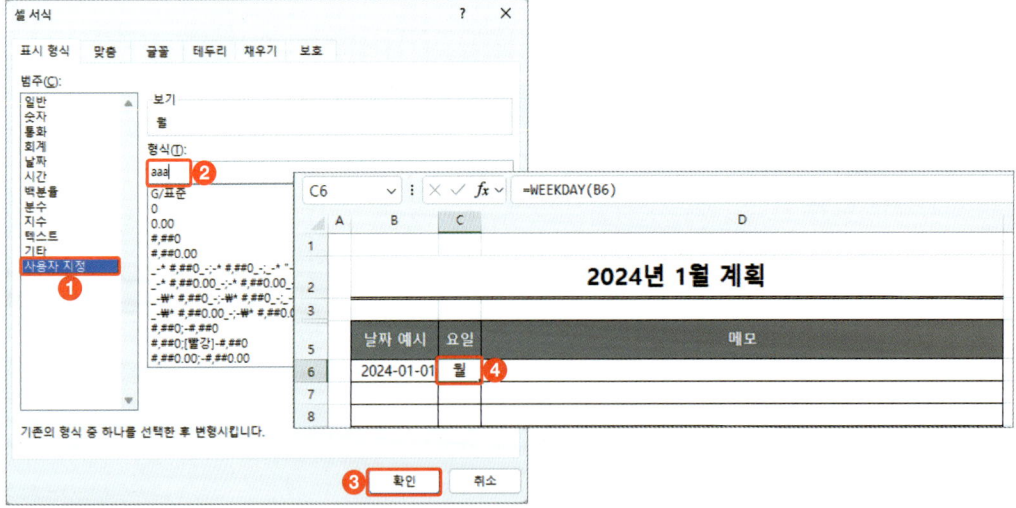

03 ❶ [B6:C6] 범위를 선택하고
❷ 채우기 핸들을 [C36] 셀까지 드래그합니다.
B열에는 날짜, C열에는 요일이 표시됩니다.

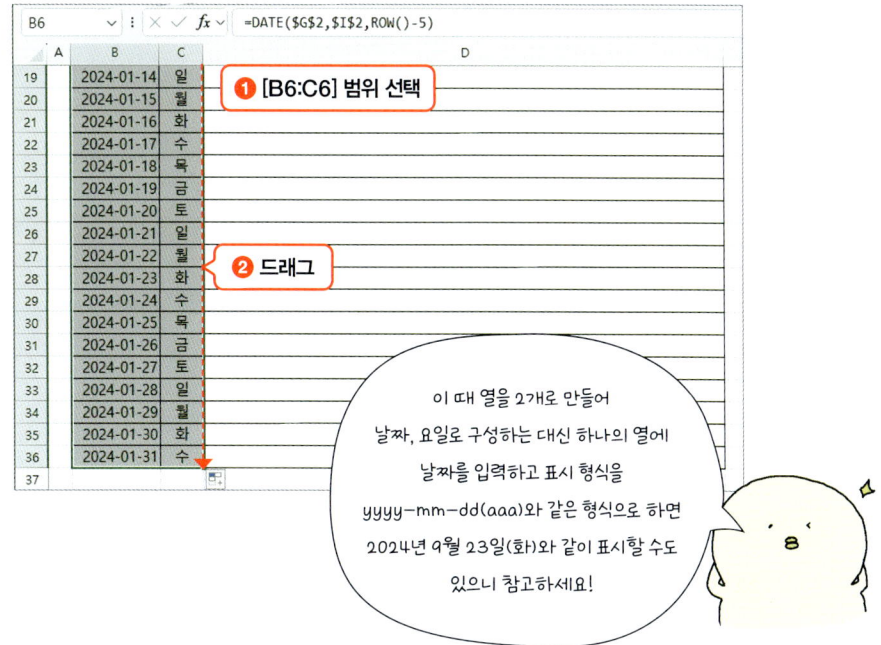

이 때 열을 2개로 만들어 날짜, 요일로 구성하는 대신 하나의 열에 날짜를 입력하고 표시 형식을 yyyy-mm-dd(aaa)와 같은 형식으로 하면 2024년 9월 23일(화)와 같이 표시할 수도 있으니 참고하세요!

04 ❶ [B6:C36] 범위를 선택하고
❷ [홈] 탭-[스타일] 그룹-[조건부 서식]-[규칙 관리]를 클릭합니다.

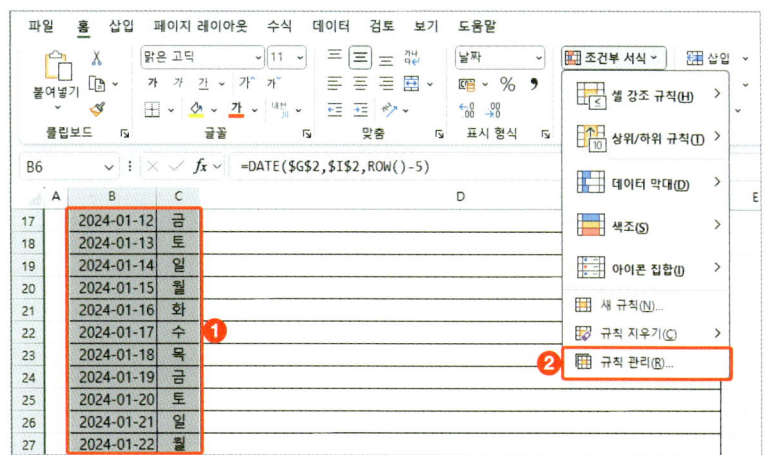

05 [조건부 서식 규칙 관리자] 대화상자가 나타나면 ❶ [새 규칙]을 클릭합니다. [새 서식 규칙] 대화상자가 나타납니다. ❷ [규칙 유형 선택]에서 [수식을 사용하여 서식을 지정할 셀 결정]을 클릭하고, ❸ [서식]을 클릭합니다.

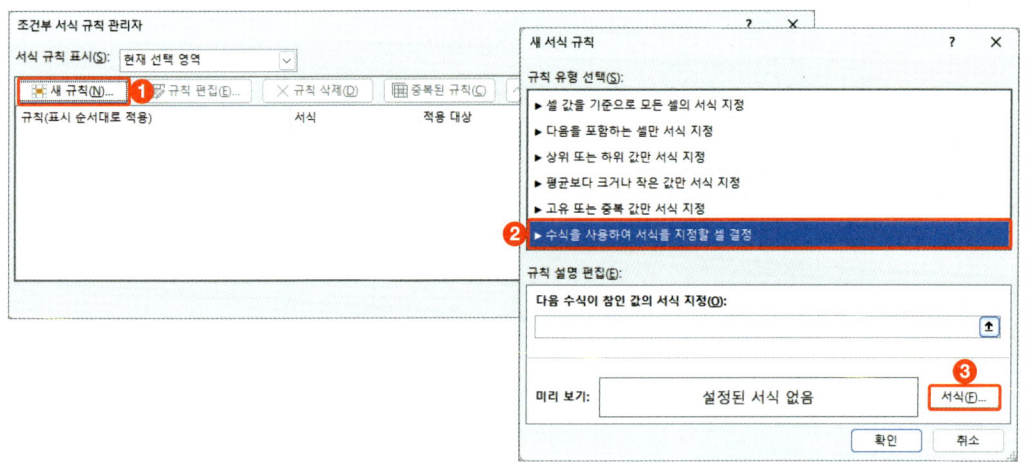

06 [셀 서식] 대화상자에서 ❶ [글꼴] 탭을 클릭하고 ❷ [색]은 빨간색 계열로 지정합니다. ❸ [확인]을 클릭합니다. ❹ [서식 규칙 편집] 대화상자의 [규칙 설명 편집]에 아래 수식을 입력하고 ❺ [확인]을 클릭합니다.

다음 수식이 참인 값의 서식 지정 : =WEEKDAY($B6)=1

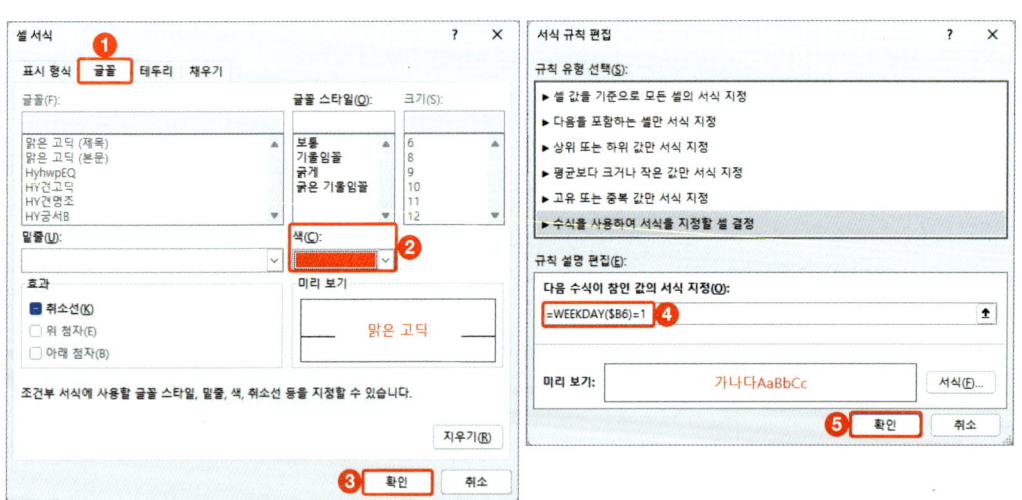

TIP [규칙 설명 편집]에서 수식을 편집할 때 방향키를 사용하면 엉뚱한 셀 주소가 입력됩니다. 중간에 편집할 때는 마우스를 활용해 수식을 선택하세요!

07 [조건부 서식 규칙 관리자] 대화상자에서 ❶ [적용]을 클릭하고
❷ [확인]을 클릭하세요!

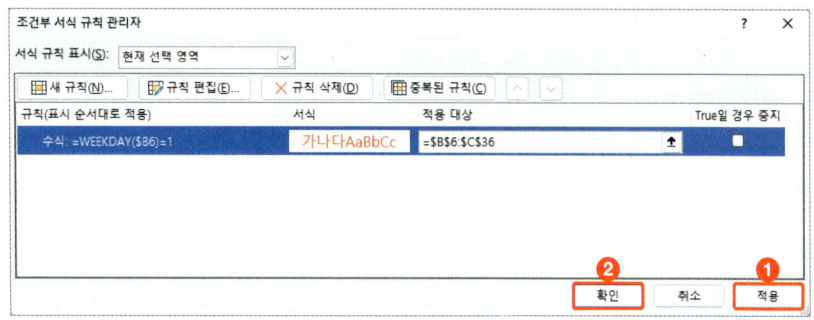

08 달력에서 일요일에 해당하는 날짜와 요일만 빨간색으로 표시됩니다!
[F2:I2] 범위에 유효성 검사로 적용된 날짜를 변경해보세요!
연과 월에 맞게 달력이 자동으로 변하는 것을 확인할 수 있답니다!

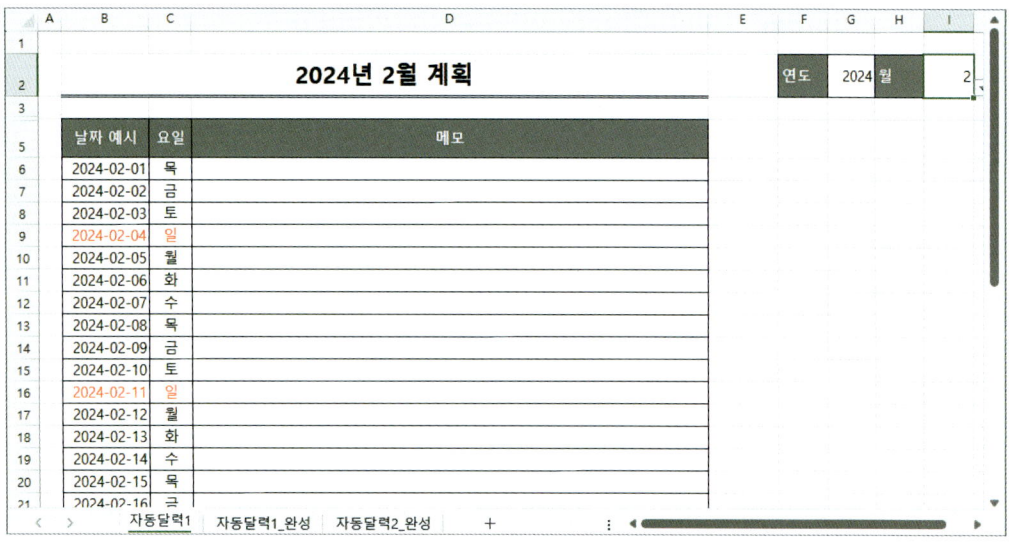

[자동달력2_완성] 시트에는 달력 형태의 예시도 있습니다.

이런 형태의 달력은 복잡해 보일 뿐 만들기는 간단한데요!
예제 파일을 확인해 참고해보세요!

> 넓게 알려주는 올이's 꿀팁

예제 파일 : C4L3_자동달력_추가.xlsx

자동 달력에서 넘치는 월을 투명하게 처리하기

앞선 실습에는 한 가지 문제가 있어요! 바로 날짜가 31번째까지 입력되기 때문에 31일이 아닌 30일만 있는 달, 특히 2월 같은 경우 3월 날짜까지 출력됩니다. 이때는 조건부 서식을 활용해 해당 월이 아닌 다음 월의 날짜를 투명하게 처리하면 됩니다!

01 ❶ [B6:D36] 범위를 선택하고 ❷ [홈] 탭-[스타일] 그룹-[조건부 서식]-[규칙 관리]를 클릭합니다! [서식 규칙 편집] 대화상자의 ❸ [규칙 설명 편집]에 아래 수식을 입력하고 ❹ [서식]을 클릭합니다.

다음 수식이 참인 값의 서식 지정 : =MONTH($B$6)<>MONTH($B34)

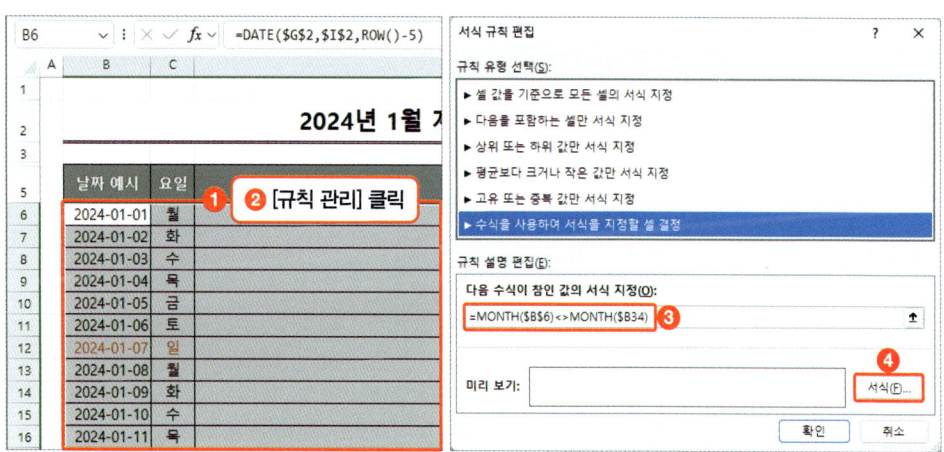

> **TIP** 해당 수식은 [B6] 셀에 입력된 날짜의 월과 B열에 입력된 날짜($B34로 입력되어 있지만 B열만 고정되어 있으므로 B열 전체를 절대 참조로 지정하는 방식)의 월이 같지 않은(<>) '행'을 찾는 조건입니다.

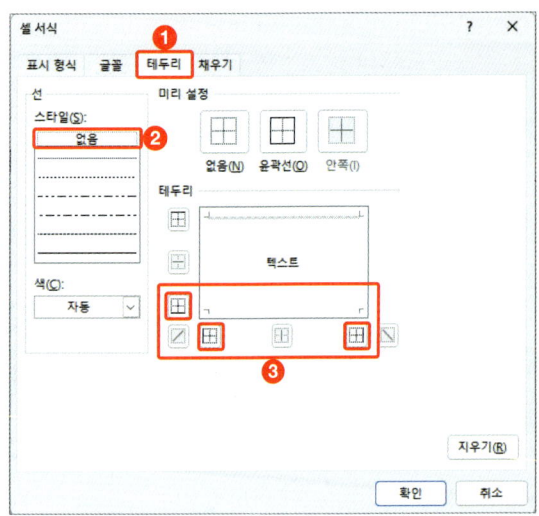

02 [셀 서식] 대화상자가 나타납니다. ❶ [테두리] 탭을 클릭 후 ❷ [선]-[없음]을 클릭하고 ❸ [테두리]에서 왼쪽, 오른쪽, 아래를 각각 클릭합니다.

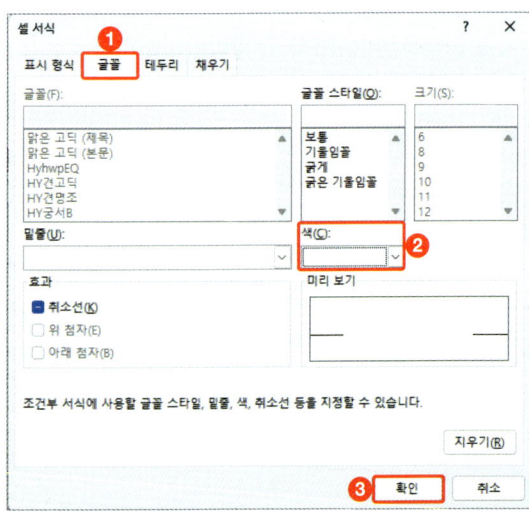

03 이번에는 ❶ [글꼴] 탭을 클릭합니다. ❷ [색]을 하얀색으로 지정하고 ❸ [확인]을 클릭합니다.

TIP 글꼴 색을 하얀색으로 지정하는 이유는 엑셀에는 투명한 글꼴 색이 없기 때문입니다. 보통 스프레드시트 배경색이 하얀색이기 때문에 글꼴 색을 하얀색으로 지정해 투명한 효과로 사용할 수 있습니다.

04 [조건부 서식 규칙 관리자] 대화상자에 규칙이 추가되었네요!
❶ 추가된 조건을 가장 상단에 위치시키고 ❷ [True일 경우 중지]에 체크합니다.
❸ ❹ [적용], [확인]을 차례대로 클릭하세요!

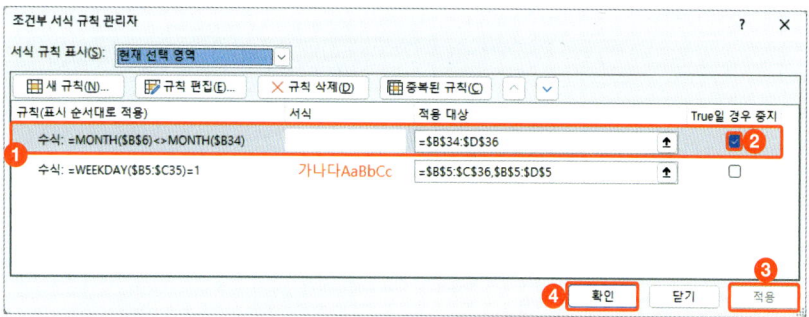

TIP [True일 경우 중지]에 체크하면 조건부 서식이 적용된 셀에는 추가 조건부 서식을 적용하지 않는 역할을 합니다.

05 달력을 2024년 2월로 변경해보면 29일 이후 숫자가 사라지는 것을 확인할 수 있습니다.

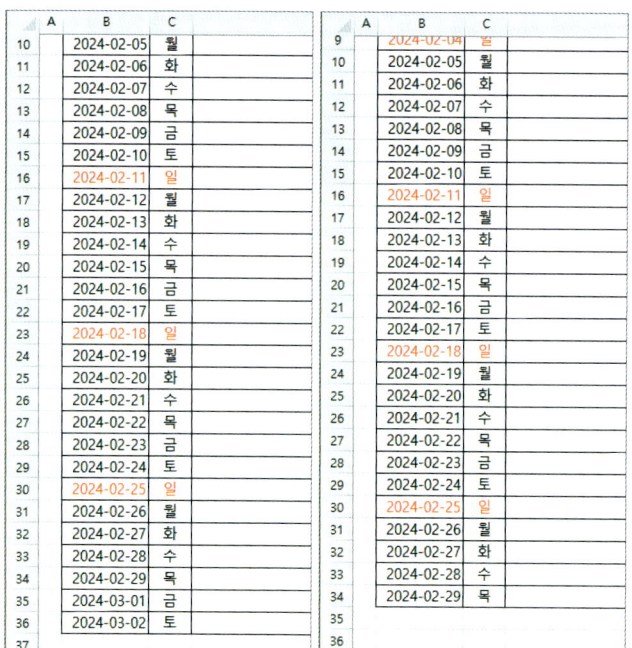

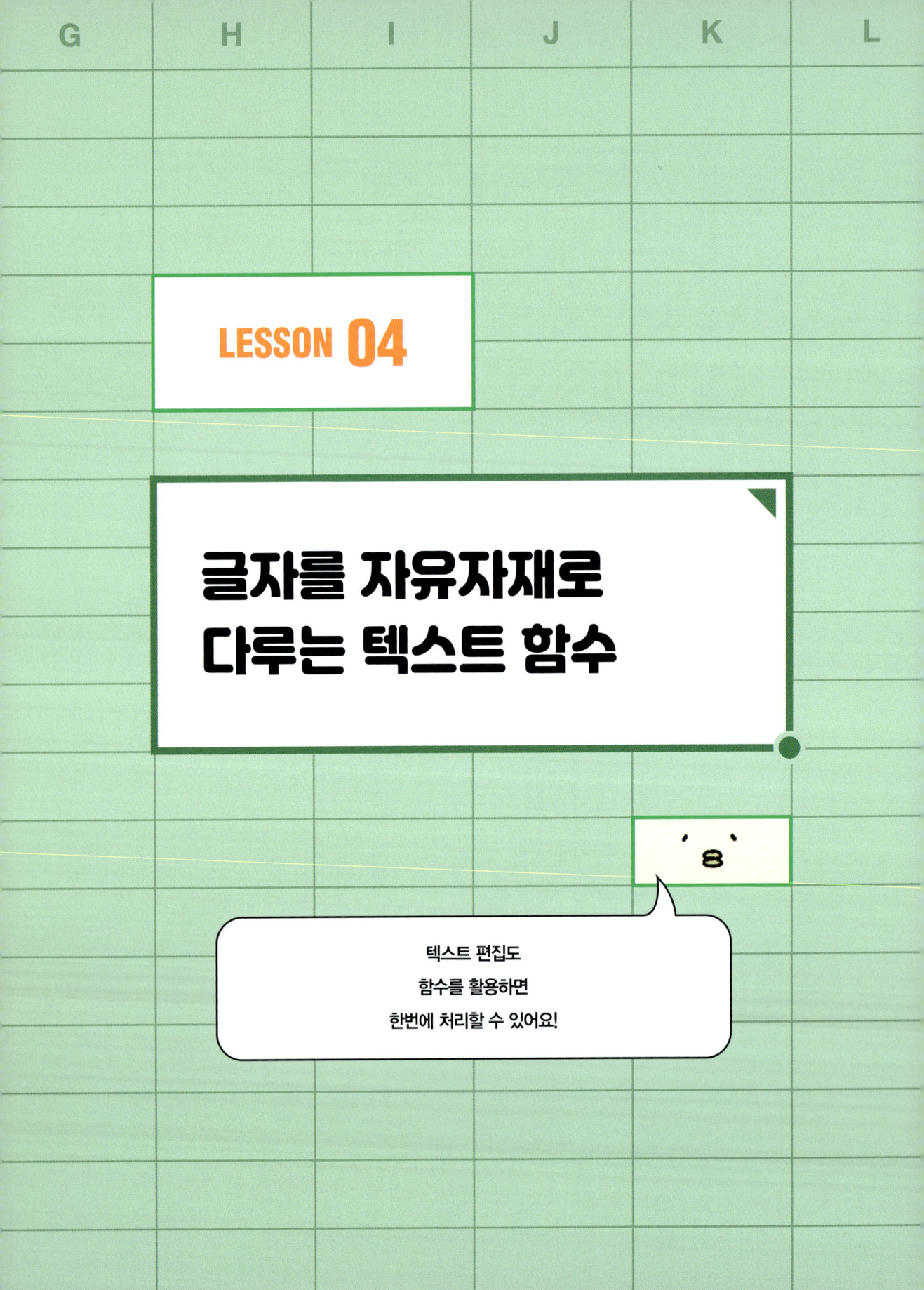

눈으로만 읽는 엑셀

STEP 01 텍스트를 추출하는 기초 함수
오른쪽, 왼쪽, 중간부터 텍스트 추출하기

 오른쪽 혹은 왼쪽에서 추출하는 LEFT, RIGHT 함수

예제 파일 : C4L4_LEFT&RIGHT함수.xlsx

실무를 하다 보면 숫자 데이터의 분석 외에도
생각보다 많은 비중으로 텍스트 데이터를 다뤄야 합니다.
이때 함수를 활용하면 의외로 큰 도움이 되는데요!
가장 기초적인 LEFT와 RIGHT 그리고 MID 함수를 먼저 알아볼까요!?

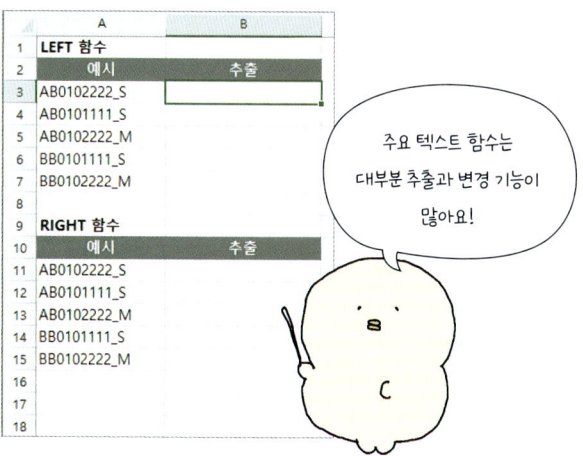

주요 텍스트 함수는 대부분 추출과 변경 기능이 많아요!

가장 먼저 LEFT 함수입니다!
LEFT 함수는 말 그대로 '왼쪽'부터 텍스트를 추출하는 함수입니다.

❶ 아래 수식을 입력해볼까요? ❷ [B3] 셀의 채우기 핸들을 더블클릭하면 일괄적으로 텍스트가 추출되는 걸 확인할 수 있습니다.

[B3] 셀 수식 : =LEFT(A3,2)

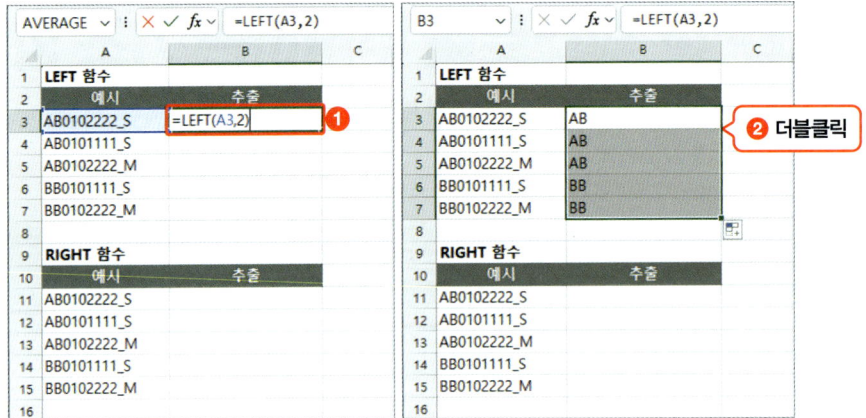

이번에는 RIGHT 함수도 사용해보겠습니다.

❶ 아래 수식을 입력하면 오른쪽 한 글자가 추출되는데요!

❷ [B11] 셀의 채우기 핸들을 더블클릭하면 나머지 셀의 글자도 전부 추출되겠죠?!

[B11] 셀 수식 : =RIGHT(A11,1)

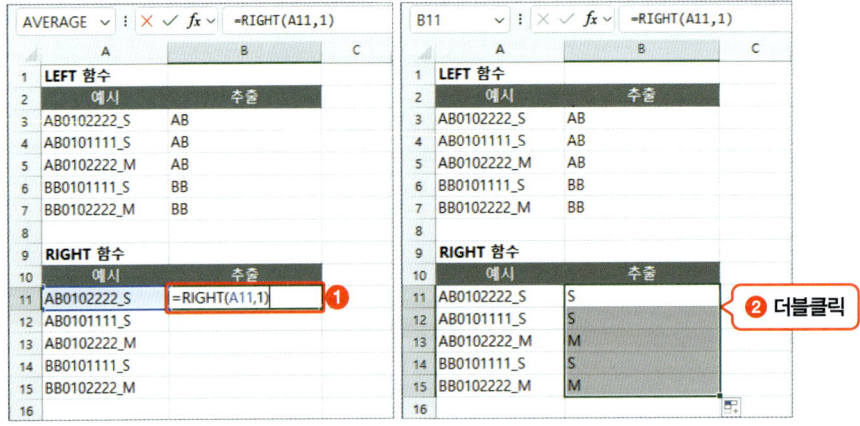

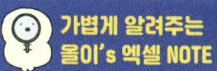
LEFT, RIGHT 함수

함수 설명 : =LEFT(text, [num_chars])

함수 설명 : =RIGHT(text,[num_chars])

LEFT와 RIGHT 함수는 엑셀에서 텍스트를 추출하는 가장 기본적인 함수입니다. 데이터가 입력된 셀을 참조하거나, 인수에 직접 입력한 텍스트의 왼쪽 혹은 오른쪽부터 몇 글자를 추출할지 지정할 수 있어요!

text : 추출할 대상이 될 텍스트입니다.

num_chars(선택 사항) : 왼쪽 혹은 오른쪽부터 몇 글자를 추출할지 숫자를 입력합니다. 생략하면 1이 적용됩니다.

중간부터 필요한 만큼 추출하는 MID 함수

예제 파일 : C4L4_MID함수.xlsx

MID 함수를 활용하면 왼쪽부터 몇 번째 글자를
몇 개 추출하라는 방식으로 텍스트를 추출할 수 있습니다!
[C3] 셀에 아래 수식을 입력해볼까요?
[B3] 셀의 두 번째 글자인 B가 기준이고, 거기서부터 한 개 추출하라는 의미라
B가 추출되는 걸 확인할 수 있어요!
[D3] 셀의 수식은 세 번째 글자부터 여덟 개를 추출하라는 의미겠죠?

❶ [C3] 셀 수식 : =MID(B3,2,1)
❷ [D3] 셀 수식 : =MID(B3,3,8)

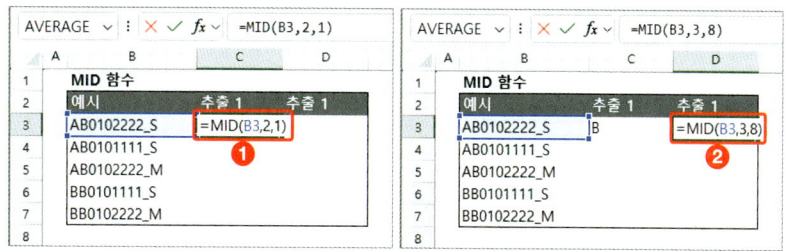

그래서 **010222_**가 추출되는 걸 확인할 수 있습니다!
[C3:D3] 범위를 선택하고 채우기 핸들을 더블클릭하면
나머지 글자도 전부 추출되는 걸 확인할 수 있어요!

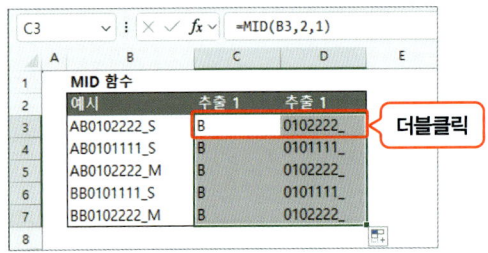

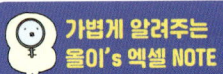 **MID 함수**

함수 설명 : =MID(text,start_num,num_chars)

MID 함수는 지정한 위치부터 지정된 개수만큼 문자를 반환합니다.

text : 추출할 대상이 될 텍스트입니다.

start_num : 추출을 시작할 문자의 첫 위치입니다.

Num_chars : 추출할 텍스트의 개수입니다.

하나라도 더 알려주는 올이

STEP 02 텍스트를 가공하는 실무 함수

텍스트 위치를 찾고, 교체하고, 연결도 하는 함수

텍스트의 위치를 찾는 SEARCH 함수

예제 파일 : C4L4_텍스트함수.xlsx [SEARCH함수] 시트

MID 함수를 사용할 때 고정된 위치가 아닌 특정 텍스트를 시작 지점으로 하려면
SEARCH 함수를 사용합니다. 아래 수식을 확인해볼까요?

❶ [C4] 셀 수식 : =SEARCH("시",B4)
❷ [D4] 셀 수식 : =MID(B4,SEARCH("시",B4)+2,99)

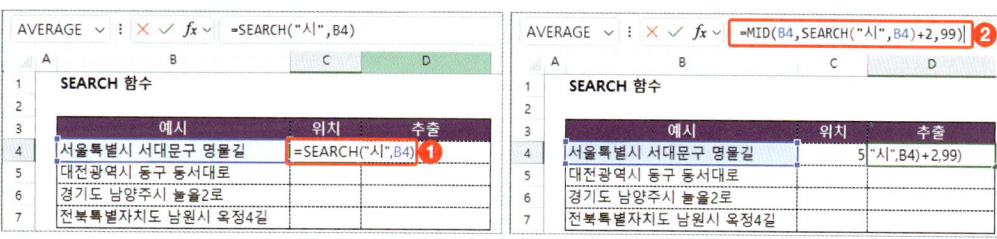

[C4] 셀에는 '시'가 위치한 다섯 번째에 해당하는 5가 추출되고 이를 활용해 MID 함수의
start_num 인수로 적용하면 그 뒤의 내용이 추출됩니다. [C4:D4] 범위를 선택하고
채우기 핸들을 더블클릭하면 나머지 내용도 모두 추출할 수 있어요!

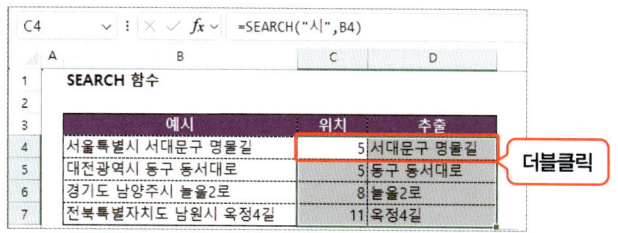

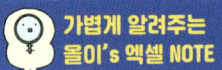
SEARCH 함수

```
함수 설명 : =SEARCH(find_text,within_text,[start_num])
```

SEARCH 함수는 텍스트 문자열에서 특정 텍스트의 위치를 찾아 반환하는 함수입니다. 결괏값이 항상 숫자로 반환되기 때문에 다른 함수와 같이 혼합해 사용하면 유용합니다!

find_text : 검색하려는 텍스트입니다. 가장 왼쪽부터 검색해 일치하는 첫 번째 위치를 반환합니다.

within_text : 위치를 찾을 대상이 될 텍스트입니다. LEFT, RIGHT, MID 함수의 text 인수와 같이 대상이 될 인수입니다.

start_num(선택 사항) : within_text 인수에서 몇 번째부터 검색을 시작할지 지정하는 함수입니다. 예를 들어 ABCDAB라는 텍스트에서 AB의 위치를 찾을 때 해당 인수를 생략하면 1이 반환되지만, 4를 입력하면 5가 반환됩니다.

```
수식 설명 : =MID(B4,SEARCH("시",B4)+2,99)
```

- B4의 텍스트에서 시의 위치를 파악합니다. 해당 위치에서 두 글자 뒤의 위치부터 99자의 텍스트를 추출합니다.

SEARCH("시",B4)+2 : B4셀에서 시의 위치를 찾습니다. 2를 더한 이유는 시 위치부터 추출하면 '시 서대문구 명물길'로 추출되기 때문에 시를 포함한 뒤의 띄어쓰기 이후 텍스트를 추출하기 위함입니다.

99 : SEARCH("시",B4)+2 위치부터 99글자를 출력합니다. 해당 위치부터 뒤의 모든 텍스트를 반환하기 위해 큰 수를 지정했습니다.

참고로 전체 텍스트 길이를 측정하는 함수로 LEN 함수가 있습니다. =LEN(텍스트) 형태로 사용하는 함수로, 99 대신 LEN(B4)를 인수로 활용하면 99라는 고정된 숫자 대신 텍스트 길이로만 한정할 수 있습니다. 변형한 수식은 =MID(B4,SEARCH("시",B4)+2,LEN(B4))입니다.

텍스트를 자르고 교체하는 TRIM, SUBSTITUTE 함수

예제 파일 : C4L4_텍스트함수.xlsx [TRIM함수] 시트

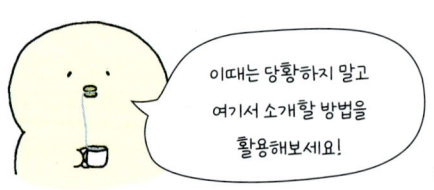

인터넷에서 다운로드하거나 특정 데이터를 엑셀로 변환하면 간혹 불규칙한 텍스트로 나타나 참 당혹스럽게 하는데요!
이럴 때 공백을 정리하기에 유용한 함수가 있습니다!

앞뒤로 공백이 있거나 중간 공백이 있는 경우
TRIM 함수를 사용해보겠습니다. 아래 수식을 입력해볼까요?

[C4] 셀 수식 : =TRIM(B4)

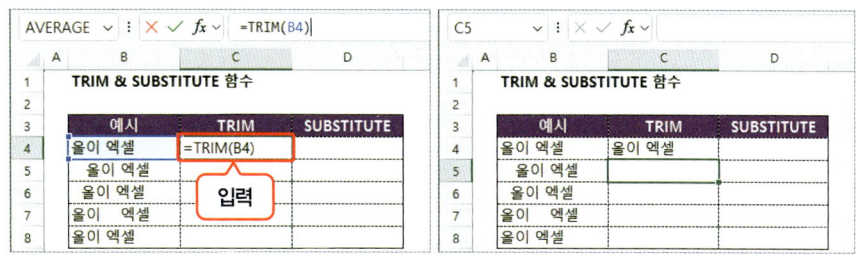

공백을 완전히 제거할 때는 SUBSTITUTE 함수가 유용합니다!
아래 수식을 입력해볼까요?!

[D4] 셀 수식 : =SUBSTITUTE(B4, " ","")

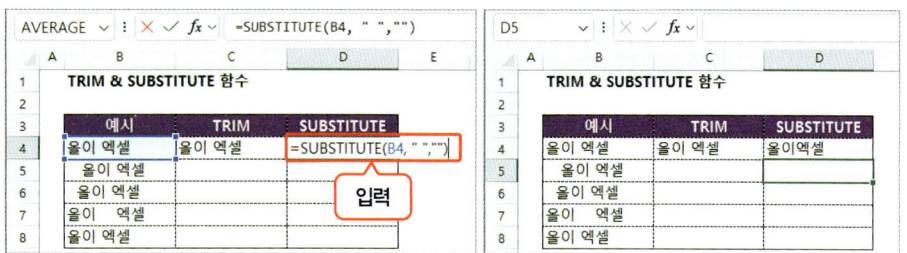

[C4:D4] 범위를 선택하고 채우기 핸들을 더블클릭하면
함수가 어떻게 작동하는지 한번에 확인할 수 있답니다!

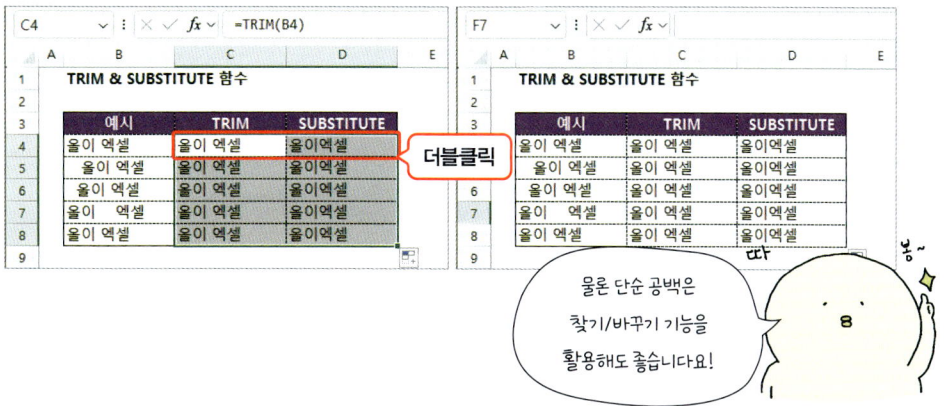

LESSON 04 글자를 자유자재로 다루는 텍스트 함수

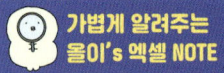 ## TRIM, SUBSTITUTE 함수

함수 설명 : =TRIM(text)

MID는 텍스트 문자열에서 지정된 위치로부터 지정된 수만큼 문자를 반환합니다.

text : 앞뒤 공백을 제거할 텍스트입니다.

함수 설명 : = SUBSTITUTE(text, old_text, new_text, [instance_num])

본래는 문자열을 교체하는 함수로 '시'를 '광역시'로 교체할 때 활용하는 함수입니다. 예제에서는 공백(" ")을 없음("")으로 수정하기 때문에 공백이 모두 삭제됩니다.

text : 대체할 텍스트가 포함된 셀 또는 텍스트입니다.
old_text : 바꿀 내용을 입력합니다.
new_text : old_text를 대신할 내용을 입력합니다.
instance_num(선택 사항) : 몇 번째에 위치한 텍스트를 바꿀 것인지를 지정하는 인수입니다. 숫자를 입력하면 해당 위치에 있는 old_text만 바뀝니다. 입력하지 않으면 모든 old_text가 new_text로 바뀝니다.

텍스트를 연결하는 CONCAT 함수

예제 파일 : C4L4_CONCAT함수.xlsx [CONCAT함수] 시트

두 개 이상의 셀 텍스트 내용을 연결할 때는 간단히 앰퍼샌드(&)를 사용할 수 있지만
텍스트 내용이 여러 개라면 CONCAT 함수가 훨씬 편합니다!
CONCATNATE 함수를 활용할 수도 있는데요!
가급적 최신 CONCAT 함수 사용을 권장합니다.
왜 그런지 같이 알아볼까요?

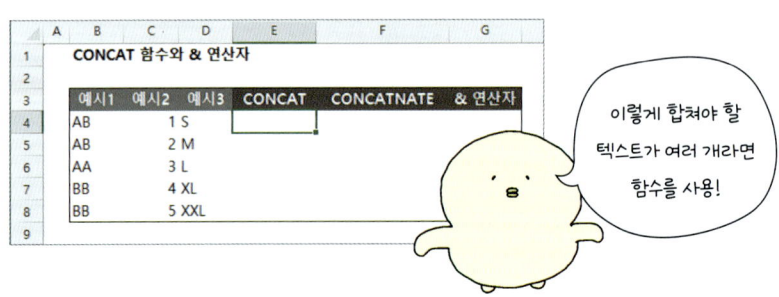

[E4] 셀과 [F4] 셀에 각각 아래 수식을 입력해볼까요?

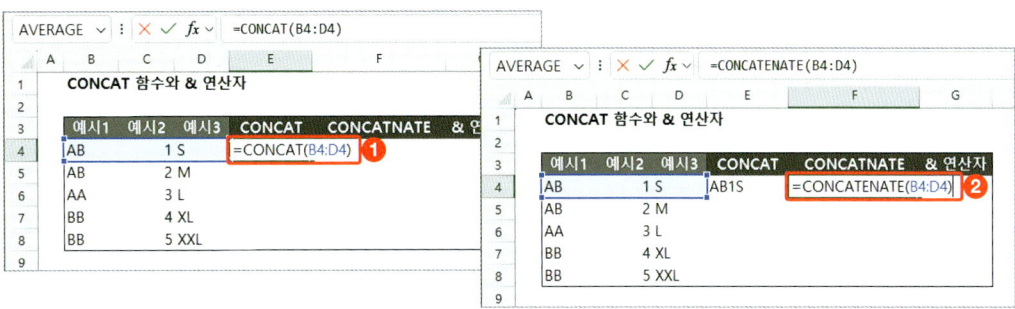

CONCAT 함수는 정상적으로 출력되지만
CONCATNATE 함수는 텍스트가 넘치네요?
CONCATNATE 함수는 범위(배열)를 인수로 받지 않기 때문에
인수에 범위를 넣으면 범위를 똑같이 출력합니다.

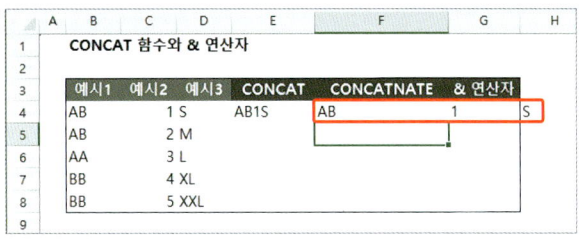

따라서 CONCATENATE 함수를 사용할 때는
다음과 같이 콤마(,)로 구분해 입력하는데요! 상당히 불편하죠?

[F4] 셀 수식 : =CONCATENATE(B4,C4,D4)

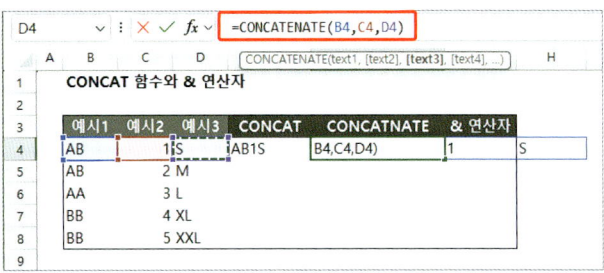

❶ 아래 수식과 같이 연산자로도 텍스트 연결이 가능하지만 보통 이런 방식은 간단한 제목 등이나 텍스트 조합에만 활용하는 편입니다. ❷ 채우기 핸들로 나머지 데이터도 채워볼까요?

[G4] 셀 수식 : =B4&C4&D4

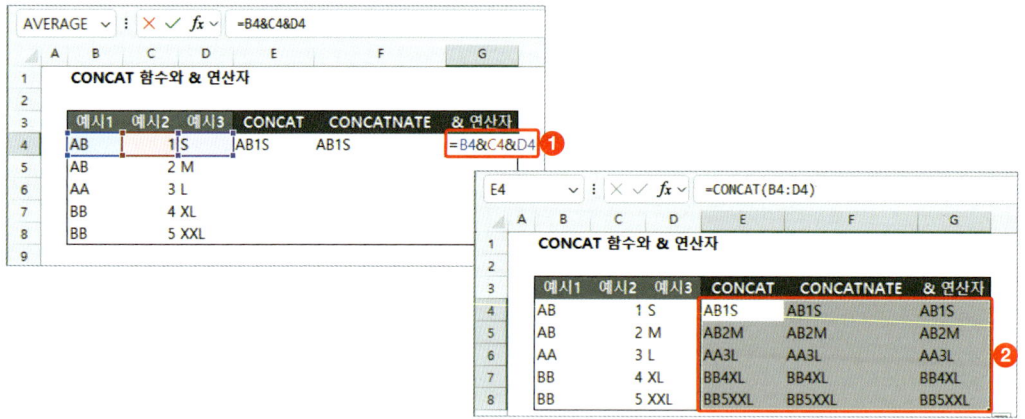

구분 기호와 함께 텍스트를 연결하는 TEXTJOIN 함수

예제 파일 : C4L4_CONCAT함수.xlsx [TEXTJOIN함수] 시트

CONCAT 함수를 사용할 때 구분자(특히 콤마)를 사용해야 하는 경우에는 TEXTJOIN 함수를 사용하면 됩니다. 아래 수식을 입력해볼까요?!

[B12] 셀 수식 : =TEXTJOIN(", ",0,B3:B9)

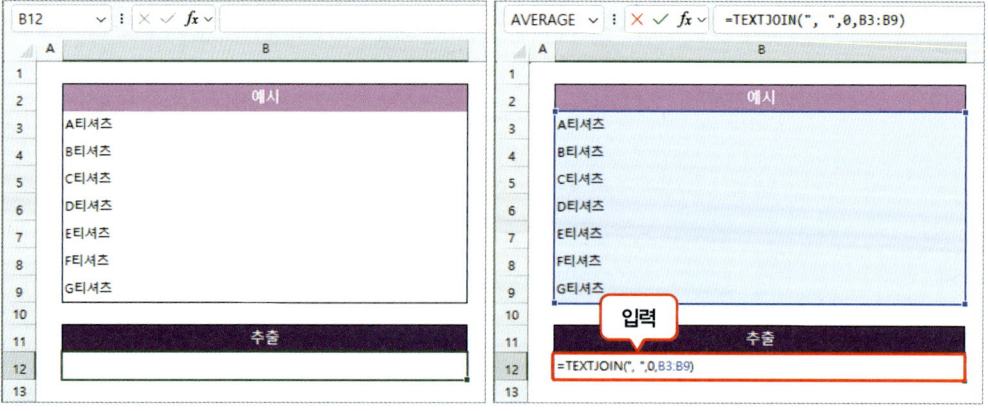

구분자로 입력한 콤마(,)와 띄어쓰기가
사이에 들어가 A티셔츠, B티셔츠, C티셔츠, …와 같은 형태로
텍스트가 합쳐진 걸 확인할 수 있습니다!

TIP CHAR 함수는 각 문자에 해당하는 코드를 구현하는 함수입니다. CHAR(10)을 입력하면 코드 10은 줄바꿈에 해당하기 때문에 줄바꿈이 구현됩니다. 만약 줄바꿈이 적용되지 않는다면 [홈] 탭 – [맞춤] 그룹 – [자동 줄바꿈 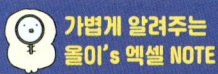]이 활성화되었는지 확인해주세요!

TEXTJOIN 함수

함수 설명 : =TEXTJOIN(delimiter, ignore_empty, text1, [text2], …)

텍스트를 연결하고 텍스트 사이에 구분자를 삽입하는 함수입니다.

delimiter : 구분 기호, 구분자입니다. 텍스트를 연결할 때 텍스트 사이에 들어갈 데이터입니다.

ignore_empty : text 인수에서 선택된 범위에 빈 셀이 있으면 어떻게 처리할지 결정하는 함수입니다. TRUE(1) 인 경우 빈 셀을 무시하고, FALSE(0)인 경우 빈 셀도 포함됩니다.

text1~text252 : 연결할 텍스트 항목입니다. 텍스트 문자열 또는 셀, 범위의 형태로 입력할 수 있습니다.

될 때까지 같이 하는 올이

STEP 03 함수로 설정하는 표시 형식

텍스트 표시 형식을 지정하는 TEXT 함수

TEXT 함수로 표시 형식 변경하기 – 텍스트와 숫자

예제 파일 : C4L4_TEXT함수.xlsx [TEXT함수_1] 시트

함수를 활용하면 텍스트의 표시 형식도 편집할 수 있어요!
아래 [B3:B7] 범위에 다양한 형태의 날짜가 입력되어 있는데
이걸 한 번에 동일한 형식으로 바꿔볼까요!?

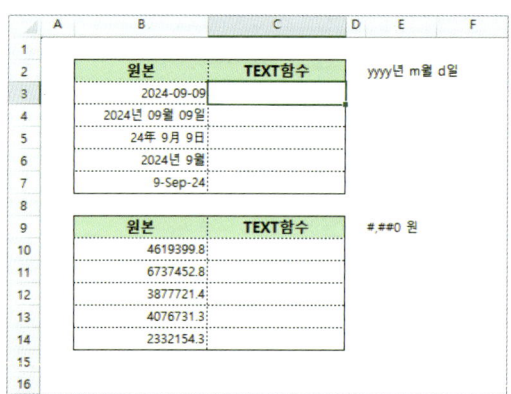

01 [C3] 셀에 아래 수식을 입력해볼까요?
[C3] 셀의 채우기 핸들을 더블클릭하면 함수로 입력된 날짜 형식이
똑같이 바뀐 것을 확인할 수 있습니다.

[C3] 셀 수식 : =TEXT(C3,"yyyy년 m월 d일")

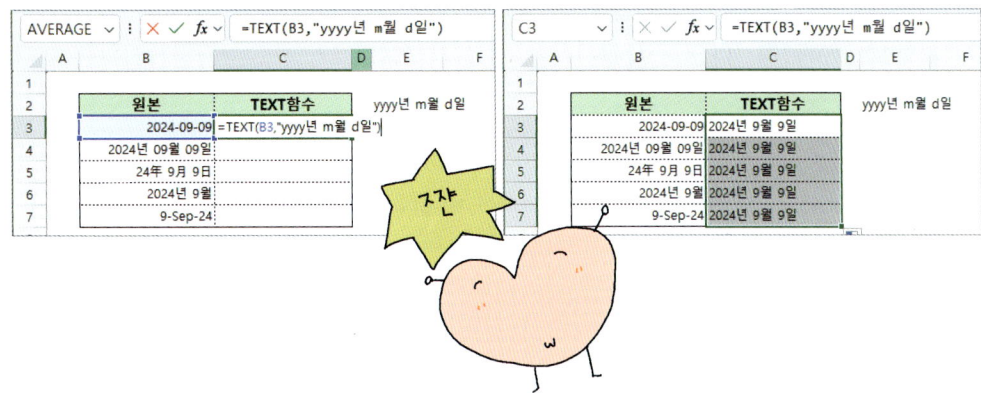

02 이번에는 통화 데이터도 변경해볼게요!

❶ [C10] 셀에 아래 수식을 입력하고 ❷ 채우기 핸들을 더블클릭해볼까요?

[C10] 셀 수식 : =TEXT(B10,"#,##0 원")

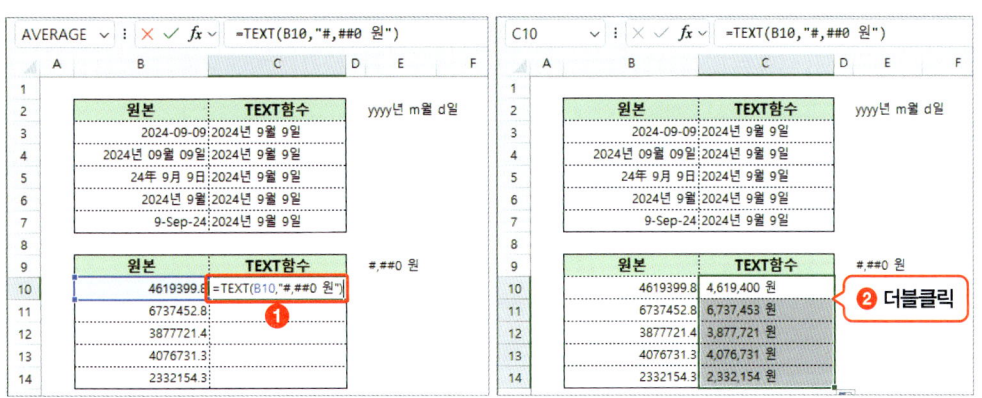

03 나머지 데이터도 모두 동일한 형식으로 지정되는 걸 확인할 수 있습니다.

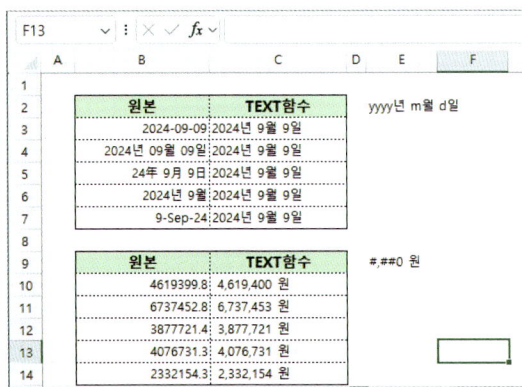

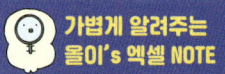

TEXT 함수

함수 설명 : =TEXT(value,format_text)

TEXT 함수는 입력된 텍스트 데이터를 표시 형식에 맞게 변경해줍니다.

value : 표시 형식을 바꿀 텍스트입니다.

format_text : 새로 지정할 텍스트 표시 형식입니다.

TEXT 함수로 표시 형식 변경하기 – 시간 표시 형식

예제 파일 : C4L4_TEXT함수.xlsx [TEXT함수_2] 시트

01 TEXT 함수를 시간 표시 형식에도 활용해보겠습니다.
[D5] 셀에는 아래 수식을 입력해 확인 시간과 입력 시간의 차이를 구하고
[E5] 셀에 아래 수식을 입력합니다.

❶ [D5] 셀 수식 : =C5-B5
❷ [E5] 셀 수식 : =TEXT(D5,"[h]시간 mm분")

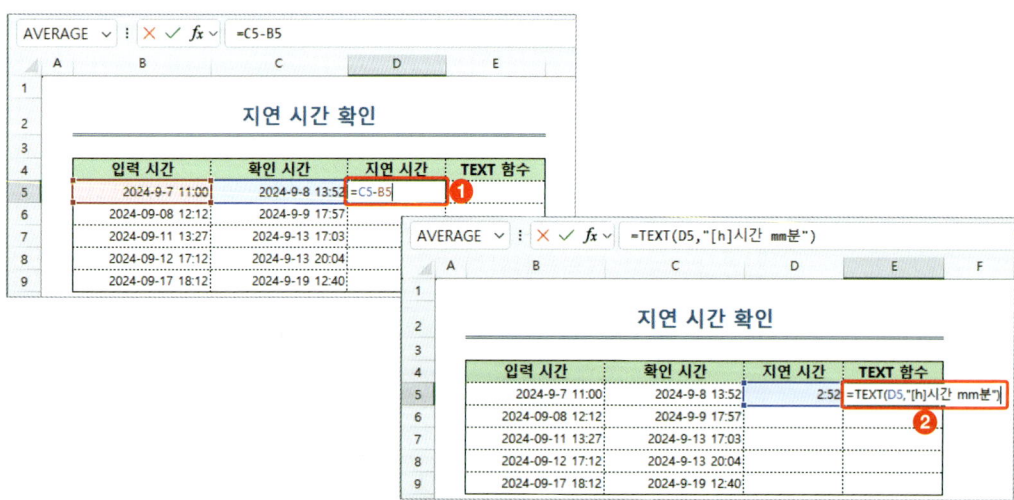

TIP 시간에 해당하는 h를 대문자로 묶은 [h]는 24시간을 초과하는 시간에 대해서 전체 시간을 표시하는 표시 형식입니다.

02 결과는 **2:52**이지만 표시 형식을 적용해보면 **26시간 52분**이 출력됩니다. [D5:E5] 범위를 선택하고 채우기 핸들을 더블클릭하면 나머지 데이터도 확인할 수 있습니다.

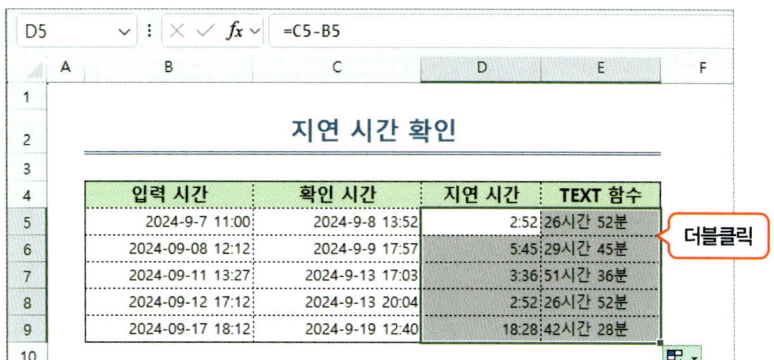

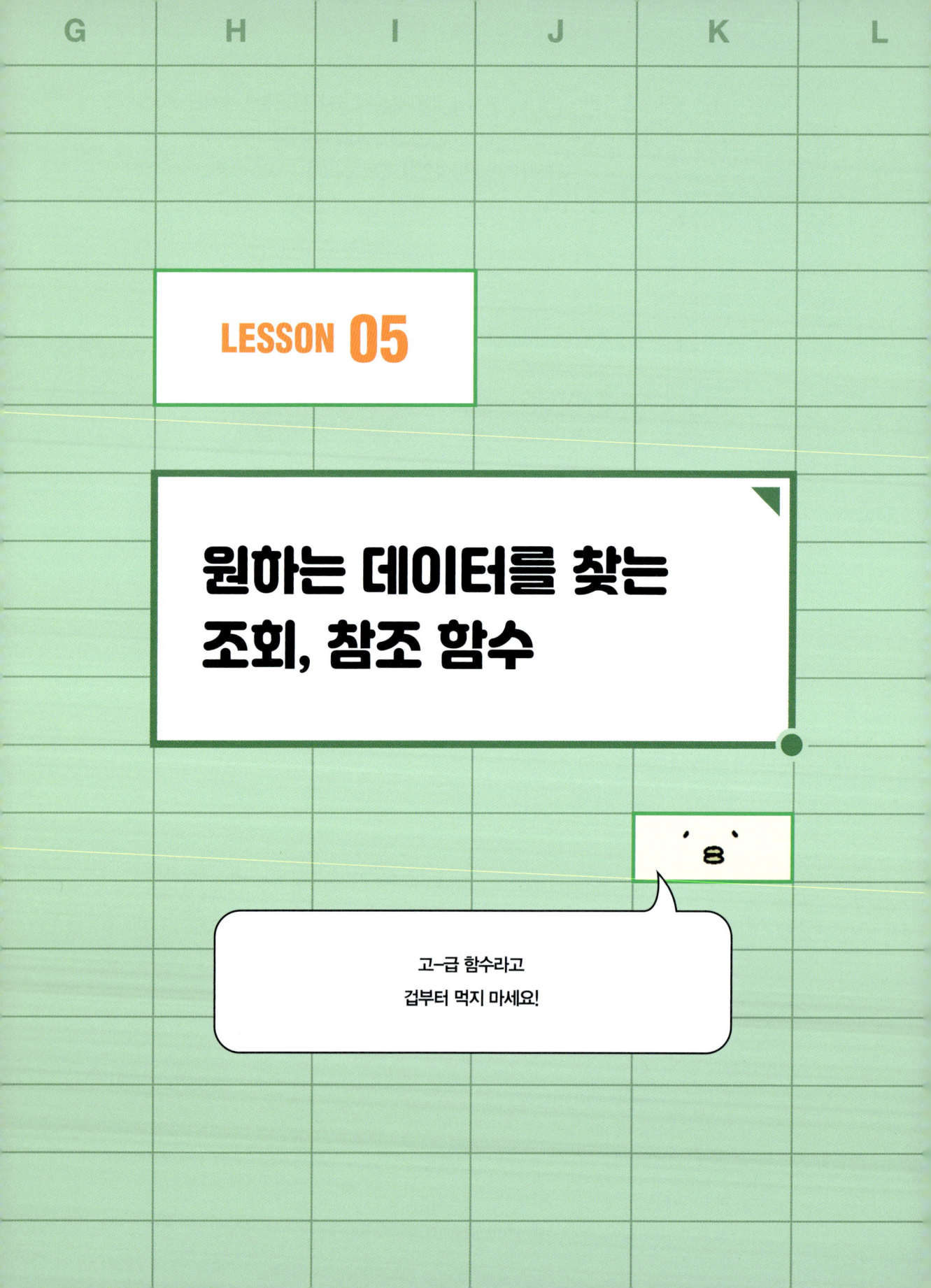

눈으로만 읽는 엑셀

STEP 01 원하는 값을 찾는 VLOOKUP 함수
표에서 원하는 값을 찾는 VLOOKUP 함수

 VLOOKUP 함수의 기본 활용 방법

예제 파일 : C4L5_VLOOKUP함수.xlsx

이번에는 VLOOKUP 함수의 활용 방법에 대해 간단히 알아볼게요!
VLOOKUP 함수 원리는 '특정 데이터를 표의 첫 번째 열에서 찾아 동일한 행에 위치한 n 번째 열의 데이터를 알려줘!' 라고 이해하면 편합니다.

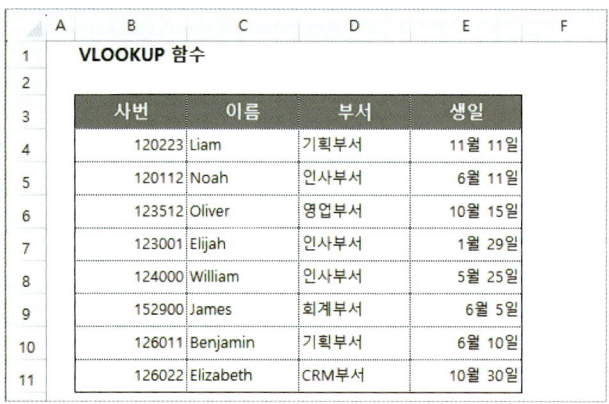

[D14] 셀에 다음 수식을 입력해볼까요? Liam이 출력되네요!?

[D14] 셀 수식 : =VLOOKUP(B14,B3:E11,2,0)

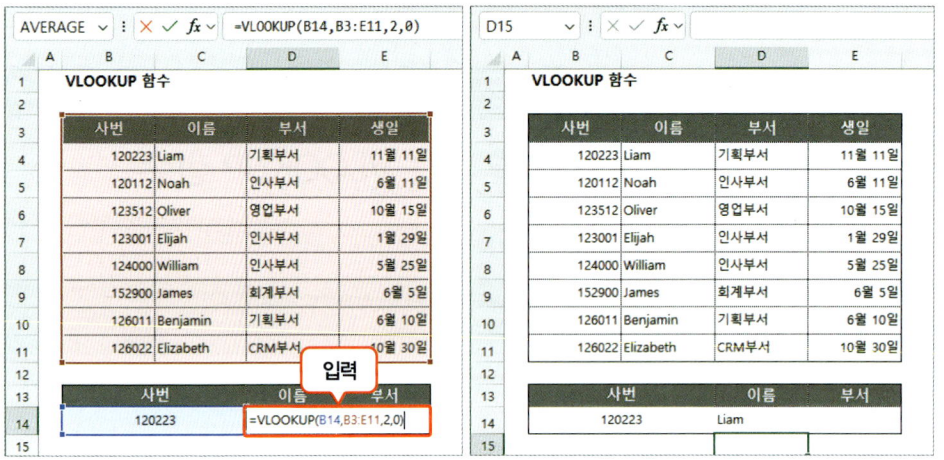

수식을 살펴보면 [B14] 셀에 해당하는 사번 120223을
[B3:E11] 범위의 첫 번째 열에서 찾아 동일한 행 위치의 두 번째(2) 열의 데이터를
반환하기 때문에 Liam이 출력되는 거랍니다!

이번에는 [E14] 셀에 아래 수식을 입력해보겠습니다.
세 번째 열의 데이터를 반환하는 함수이기 때문에
기획부서가 출력되는 걸 확인할 수 있습니다.

[E14] 셀 수식 : =VLOOKUP(B14,B3:E11,3,0)

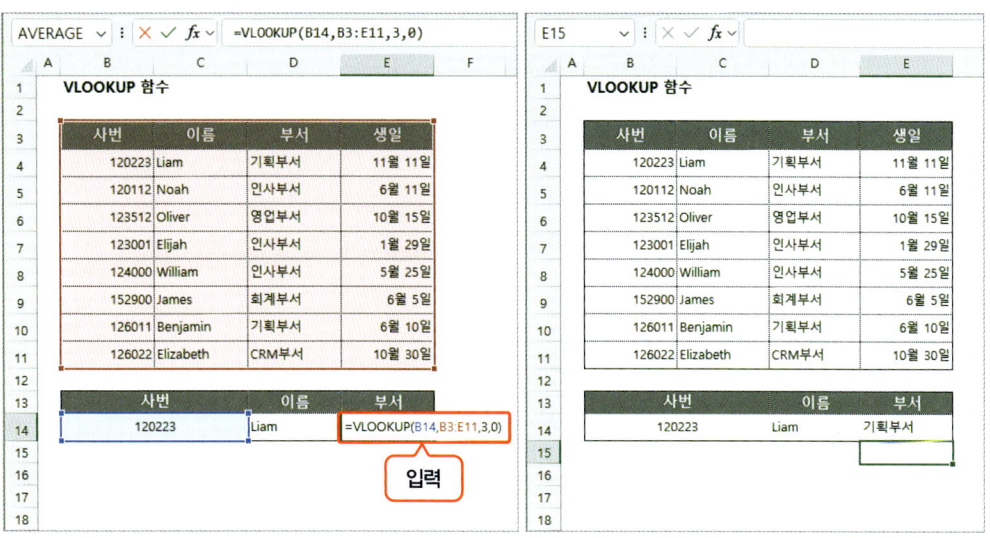

VLOOKUP 함수·수식 설명

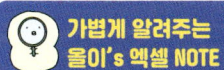

함수 설명 : =VLOOKUP(lookup_value,table_array,col_index_num,[range_lookup])

VLOOKUP 함수는 수직(Vertical) 방향에서 데이터를 찾는(Lookup) 함수입니다. 원리는 Lookup_value 인수의 데이터를 Table_array 인수에 입력된 표의 첫 번째 열에서 찾아 동일한 행에 위치한 col_index_num 인수에 입력된 n 번째 열의 데이터를 알려주도록 작동합니다. 찾는 값이 없을 경우 에러가 반환됩니다.

Lookup_value : 찾으려는(조회할) 값입니다. 찾으려는 값은 항상 table_array 인수에 입력한 표 범위의 첫 번째 열에 있어야 합니다.

Table_array : 값을 찾고 반환할 데이터가 포함된 표 범위입니다.

col_index_num : 반환할 값이 위치한 열 번호에 해당하는 인수입니다. 표 전체의 맨 왼쪽 열은 1에 해당합니다.

range_lookup(선택 사항) : 근삿값을 찾을 것인지, 정확하게 일치하는 값을 찾을 것인지를 지정하는 논리값입니다. FALSE(0)은 정확히 일치, TRUE(1)은 근삿값입니다. 생략하면 1이 적용됩니다.
- **TRUE, 1** : 근삿값을 찾습니다. 테이블의 첫 번째 열이 오름차순으로 정렬되어 있을 때 가장 가까운 값을 검색합니다. 보통 개수, 금액 등 숫자 데이터일 경우에 사용합니다.
- **FALSE, 0** : 정확히 일치하는 값을 찾습니다. 대부분 텍스트 데이터를 찾을 때 사용합니다.

다음 예시는 사번에 유효성 검사를 적용해
사번을 선택하면 자동으로 이름과 부서가 바뀌도록 만든 것입니다.
여러분도 VLOOKUP 함수를 유용하게 활용해보세요!

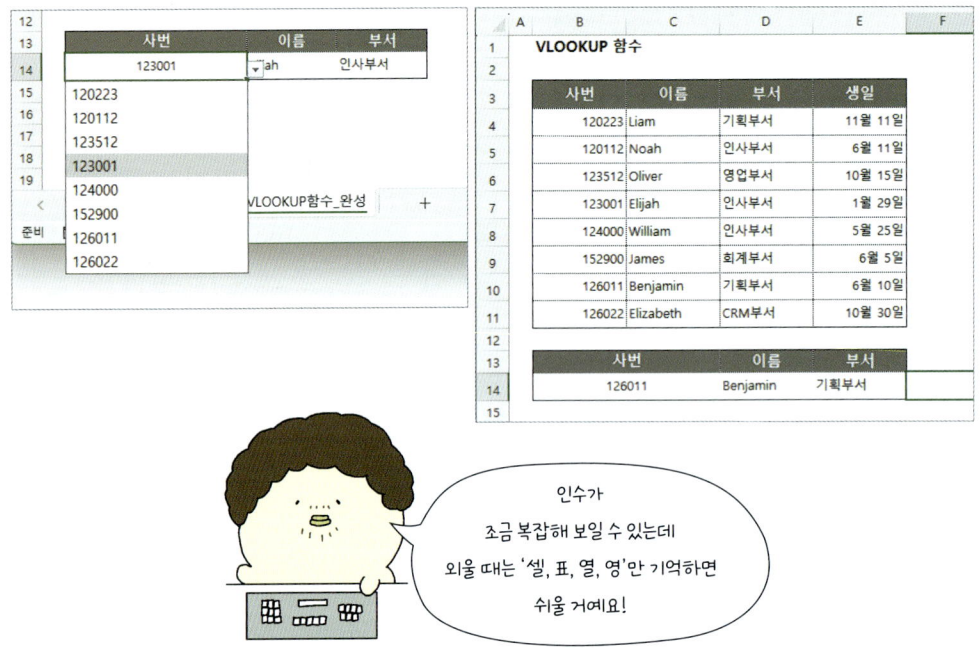

> TIP 유효성 검사를 적용해 데이터를 선택하는 방식은 155페이지를 참고합니다.

HLOOKUP 함수의 기본 활용 방법

예제 파일 : C4L5_HLOOKUP함수.xlsx

HLOOKUP 함수는 VLOOKUP 함수와 사용 방법이 동일합니다.
대신 데이터를 찾을 때 수평(Horizontal, 행) 방향으로 찾는다는 점만 달라요!
아래 수식을 [D8] 셀에 입력해보면
어떤 원리인지 바로 이해될 겁니다!

[D8] 셀 수식 : =HLOOKUP(B8,B2:J5,2,0)

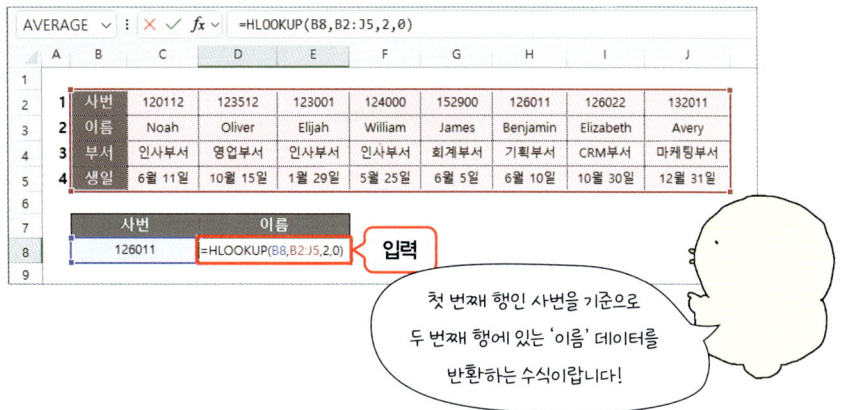

아래 내용을 확인해보면 첫 번째 행에서 사번 **126011**을 찾고,
두 번째 행에서 동일한 위치의 **Benjamin**이 출력되는 걸 확인할 수 있어요!

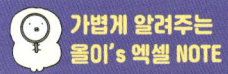

HLOOKUP 함수

함수 설명 : =HLOOKUP(lookup_value, table_array, row_index_num, [range_lookup])

HLOOKUP 함수는 기본적으로 VLOOKUP 함수와 사용 방법이 동일하고, 열 대신 행을 기준으로 작동합니다. VLOOKUP 함수와 인수 구조가 다른 부분은 열 번호를 입력하는 col_index_num 인수가 행 번호에 해당하는 row_index_num 인수로 바뀐 정도입니다.

하나라도 더 알려주는 울이

STEP 02 에러를 처리하는 IFERROR 함수
에러가 발생하면 다른 작업을 수행하게 도와준다!

IFERROR와 ISERROR 함수

예제 파일 : C4L5_IFERROR함수.xlsx

함수를 사용하다 보면 다양한 에러가 발생합니다. 함수나 인수를 잘못 입력해서 그런 경우도 있지만 데이터가 없어서, 맞지 않아서 그런 경우도 있는데요! 이럴 때 에러 표시 대신에 활용하기 좋은 함수를 알아볼게요!

ISERROR 함수는 '이 데이터가 에러인지 판단만 하는 함수'입니다. [F4] 셀에 아래 수식을 입력합니다. 이 수식은 [E4] 셀의 데이터에 에러가 있는지, 없는지 판단하는 수식입니다.

[F4] 셀 수식 : =ISERROR(E4)

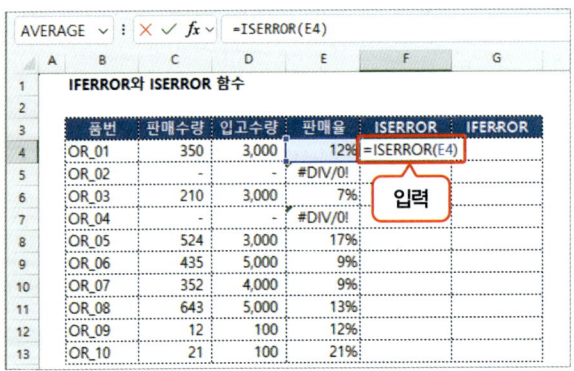

FALSE가 출력되네요!? [E4] 셀의 결과에는 에러가 없기 때문에
거짓값(FALSE)이 출력되는 것입니다. [F4] 셀의 채우기 핸들을 더블클릭합니다.

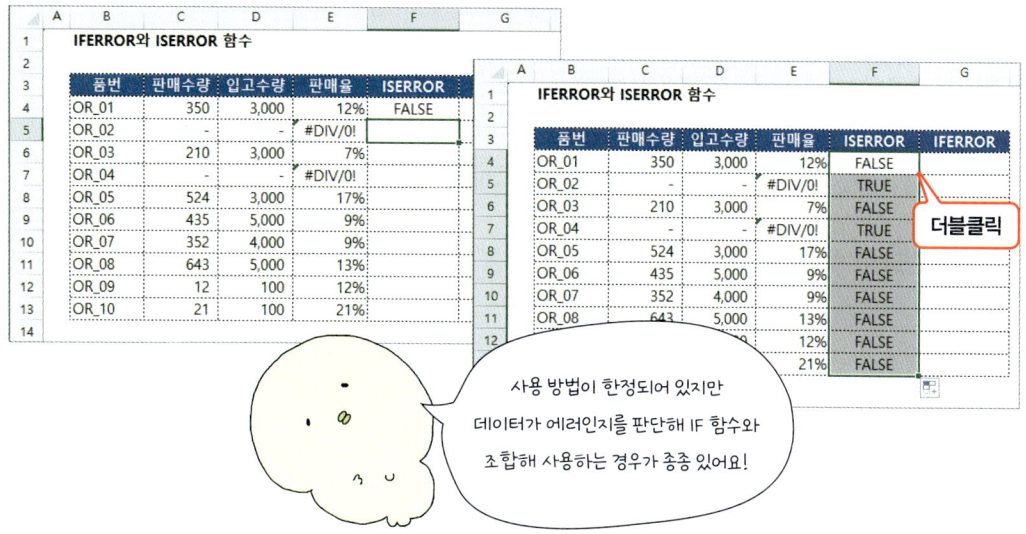

사용 방법이 한정되어 있지만 데이터가 에러인지를 판단해 IF 함수와 조합해 사용하는 경우가 종종 있어요!

IFERROR 함수는 에러일 경우 다른 데이터를 출력해주는 함수입니다.
❶ [G4] 셀에 아래 수식을 입력하고 ❷ 채우기 핸들을 더블클릭합니다.
에러가 있는 셀에는 **데이터없음**이 출력됩니다.

[G4] 셀 수식 : =IFERROR(E4,"데이터없음")

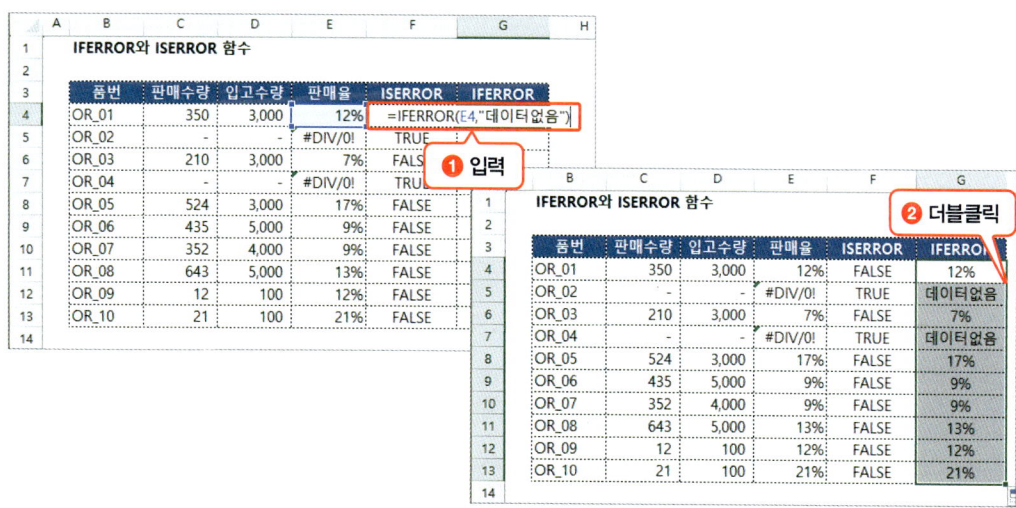

셀을 참조하는 대신 수식을 바로 입력해도 됩니다.
이런 방법을 활용해 특정 수식에서 에러가 발생할 때 에러 메시지 대신
특정 결과가 나타나도록 처리할 수 있답니다!

[G4] 셀 수식 : =IFERROR(C4/D4,"데이터없음")

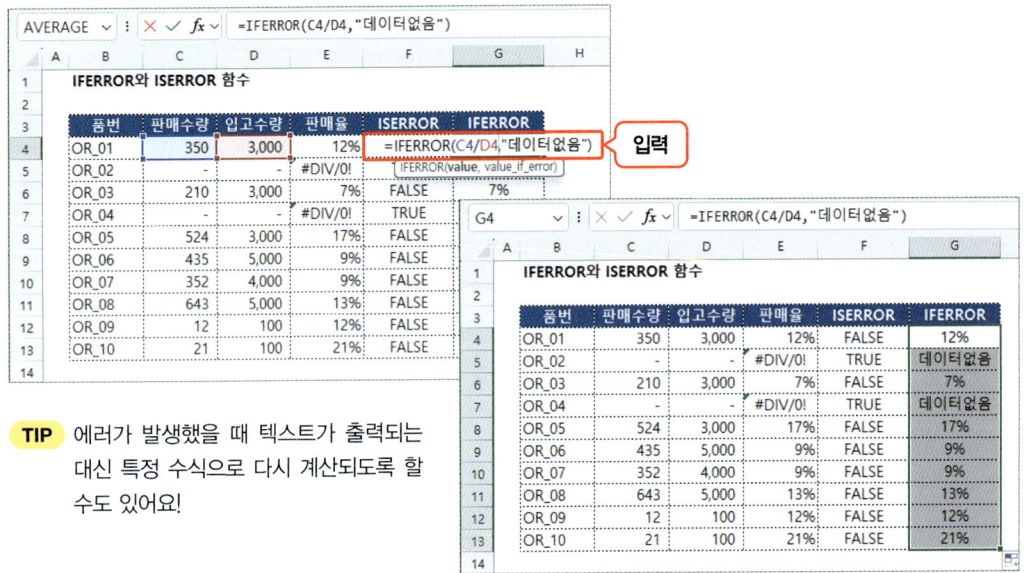

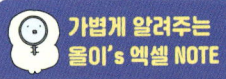 에러가 발생했을 때 텍스트가 출력되는 대신 특정 수식으로 다시 계산되도록 할 수도 있어요!

가볍게 알려주는 올이's 엑셀 NOTE — ISERROR, IFERROR 함수

함수 설명 : =ISERROR(value)

해당 값이 에러인지만 판단하는 함수입니다. 대부분 단독으로 사용하지 않고 TRUE, FALSE를 1, 0으로 판단해 IF 함수와 조합할 때 주로 활용합니다.

함수 설명 : =IFERROR(value, value_if_error)

value : 오류를 검사할 수식, 셀입니다.

value_if_error : Value 인수에서 받은 데이터에 에러가 있을 경우 어떻게 처리할지 지정하는 인수입니다.
- #N/A, #VALUE!, #REF!, #DIV/0!, #NUM!, #NAME?, #NULL!과 같은 에러를 처리할 수 있습니다. 에러에 대한 자세한 내용은 260페이지를 참고합니다.
- value 또는 value_if_error 인수가 비어 있을 경우 공란(" ")으로 처리합니다.

VLOOKUP 함수에 IFERROR 함수 활용하기

예제 파일 : C4L5_IFERROR활용.xlsx

VLOOKUP 함수를 사용할 때 찾을 데이터가 없을 경우 #N/A! 에러가 발생합니다.
이때 IFERROR 함수를 활용하면 데이터가 없다는 식으로 표시해 깔끔하게 서식을
만들 수 있어요! [D14], [E14] 셀에 아래 수식을 입력해볼까요!?

❶ [D14] 셀 수식 : =IFERROR(VLOOKUP(B14,B3:E11,2,0),"데이터없음")

❷ [E14] 셀 수식 : =IFERROR(VLOOKUP(B14,B3:E11,3,0),"데이터없음")

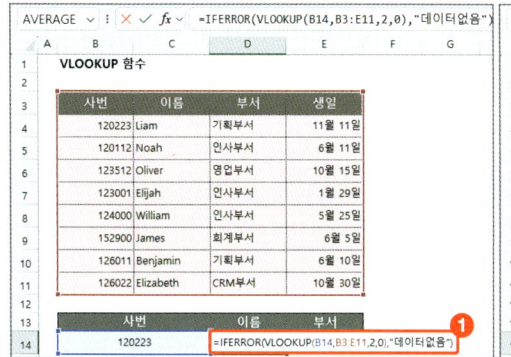
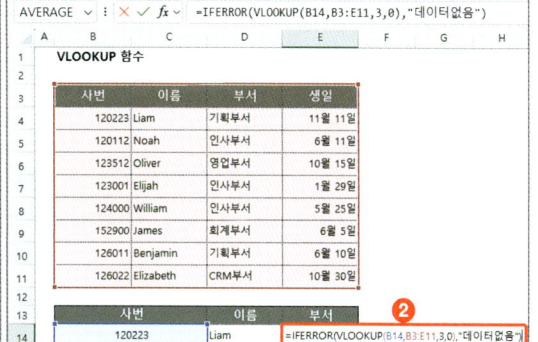

수식을 입력하고 [B14] 셀에 임의의 데이터를 입력해보세요!
#N/A! 에러 대신 **데이터없음**이 출력됩니다.
훨씬 깔끔하게 원하는 메시지를 표시하는 방식으로 처리할 수 있겠죠!?

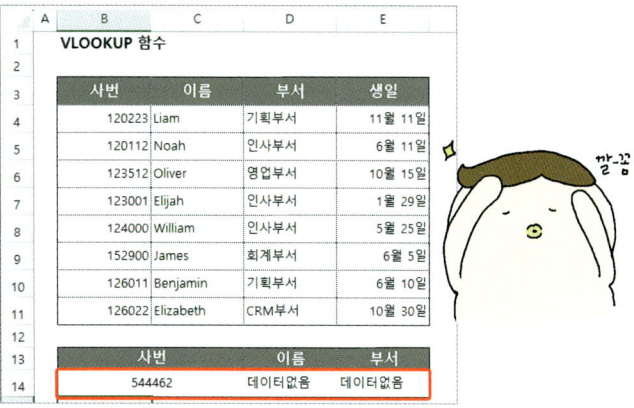

넓게 알려주는 올이's 꿀팁

엑셀의 다양한 에러와 해결 방법

엑셀에서는 함수를 사용할 때 혹은 작업을 하다 보면 셀 결과에 다양한 에러가 표시됩니다. 에러가 발생했을 때는 왜 이런 메시지가 나왔는지 알아야 처리할 수 있겠죠? 아래 내용은 한 번 가볍게 읽어보고 작업하다 에러가 발생할 때 같이 확인해보세요!

❶ **#DIV/0!** : 나누기에서 나누는 값이 0일 때 발생합니다. 나누는 값이 0인지 확인합니다. 불가피하다면 0이 아닐 때만 나누기를 계산하도록 처리하거나, IFERROR 함수를 사용해 오류를 처리하세요!

❷ **#N/A** : 필요한 값을 찾을 수 없을 때 발생합니다. 조회 함수를 사용할 때 찾는 값이 없을 때 나타납니다. 참조하는 값이나 범위가 정확한지 확인합니다. IFERROR 함수를 사용하여 오류를 처리하세요!

❸ **#NAME?** : 함수 이름이 정확하지 않을 때, 정의된 이름 범위가 없을 때, 텍스트를 큰따옴표 없이 수식에 입력했을 때 발생합니다. 함수, 정의된 이름, 큰따옴표 없이 입력된 텍스트가 있는지 확인합니다.

❹ **#NULL!** : 범위 연산자를 잘못 사용했을 때 발생합니다. 수식에서 범위 연산자(콜론, 콤마)를 올바르게 사용했는지 확인하세요!

❺ **#NUM!** : 수식에서 부적절한 숫자가 값으로 사용되었을 때 발생합니다. 수식에 사용된 숫자가 함수, 인수의 요구 조건에 맞는지 확인하세요!

❻ **#REF!** : 수식에서 참조하는 셀이나 범위가 삭제되었거나 유효하지 않을 때 발생합니다. 참조하는 셀이 삭제(혹은 자르기)되었는지 확인하고, 올바른 위치가 참조되도록 수정하세요!

❼ **#VALUE!** : 수식에서 잘못된 데이터 유형을 사용했을 때 발생합니다. 숫자가 들어갈 자리에 텍스트가 들어갔거나, 수식에 사용된 값이 올바른 데이터 유형인지 확인하세요. 필요한 경우 데이터를 변환하거나 수식을 수정합니다.

❽ **####** : 셀의 너비가 표시하려는 내용을 담기 부족할 때 발생합니다. 셀의 너비를 늘려서 내용이 제대로 표시되도록 합니다.

❾ **#SPILL!(배열!)** : 동적 배열 수식의 결과를 출력할 범위에 다른 데이터가 있을 때 발생합니다. 결과가 출력될 범위에 있는 데이터를 이동하거나 삭제합니다.

❿ **#CALC!** : 수식 계산 중에 오류가 발생하거나, 해당 엑셀에서 함수를 지원하지 않을 경우 나타납니다. 수식에 사용된 함수가 올바른지 확인하고, 함수의 호환성을 체크합니다.

STEP 03 조회, 참조 함수의 고급 활용법
훨씬 강력한 조회 함수 활용하기

예제 파일 : C4L5_XLOOKUP함수.xlsx

XLOOKUP 함수는 LOOKUP 계열의 업그레이드된 함수로
VLOOKUP처럼 열 방향으로, HLOOKUP처럼 행 방향으로도 처리할 수 있습니다.
그 외에도 다양한 기능이 추가되었으며, 몇 가지 주요한 특징이 있습니다.

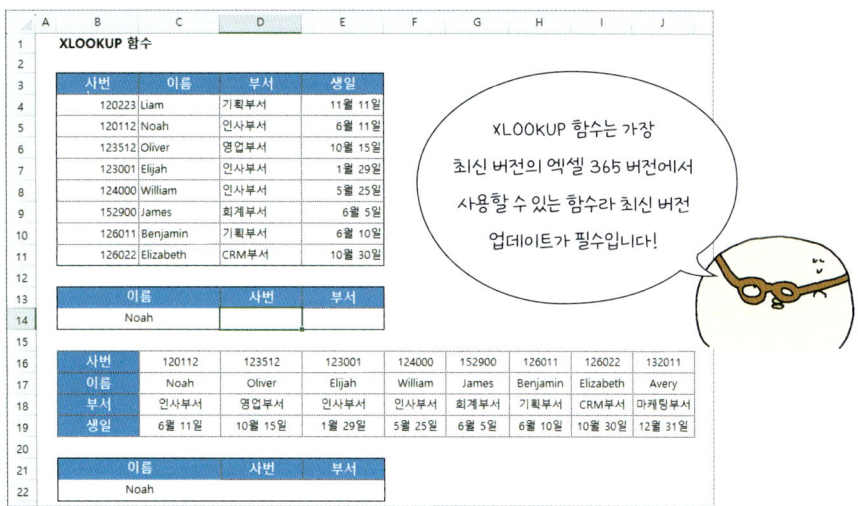

❶ 인수로 표 범위가 아니라 찾을(조회할) 범위, 출력할 범위를 각각 입력할 수 있어 꼭 첫 번째 행, 열이 아니어도 됩니다. ❷ 찾을 범위, 출력할 범위는 동일한 크기를 가져야 합니다. ❸ 찾는 데이터가 없을 때 #N/A! 에러 대신 처리할 방법을 별도로 지정할 수 있습니다. ❹ 찾으려는 방향, 근삿값의 적용 방법을 별도로 지정할 수 있습니다.

01 XLOOKUP 함수의 가장 기본적인 활용 방법으로 VLOOKUP 함수 대신 사용해볼게요! 먼저 아래 수식을 입력합니다. 사번이 정상적으로 출력되죠? 이렇게 XLOOKUP 함수를 사용하면 찾으려는 데이터가 꼭 첫 열이 아니더라도 원하는 값을 찾을 때 활용할 수 있습니다.

[D14] 셀 수식 : =XLOOKUP(B14,C4:C11,B4:B11,"없음",0)

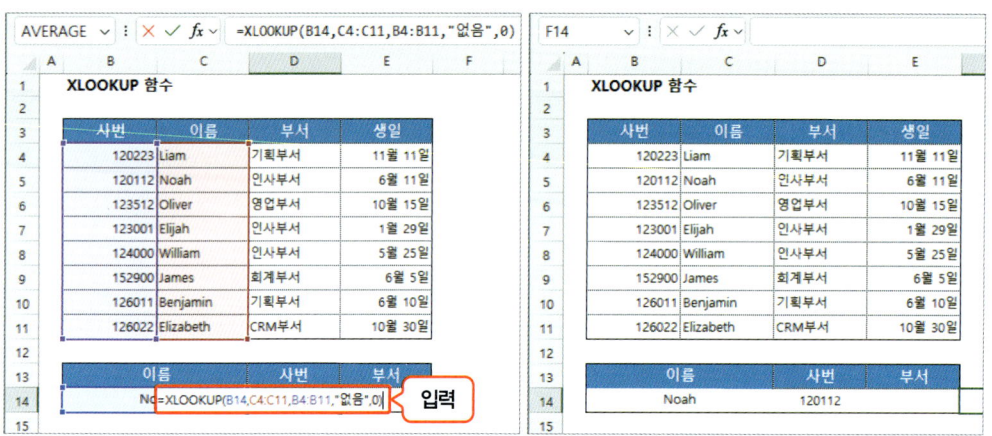

02 물론 아래 수식처럼 일반적인 활용 방법으로도 충분히 사용할 수 있습니다.

[E14] 셀 수식 : =XLOOKUP(B14,C4:C11,D4:D11,"없음",0)

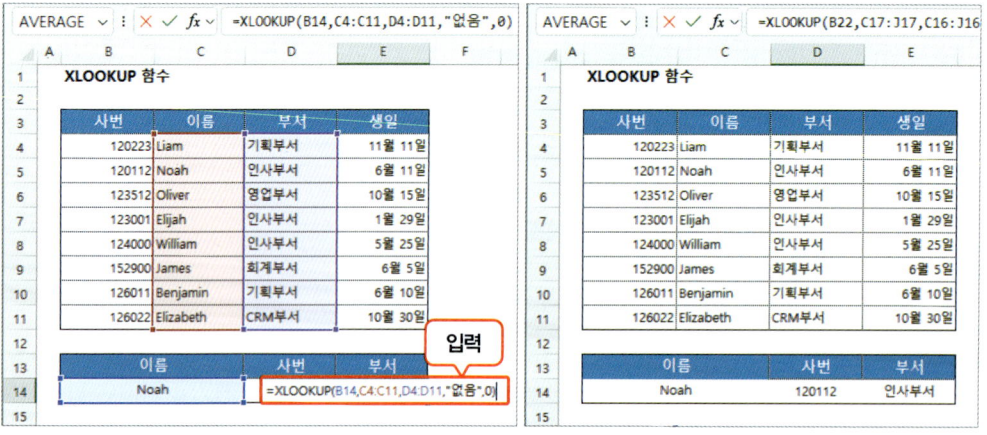

03 아래 수식을 입력해보면 HLOOKUP 함수 대신
활용할 수 있다는 점도 확인하실 수 있어요!

❶ [D22] 셀 수식 : =XLOOKUP(B22,C17:J17,C16:J16,"없음")

❷ [E22] 셀 수식 : =XLOOKUP(B22,C17:J17,C18:J18,"없음")

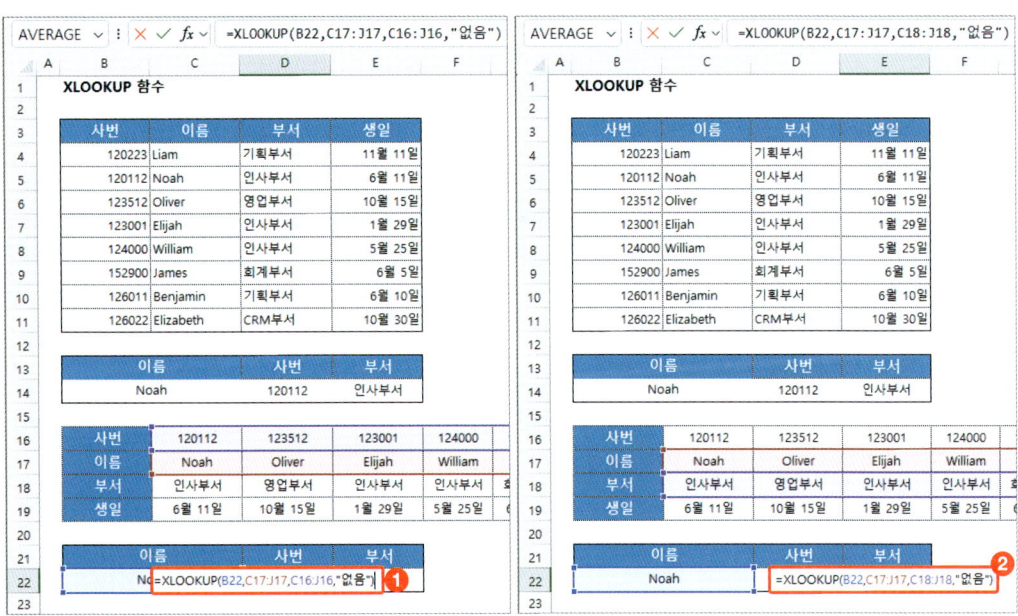

04 Noah의 사번, 부서가 반환되는 것을 확인할 수 있습니다.

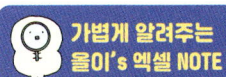 **XLOOKUP 함수**

함수 설명 : =XLOOKUP(lookup_value,lookup_array,return_array,[if_not_found],
         [match_mode],[search_mode])

XLOOKUP 함수는 VLOOKUP과 HLOOKUP 함수의 장점을 조합해 단점을 획기적으로 개선한 함수입니다. 인수가 다양한 만큼 적절히 활용하면 엑셀의 거의 모든 형태의 표에서 데이터를 조회하고 추출할 수 있습니다. 또한 VLOOKUP과 HLOOKUP 함수는 정확히 일치하는 값을 찾으려면 꼭 근삿값에 해당하는 인수를 지정해야 했습니다. 하지만 XLOOKUP 함수는 정확히 일치하는 값을 찾는 것이 기본값입니다.

lookup_value : 조회할 값입니다.

lookup_array : 조회할 값이 포함된 범위입니다.

return_array : 반환할 데이터가 포함된 범위입니다.

if_not_found(선택 사항) : 조회하려는 값을 찾을 때 에러 메시지 대신 출력할 텍스트입니다. 생략할 경우 #N/A! 에러가 반환됩니다.

match_mode(선택 사항) : 값을 조회할 때 적용할 일치 유형을 지정합니다.
- **0** : 기본값입니다. 정확히 일치하는 값을 찾습니다. 찾을 수 없는 경우 #N/A를 반환합니다.
- **-1** : 정확히 일치하는 값을 찾되, 찾을 수 없는 경우 바로 다음으로 작은 값을 반환합니다.
- **1** : 정확히 일치하는 값을 찾되, 찾을 수 없는 경우 바로 다음으로 큰 값을 반환합니다.
- **2** : *, ? 등 와일드 카드를 사용해 값을 찾습니다.

search_mode(선택 사항) : 값을 조회할 때 검색 방향을 지정합니다.
- **1** : 기본값입니다. 처음부터 순방향으로 값을 찾습니다.
- **-1** : 마지막부터 역방향으로 값을 찾습니다.
- **2** : 오름차순으로 정렬된 데이터에서 이진 검색을 수행합니다.

수식 설명 : =XLOOKUP(B14,C4:C11,B4:B11,"없음",0)

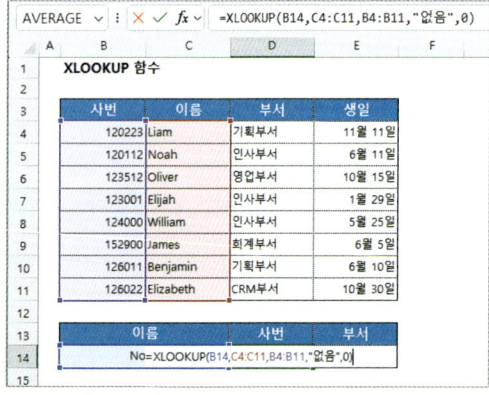

B14 : 조회할 데이터입니다.

C4:C11 : 조회한 데이터와 동일한 위치에서 추출할 데이터가 포함된 범위입니다.

B4:B11 : 조회할 데이터가 포함된 범위입니다.

"없음" : 찾는 데이터가 없을 경우 없음을 반환합니다.

0 : 정확히 일치하는 값을 찾습니다.

해당 수식은 search_mode 인수가 생략되어 있습니다. 왼쪽 그림을 확인해보면 lookup_array, return_array 인수 범위가 동일하고 lookup_value 인수로 찾는 값과 동일한 위치에 있는 return_array 인수 범위의 값을 출력하는 방식으로 작동합니다.

INDEX와 MATCH 함수 기초 이해

예제 파일 : C4L5_INDEX&MATCH함수.xlsx

아래와 같은 표를 크로스탭(Crosstab) 표라고 하며
흔히 집계표로 활용하는데요! 이런 표에서 데이터를 조회하고 출력하려면
INDEX와 MATCH 함수를 조합해 사용하면 됩니다.

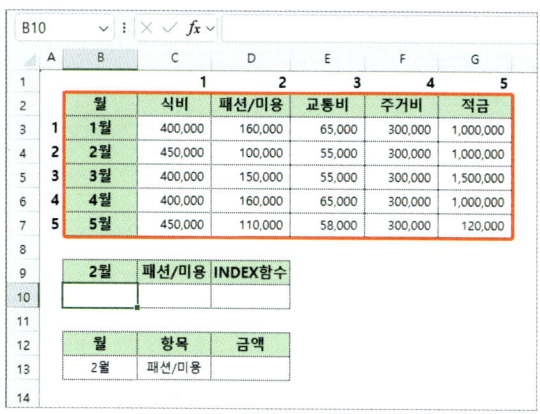

01 INDEX&MATCH 함수 조합이 어떻게 작동하는지 이해하기 위해 MATCH 함수의 사용 방법을 먼저 알아보겠습니다. [B10], [C10] 셀에 아래 수식을 각각 입력해볼까요?

❶ [B10] 셀 수식 : =MATCH(B9,B3:B7,0)
❷ [C10] 셀 수식 : =MATCH(C9,C2:G2,0)

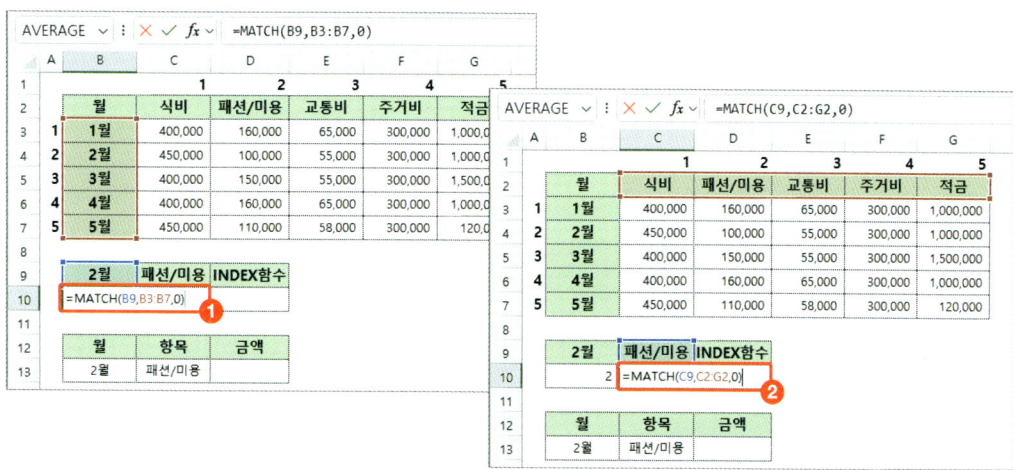

02 [B10], [C10] 셀에 각각 2가 반환됩니다. 여기서 2는 '두 번째'라는 의미로 2월은 [B3:B7] 범위에서 두 번째, 패션/미용은 [C2:G2] 범위에서 두 번째에 해당하죠! 이렇게 MATCH 함수를 사용하면 찾는 값과 일치하는 위치를 구할 수 있습니다.

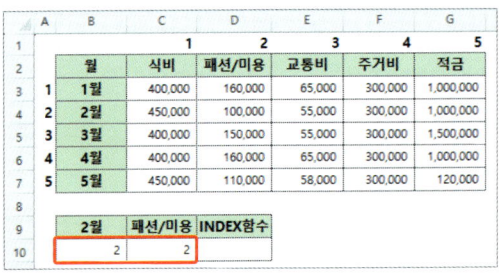

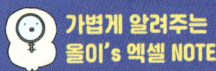 **MATCH 함수**

함수 설명 : =MATCH(lookup_value,lookup_array,[match_type])

MATCH 함수는 어떤 범위에서 특정 값이 어느 위치에 있는지 반환해주는 함수입니다. 텍스트 값을 찾을 때는 대/소문자를 구분하지 않습니다. 일치하는 문자를 찾지 못하면 #N/A 오류 값이 반환됩니다. match_type 인수 옵션으로 0을 선택하면 와일드 카드를 사용할 수 있다는 특징이 있습니다.

lookup_value : 조회할 값입니다.

lookup_array : 조회할 값이 포함된 범위입니다.

match_type(선택 사항) : 값을 조회할 때 적용할 일치 유형을 지정합니다.
- **1** : 기본값입니다. lookup_value의 값보다 작거나 같은 값 중 최댓값을 찾습니다. 이때 lookup_array 인수에 해당하는 범위는 오름차순으로 정렬되어 있어야 합니다.
- **0** : 정확히 일치하는 값을 찾습니다. lookup_array 인수 범위의 정렬 순서는 상관없습니다. 대부분의 작업에서 0을 사용합니다.
- **-1** : lookup_value의 값보다 크거나 같은 값 중 최솟값을 찾습니다. 이때 lookup_array 인수에 해당하는 범위는 내림차순으로 정렬되어 있어야 합니다.

03 이번에는 INDEX 함수를 알아볼까요? INDEX 함수는 표 범위에서 행과 열 위치를 입력하면 해당 위치의 데이터를 반환해주는 함수인데요! 아래 수식은 [C3:G7] 범위에서 2행, 2열에 위치한 데이터를 출력해 **100,000**이 표시됩니다.

[D10] 셀 수식 : =INDEX(C3:G7,2,2)

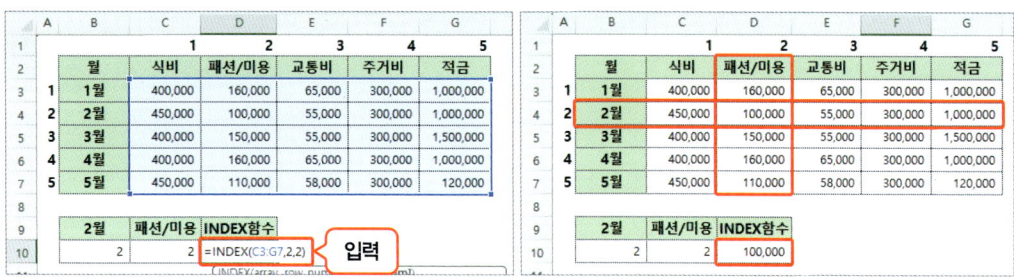

04 2, 2로 입력되었던 인수를
MATCH 함수로 구한 셀 결과를 참조하는 방식으로 바꿔도 결과는 동일합니다.

[D10] 셀 수식 : =INDEX(C3:G7,B10,C10)

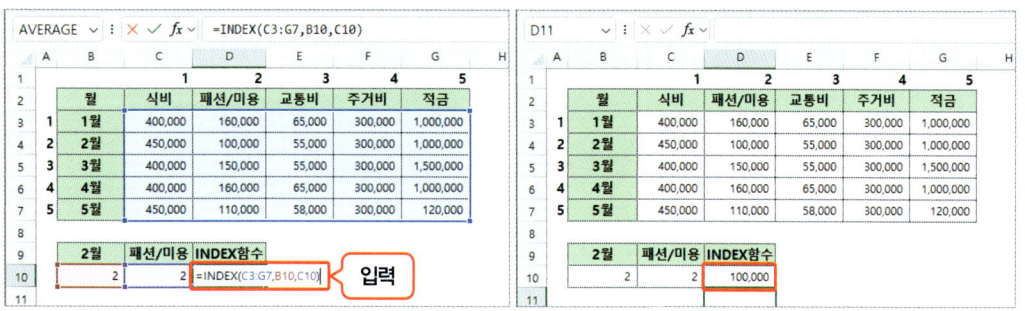

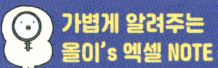 **INDEX 함수**

함수 설명 : =INDEX(array,row_num,[column_num])

INDEX 함수는 범위, 행 번호, 열 번호 세 가지 인수로 구성되어 범위에서 행/열 번호에 위치한 데이터를 출력하는 함수입니다. 인수 중 row_num, column_num 인수 중 하나는 반드시 사용해야 하며 행과 열이 각각 하나만 있을 때 두 인수 중 하나는 생략할 수 있습니다.

array : 표 범위입니다.

row_num : column_num이 없다면 필수 인수입니다. 값을 반환할 배열의 행입니다. row_num을 생략하면 column_num을 지정해야 합니다.

column_num(선택 사항) : 값을 반환할 배열의 열을 선택합니다. 단, column_num을 생략하면 row_num을 지정해야 합니다.

• array 인수에 입력된 표 범위를 벗어난 위치를 지정하면 #REF! 에러가 반환됩니다.

INDEX와 MATCH 함수 활용

예제 파일 : C4L5_INDEX&MATCH함수.xlsx

01 INDEX와 MATCH 함수를 조합해 사용하려면
INDEX 함수에서 행과 열을 지정하는 인수에
MATCH 함수 수식을 입력해 조합하는 방식으로 지정할 수 있습니다.
아래 수식을 한 번 입력해볼까요?

[D13] 셀 수식 : =INDEX(C3:G7,MATCH(B13,B3:B7,0),MATCH(C13,C2:G2,0))

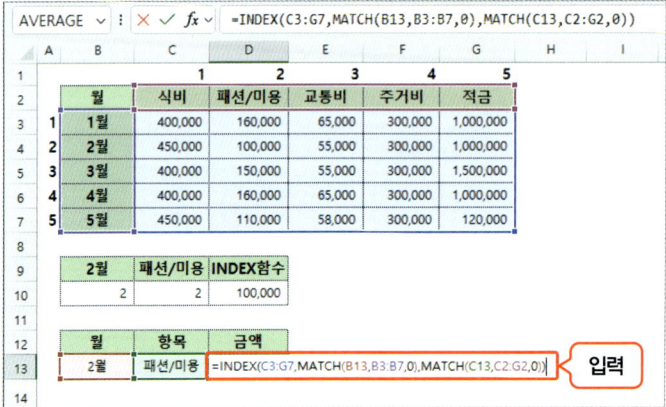

02 2월, 패션/미용에 해당하는 금액 100,000원이
잘 반환되는 것을 확인할 수 있습니다.

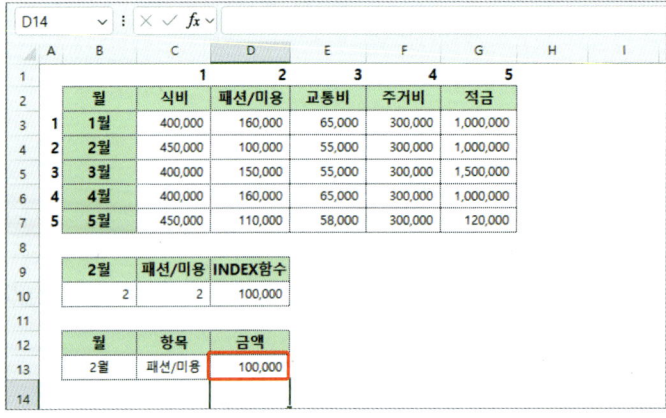

03 VLOOKUP 함수와 마찬가지로 [B13:C13] 범위에 유효성 검사를 적용해 보다 쉽게 집계표를 조회할 수 있습니다.

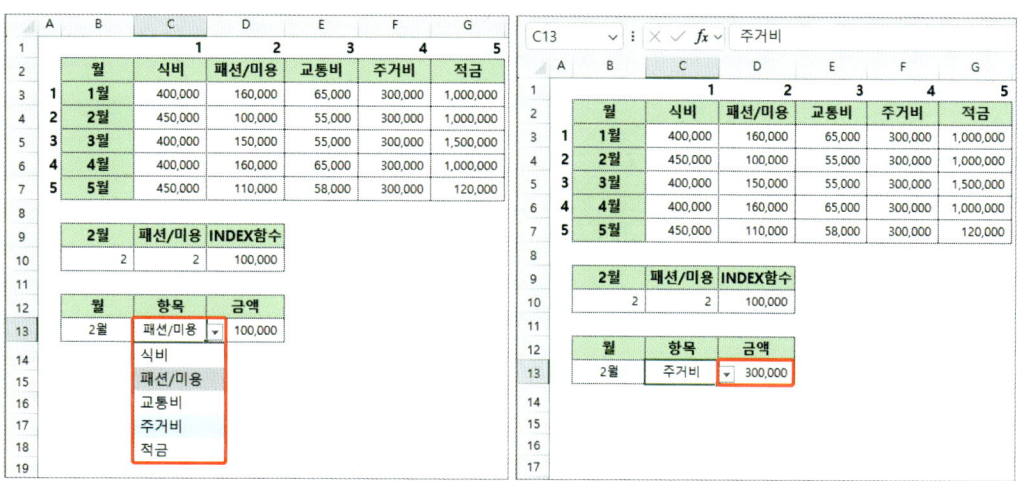

04 다른 항목으로 변경하면 일치하는 금액 데이터가 출력됩니다.

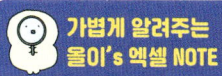 **INDEX&MATCH 함수의 조합**

수식 설명 : =INDEX(C3:G7,MATCH(B13,B3:B7,0),MATCH(C13,C2:G2,0))

C3:G7 : [C3:G7] 범위에서 행과 열이 지정된 위치의 데이터를 반환합니다.

MATCH(B13,B3:B7,0) : [B13] 셀의 값을 [B3:B7] 범위에서 찾아 정확히 일치하는 데이터 위치를 구합니다. 아래 표에서 만약 [B13] 셀에 2월이 입력되어 있다면 2가 반환됩니다.

MATCH(C13,C2:G2,0) : [C13] 셀의 값을 [C2:G2] 범위에서 찾아 정확히 일치하는 데이터 위치를 구합니다. 아래 표에서 만약 [C13] 셀에 적금이 입력되어 있다면 5가 반환됩니다.

따라서 해당 수식은 두 MATCH 함수가 계산되면 INDEX(C3:G7,2,5)가 되고 [C3:G7] 범위에서 2행, 5열에 위치한 1,000,000이 출력되는 원리입니다.

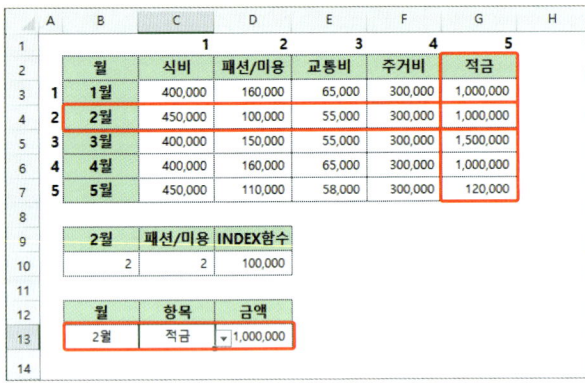

> 넓게 알려주는 올이's 꿀팁

예제 파일 : C4L5_이름정의.xlsx

셀, 범위를 이름으로 정의해 관리하기

엑셀의 이름 정의 기능 이해하기

엑셀에서 수식을 입력할 때 지금까지 셀이나 범위 주소를 활용했는데요! 복잡한 주소는 이름 정의 기능을 활용하면 훨씬 편리합니다. 이름 정의는 셀이나 범위에 직관적으로 이해하기 쉬운 이름을 붙여 활용하는 기능인데요! 예를 들어, [A1:A10] 범위에 **매출액**이라는 이름으로 정의하고 **=SUM(매출액)**처럼 수식을 작성할 수 있답니다!

셀과 범위에 이름 정의하는 방법

01 실제로 이름을 정의해볼까요? 이름을 지정할 셀이나 셀 범위를 선택해주세요. 좌측 상단에 있는 [이름 상자]에 직접 이름을 입력합니다. ❶ [E3:E10] 범위는 **매출액**, ❷ [E13] 셀은 **할인율**로 우선 이름을 정의했어요!

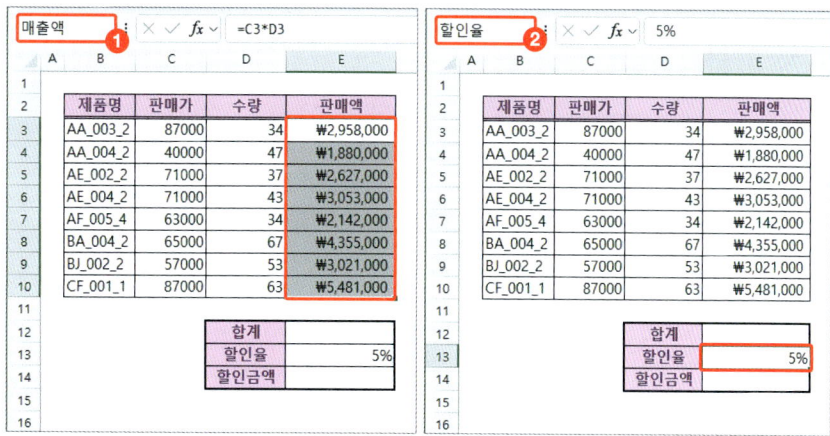

LESSON 05 원하는 데이터를 찾는 조회, 참조 함수

02 [E12] 셀에 **=SUM(매출액)**을 입력하면 합계 금액이 바로 구해지는 걸 확인할 수 있어요!

03 [E12] 셀을 **합계**라는 이름으로 정의하면 왼쪽과 같이 수식에 편하게 활용할 수 있겠죠?

선택 영역에서 만들기로 이름 정의하는 방법

전체 표에서 열 머리글, 행 머리글을 활용해 한번에 이름을 정의할 수도 있어요!
❶ 표 범위를 선택하고 ❷ [수식] 탭-[정의된 이름] 그룹-[선택 영역에서 만들기 📝]를 클릭합니다. [선택 영역에서 이름 만들기] 대화상자가 나타나면
❸ 이름을 정의할 범위에 체크하고 ❹ [확인]을 클릭하세요!

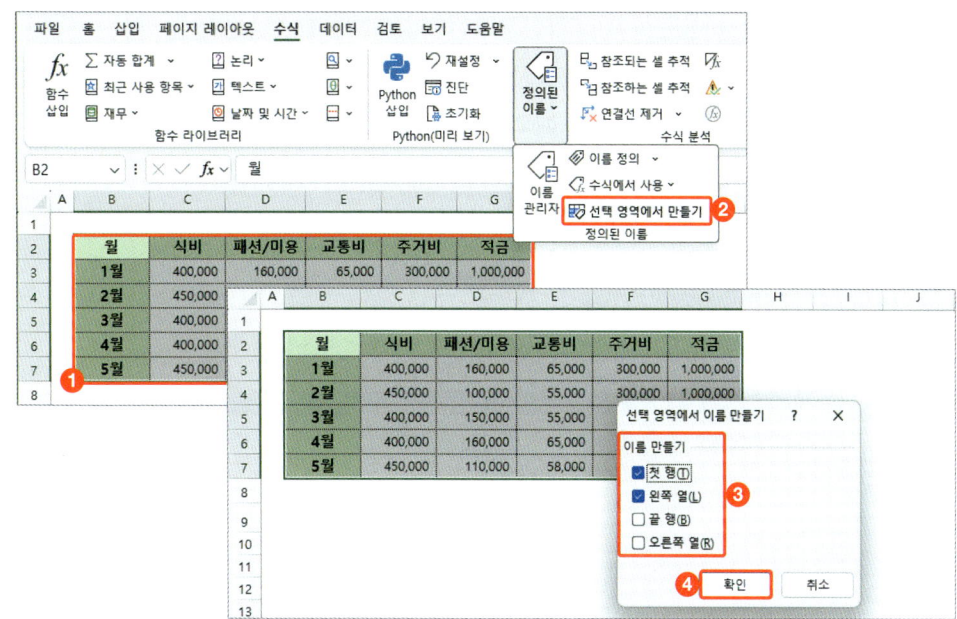

정의된 이름 관리하기

01 [수식] 탭-[정의된 이름] 그룹-[이름 관리자]를 클릭합니다.

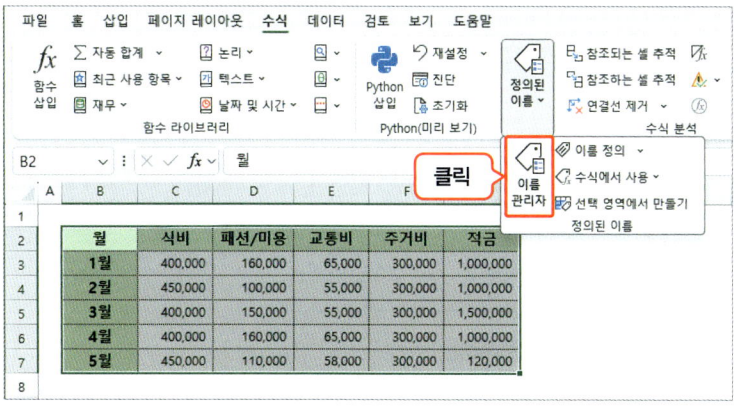

02 그럼 [이름 관리자] 대화상자에 정의된 이름을 확인할 수 있습니다.
이 대화상자에서 정의할 이름을 새로 만들거나, 편집, 삭제할 수 있습니다.
❶ [편집]을 클릭하면 ❷ [이름 편집] 대화상자가 나타나고 여기에서 범위를 다시 설정하거나,
설명을 추가하고, 이름을 수정할 수 있어요!

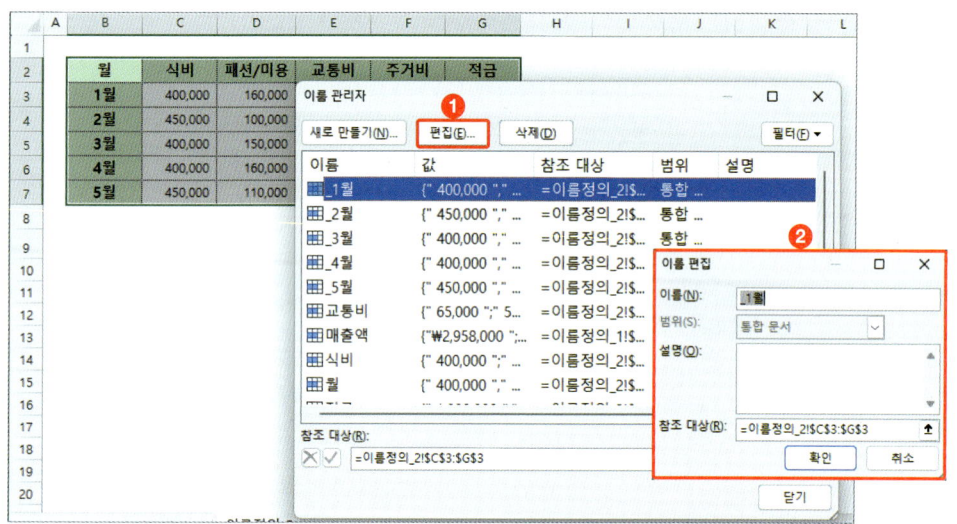

03 수식에 입력하려는 이름이 생각나지 않을 때는 [수식] 탭-[정의된 이름] 그룹-
[수식에서 사용]을 클릭하면 이미 정의된 이름을 모두 확인할 수 있어요!
수식 입력 도중에 선택하면 정의된 이름이 입력됩니다.

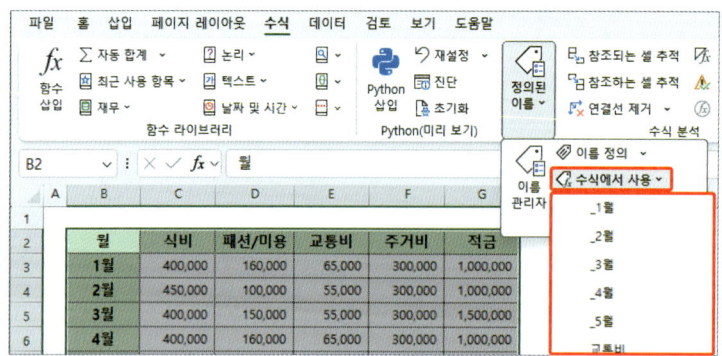

TIP 이름 상자의 확장 단추를 클릭해도 이미 정의된 이름을 확인할 수 있습니다. 여기서 이름을 선택하면 정의된 셀, 범위 위치로 이동합니다.

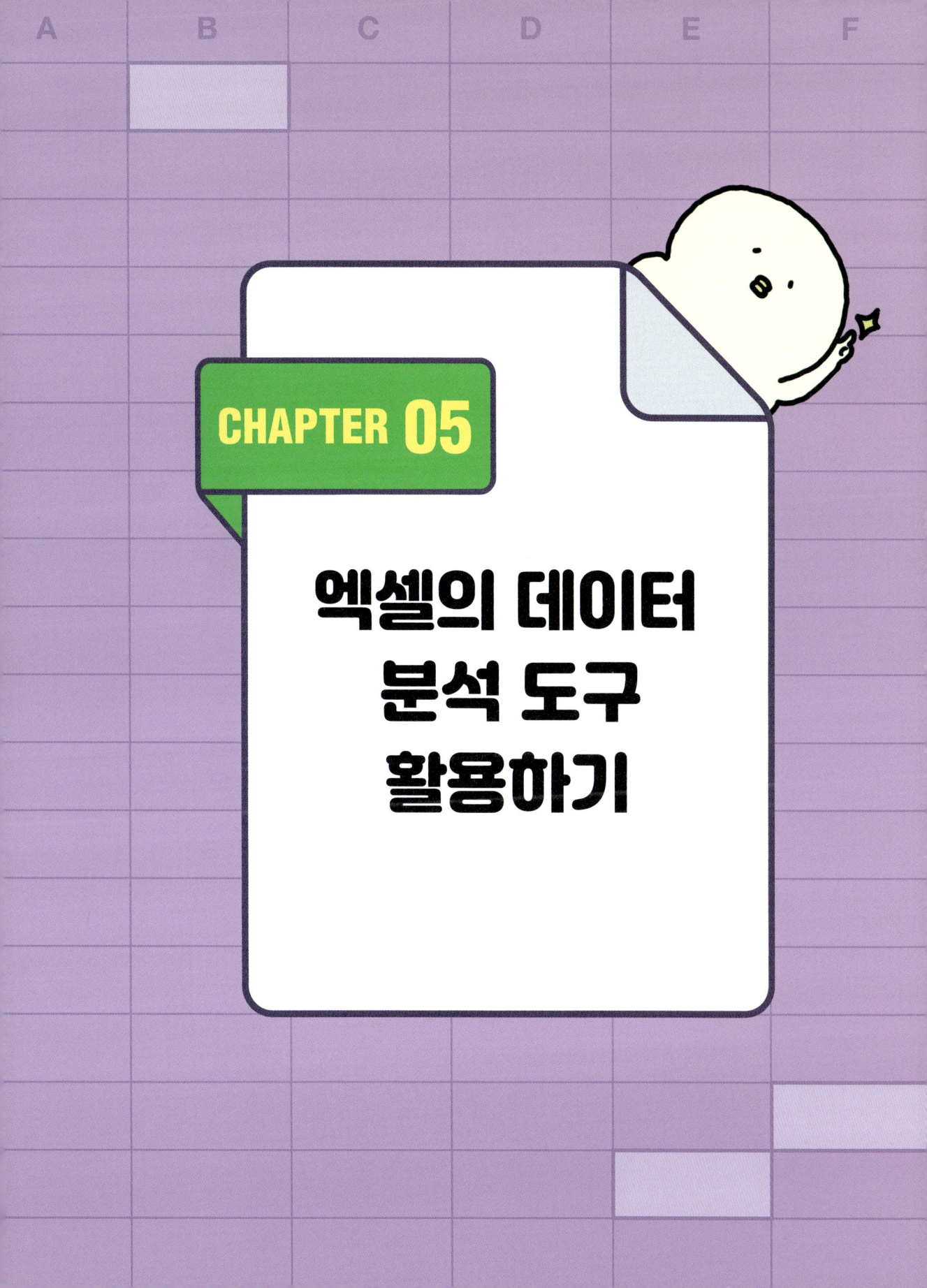

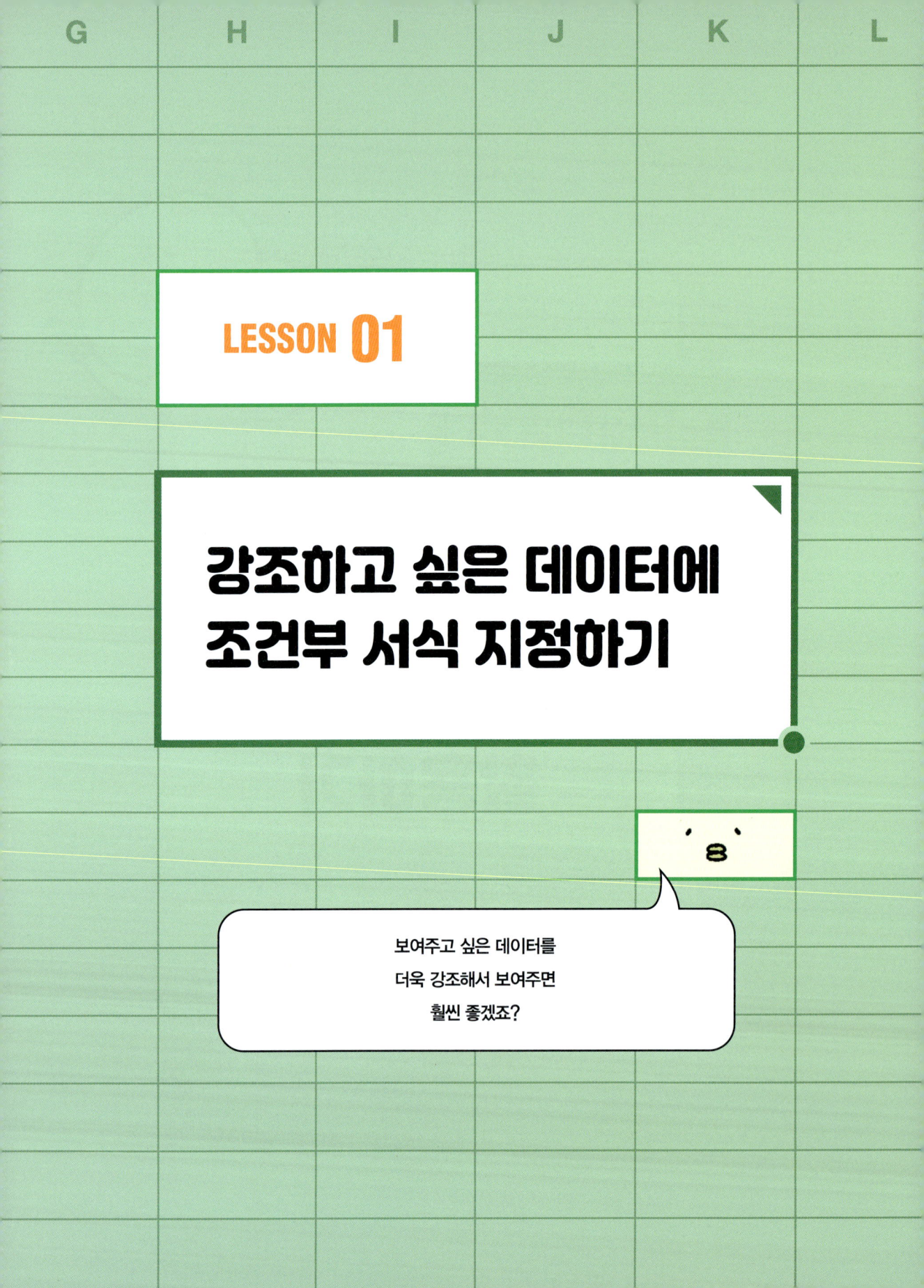

STEP 01 조건부 서식으로 특정 셀 강조하기
중요한 데이터를 강조해서 보여주는 것은 기본!

 조건부 서식의 기본! 셀 강조 규칙

예제 파일 : C5L1_조건부서식_기초1.xlsx

엑셀의 조건부 서식을 활용하면 특정 기준에 맞는 데이터를
원하는 스타일로 강조해 표시할 수 있는데요!
가장 기본적인 특정 셀에 색을 입혀 강조하는 방법에 대해 살펴볼게요!

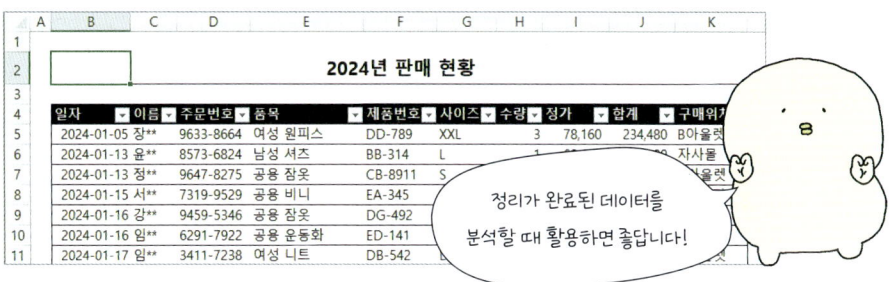

우선 예제 파일에서 [H5:H103] 범위를 선택해볼까요?

TIP [H5] 셀에서 Ctrl + Shift + ↓ 를 누르면 [H5:H103] 범위를 빠르게 선택할 수 있답니다.

조건부 서식은 기본적으로 [홈] 탭-[스타일] 그룹-[조건부 서식]에서 설정합니다.
하위 메뉴인 [셀 강조 규칙]-[보다 큼]을 클릭해볼게요!

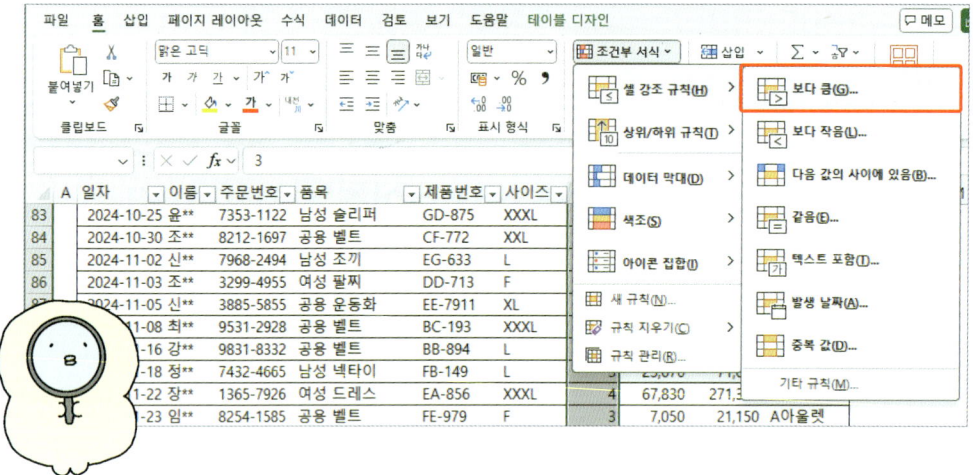

[보다 큼] 대화상자가 나타나면 ❶ 값 입력란에 4를 입력하고, ❷ [적용할 서식]은
[진한 녹색 텍스트가 있는 녹색 채우기]를 선택한 후 ❸ [확인]을 클릭합니다.

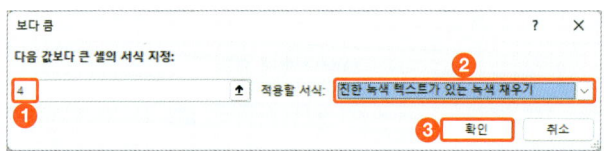

그럼 '수량'에서 4를 초과하는 데이터에 녹색 배경색과 텍스트 색이 적용되죠?
이런 식으로 조건부 서식을 간단하게 사용하는 방법부터 데이터에 적용해보세요!

상위/하위 n% 데이터 강조하기

예제 파일 : C5L1_조건부서식_기초2.xlsx

이번에는 상위, 하위 n% 데이터를 강조하는 방법에 대해 알아볼까요?
우선 예제 파일에서 [J5:J103] 범위를 선택해볼게요!

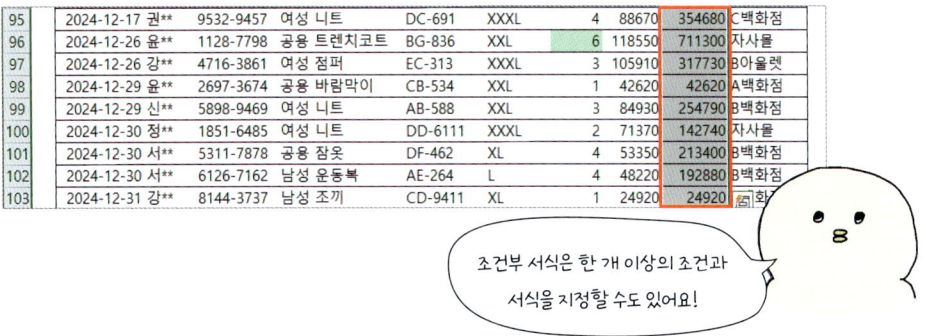

조건부 서식은 한 개 이상의 조건과 서식을 지정할 수도 있어요!

[홈] 탭-[스타일] 그룹-[조건부 서식]-[상위/하위 규칙]-[상위 10%]를 클릭합니다.

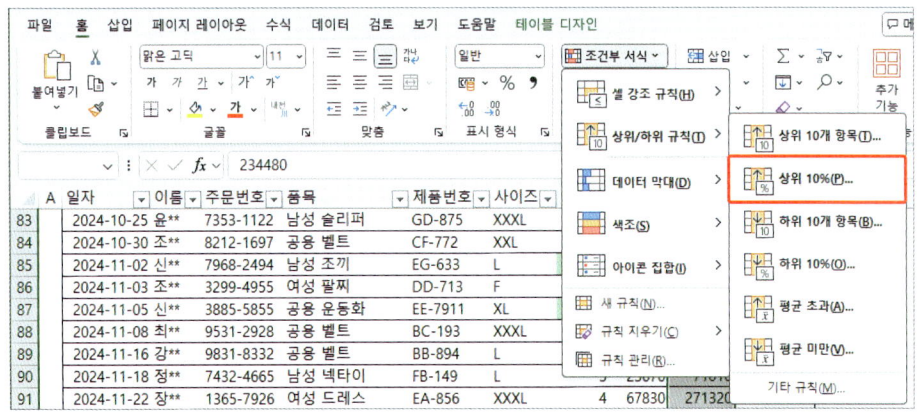

❶ [상위 10%] 대화상자에서 **10%**는 유지하고 ❷ [적용할 서식]을
[진한 녹색 텍스트가 있는 녹색 채우기]로 선택한 후 ❸ [확인]을 클릭해주세요!

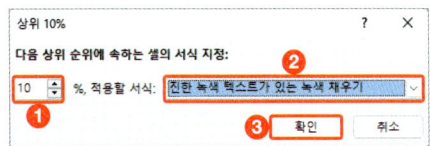

— 279 —

LESSON 01 강조하고 싶은 데이터에 조건부 서식 지정하기

이번에는 동일한 ❶ [J5:J103] 범위를 선택하고
❷ [홈] 탭-[스타일] 그룹-[조건부 서식 ▦]-[상위/하위 규칙]-[하위 10%]를 클릭합니다.

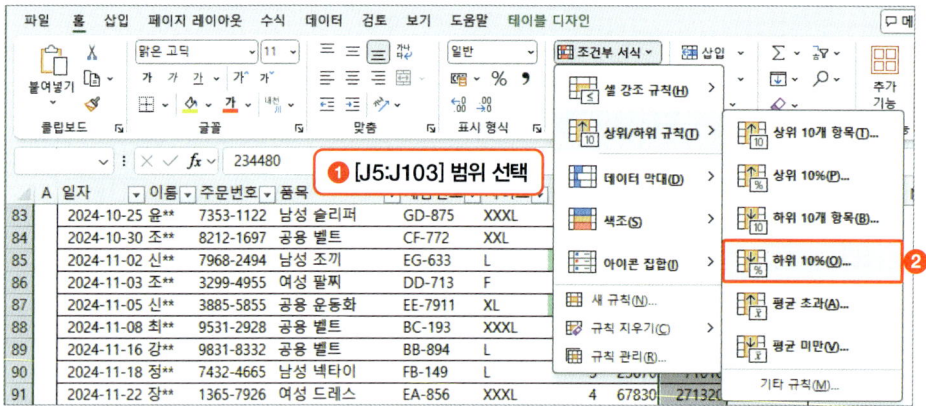

❶ [하위 10%] 대화상자에서 **10%**는 유지하고 ❷ [적용할 서식]을
[진한 빨강 텍스트가 있는 연한 빨강 채우기]로 선택한 후 ❸ [확인]을 클릭해주세요.

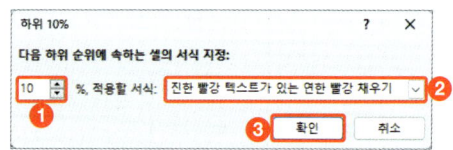

상위 10% 데이터에는 녹색 배경색과 텍스트 색이 적용되고,
하위 10% 데이터에는 빨간 배경색과 텍스트 색이 적용됩니다.

중복되거나 고유한 값을 강조하기

예제 파일 : C5L1_조건부서식_기초3.xlsx

조건부 서식을 사용하면 고유한 값과 중복되는 값을 강조할 수도 있습니다.

❶ 이번에는 일자에 해당하는 [B5:B103] 범위를 선택하고

❷ [홈] 탭-[스타일] 그룹-[조건부 서식 ]-[셀 강조 규칙]-[중복 값]을 클릭합니다.

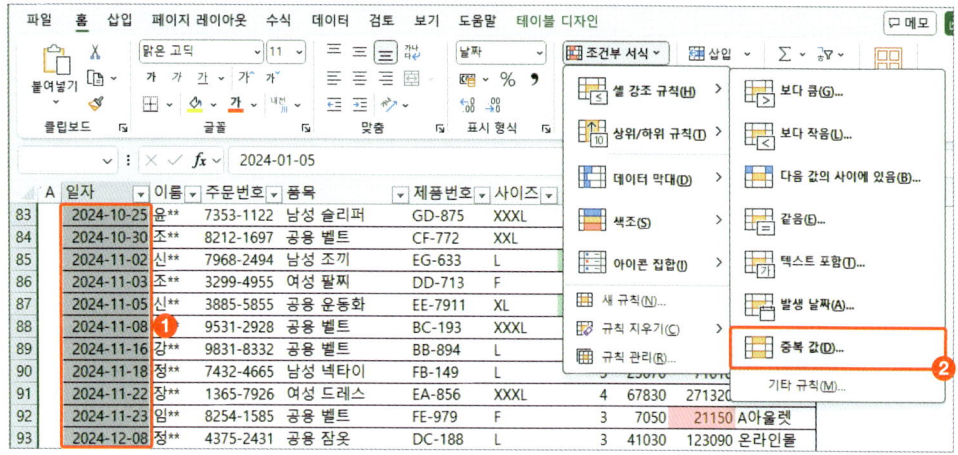

[중복 값] 대화상자가 나타나면 ❶ [적용할 서식]을 확인하고

❷ [확인]을 클릭합니다. ❸ [B5:B103] 범위를 다시 선택하고

❹ [홈] 탭-[스타일] 그룹-[조건부 서식]-[셀 강조 규칙]-[중복 값]을 클릭합니다.

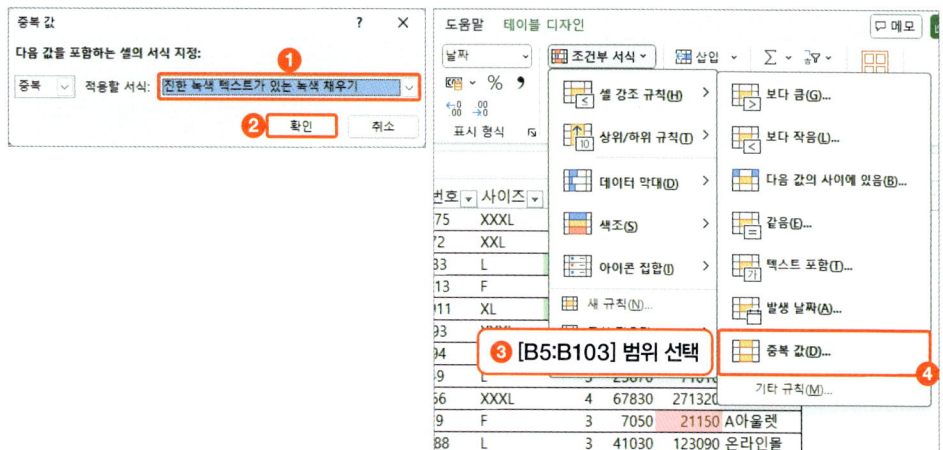

[중복 값] 대화상자에서 이번에는 ❶ [고유]를 선택하고
❷ [적용할 서식]을 [진한 노랑 텍스트가 있는 노랑 채우기]로 선택한 후
❸ [확인]을 클릭합니다.

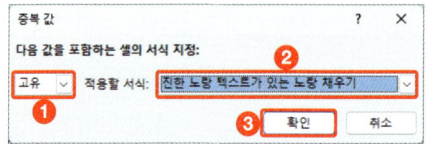

그럼 아래 그림처럼 거래가 한 번만 있었던 날은 고윳값에 해당하는 서식이,
거래가 두 번 이상 있었던 날은 중복값에 해당하는 서식이 표시되죠?
이런 식으로 조건부 서식은 단순히 데이터 강조 외에도
다양한 방법으로 응용할 수 있답니다!

> 150페이지에서 알아본
> 조건부 서식 중복값 확인이 이 내용과 비슷해요!
> 조건부 서식은 한 가지 업무가 아니라서
> 여러 분야에 응용할 수 있어요!

넓게 알려주는 올이's 꿀팁

조건부 서식 삭제하고 수정하기

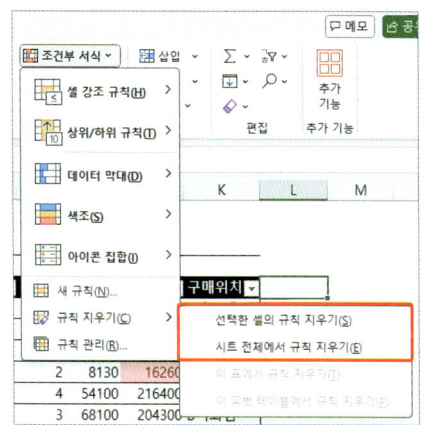

셀에 적용한 조건부 서식은 [홈] 탭-[스타일] 그룹-[조건부 서식]-[규칙 지우기]에서 선택한 셀의 규칙만 지우거나 시트 전체 혹은 표, 피벗 테이블 등의 범위를 선택해 지울 수 있습니다.

조건부 서식에 간단하게 사용할 수 있는 다양한 조건 외에도 여러분들이 직접 적용하려면 [새 규칙]을 클릭해 추가할 수도 있고요! 이미 적용된 규칙을 수정하려면 시트에서 범위를 선택하고 [규칙 관리]를 클릭하면 됩니다.

[규칙 관리]를 클릭하면 [조건부 서식 규칙 관리자] 대화상자가 나타납니다. [서식 규칙 표시]에서 조건부 서식 범위를 지정하고, [규칙 편집]을 클릭해 이미 적용된 서식을 수정하거나 [규칙 삭제]를 클릭해 규칙 자체를 삭제할 수 있어요!

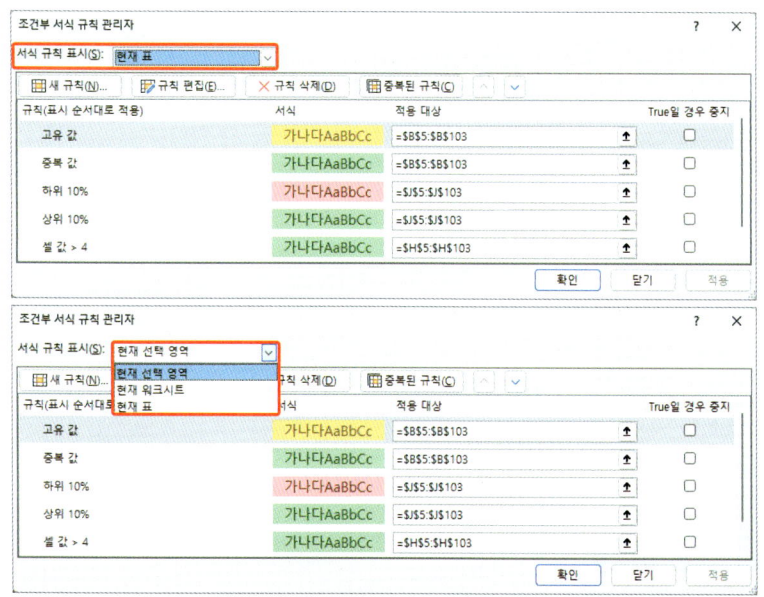

하나라도 더 알려주는 올이

STEP 02 데이터를 비주얼로 강조하는 방법
분석한 데이터를 보기 좋게 꾸며보세요!

데이터를 막대 그래프로 강조하는 데이터 막대

예제 파일 : C5L1_조건부서식_응용1.xlsx

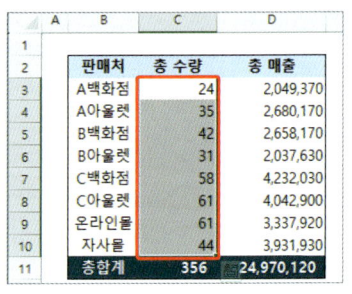

조건부 서식은 데이터를 강조하는 방법 외에 다양한 방법으로 서식을 지정할 수 있어요!
대표적으로 셀 안에 간단한 막대 그래프를 넣는 방법을 알아볼까요?
우선 예제 파일에서 [C3:C10] 범위를 선택합니다.

❶ [홈] 탭-[스타일] 그룹-[조건부 서식]-[데이터 막대]-[파랑 데이터 막대]를 클릭합니다.
❷ 그럼 셀 안의 숫자 데이터에 맞춰 막대 그래프가 삽입되고요!

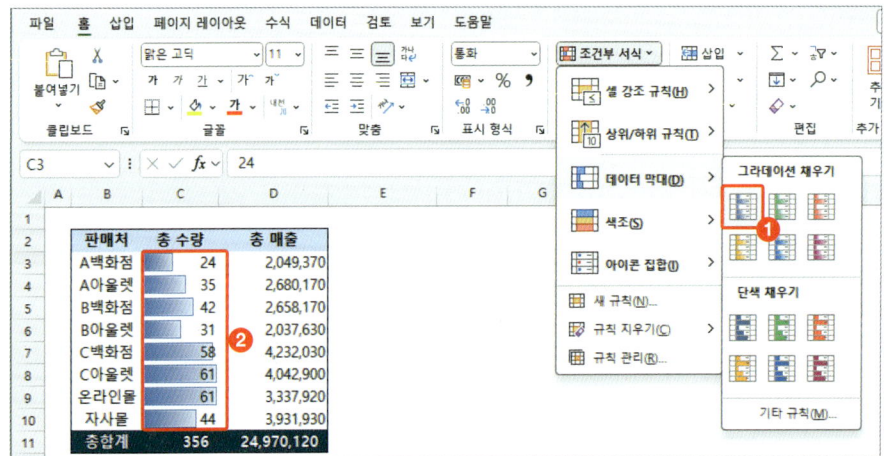

— 284 —
CHAPTER 05 엑셀의 데이터 분석 도구 활용하기

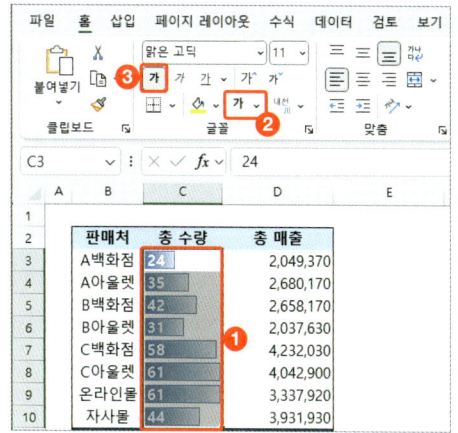

❶ [C3:C10] 범위를 선택하고
❷ [글꼴 색 가]을 하얀색으로 설정한 후
❸ [굵게 가]를 클릭합니다.
그럼 왼쪽 그림처럼 표를 꾸밀 수 있어요!

셀 안에 데이터 막대를 넣는 방법 외에 옆에 표시하는 방법도 있는데요! ❶ [E3] 셀에 =D3을 입력하고 ❷ 채우기 핸들을 [E10] 셀까지 드래그해 데이터를 채워주세요!

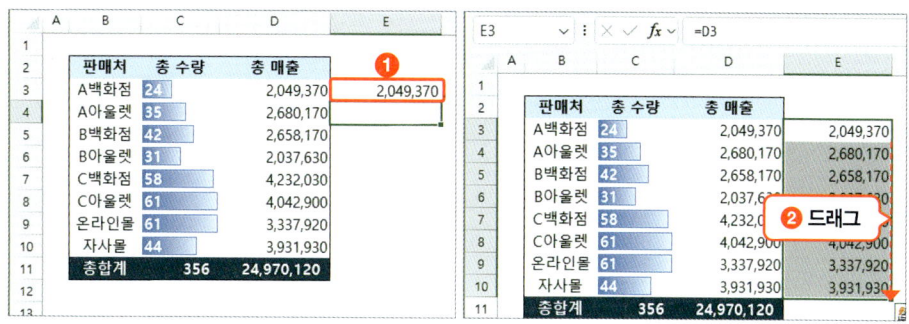

❶ [E3:E10] 범위가 선택된 상태에서
❷ [홈] 탭-[스타일] 그룹-[조건부 서식]-[데이터 막대]-[파랑 데이터 막대]를 클릭합니다.

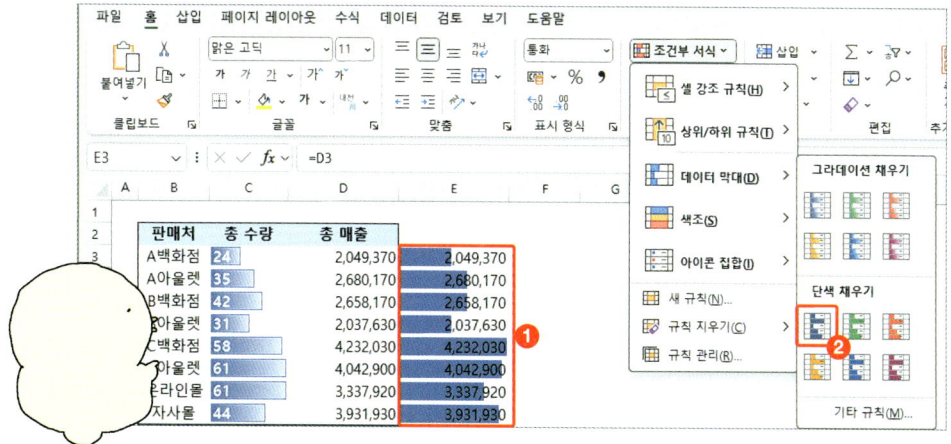

LESSON 01 강조하고 싶은 데이터에 조건부 서식 지정하기

❶ [E3:E10] 범위를 다시 선택하고

❷ [홈] 탭-[스타일] 그룹-[조건부 서식]-[데이터 막대]-[기타 규칙]을 클릭합니다.

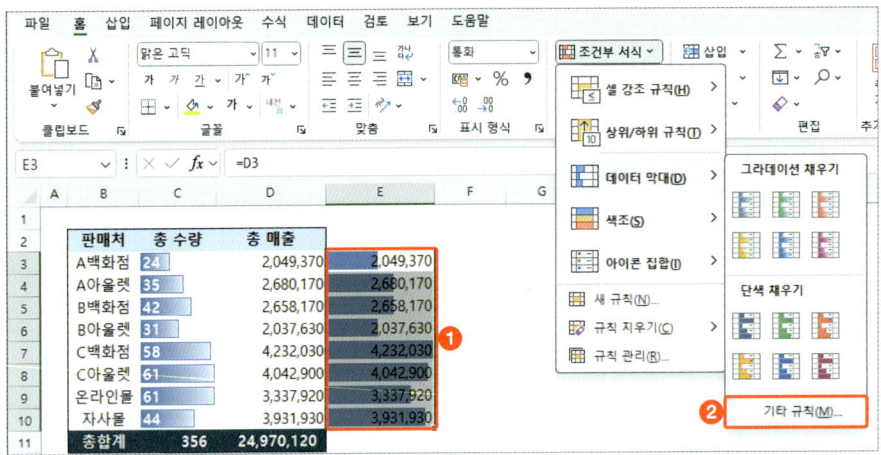

❶ [새 서식 규칙] 대화상자에서 [막대만 표시]에 체크하고

❷ [확인]을 클릭하면 셀 안에 입력된 데이터는 표시되지 않죠?

데이터 막대와 숫자가 같이 있어 지저분해 보인다면 이 방법을 사용해보세요!

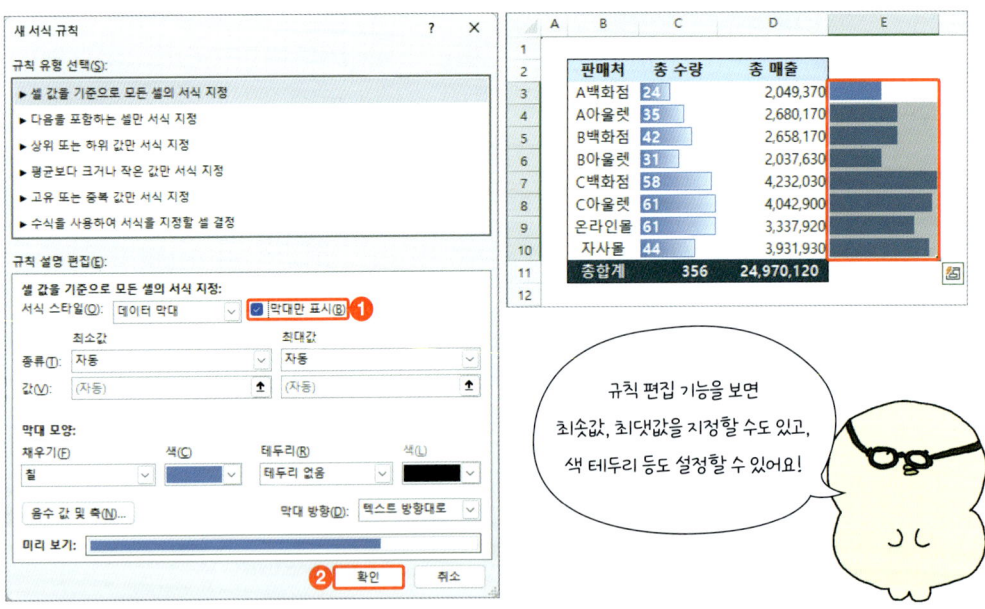

규칙 편집 기능을 보면 최솟값, 최댓값을 지정할 수도 있고, 색 테두리 등도 설정할 수 있어요!

TIP 데이터 막대는 너무 과도하면 지저분하게 보일 수 있으니 전체 표에서 규모를 직접적으로 비교할 필요가 있는 부분에만 적용하는 것이 좋습니다.

데이터를 색상으로 강조하는 색조 기능

예제 파일 : C5L1_조건부서식_응용2.xlsx

이번에는 표 범위에 숫자에 따라 셀 배경색을 그러데이션으로 적용해볼게요!
예제 파일에서 [C5:F24] 범위를 선택합니다.

[홈] 탭-[스타일] 그룹-[조건부 서식]-[색조]-[녹색-노랑-빨강 색조]를 클릭하면
작은 숫자는 주황색, 큰 숫자는 초록색의 그러데이션 형태로 적용됩니다.

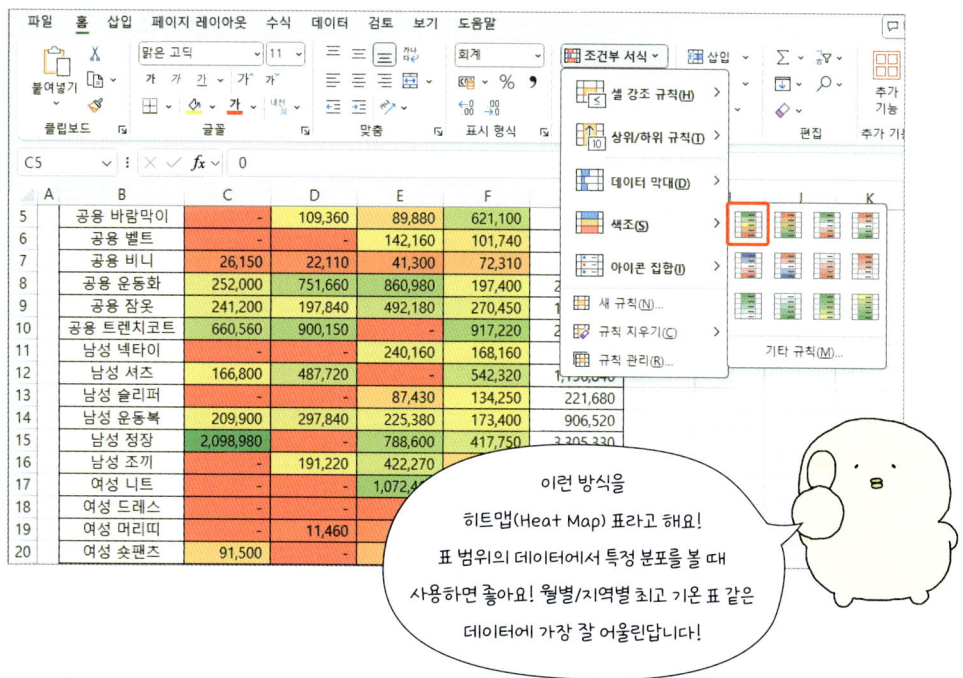

이런 방식을 히트맵(Heat Map) 표라고 해요! 표 범위의 데이터에서 특정 분포를 볼 때 사용하면 좋아요! 월별/지역별 최고 기온 표 같은 데이터에 가장 잘 어울린답니다!

LESSON 01 강조하고 싶은 데이터에 조건부 서식 지정하기

색조 기능도 마찬가지로 [기타 규칙] 혹은 [규칙 관리]에서 최솟값, 최댓값 색상을 수정할 수 있어요!

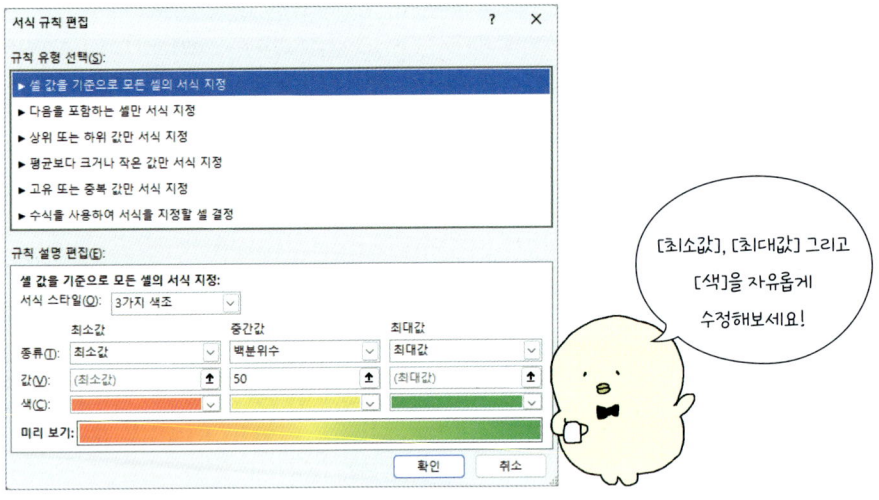

데이터를 아이콘으로 강조하는 아이콘 집합

예제 파일 : C5L1_조건부서식_응용3.xlsx

조건부 서식을 활용하면 아이콘을 통해 데이터의 크고, 작음을 손쉽게 강조할 수 있답니다!

❶ 우선 예제 파일에서 [C3:C22] 범위를 선택하고

❷ [홈] 탭-[스타일] 그룹-[조건부 서식 ▦]-[아이콘 집합]-[3색 신호등]을 클릭합니다.

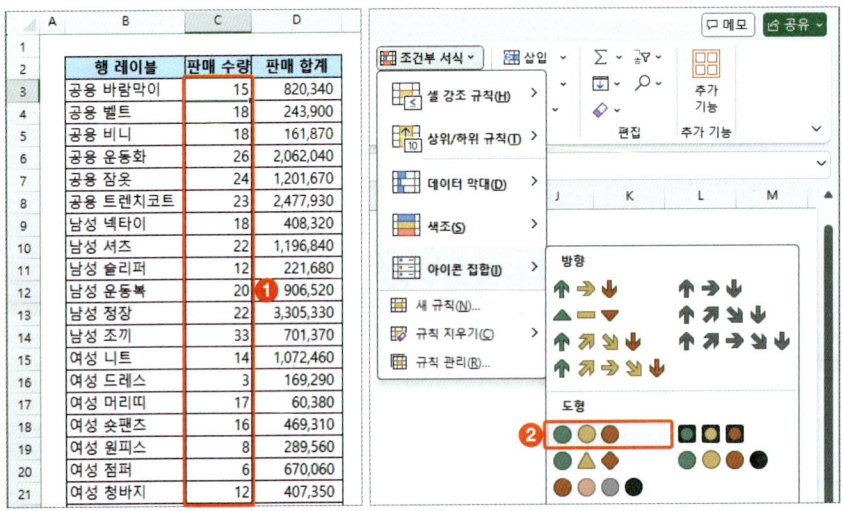

[C3:C22] 범위가 선택된 상태에서
❶ [홈] 탭-[스타일] 그룹-[조건부 서식]-[아이콘 집합]-[기타 규칙]을 클릭합니다.
❷ [값]은 원하는 수치로 바꾸고 ❸ [확인]을 클릭합니다.

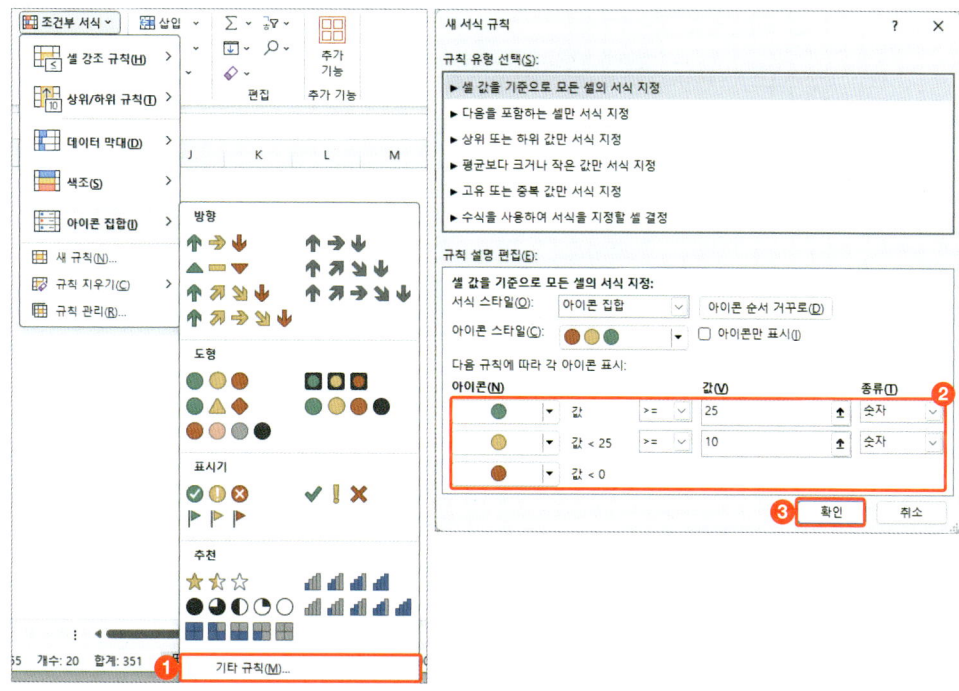

❶ [C3:C22] 범위에 신호등이 표시됩니다. ❷ 이번에는 [D3:D22] 범위를 선택하고
❸ [홈] 탭-[스타일] 그룹-[조건부 서식]-[상위/하위 규칙]-[상위10%]를 클릭합니다.
❹ [상위 10%] 대화상자는 아래 그림과 같이 설정하고 ❺ [확인]을 클릭해주세요!

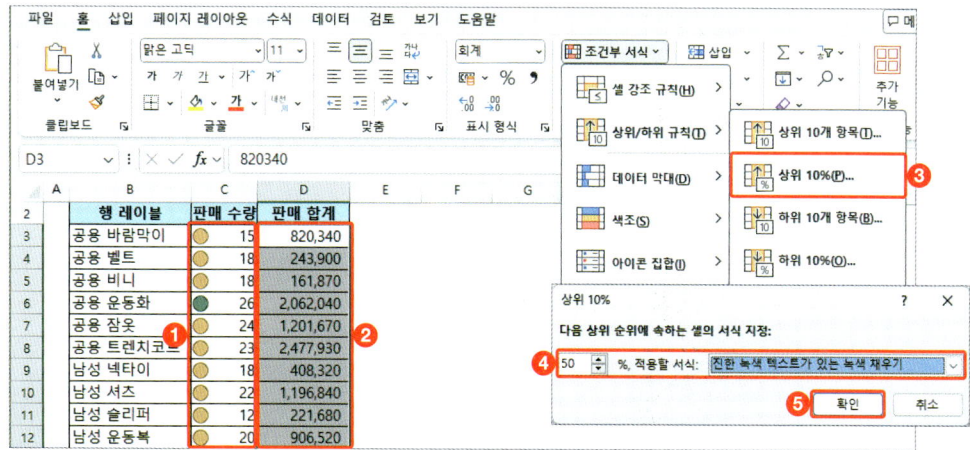

LESSON 01 강조하고 싶은 데이터에 조건부 서식 지정하기

❶ [E3] 셀에 **=D3**을 입력하고 ❷ 채우기 핸들을
[E22] 셀까지 드래그해 데이터를 채워주세요!

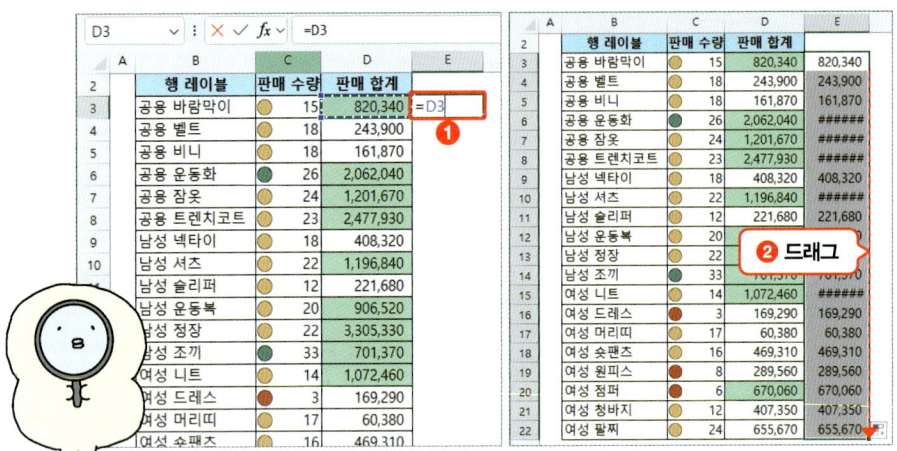

[E3:E22] 범위가 선택된 상태에서
❶ [홈] 탭-[스타일] 그룹-[조건부 서식]-[아이콘 집합]-[3색 플래그]를 클릭합니다.
플래그가 적용된 후 ❷ [조건부 서식 규칙 관리자] 대화상자를 열고
[아이콘 집합]을 클릭한 후 ❸ [규칙 편집]을 클릭합니다.

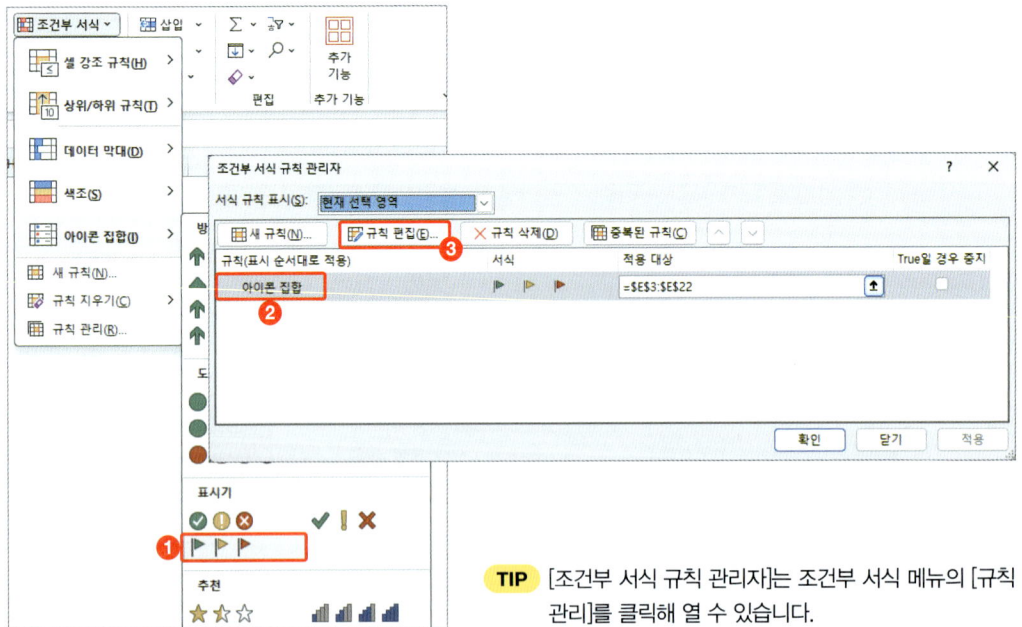

TIP [조건부 서식 규칙 관리자]는 조건부 서식 메뉴의 [규칙 관리]를 클릭해 열 수 있습니다.

❶ [서식 규칙 편집] 대화상자에서 [아이콘만 표시]에 체크하고

❷ [아이콘]은 아래 그램과 같이 설정합니다.

❸ ❹ 각 대화상자에서 [확인], [적용]을 클릭합니다.

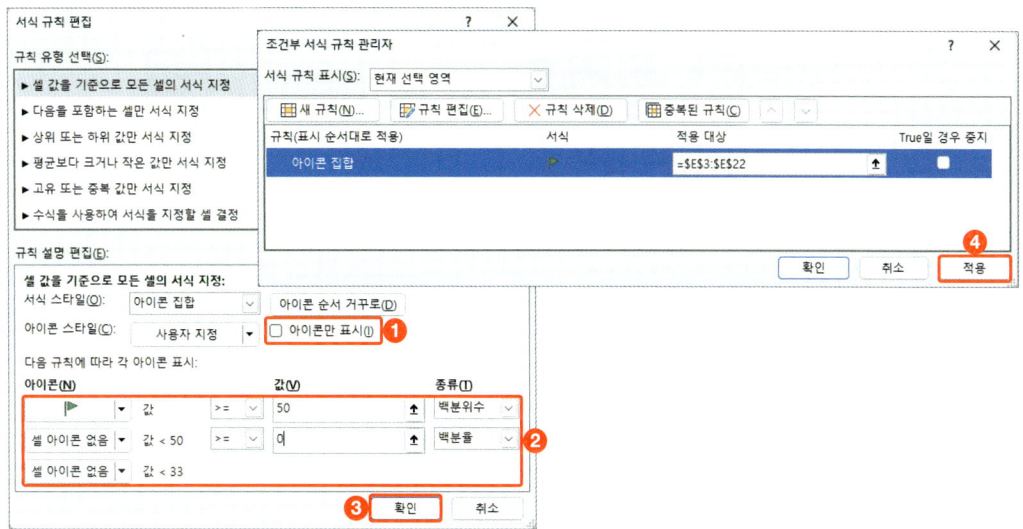

그럼 E열에 강조된 부분만 이렇게 깃발 표시가 나타난 걸 확인할 수 있습니다. 아이콘 표시와 값 범위는 자유롭게 수정할 수 있으므로 여러분의 데이터에 맞게 자유롭게 수정하고 적용해보세요!

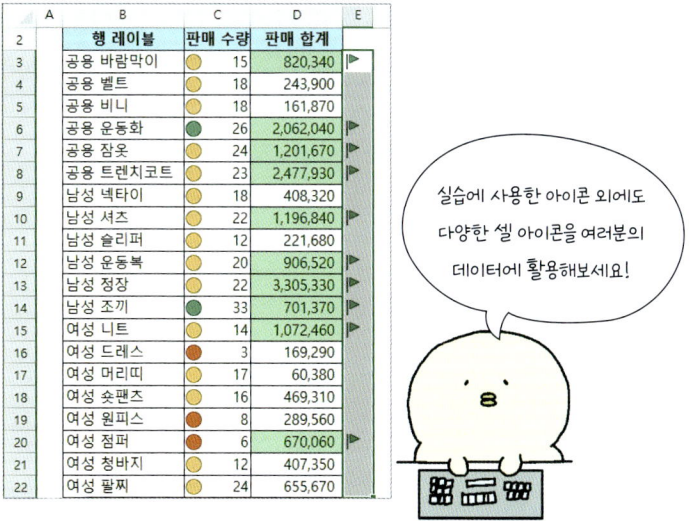

될 때까지 같이 하는 올이

STEP 03 조건부 서식 응용 방법
데이터를 선택하면 행 전체가 강조되는 방법

특정 데이터 선택 시 행 전체 강조하기

예제 파일 : C5L1_조건부서식_활용1.xlsx

엑셀 표에서 특정 데이터 선택 시 조건에 맞는 행이 강조된다면
데이터 요청을 받았을 때 굉장히 유용하겠죠?

01 예제 파일을 열어보면 [L2] 셀에는 품목을 선택할 수 있도록
유효성 검사가 적용되어 있습니다. 여기서 품목을 선택하면
해당 품목에 해당하는 전체 행에 강조 표시가 되는 방법을 알아보겠습니다.

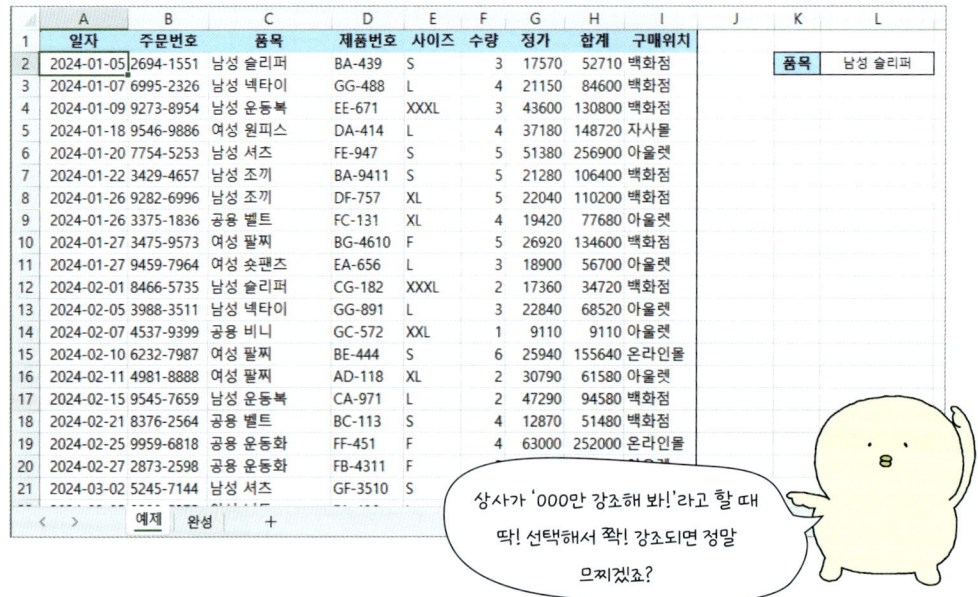

02 예제 파일을 열고 [A2:I100] 범위를 선택합니다.

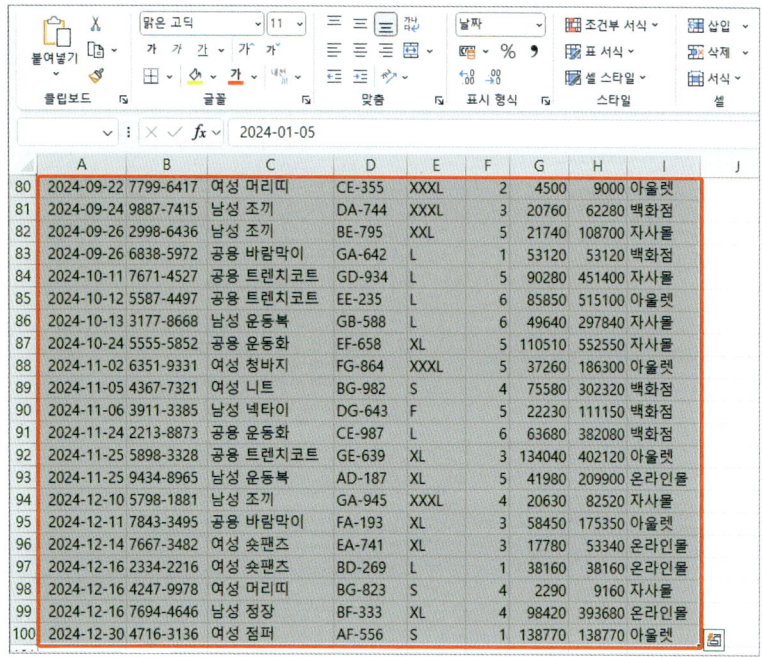

TIP [A2] 셀에서 Ctrl + Shift + →, Ctrl + Shift + ↓를 차례대로 누르면 [A2:I100] 범위를 빠르게 선택할 수 있답니다.

03 ❶ [홈] 탭-[스타일] 그룹-[조건부 서식]-[규칙 관리]를 클릭하고
❷ [조건부 서식 규칙 관리자] 대화상자에서 [새 규칙]을 클릭합니다.

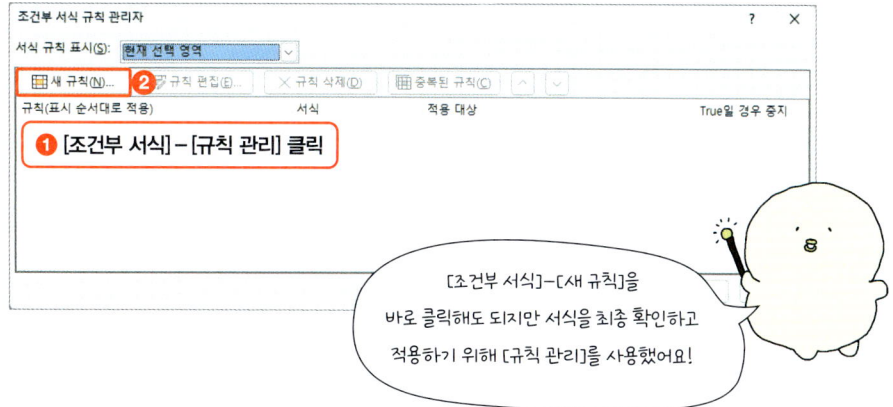

04 ❶ [수식을 사용하여 서식을 지정할 셀 결정]을 선택 후 ❷ 수식 입력란에
=$C2=$L$2를 입력하고 ❸ [서식]을 클릭합니다. [셀 서식] 대화상자가 나타나면
❹ [채우기] 탭을 클릭하고 ❺ 원하는 색을 선택해주세요!
예제에서는 노란색을 선택했어요! ❻ [확인]을 클릭합니다.

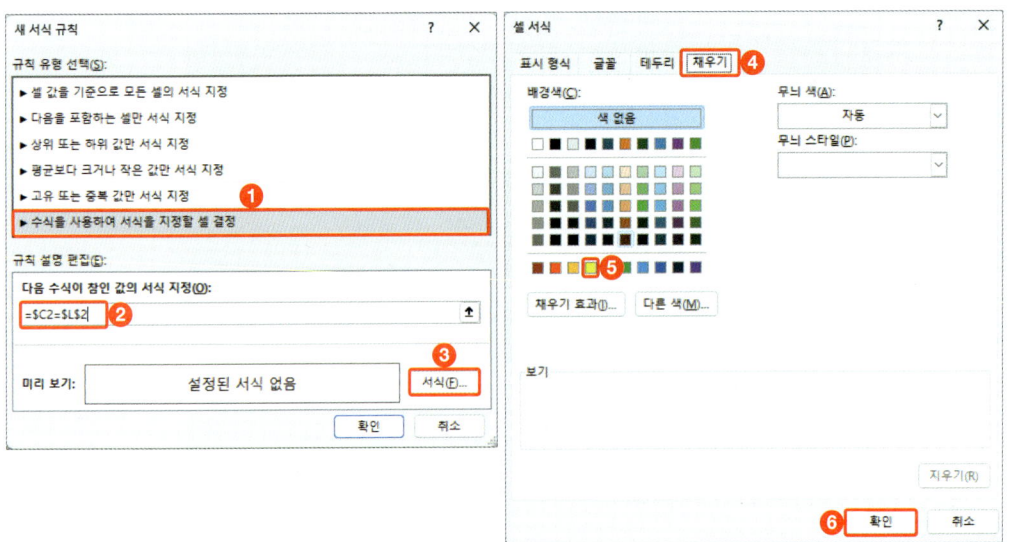

05 [새 서식 규칙] 대화상자에서 ❶ [미리 보기]에 적용된 서식을 확인한 후
❷ [확인]을 클릭합니다.

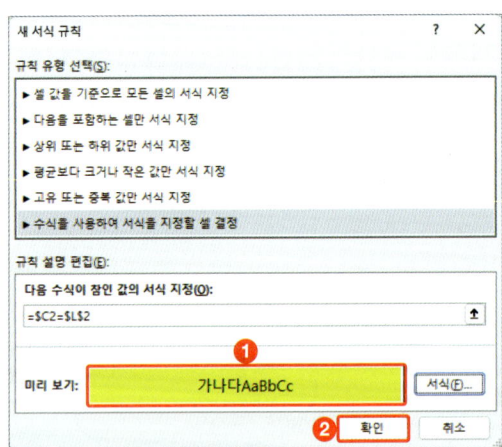

06 [조건부 서식 규칙 관리자] 대화상자에서 ❶ [적용], ❷ [확인]을 클릭합니다.

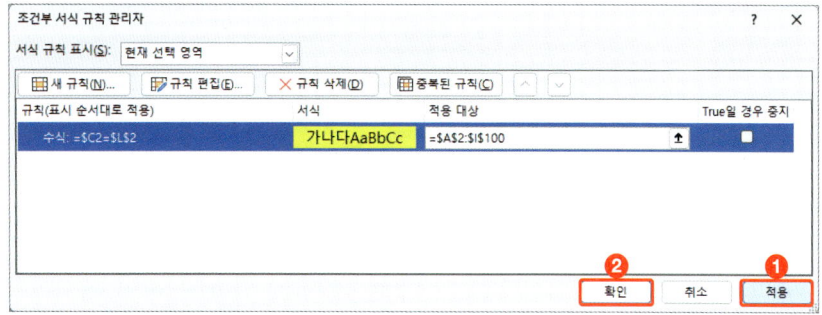

07 [L2] 셀의 품목을 여러분들이 원하는 것으로 바꿔 선택해보세요!
선택한 품목에 맞춰 표에 노란색으로 전체 행이 표시되는 걸 확인할 수 있습니다.

방대한 데이터에서
특정 데이터를 확인해야 할 때
여러 사람이 같이 편집하는 문서에서
내가 편집할 부분만 강조해서
볼 필요가 있을 때
유용하겠죠?

넓게 알려주는 올이's 꿀팁

워크시트 기본 눈금선 색 변경하기

엑셀 시트의 눈금선은 감추고, 표시하는 것 외에도 기본 색상을 변경할 수 있습니다. 기본 색은 회색이지만 얼마든지 여러분들이 원하는 색으로 변경할 수 있어요! [파일] 탭-[옵션]을 클릭하면 나타나는 [Excel 옵션] 대화상자에서 ❶ [고급]을 클릭하고 쭉 내려볼까요? ❷ [이 워크시트의 표시 옵션] 항목에 [눈금선 색]을 여러분이 원하는 색으로 변경하면 됩니다.

눈금선 색을 변경하면 해당 시트의 기본 눈금선 색이 변경됩니다. [이 워크시트의 표시 옵션]은 개별 시트 외에도 통합 문서 전체를 선택할 수도 있으니 여러분들의 필요에 따라 자유롭게 활용해보세요!

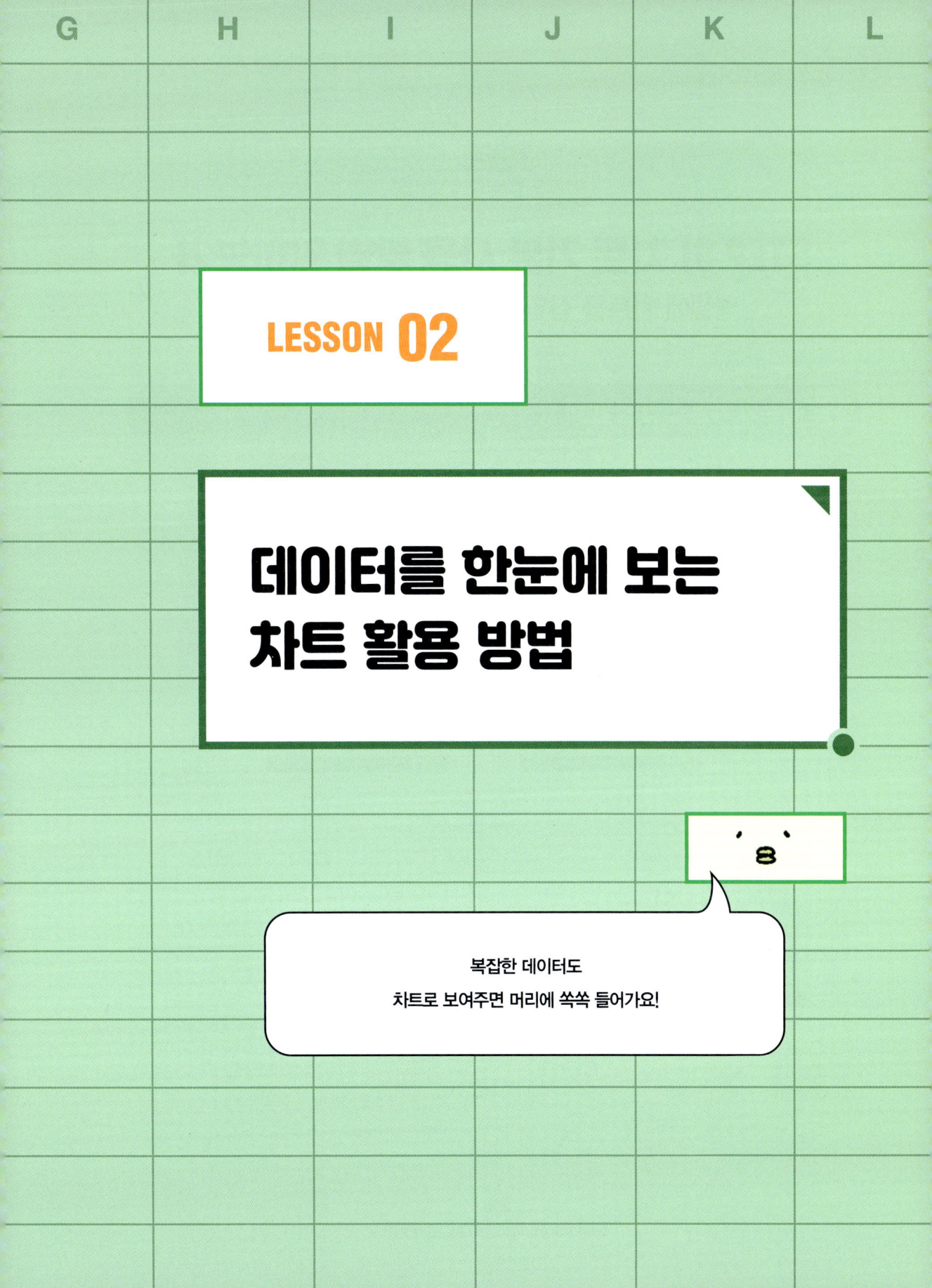

눈으로만 읽는 엑셀

STEP 01 차트 기본 사용 방법 알아보기

엑셀에 차트를 삽입하는 기본 방법 알아보기

차트의 기본 삽입 방법 세 가지

예제 파일 : C5L2_차트_기초1.xlsx

엑셀에서 차트를 삽입하는 방법은 대략 세 가지가 있는데요! 우선 원하는 범위를 선택하고 Alt + F1 을 누르면 세로 막대 차트가 바로 삽입됩니다.

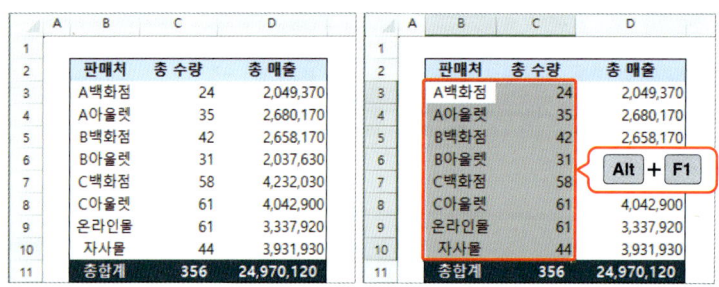

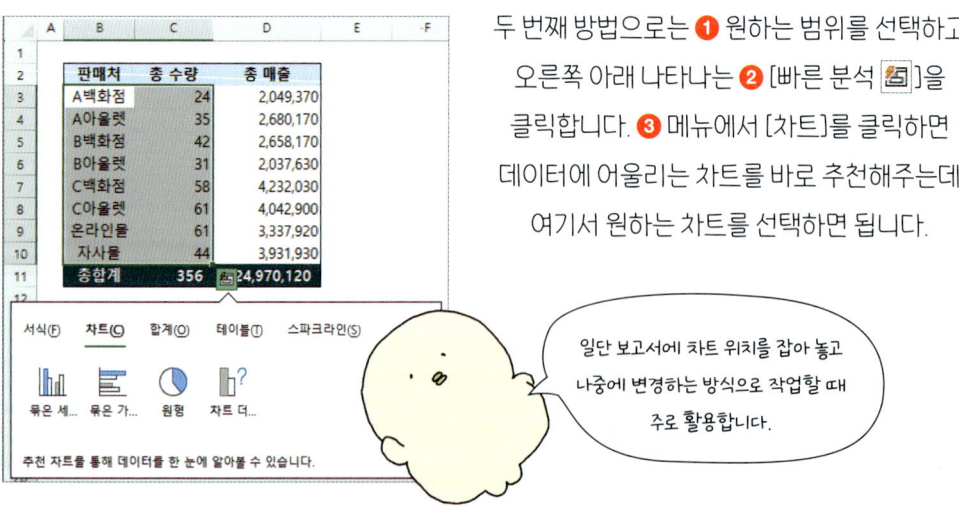

두 번째 방법으로는 ❶ 원하는 범위를 선택하고 오른쪽 아래 나타나는 ❷ [빠른 분석 🔳]을 클릭합니다. ❸ 메뉴에서 [차트]를 클릭하면 데이터에 어울리는 차트를 바로 추천해주는데 여기서 원하는 차트를 선택하면 됩니다.

일단 보고서에 차트 위치를 잡아 놓고 나중에 변경하는 방식으로 작업할 때 주로 활용합니다.

세 번째 방법은 가장 정석인 방법으로 [삽입] 탭-[차트] 그룹에서 삽입하는 방법입니다!
원하는 데이터 범위를 선택하고 [차트] 그룹에서 원하는 차트를 선택해 삽입할 수 있어요!

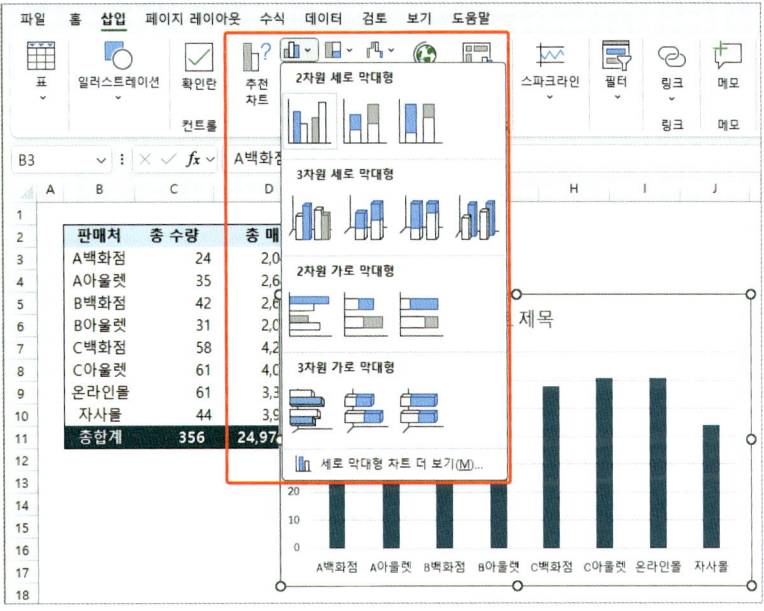

차트를 삽입하고 선택하면 현재 원본 데이터 범위가 시트에 표시됩니다.
표시된 원본 범위를 드래그해 수정할 수 있어요!

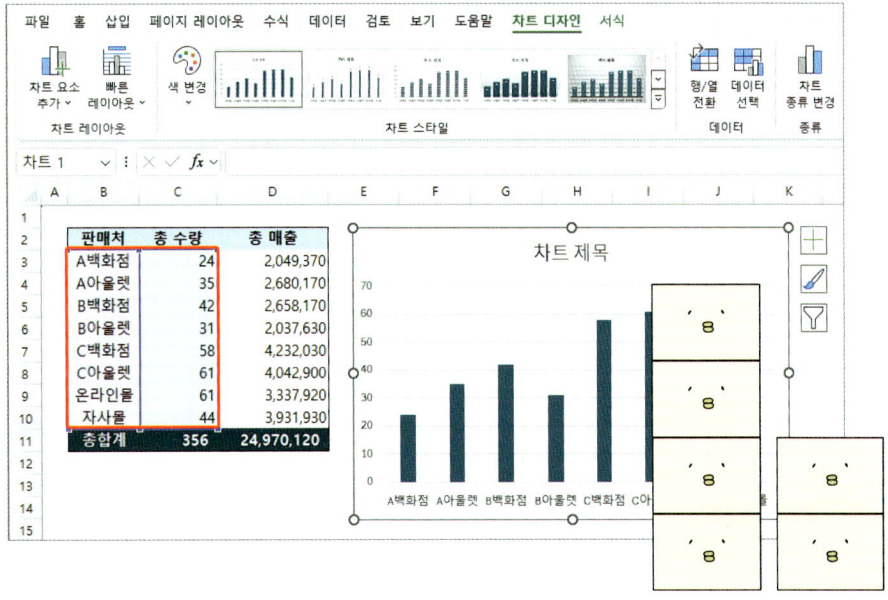

각각의 차트 요소는 선택하고 삭제할 수 있습니다.

❶ 차트 제목을 클릭하고 ❷ Delete 를 눌러볼까요?

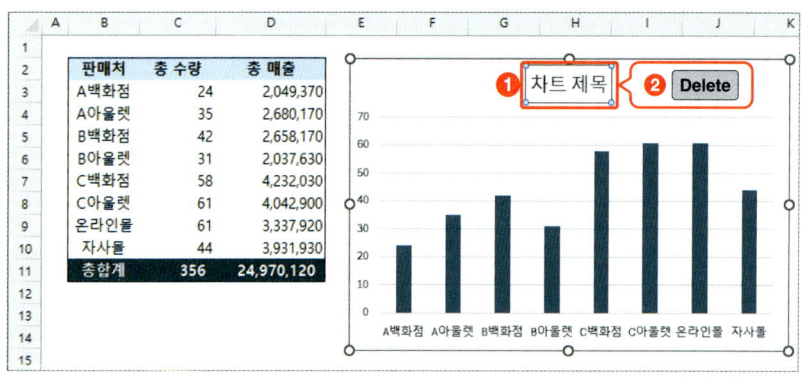

그럼 제목이 삭제됩니다. 이어서 세로 축과 눈금선도 삭제해볼게요!

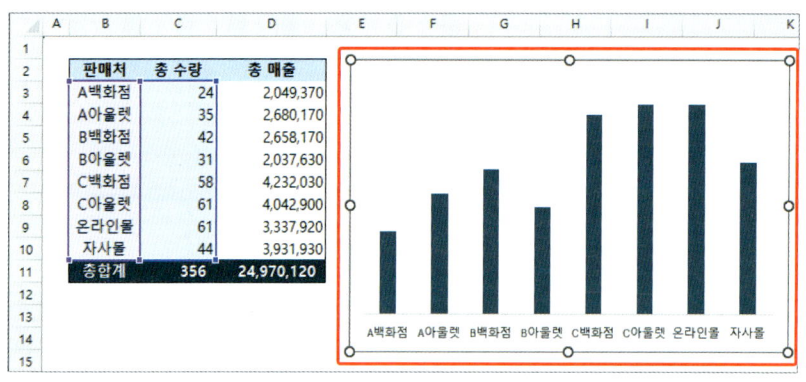

오른쪽 아이콘 중 ❶ [차트 요소 ➕]를 클릭해 삭제했던 차트 요소나 없던 요소를 추가할 수 있습니다. 여기서는 ❷ [데이터 레이블]을 체크해볼게요!

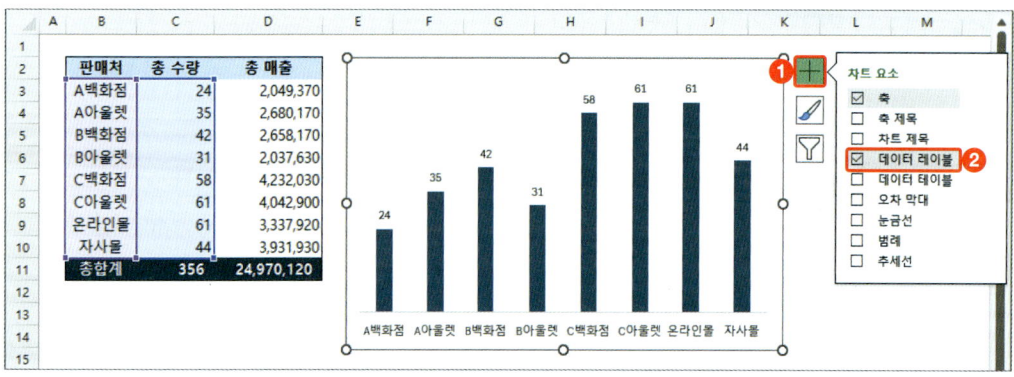

그럼 이런 차트가 완성됩니다. 차트에 삽입되는 요소는 유용하지만, 모두 필요한 건 아니랍니다! 따라서 가급적 꼭 필요한 것만 남기고 지워 깔끔하게 만드는 방식으로 작업해보세요!

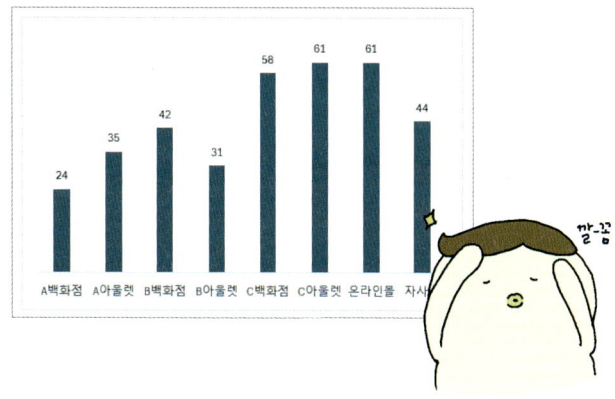

차트 기능 아이콘 세 가지 알아보기

차트를 선택하면 차트와 관련된 세 가지 기능 아이콘이 나타납니다. 각각의 아이콘은 엑셀 차트 작업에 매우 중요한데요! 각 차트 요소, 차트 스타일, 차트 필터의 기능과 목적에 대해 알아볼게요!

❶ **차트 요소** : 차트에 표시되는 구성 요소를 추가하거나 제거할 수 있습니다. 차트 제목, 축 제목, 데이터 레이블, 범례 등 차트의 다양한 요소를 선택적으로 표시하거나 숨길 수 있어요. 차트를 더 이해하기 쉽게 정리하고 꾸밀 수 있습니다.

❷ **차트 스타일** : 차트의 디자인과 색상을 빠르게 변경할 수 있습니다. 미리 준비된 다양한 스타일을 적용하여 차트의 전체적인 느낌을 손쉽게 바꿀 수 있어요. 복잡한 설정 없이도 전문적이고 일관성 있는 차트를 만들 수 있습니다.

❸ **차트 필터** : 차트에 표시되는 데이터의 범위나 항목을 선택적으로 조절할 수 있습니다. 차트 필터를 사용하면 특정 데이터 시리즈 또는 범주를 표시하거나 숨길 수 있어요. 예를 들어, 여러 제품의 판매 데이터를 나타내는 차트에서 특정 제품의 데이터만 보고 싶을 때 유용합니다.

삽입한 차트 종류 변경하기

예제 파일 : C5L2_차트_기초2.xlsx

이번에는 차트를 편집하고 종류를 변경하는 방법에 대해 알아볼게요!

우선 예제 파일을 열고 [B2:N3] 범위를 선택합니다.

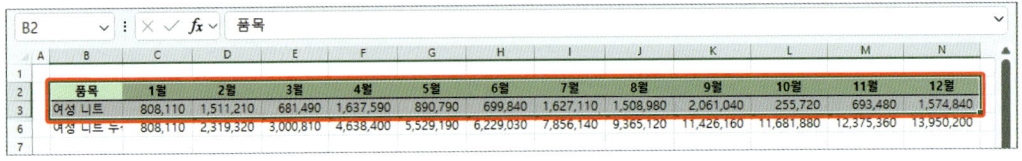

❶ Alt + F1 을 눌러 세로 막대 차트를 삽입합니다.

차트를 선택하면 [차트 디자인] 탭이 활성화되죠?

❷ [종류] 그룹-[차트 종류 변경]을 클릭하면

[차트 종류 변경] 대화상자가 나타나고 여기에서 차트 종류를 바꿀 수 있어요!

❸ 예제에서는 [꺾은선형] 차트를 선택하고 ❹ [확인]을 클릭해보겠습니다.

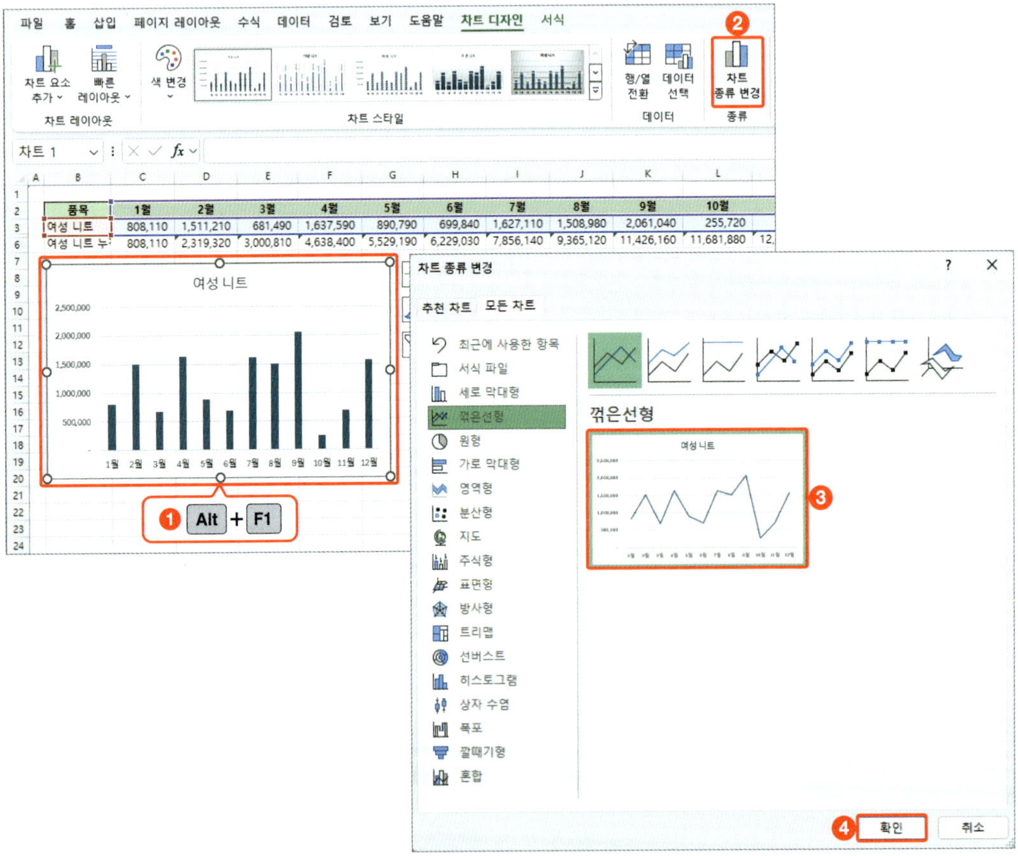

그럼 기존에 삽입한 세로 막대 차트가 꺾은선형 차트로 바뀝니다.

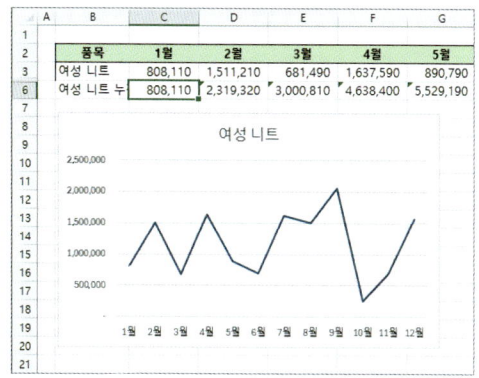

6행에는 3행의 데이터를 누적 형태로 계산한 수식이 입력되어 있습니다.
1월부터 12월까지 '여성 니트' 품목이 어떻게 누적 판매되었는지 확인할 수 있는
차트를 삽입해보겠습니다. ❶ [B2:N2] 범위를 선택하고
❷ Ctrl 을 누른 상태에서 드래그해 [B6:N6] 범위를 선택한 후
❸ Alt + F1 을 눌러 차트를 추가해주세요!
❹ [차트 디자인] 탭-[종류] 그룹-[차트 종류 변경]을 클릭합니다.

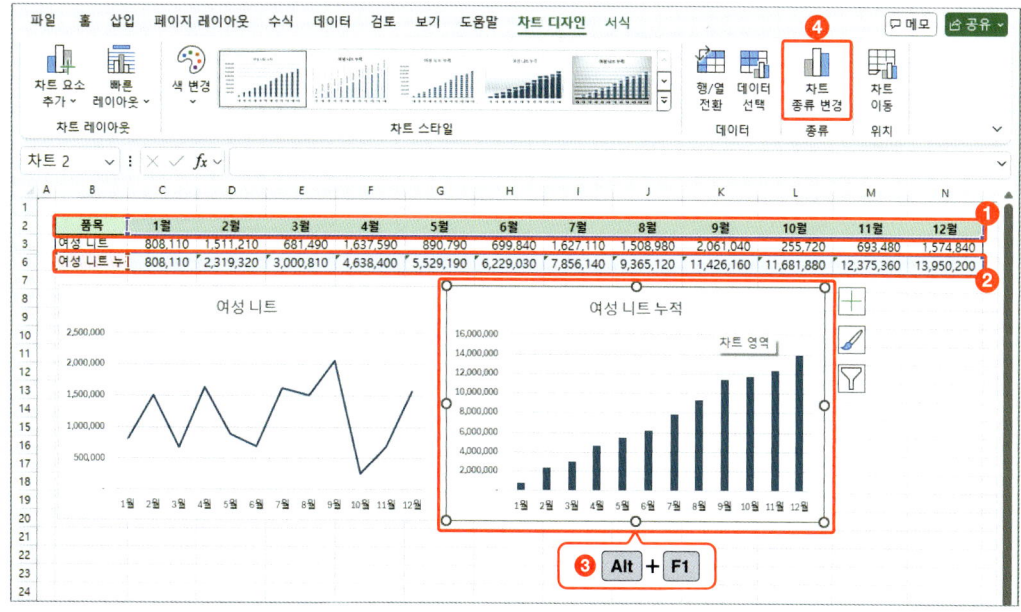

LESSON 02 데이터를 한눈에 보는 차트 활용 방법

❶ [차트 종류 변경] 대화상자에서 [표식이 있는 꺾은선형]을 클릭하고
❷ [확인]을 클릭합니다.

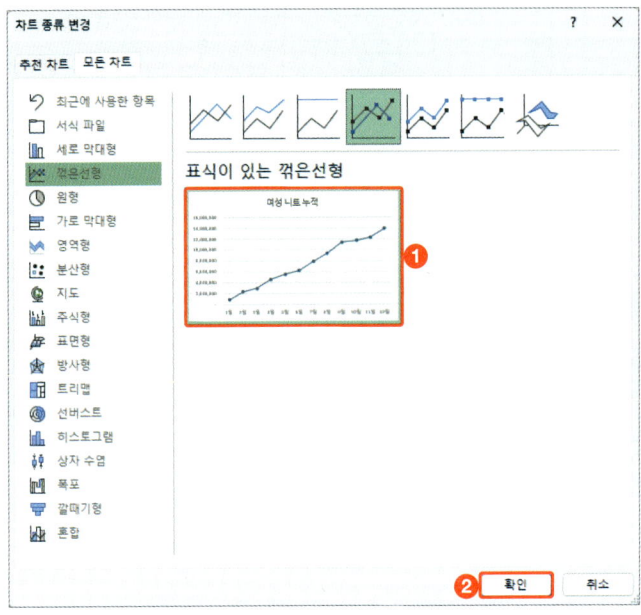

두 차트를 적절히 배치해보세요!

이렇게 차트를 삽입하면 각 월별 판매 등락은 물론, 누적 판매량도 확인할 수 있겠죠!?

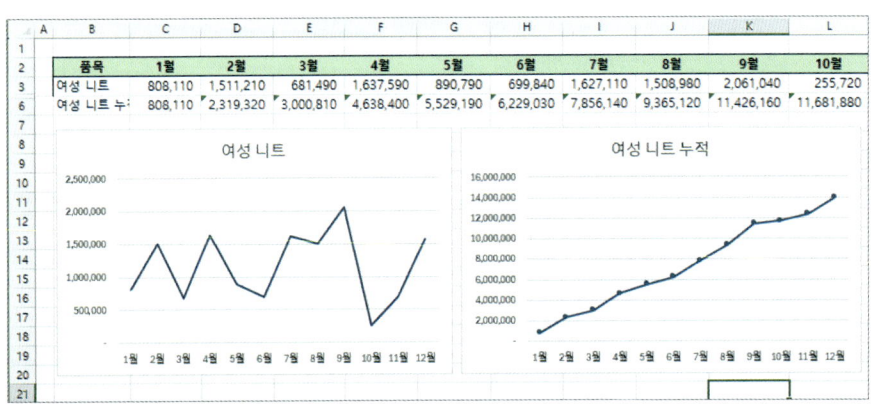

TIP 차트 디자인과 색상은 차트를 선택하면 나타나는 [차트 디자인] 탭 – [차트 스타일] 그룹에서 확인하고 변경할 수 있습니다.

 차트 깔끔하게 편집하기

예제 파일 : C5L2_차트_기초3.xlsx

이번에는 차트를 삽입하고 깔끔하게 편집하는 방법을 간단히 알아볼게요!
❶ 우선 [B2:N2] 범위를 선택하고 ❷ Ctrl 을 누른 상태에서 드래그해
[B6:N6] 범위를 선택합니다.

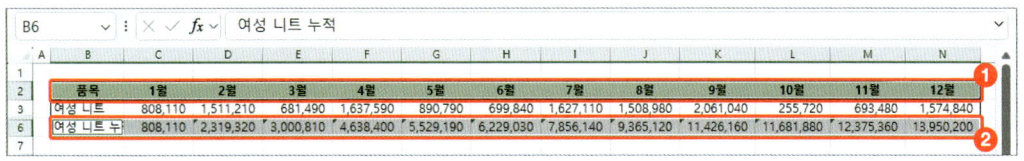

❶ [삽입] 탭-[차트] 그룹-[꺾은선형 또는 영역형 차트 삽입]-
[표식이 있는 꺾은선형]을 클릭합니다. ❷ 삽입된 차트는 적절한 위치에 배치합니다.

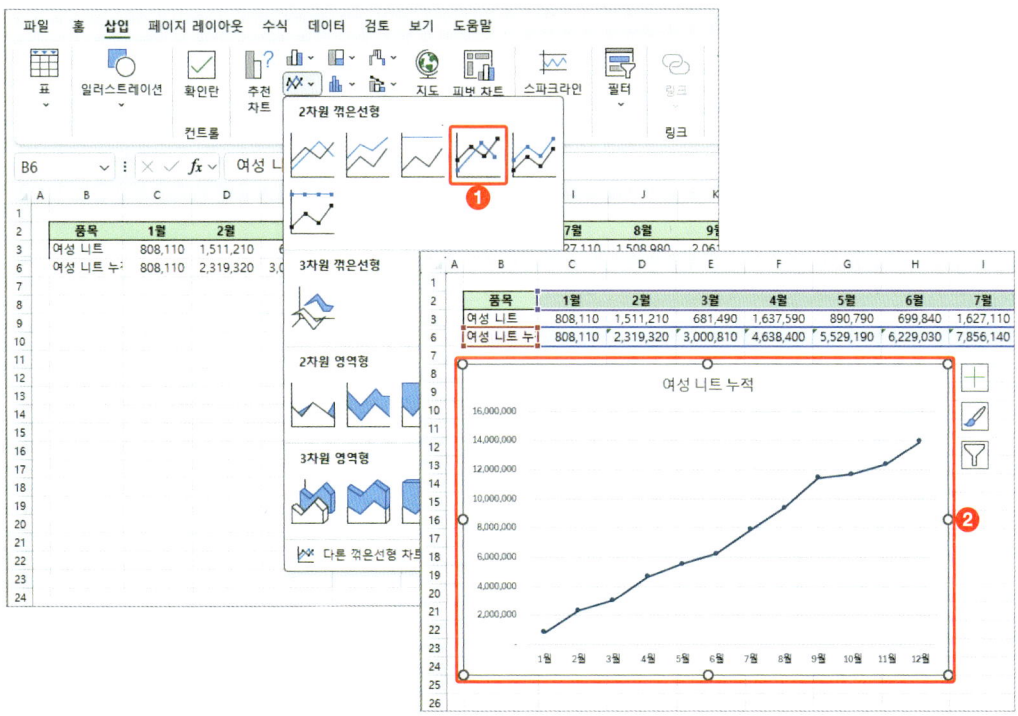

TIP 삽입한 차트는 Alt 를 누른 상태로 드래그하고 크기를 조절하면 셀 눈금선 위치에 맞춰서 조정할 수 있습니다.

표 왼쪽의 ❶ [세로 축] 요소를 더블클릭하면 [축 서식] 작업 창이 나타납니다.
❷ [최대값]에 **14000000**을 입력합니다.

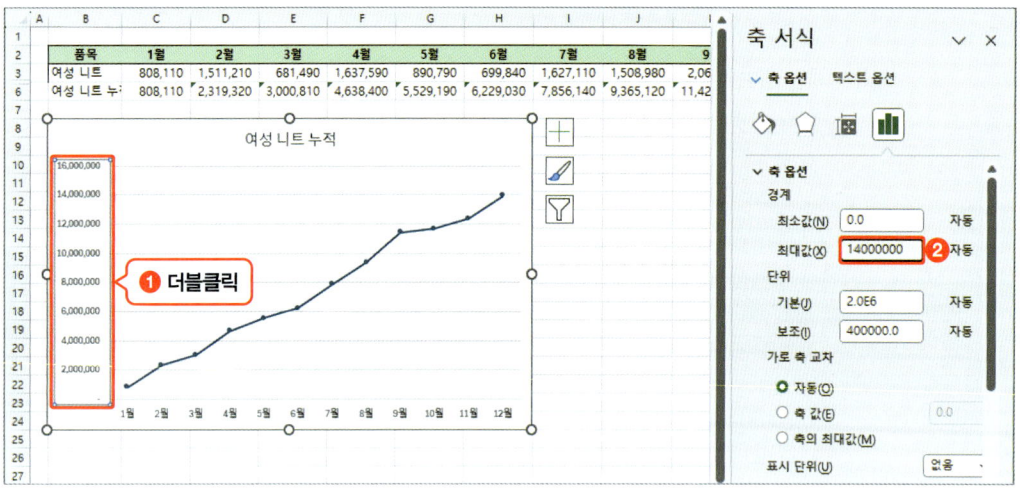

❶ 차트 세로 축의 최댓값이 14,000,000으로 바뀝니다.
❷ [레이블 위치]는 [높은 쪽]을 선택합니다.

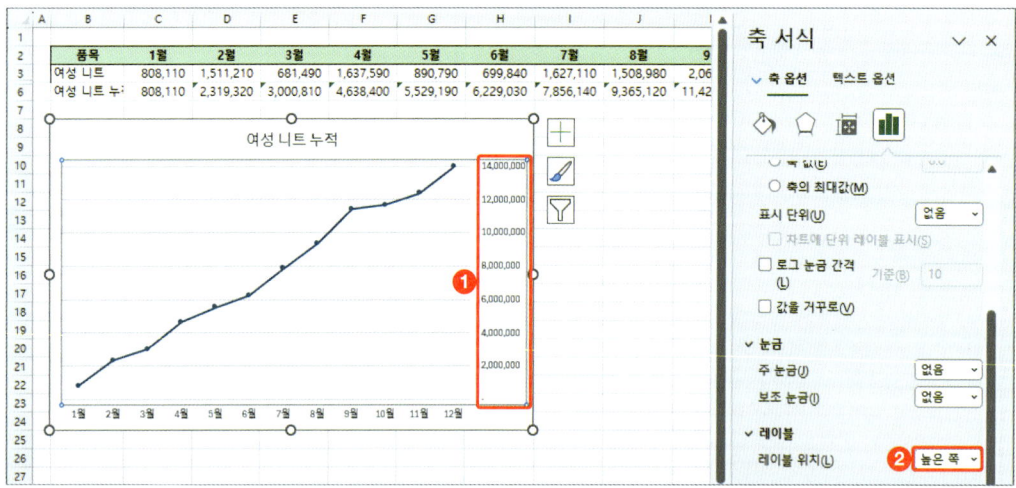

TIP 세로 축을 오른쪽에 배치하는 이유는 누적 데이터의 경우 데이터의 최종 누적을 보는 경우가 많기 때문입니다. 그래서 예제도 가장 마지막 데이터인 12월 위치에 가까운 방향으로 배치하는 것입니다.

❶ 꺾은 선 요소를 선택하고 [데이터 계열 서식] 작업 창에서
❷ [채우기 및 선]을 클릭합니다.
❸ [선]-[색]은 검은색으로 설정합니다.

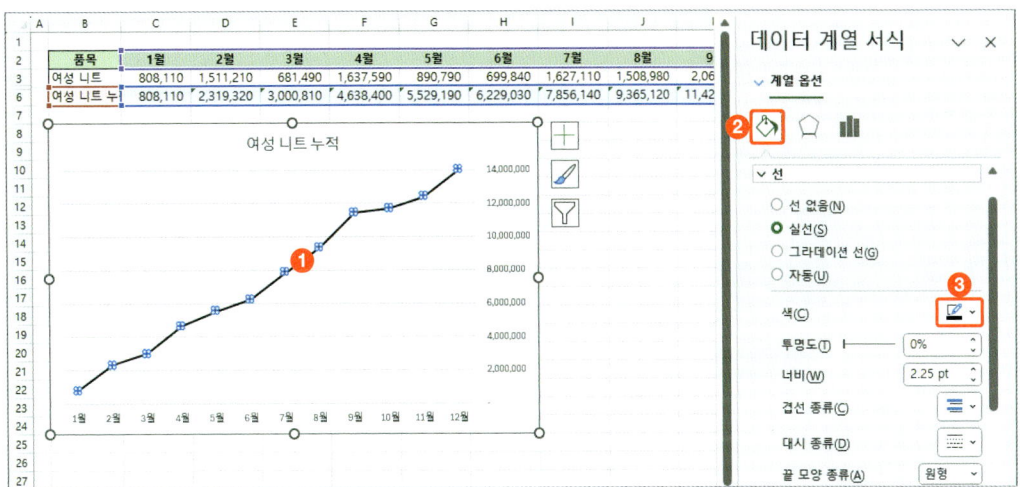

이번에는 ❶ 표식 요소를 선택하고
❷ [채우기]에서 [단색 채우기]를 선택합니다.
❸ [색]은 예제에서 하얀색을 선택했지만 여러분이 원하는 색을 선택해도 좋습니다.

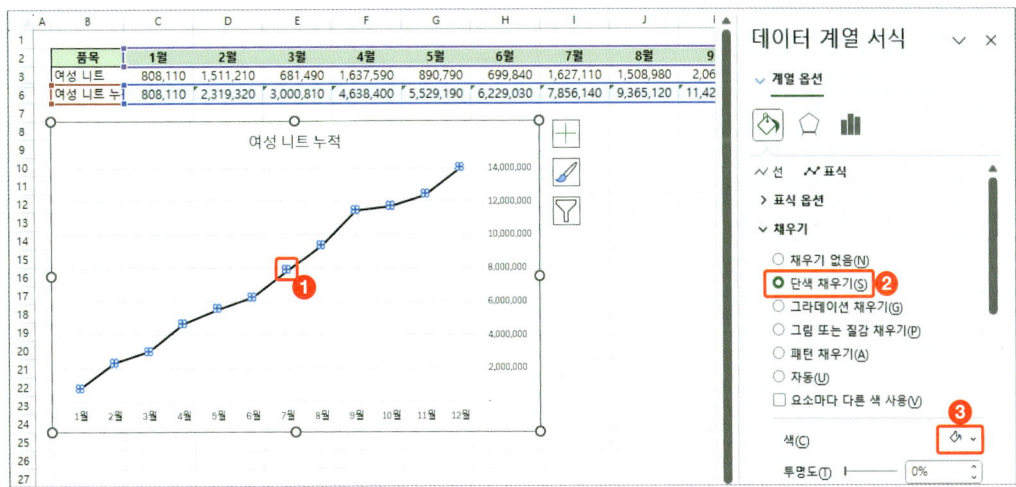

❶ 차트 제목 요소를 선택하고 [홈] 탭-[글꼴] 그룹의
❷ [굵게 가]를 클릭하고 ❸ [글꼴 색 가 ▼]은 하얀색으로,
❹ [채우기 색]은 검은색으로 변경합니다.
❺ 차트 제목 위치는 드래그해 왼쪽 상단에 배치합니다.

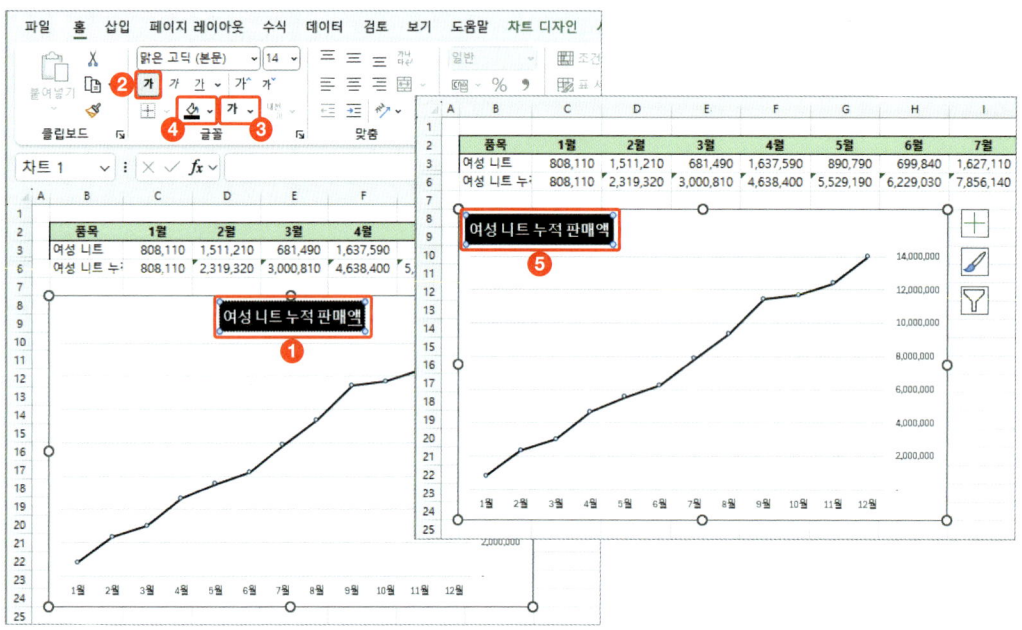

차트 크기는 스타일이 깨지지 않는 선에서 적당한 크기로 조절해 완성합니다.
차트가 훨씬 깔끔하게 정리되었네요!

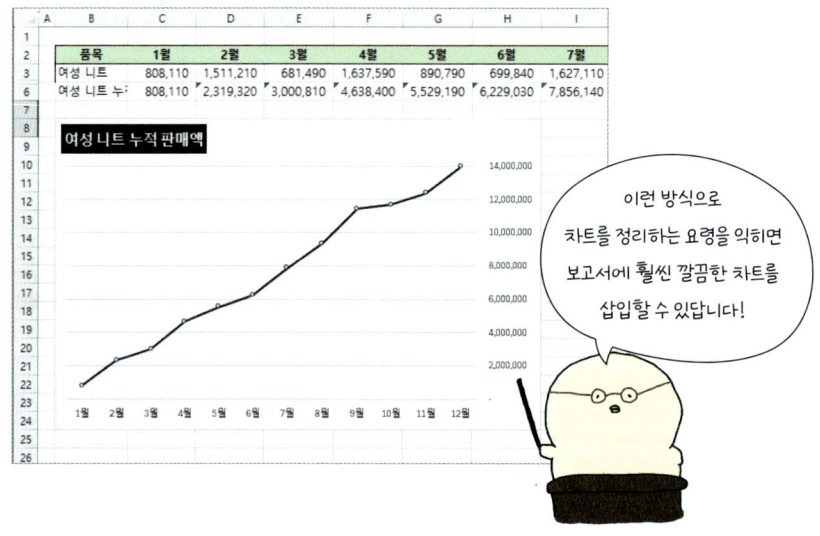

이런 방식으로 차트를 정리하는 요령을 익히면 보고서에 훨씬 깔끔한 차트를 삽입할 수 있답니다!

하나라도 더 알려주는 올이

STEP 02 고급 차트 삽입 방법
조금은 까다로운 차트 구성 방법 알아보기

데이터의 증감을 한눈에 확인하는 폭포 차트

예제 파일 : C5L2_차트_폭포차트.xlsx

일부 차트는 일반적인 구성 방식으로 구현이 어려운 경우가 있는데요!
가장 대표적인 폭포 차트를 확인해보겠습니다.
예제 표 데이터는 2월 데이터에서 1월을 빼고, 3월 데이터에서 2월을 빼는 수식이
입력되어 있어요! 폭포 차트를 활용하려면 이렇게 미리 증감 데이터를 구성해야 합니다.

❶ 우선 [B2:N2] 범위를 선택하고 ❷ Ctrl 을 누른 상태에서 [B4:N4] 범위를 선택합니다.
❸ [삽입] 탭-[차트] 그룹-[폭포형 차트 삽입]-[폭포]를 클릭합니다.

LESSON 02 데이터를 한눈에 보는 차트 활용 방법

기본 폭포 차트가 삽입됩니다.
폭포 차트는 이렇게 각 데이터의 증가와 감소를 파악하는 데
매우 유용한 형태의 차트라는 점! 기억해주세요!

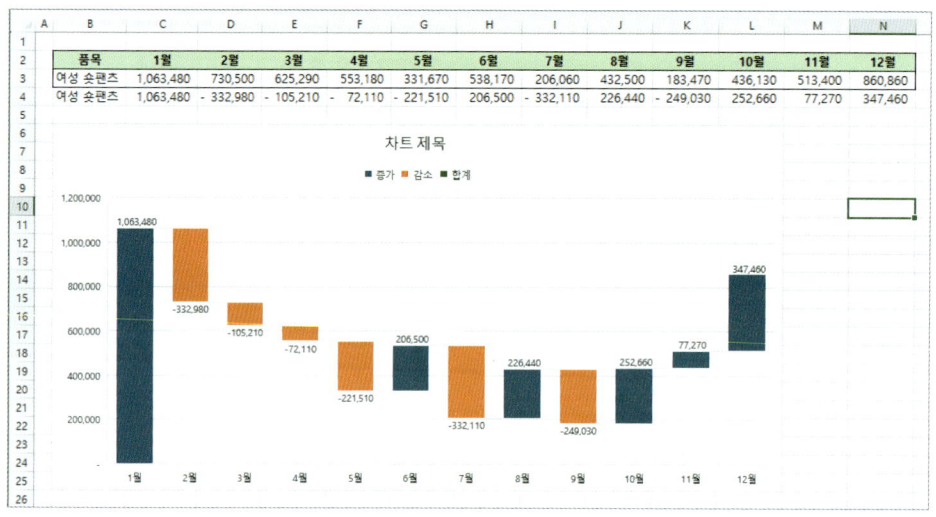

데이터 레이블의 위치는 ❶ [차트 요소 ➕]를 클릭하고
❷ [데이터 레이블] 메뉴에서 변경할 수 있답니다!

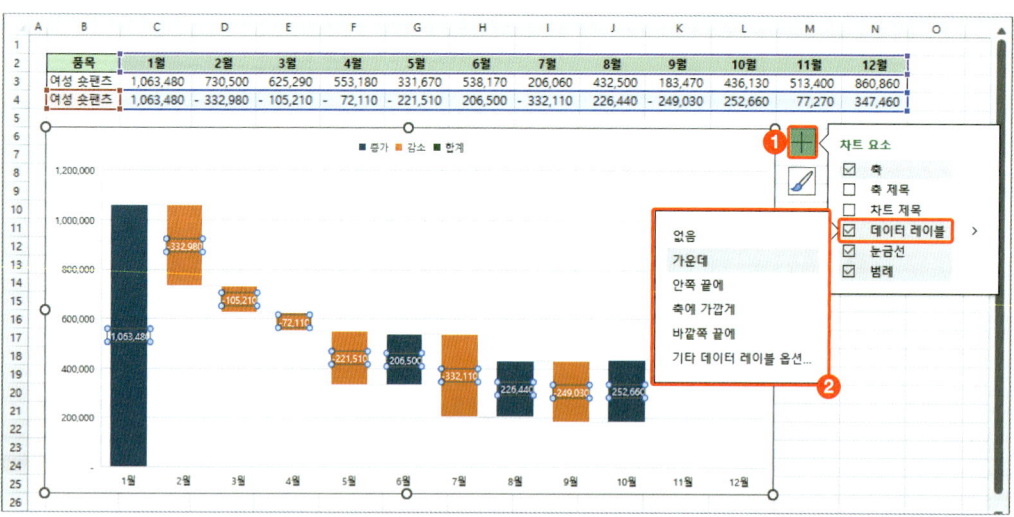

전체 데이터의 비중을 확인하는 트리맵 차트

예제 파일 : C5L2_차트_트리맵차트.xlsx

트리맵 차트는 대분류, 중분류와 같이 계층이 있는 데이터를
분할해 각 요소의 상대적 크기와 비율을 시각적으로 보여주는 차트입니다.
데이터 비교는 물론, 계층 구조를 파악할 때 유용한데요!
제품별 매출 비중, 부서별 매출을 시각화할 때 효과적이랍니다!

예제 파일을 열면 B열에는 대분류, C열에는 중분류,
D열에는 값이 입력되어 있죠? ❶ [B2:D9] 범위를 선택하겠습니다.

❷ [삽입] 탭-[차트] 그룹-[계층 구조 차트 삽입 ▦]-[트리맵]을 클릭합니다.

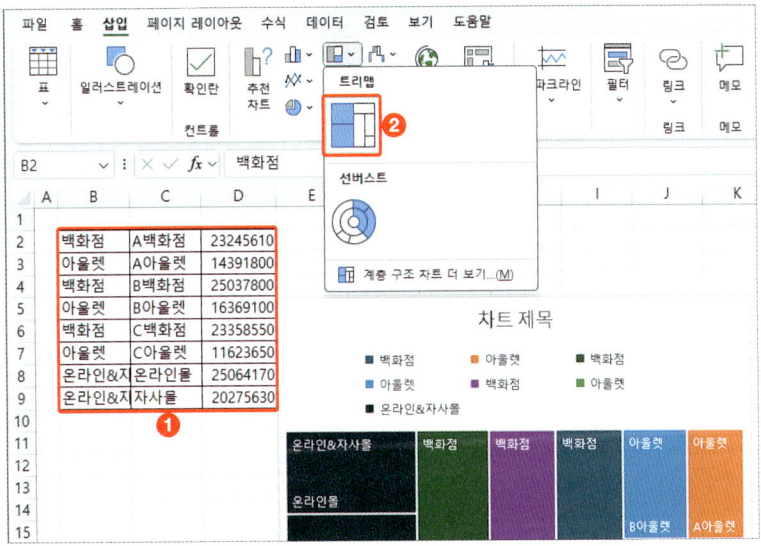

TIP 트리맵 차트를 작업하기 전 대분류를 정렬하는 것이 좋아요! 이번 예제에서는 이 상태로 작업해보고 어떻게 차트가 변하는지 확인해볼게요!

❶ 삽입된 차트는 적당한 위치와 크기로 배치합니다.
❷ 계열 중 하나를 더블클릭하면 [데이터 계열 서식] 작업 창이 나타납니다.
❸ [레이블 옵션]-[배너]를 클릭하면 각 계열에 대분류 이름이 나타나죠?

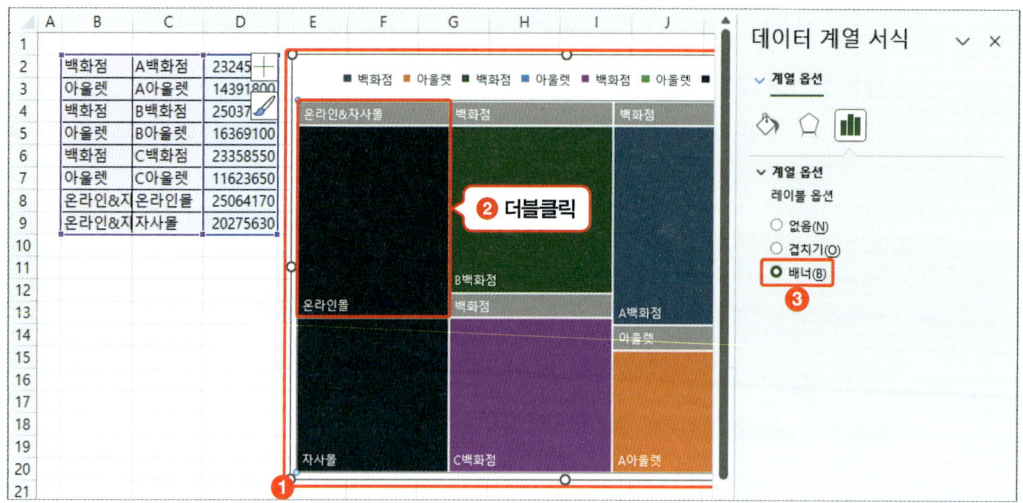

❶ [B2] 셀을 클릭하고 ❷ [홈] 탭-[편집] 그룹-[정렬 및 필터]-[텍스트 오름차순 정렬]을 클릭합니다. ❸ 그러면 트리맵 차트 계열에 있는 대분류에 따라 나머지 계열도 모두 한 번에 정렬되는 걸 확인할 수 있어요!

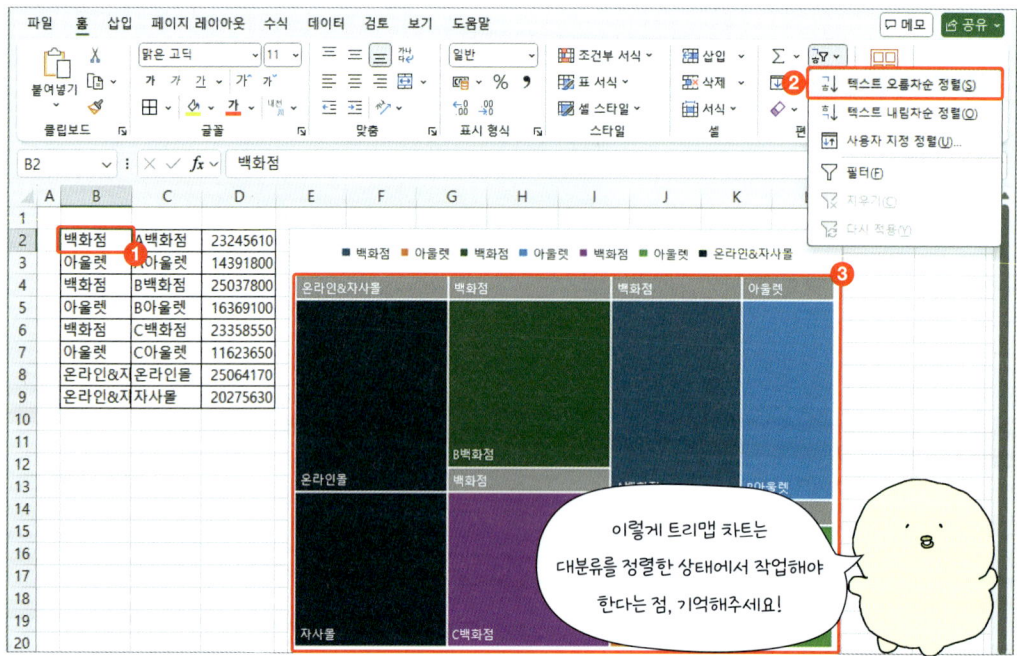

될 때까지 같이 하는 올이

STEP 03 데이터를 요약하는 스파크라인
셀 안에 차트를 삽입하는 스파크라인 기능

꺾은선 스파크라인 차트

예제 파일 : C5L2_차트_스파크라인1.xlsx

스파크라인은 셀 하나의 데이터를 다루는 조건부 서식의 데이터 막대와 달리 심플한 차트를 셀 안에 표시하는 기능입니다. 스파크라인은 꺾은선형, 열, 승패 세 가지 종류가 있어요!

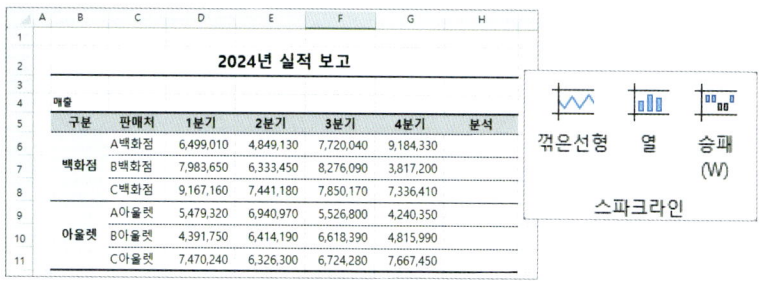

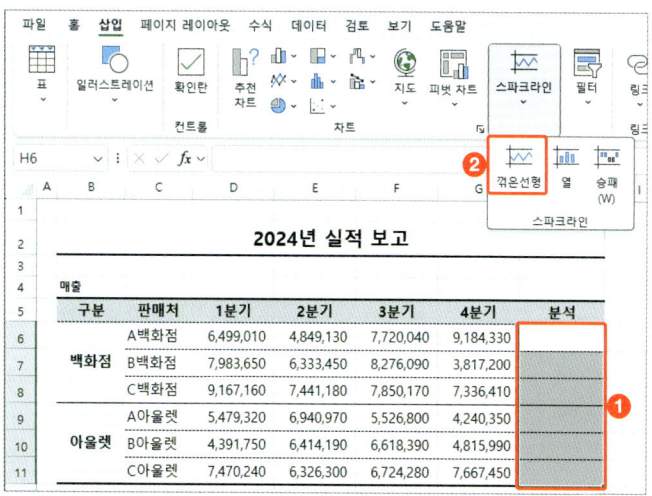

01 ❶ [H6:H11] 범위를 선택하고 ❷ [삽입] 탭-[스파크라인] 그룹-[꺾은선형]을 클릭합니다.

LESSON 02 데이터를 한눈에 보는 차트 활용 방법

02 [스파크라인 만들기] 대화상자가 나타나면 ❶ [데이터 범위] 입력란을 클릭하고 ❷ [D6:G11] 범위를 드래그한 후 ❸ [확인]을 클릭합니다.

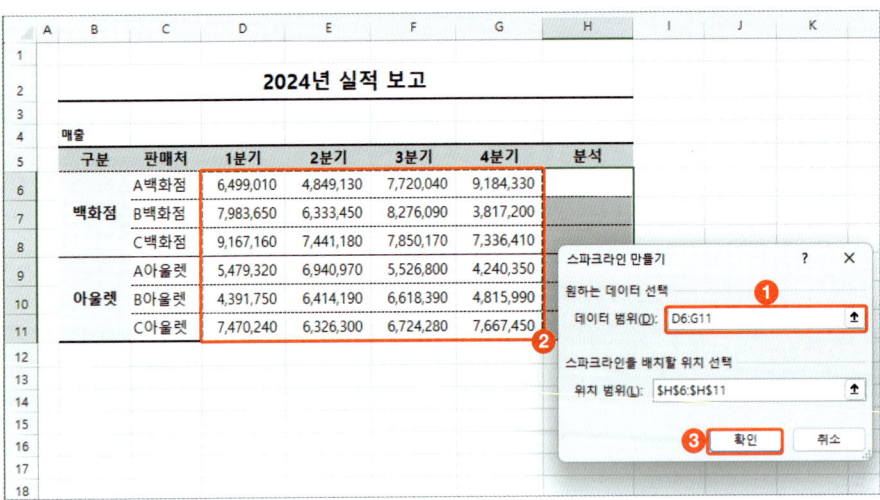

03 스파크라인이 삽입된 셀, 범위를 선택하면 ❶ [스파크라인] 탭이 활성화됩니다. 여기에서 종류를 변경할 수 있고, 표시, 스타일을 편집할 수 있어요! ❷ [표시] 그룹에서 [높은 점]에 체크하면 ❸ 가장 높은 값의 위치에 빨간색 점이 표시되는 걸 확인할 수 있습니다.

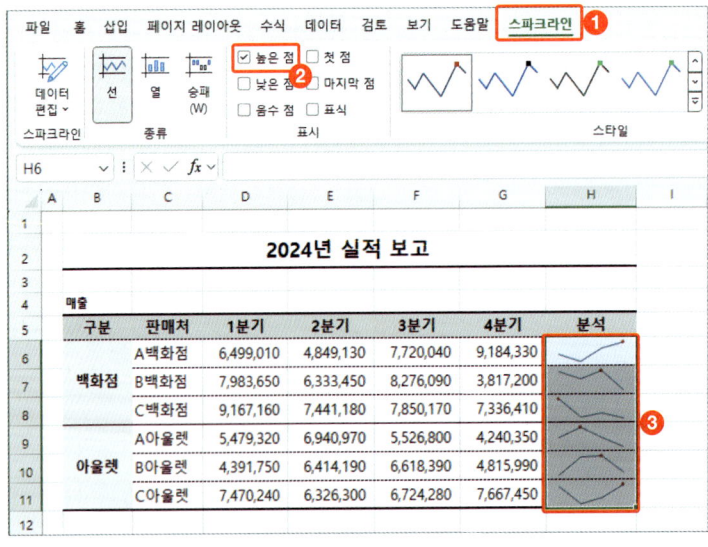

막대 스파크라인 차트

예제 파일 : C5L2_차트_스파크라인2.xlsx

이번에는 막대 그래프 형태의 열 스파크라인을 삽입해보겠습니다.

01 ❶ [H6:H11] 범위를 선택하고
❷ [삽입] 탭-[스파크라인] 그룹-[열]을 클릭합니다.

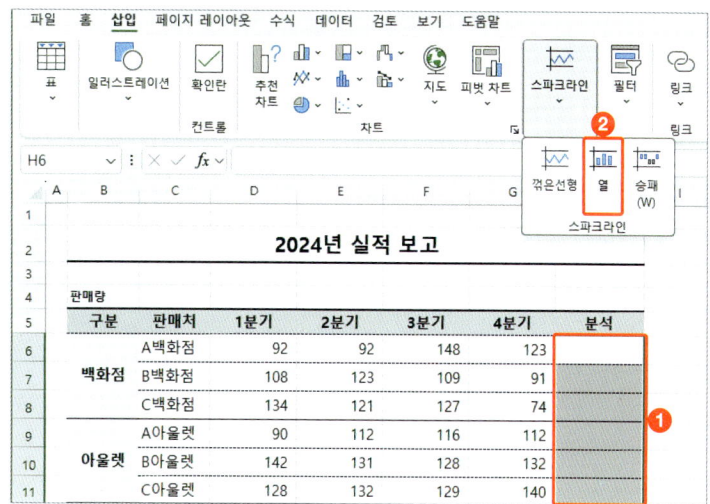

02 [스파크라인 만들기] 대화상자가 나타나면 ❶ [데이터 범위] 입력란을 클릭하고
❷ [D6:G11] 범위를 드래그한 후 ❸ [확인]을 클릭합니다.

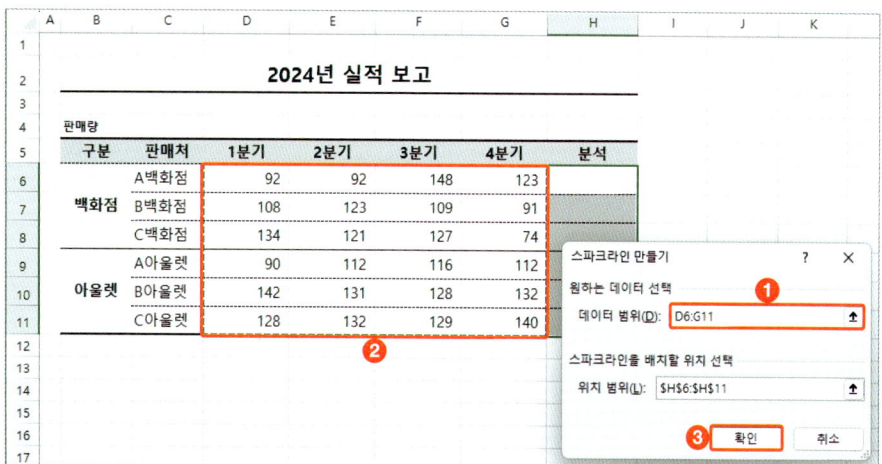

03 열 스파크라인도 마찬가지로 [스파크라인] 탭에서 각종 서식 등을 수정할 수 있습니다. 예제에서는 [표시] 그룹의 [높은 점]에 체크했어요!

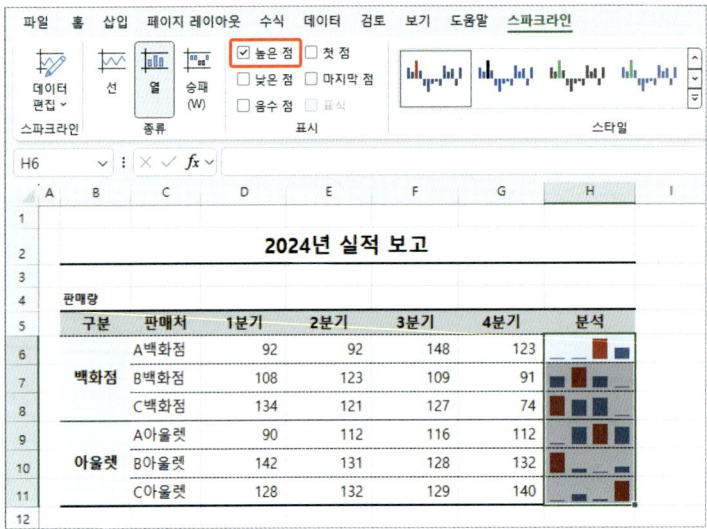

> **TIP** 스파크라인 승패는 음수와 양수를 말그대로 승/패 형태로 표시하는 기능입니다. 실무에서 자주 활용하지 않지만 어떤 목적으로 사용하는지 정도는 알아두어도 좋아요!

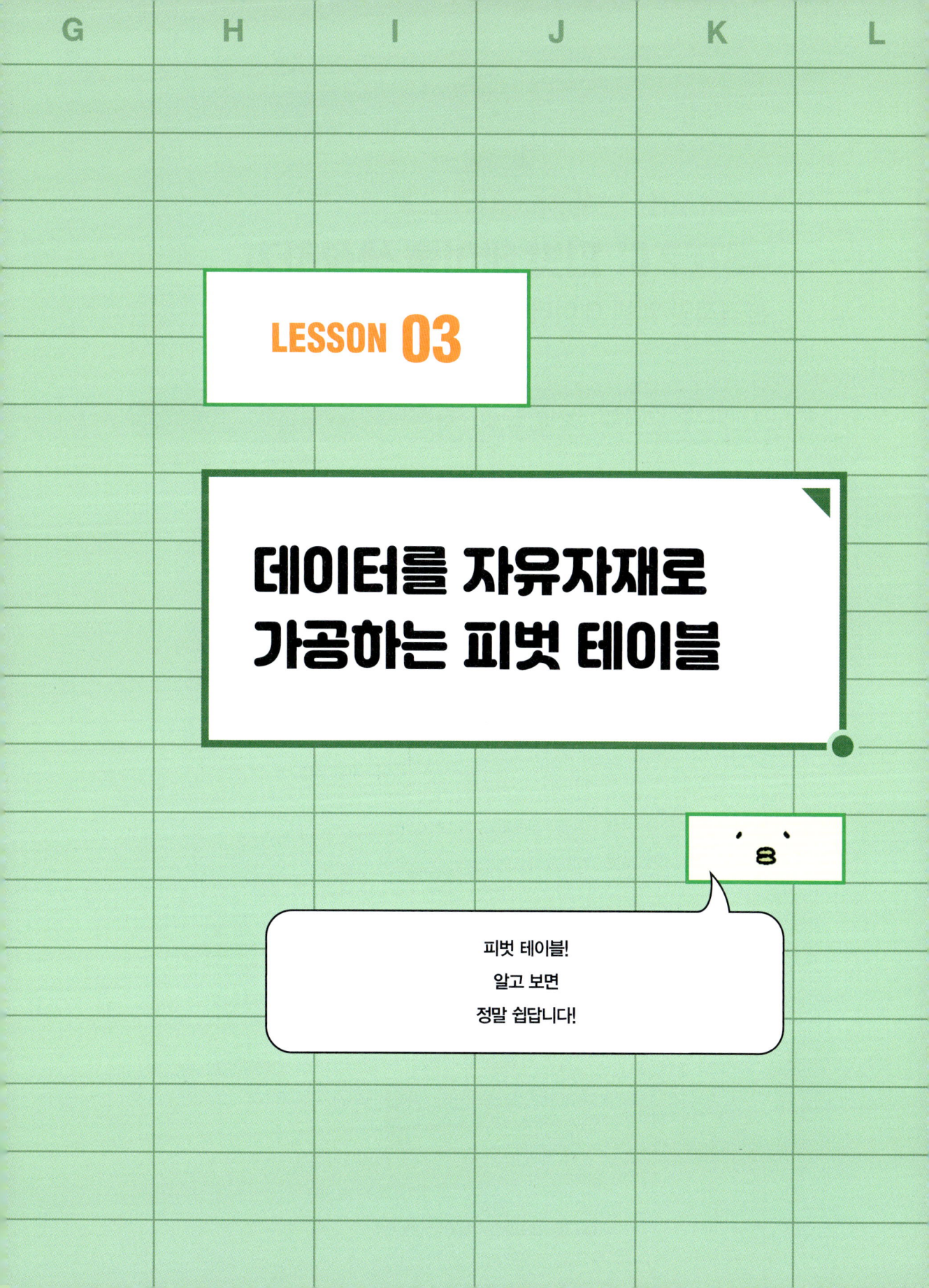

눈으로만 읽는 엑셀

STEP 01 피벗 테이블 생성하기
본격적인 엑셀 데이터 분석을 위한 피벗 시작하기

피벗 테이블 삽입의 기본 방법 알아보기

예제 파일 : C5L3_피벗테이블1.xlsx

피벗이라는 단어는 무언가를 중심으로 방향을 전환한다는 의미입니다. 엑셀의 피벗 테이블은 원본이 되는 데이터를 중심으로 행과 열의 구성을 자유자재로 구성해 표로 전환한다는 의미입니다. 일단 간단히 피벗 테이블을 삽입해보면서 알아볼까요?

❶ [A1:I1065] 범위를 선택하고 ❷ [삽입] 탭-[표] 그룹-[피벗 테이블]을 클릭합니다.
[표 또는 범위의 피벗 테이블] 대화상자가 나타나면
❸ [새 워크시트]가 선택되었는지 확인하고 ❹ [확인]을 클릭합니다.

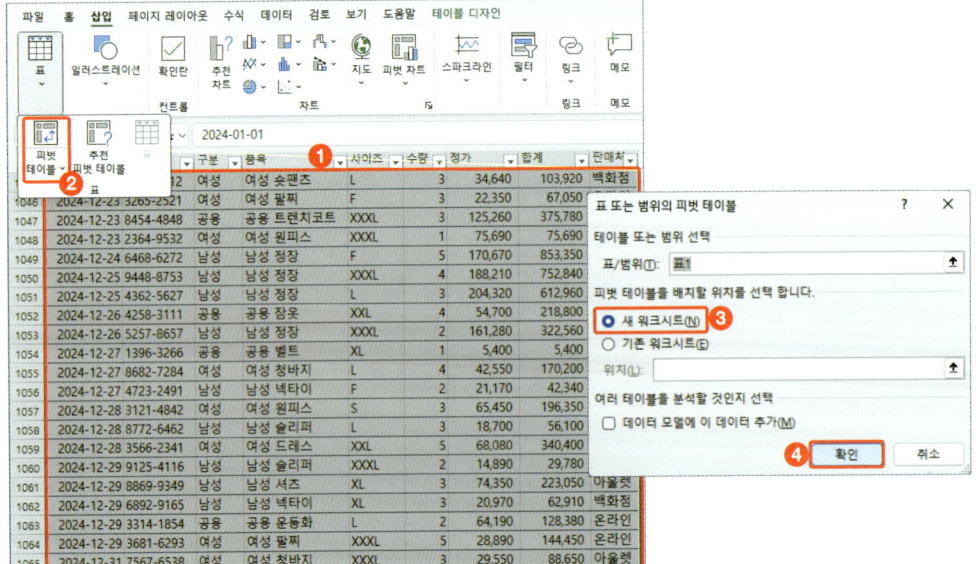

[피벗 테이블 필드] 작업 창이 나타나면 [열]에 [판매처], [행]에 [품목], [값]에 [합계]를
각각 드래그합니다. 그럼 왼쪽 시트에 열, 행, 값에 맞는 테이블이 완성됩니다.
즉, 기존 방대한 데이터를 바탕으로 여러분이 원하는 새 표를 구성할 때
피벗 테이블을 사용하면 매우 유용하답니다!

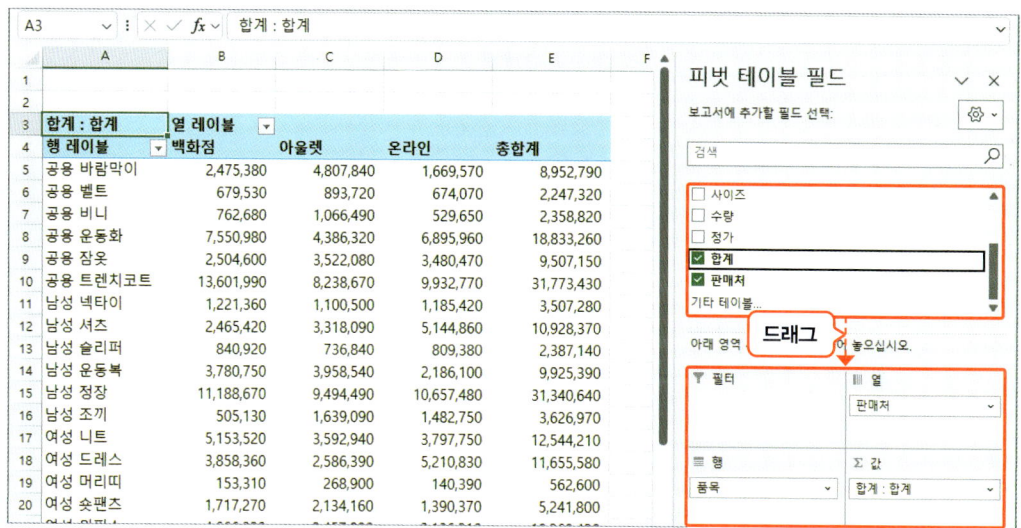

삽입한 피벗테이블 설정 변경하기

예제 파일 : C5L3_피벗테이블2.xlsx

[피벗 테이블 분석] 탭-[피벗 테이블] 그룹 [피벗 테이블 이름]에서 피벗 테이블 이름을
지정할 수 있어요! 피벗 테이블이 여러 개인 시트라면 나중에 참조하기도 편리하겠죠?

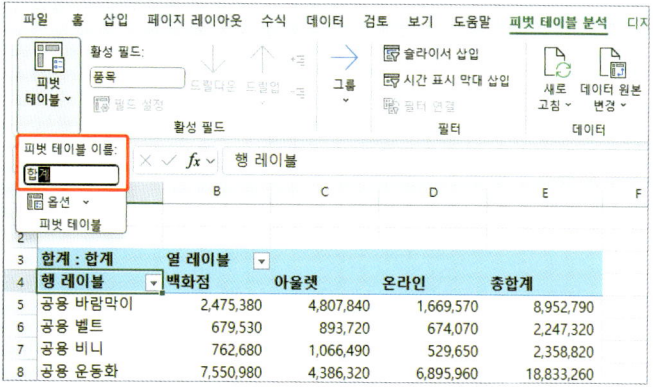

[피벗 테이블 필드] 작업 창을 닫았다면 기존 피벗 테이블을
❶ 마우스 오른쪽 버튼으로 클릭하고 ❷ [필드 목록 표시]를 클릭하면
❸ 오른쪽에 다시 피벗 테이블 필드가 표시됩니다.

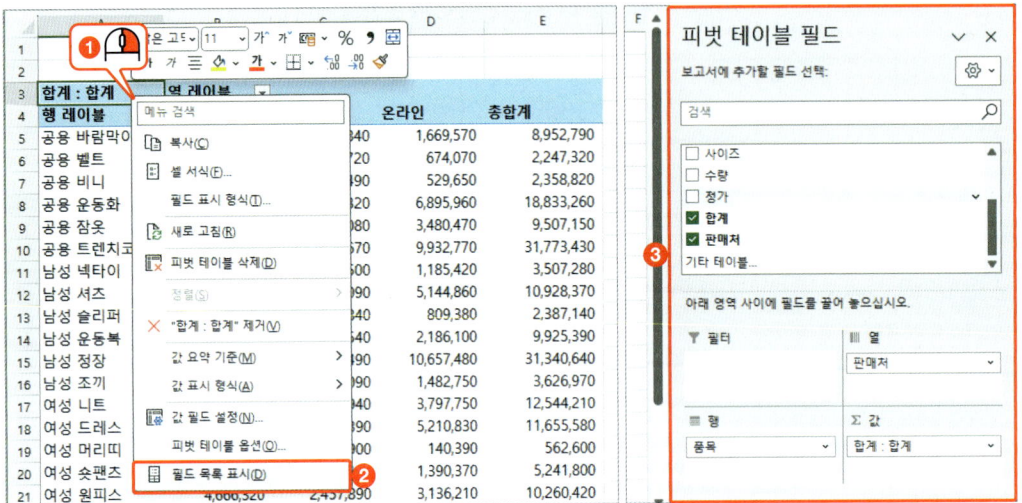

피벗 테이블을 삭제하려면 ❶ 마우스 오른쪽 버튼으로
삽입한 피벗 테이블을 클릭하고 ❷ [피벗 테이블 삭제]를 클릭하면 됩니다.

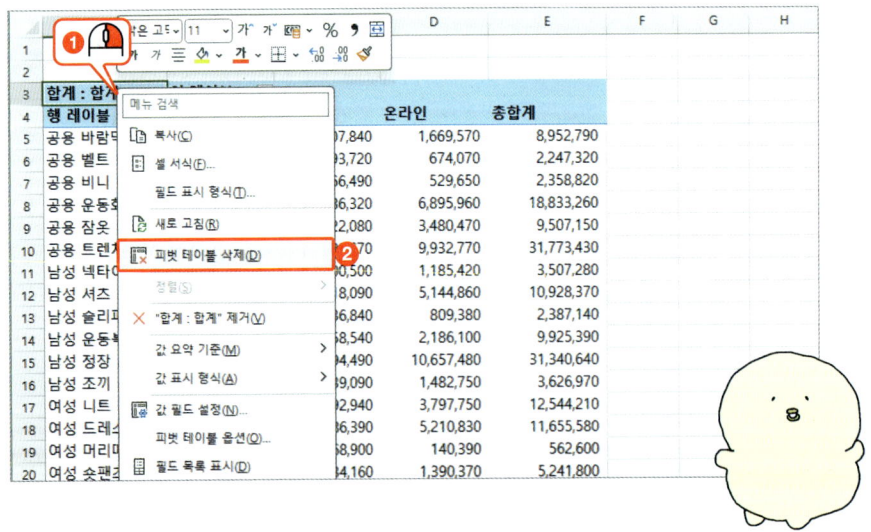

차트, 표 등과 똑같이 피벗 테이블도 선택하면
별도의 [피벗 테이블 분석], [디자인] 탭이 활성화되는데요!
여기에서 피벗 테이블의 설정, 디자인 서식을 변경할 수 있답니다!

하나라도 더 알려주는 올이

STEP 02 피벗 슬라이서, 차트 삽입하기
피벗의 편리한 필터링 기능을 백분 활용하기!

피벗 슬라이서, 시간표시 막대 삽입하기

예제 파일 : C5L3_피벗테이블3.xlsx

피벗 테이블에는 연동되는 슬라이서, 시간 표시 막대를 삽입할 수 있습니다.
표에 삽입하는 것과 동일하고, 여러 개의 피벗 테이블을
한 번에 조작할 수도 있어 매우 편리한데요!

예제 파일을 열고 ❶ [A3] 셀을 선택한 후 ❷ [피벗 테이블 분석] 탭-[필터] 그룹-
[슬라이서 삽입]을 클릭합니다. [슬라이서 삽입] 대화상자가 나타나면
❸ [품목]에 체크하고 ❹ [확인]을 클릭합니다.

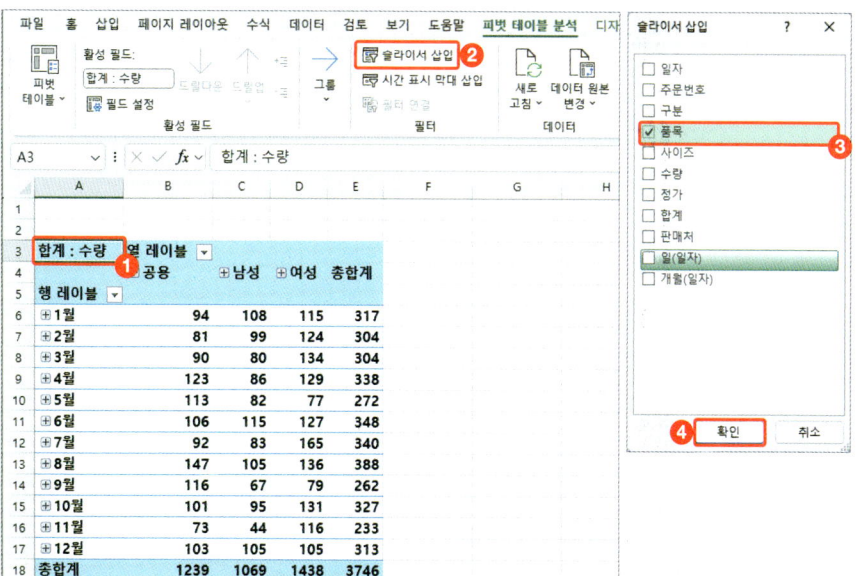

삽입된 슬라이서는 적당한 위치에 배치합니다. 피벗 테이블의 슬라이서 역시 표 슬라이서와 마찬가지로 [슬라이서] 탭에서 다양한 서식 변경이 가능합니다. 예제에서는 [슬라이서] 탭-[단추] 그룹-[열]을 **3**으로 설정했어요!

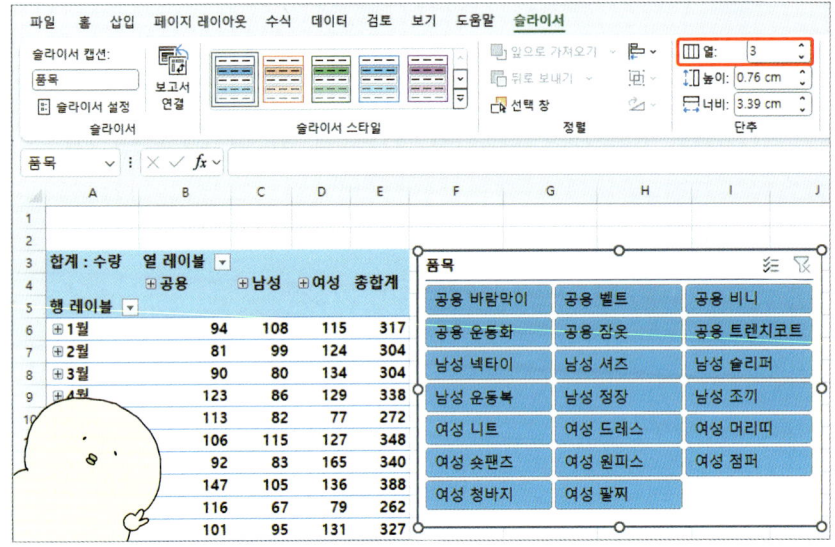

이번에는 시간 표시 막대를 삽입해볼까요? ❶ 피벗 테이블의 임의의 셀을 선택하고 ❷ [피벗 테이블 분석] 탭-[필터] 그룹-[시간 표시 막대 삽입 📅]을 클릭합니다. [시간 표시 막대 삽입] 대화상자가 나타나면 ❸ [일자]에 체크하고 ❹ [확인]을 클릭합니다.

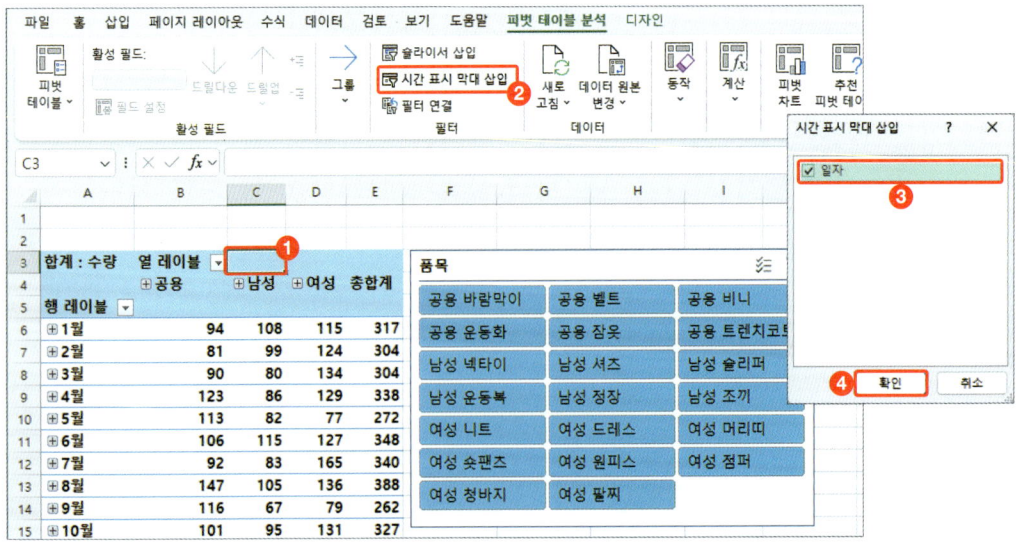

삽입된 시간 표시 막대를 적당한 위치에 배치합니다.
시간 표시 막대의 2024년 데이터 범위를 조정하면
해당 범위에 맞는 데이터만 필터링되는 걸 확인할 수 있어요!

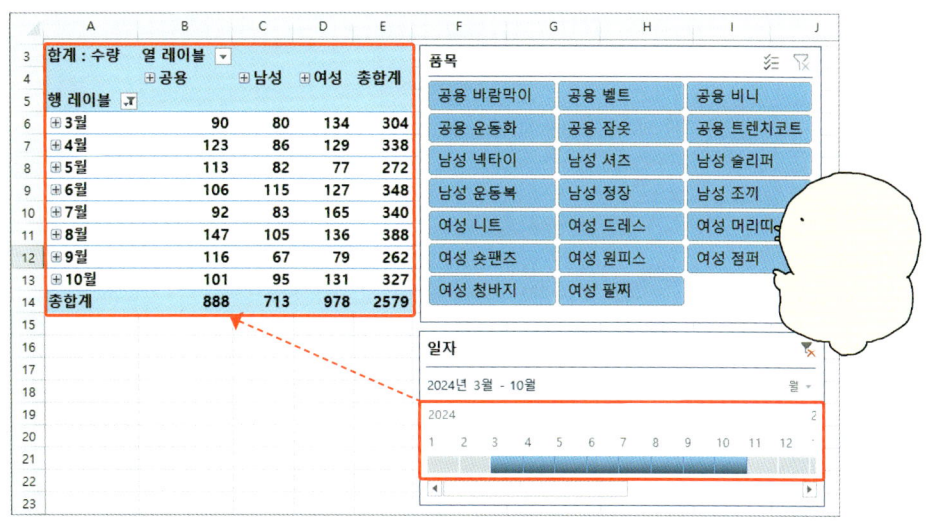

피벗 차트 삽입하기

예제 파일 : C5L3_피벗테이블4.xlsx

피벗 테이블은 자체적인 차트도 삽입할 수 있습니다.
피벗 테이블의 피벗 차트는 필터가 연동되어 필터링된 데이터만
따로 표시되기 때문에 더욱 편리하답니다!
예제 파일을 열어보면 왼쪽에는 피벗 테이블, 오른쪽엔 슬라이서가 삽입되어 있어요!

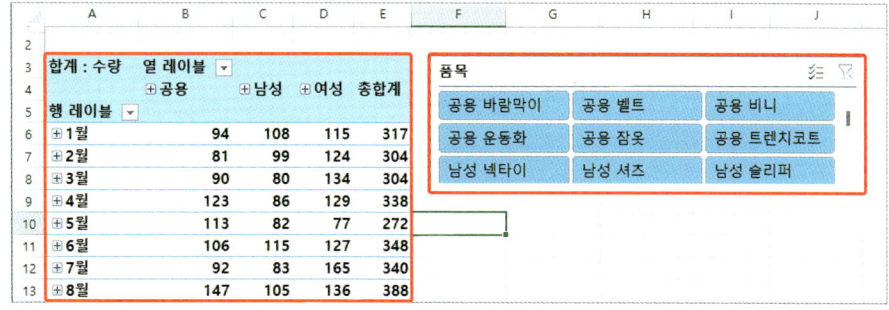

❶ 피벗 테이블에서 임의의 셀을 선택하고

❷ [피벗 테이블 분석] 탭-[도구] 그룹-[피벗 차트]를 클릭합니다.

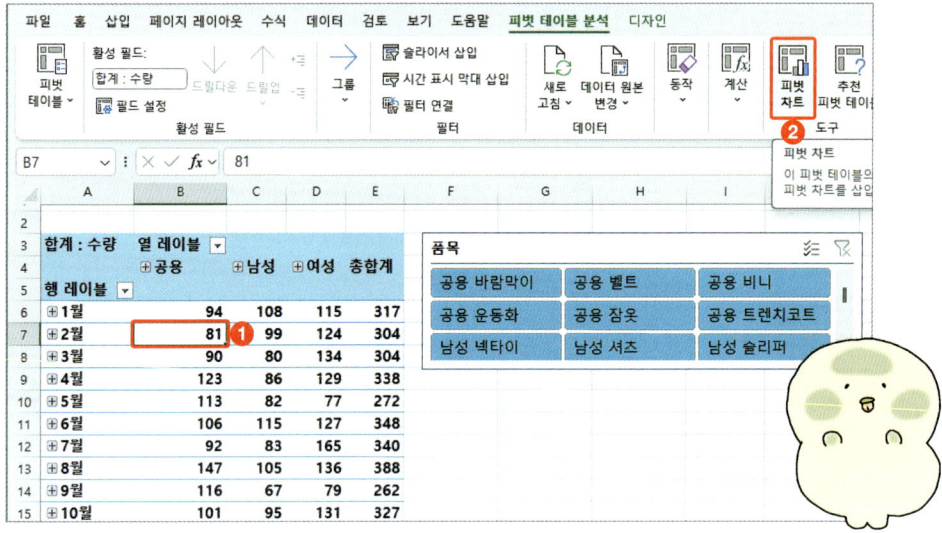

[차트 삽입] 대화상자가 나타나면 삽입 가능한

다양한 차트 목록을 확인할 수 있는데요!

예제에서는 ❶ [꺾은선형] 중 [표식이 있는 꺾은선형]을 삽입해보겠습니다.

❷ [확인]을 클릭해볼까요?

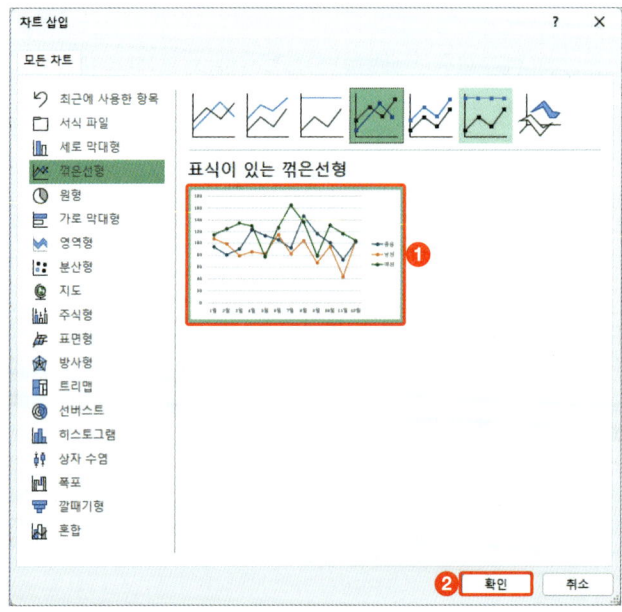

삽입된 차트를 보면 기본 엑셀 차트와 달리 다양한 필드 단추가 나타납니다.
이런 단추는 조금 번잡스럽게 느껴지기 때문에 표시하기 싫다면
❶ 마우스 오른쪽 버튼으로 클릭하고 ❷ [차트에서 모든 필드 단추 숨기기]를 클릭합니다.

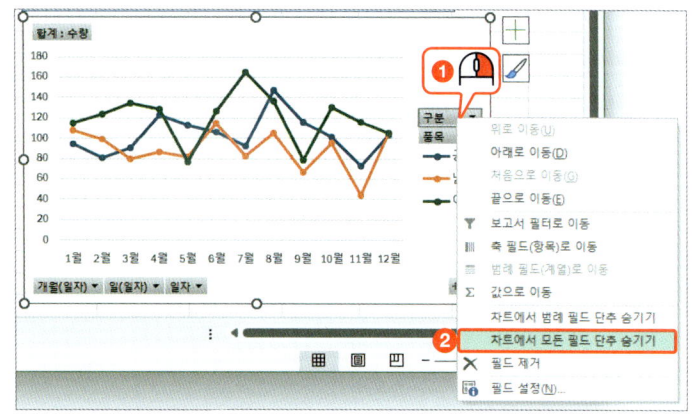

삽입된 차트에 필드 단추가 모두 사라집니다.
미리 삽입되어 있는 슬라이서에서 데이터를 필터링해보면
피벗 테이블은 물론 피벗 차트까지 같이 데이터가
변화하는 걸 확인할 수 있습니다!
이런 기능을 응용하면 간단한 대시보드로도 활용할 수 있어요!

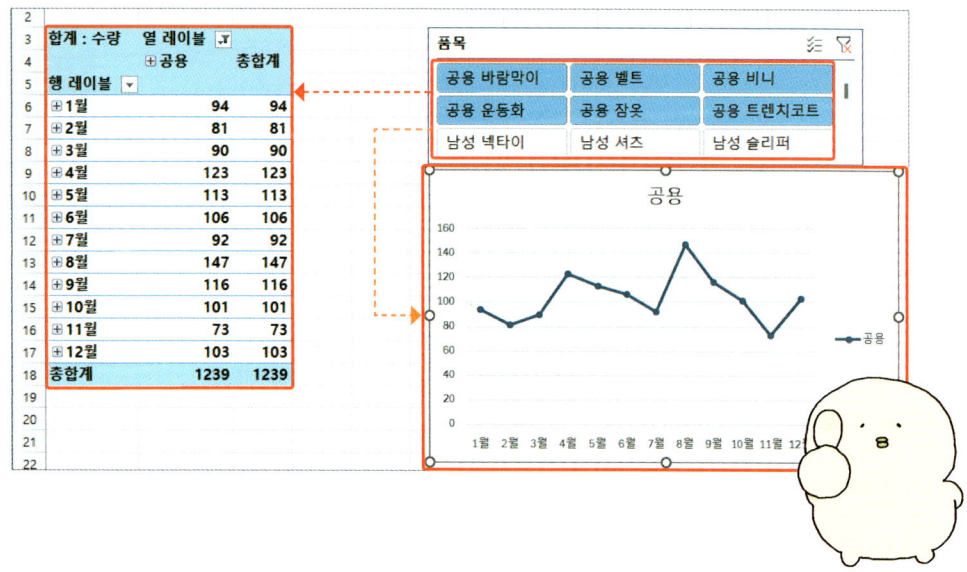

될 때까지 같이 하는 올이

STEP 03 피벗 테이블을 활용한 데이터 분석

피벗 테이블로 깔끔한 정리 자료를 만들어보세요!

피벗 기능만 사용해 간단한 대시보드 만들기

예제 파일 : C5L3_피벗테이블5.xlsx

피벗 테이블의 다양한 기능을 활용하면 방대한 데이터를 일목요연하게 확인할 수 있는 대시보드도 간단하게 구현할 수 있어요!

01 ❶ 표 안에 임의의 셀을 선택하고 ❷ `Ctrl`+`A`를 눌러주세요!
❸ [삽입] 탭-[표] 그룹-[피벗 테이블]을 클릭합니다.
[표 또는 범위의 피벗 테이블] 대화상자에서
❹ [새 워크시트]가 선택되어 있는지 확인하고 ❺ [확인]을 클릭합니다.

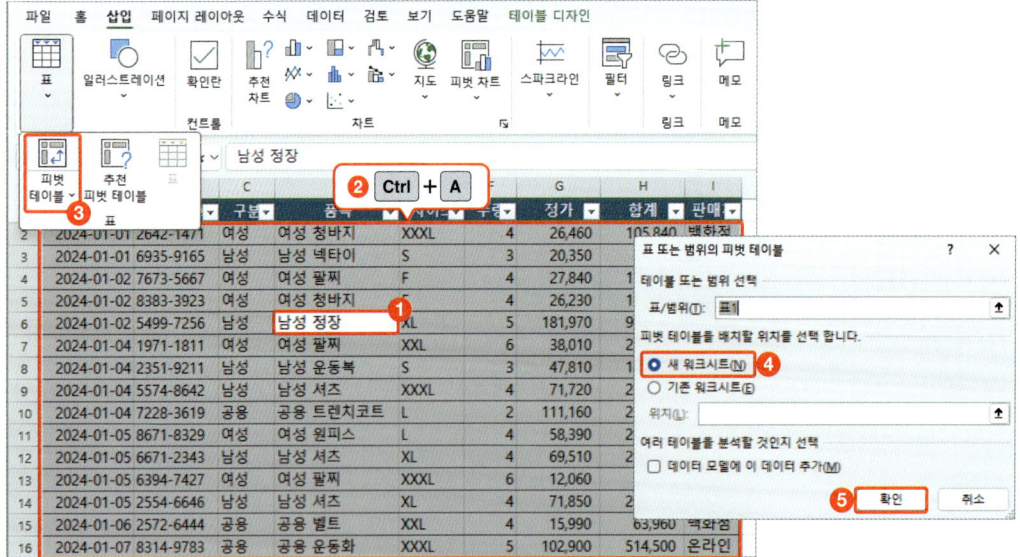

02 [피벗 테이블 필드] 작업 창에서 [열]에 [구분],
[행]에 [일자], [값]에 [합계]를 각각 드래그해 배치합니다.

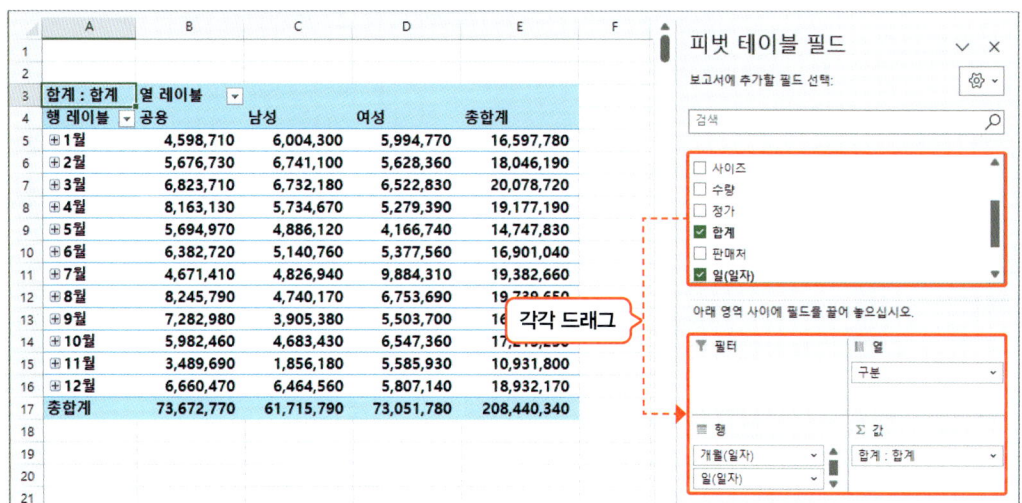

03 합계에 해당하는 숫자가 너무 길죠?
단위를 한 번 바꿔볼까요? [B5:E17] 범위를 선택합니다.

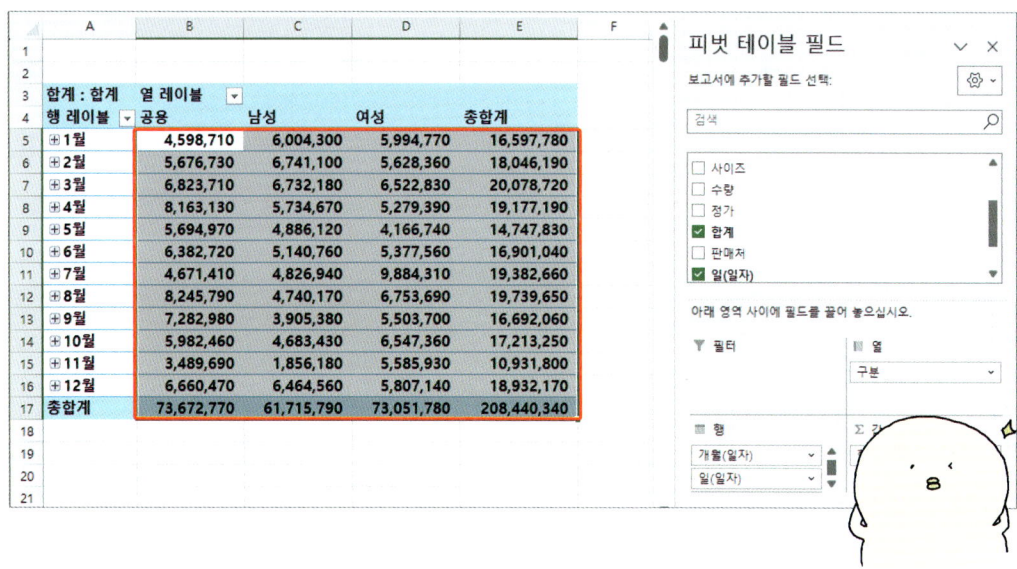

04 선택된 범위를 ❶ 마우스 오른쪽 버튼으로 클릭하고
❷ [값 필드 설정]을 클릭합니다. [값 필드 설정] 대화상자가 나타나면
❸ [표시 형식]을 클릭합니다.

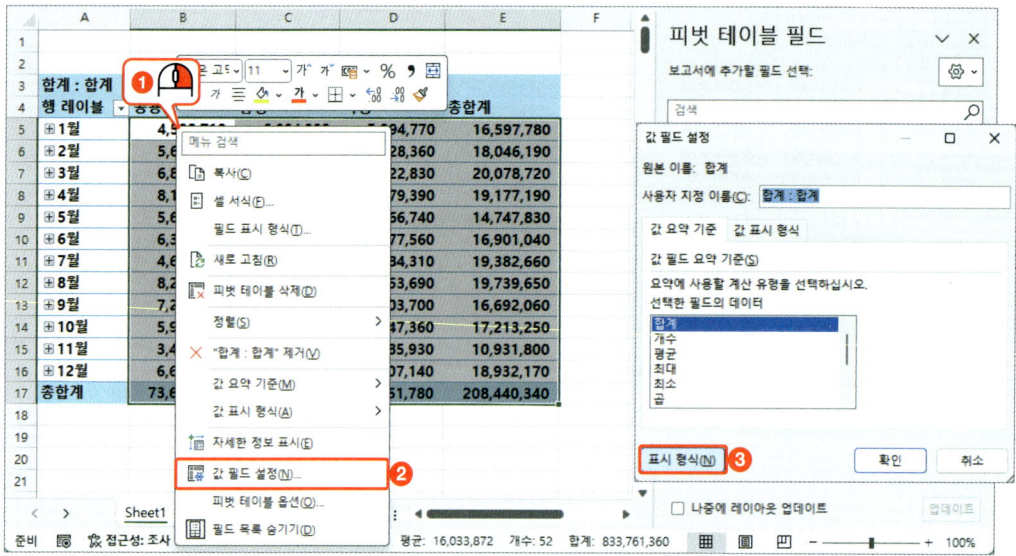

05 [셀 서식] 대화상자에서 ❶ [범주]-[사용자 지정]을 클릭하고
❷ [형식]에 **#,##0,**을 입력합니다. ❸ [확인]을 클릭합니다.
❹ [값 필드 설정] 대화상자도 [확인]을 클릭합니다.

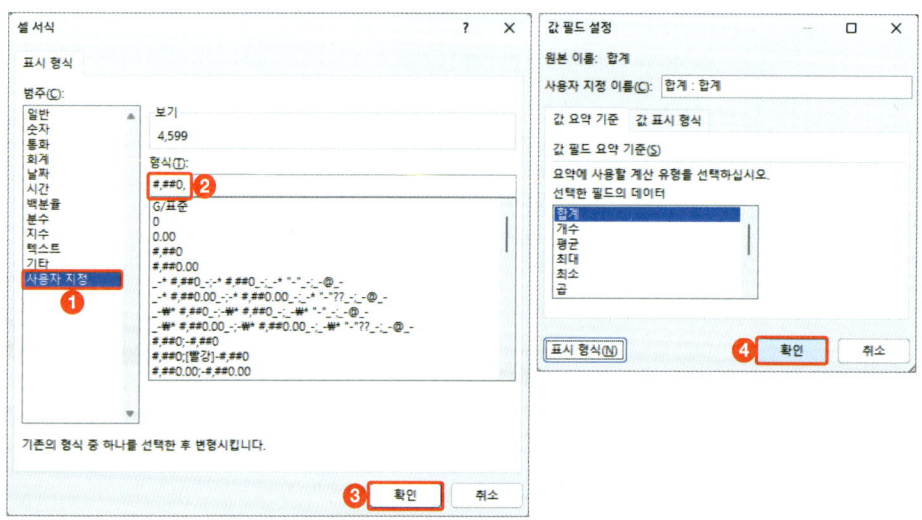

TIP 표시 형식에 #,##0,을 입력하면 숫자 백의 자리 이하는 자르고 올림합니다.

06 ❶ 매출액에 해당하는 합계 계열의 숫자가 천 원 단위로 바뀝니다.

❷ [피벗 테이블 분석] 탭-[피벗 테이블 그룹]-[피벗 테이블 이름]에 **월_합계**를 입력합니다.

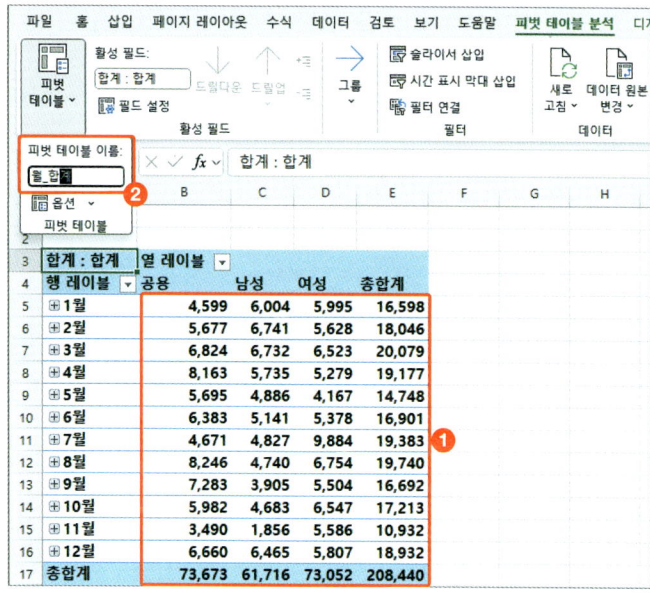

07 02 단계를 참고하여 이번에는 [값]에 [수량]을 배치해 아래 그림과 같이 피벗 테이블을 삽입합니다.

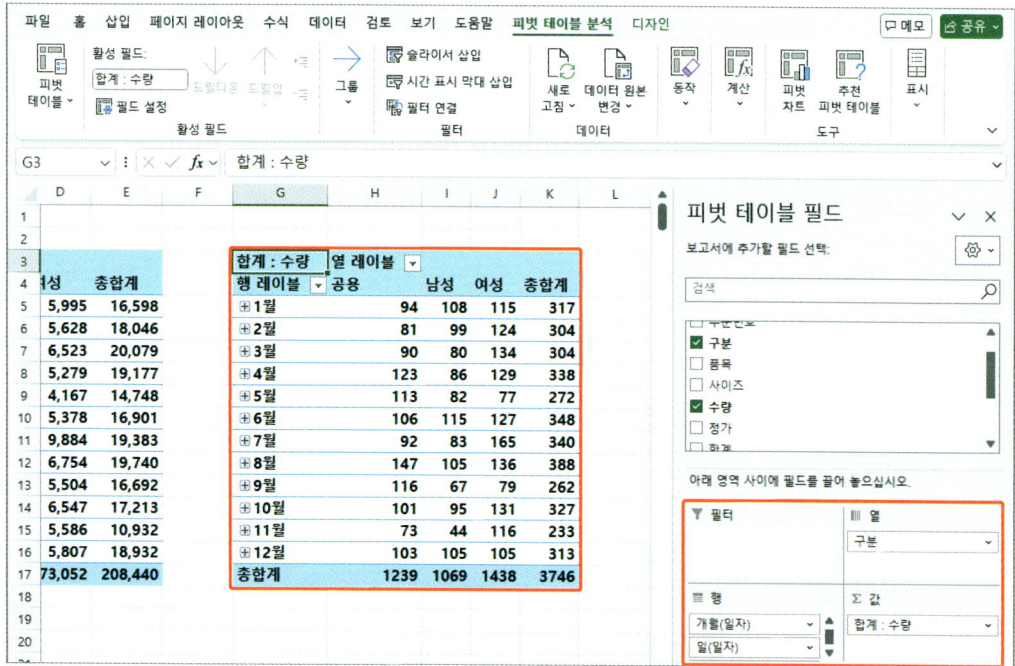

08 06 단계를 참고해 이번에 삽입한 피벗 테이블의 이름은
월_개수로 수정합니다.

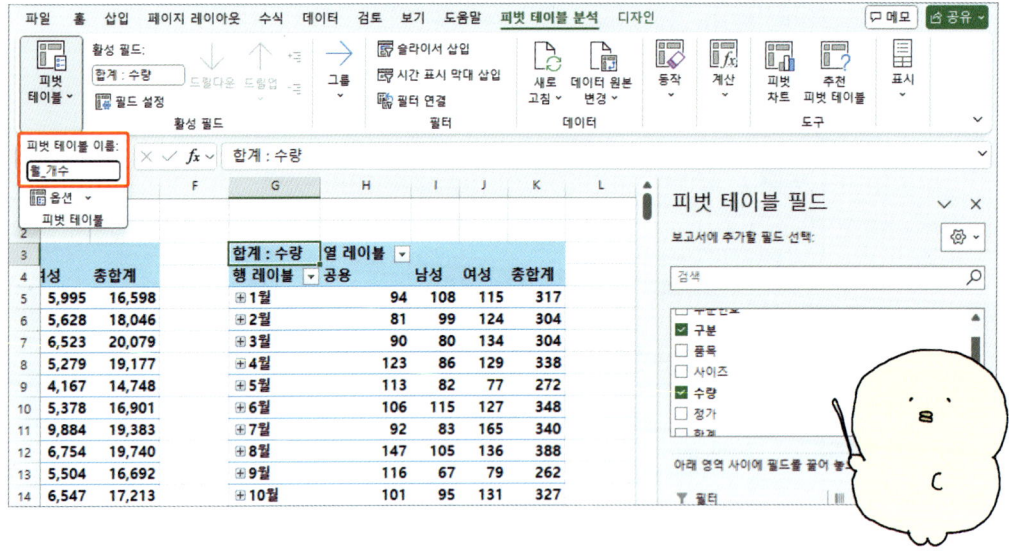

09 02 단계를 참고하여 이번에는 [행]에 [판매처]를
[값]에 [수량]을 배치해 아래 그림과 같이 피벗 테이블을 삽입합니다.
피벗 테이블의 이름은 **판매처_개수**로 수정합니다.

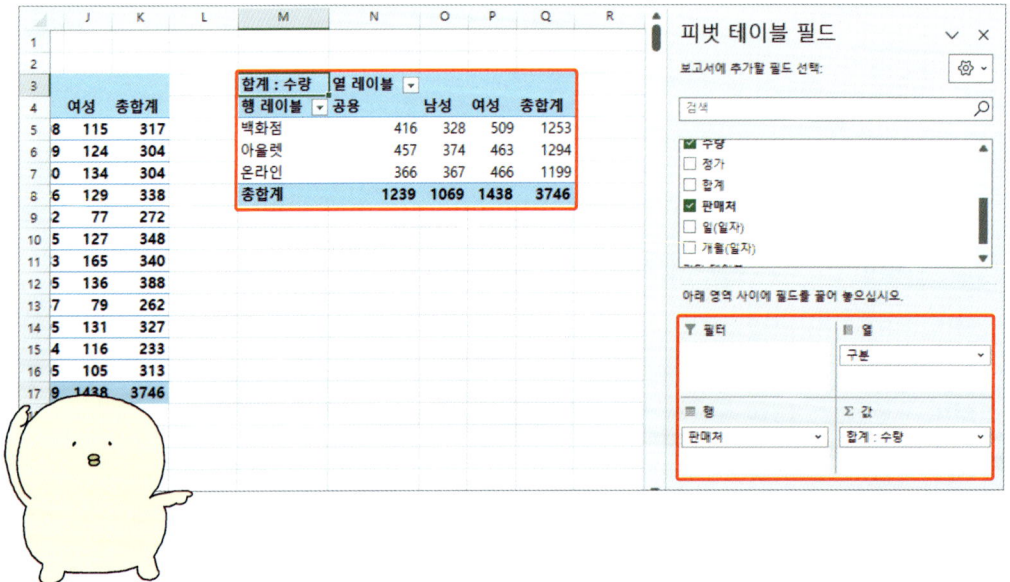

10 각 피벗 테이블 사이의 간격은 좁게,
각 피벗 테이블의 너비는 적당한 수준으로 조정해
보기 좋게 시트 모양을 편집합니다.

11 불필요한 4행은 숨김 처리하고,
1행에는 제목, 3행에는 단위 내용을 아래 그림과 같이 삽입합니다.

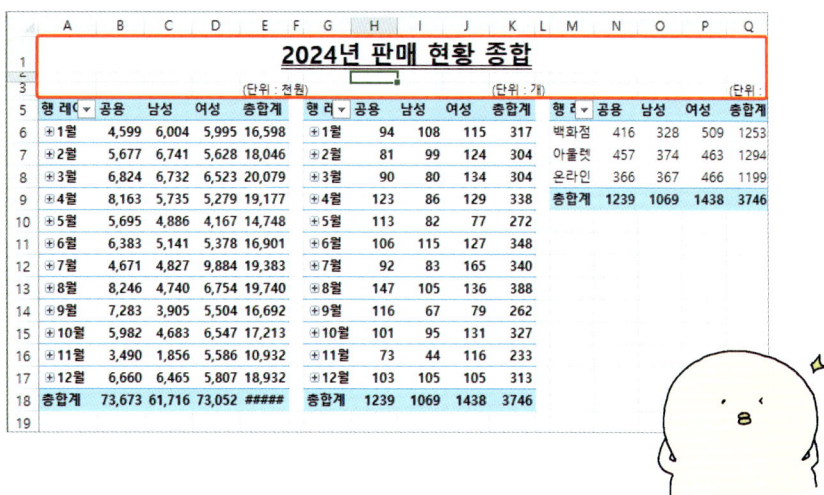

12 첫 번째 피벗 테이블에서 ❶ 임의의 셀을 선택하고
❷ [피벗 테이블 분석] 탭-[필터] 그룹-[슬라이서 삽입 📝]을 클릭합니다.
[슬라이서 삽입] 대화상자에서 ❸ [판매처]에 체크하고
❹ [확인]을 클릭합니다.

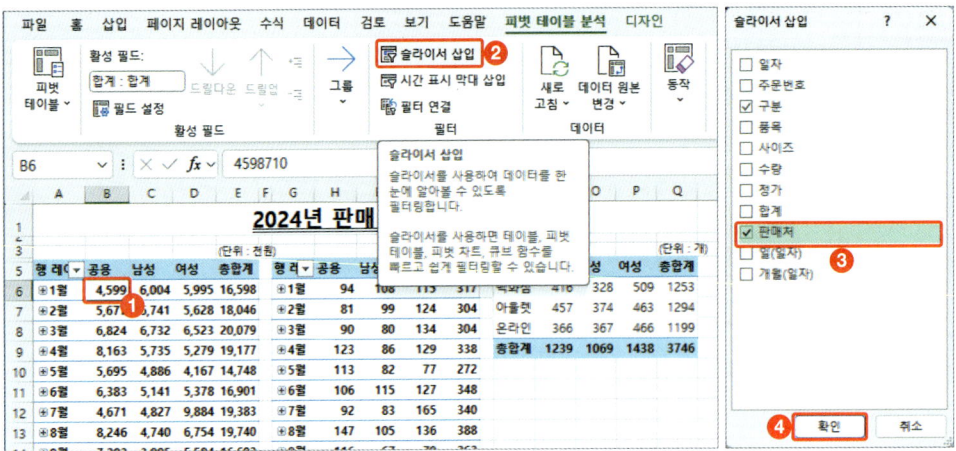

13 ❶ 삽입된 슬라이서는 적절한 크기로 조정해 배치하고
❷ 마우스 오른쪽 버튼으로 클릭한 뒤 ❸ [보고서 연결]을 클릭합니다.
[보고서 연결] 대화상자에서 ❹ [월_개수], [월_합계], [판매처_개수]를 선택하고
❺ [확인]을 클릭합니다.

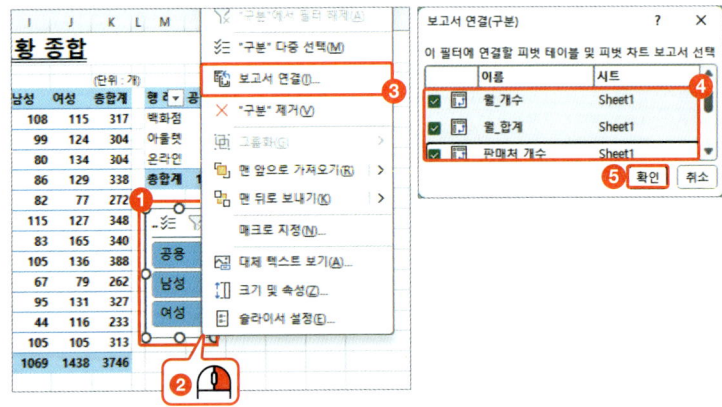

14 판매처 슬라이서도 삽입하고 마찬가지로 보고서를 연결한 후 월별 매출, 판매처별 판매 수량에 해당하는 피벗 차트를 삽입한 후 적절하게 배치합니다. [차트 스타일] 그룹에서 디자인도 지정합니다.

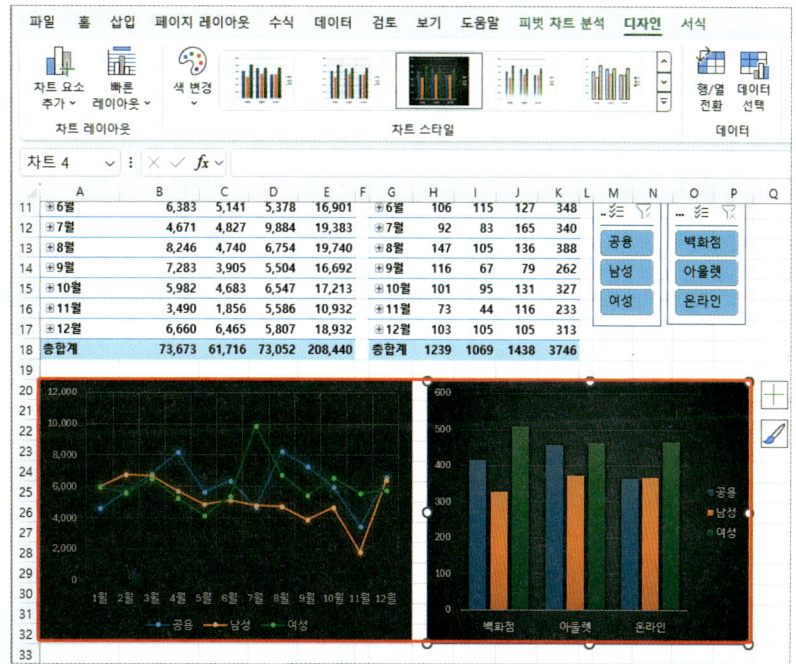

15 피벗 테이블과 차트, 슬라이서를 활용한 간단한 대시보드가 완성되었네요!

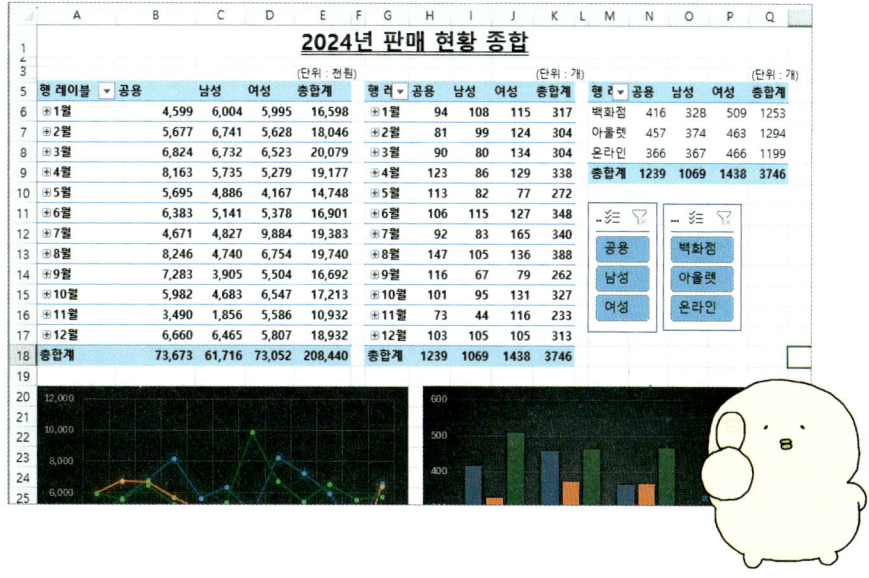

대시보드는 다양한 디자인을 적용해 여러분의 취향에 맞게 꾸며보세요!

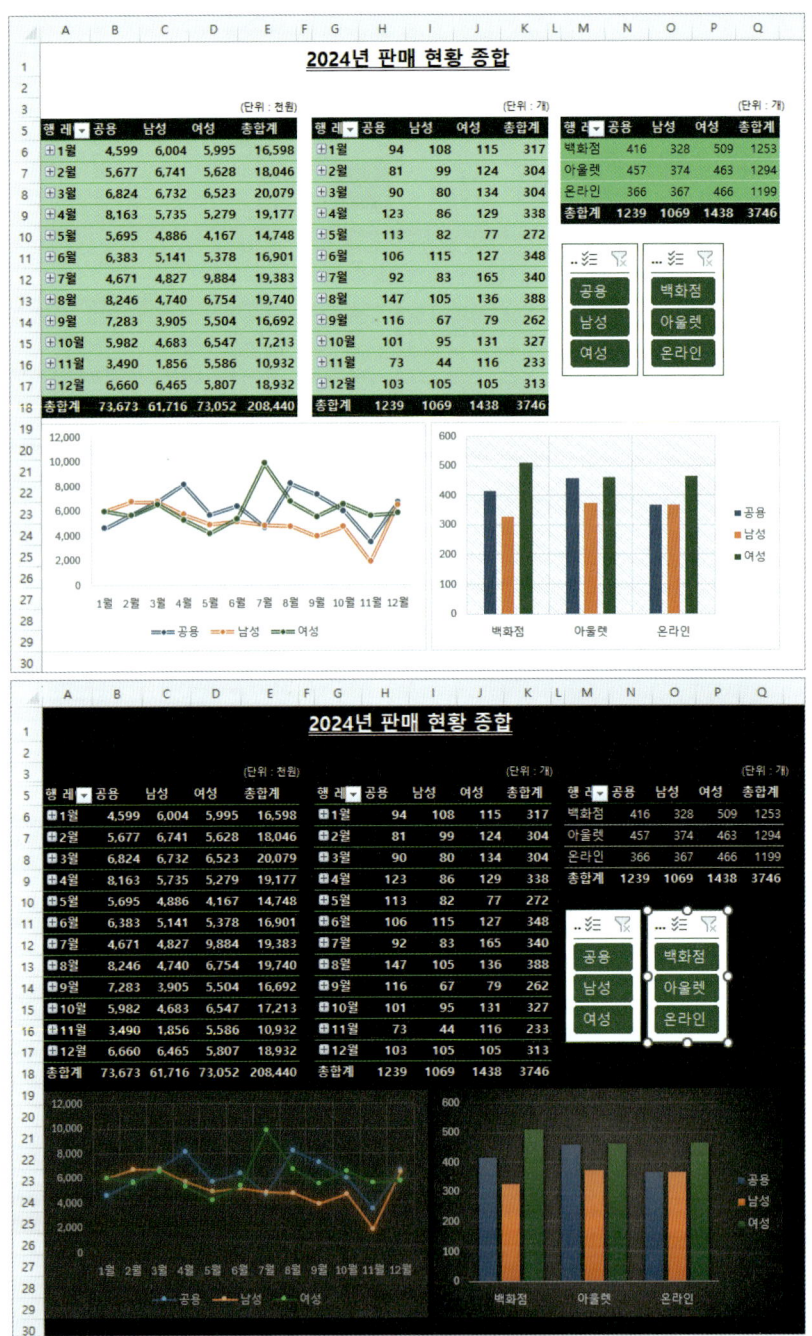

> **TIP** 시트 배경색은 [채우기 색]을 검은색으로 지정해 구현할 수 있답니다!

넓게 알려주는 올이's 꿀팁

예제 파일 : C5L3_SUBTOTAL함수.xlsx

필터 보고서에 유용한 SUBTOTAL 함수

숨겨진 행(셀)은 계산에 포함하지 않는 SUBTOTAL 함수 활용

SUBTOTAL 함수는 데이터 표에서 통계를 계산할 때 사용하는 함수이지만 보통은 필터링된 데이터나 숨겨진 행을 포함, 제외하여 합계, 평균, 개수 등을 계산할 때 사용해요! 필터나 숨김 기능과 함께 사용해 필요한 정보만 정확하게 계산할 수 있어 데이터 분석에 유용합니다.

함수의 기본 구조는 다음과 같습니다.

```
=SUBTOTAL(function_num, ref1, [ref2],…)
```

mfunction_num : 수행할 계산의 종류를 지정하는 숫자 옵션입니다.

ref1, ref2, … : 계산할 대상이 되는 셀, 범위입니다.

예제 파일에서 각 셀에 입력된 수식은 다음과 같습니다.

❶ [B3] 셀 총판매수 : =COUNTA(3,데이터!$B$6:$B$1069)
❷ [D3] 셀 필터된 총판매수 : =SUBTOTAL(103,데이터!$B$6:$B$1069)
❸ [E3] 셀 수량 : =SUBTOTAL(109,데이터!$E$6:$E$1069)
❹ [F3] 셀 평균 정가 : =SUBTOTAL(101,데이터!$F$6:$F$1069)
❺ [G3] 셀 합계 : =SUBTOTAL(109,데이터!$G$6:$G$1069)
❻ [H3] 셀 : =G3/SUM(G6:G1069)

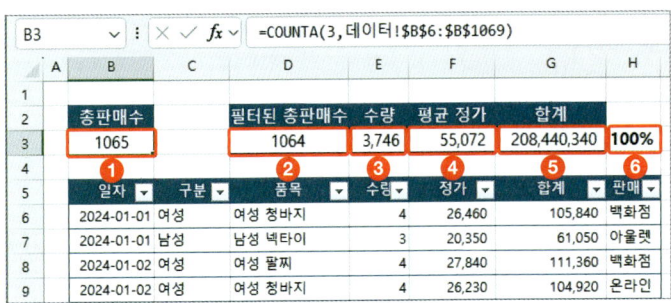

function_num 인수로 사용되는 값은 여러 가지가 있지만 주로 사용되는 옵션은 AVERAGE, COUNT, COUNTA, MAX, MIN, PRODUCT, SUM 등 일곱 가지입니다. 예제에서 해당 인수는 숨겨진 값을 제외하는 세 자리 수 옵션을 사용했는데요! 각 인수의 사용 방법은 오른쪽 표를 확인해주세요!

아래 그림에서 필터가 적용되기 전, 필터가 적용된 후 숨겨진 열이 발생했을 때 결과가 달라지는 걸 확인할 수 있어요! [H3] 셀은 필터링된 합계가 전체 합계에 얼마의 비중을 차지하는지 계산한 수식 결과입니다.

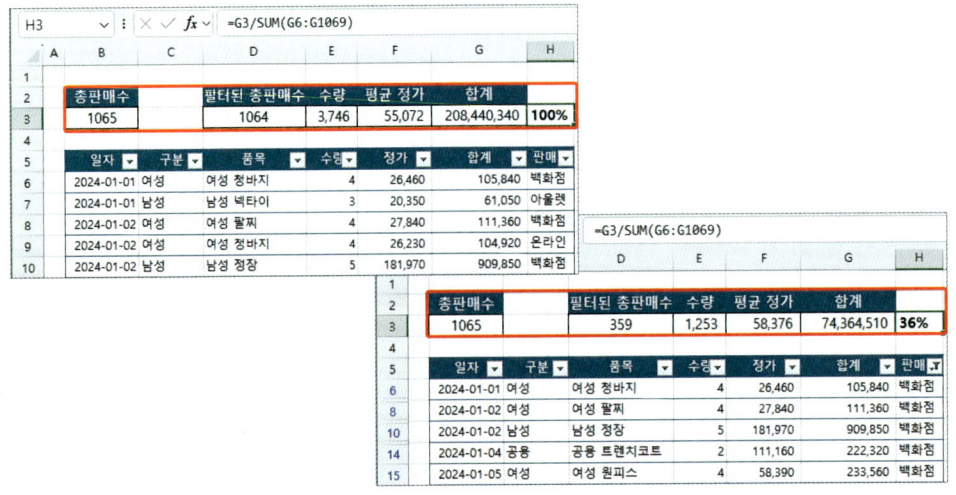

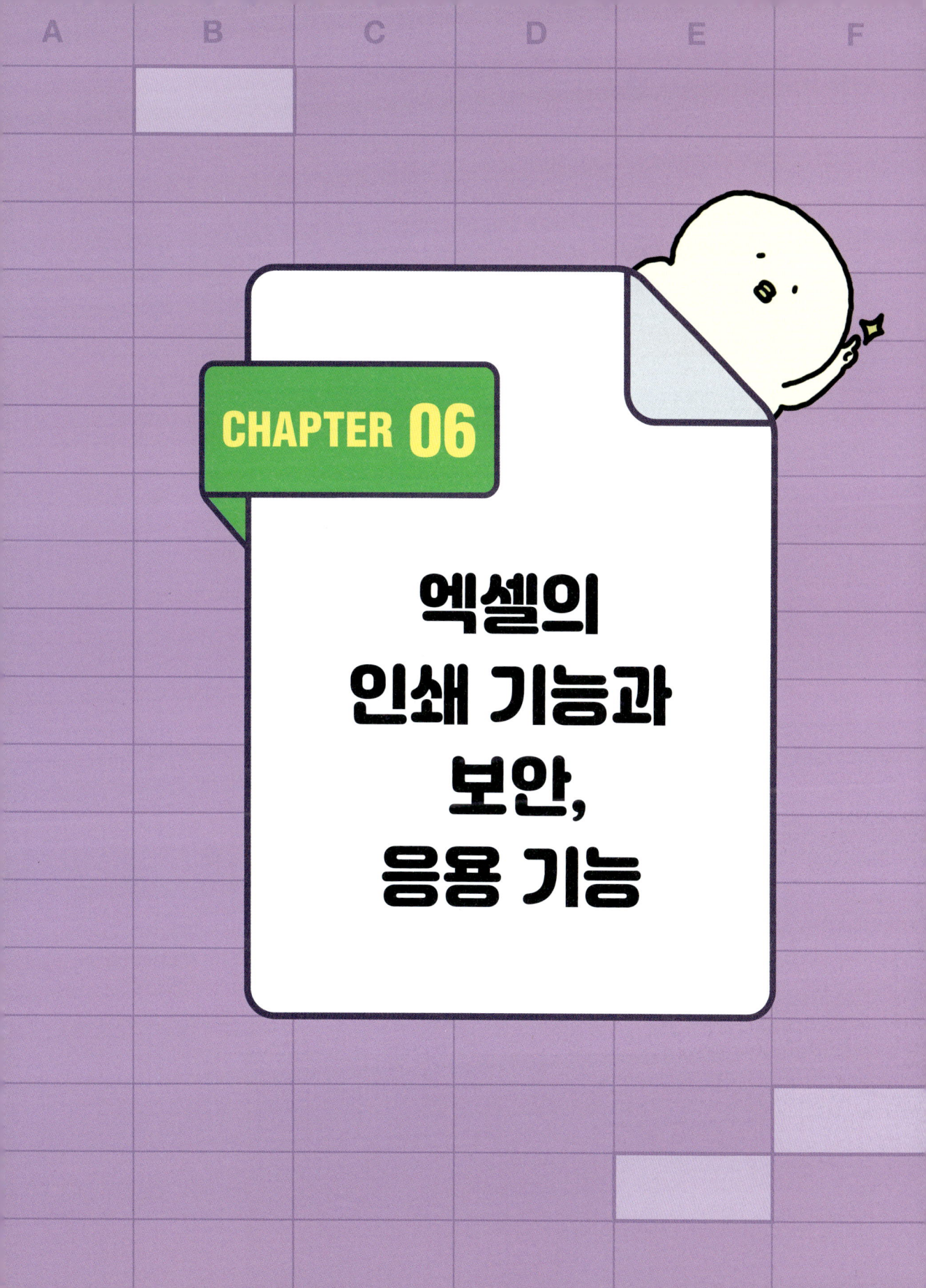

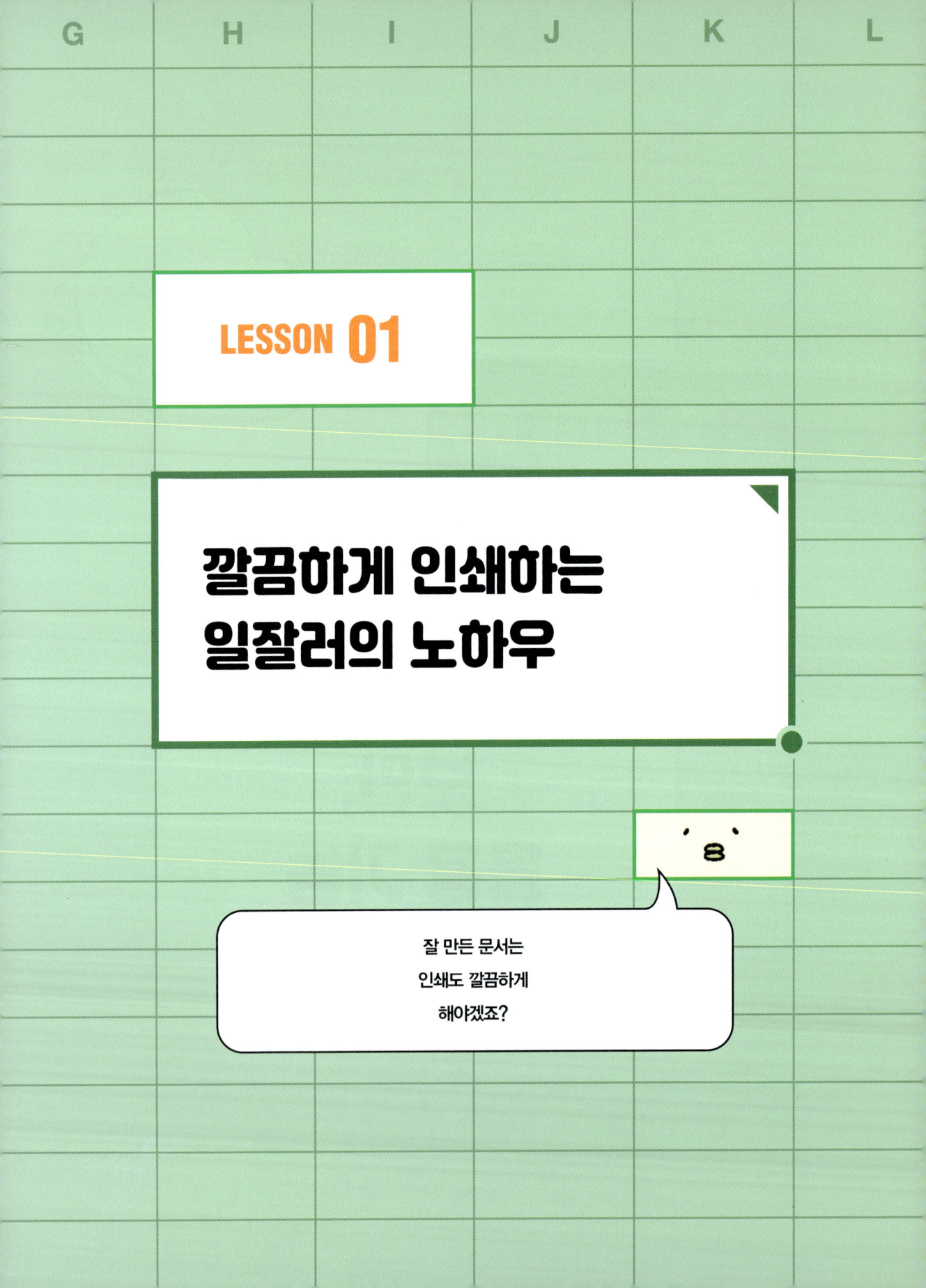

눈으로만 읽는 엑셀

STEP 01 워크시트 인쇄의 기본

Ctrl + P 만 알아도 절반은 끝난 엑셀 문서 인쇄!

엑셀 문서 인쇄하기

예제 파일 : C6L1_인쇄하기.xlsx

아무리 이메일이나 메신저로 엑셀 문서를 주고받는 회사도 가끔은 문서를 직접 인쇄해서
상사나 사수에게 전달하거나, 거래처 혹은 회의에 들고 갈 필요가 있는데요!
컴퓨터 화면에서 예쁘게, 잘 보이게 만든 문서도
인쇄를 적절하게 하지 못하면 아무 소용없겠죠?
이번에는 간단한 인쇄 방법부터 적절하게 인쇄 설정하는 방법까지 올이와 같이 알아볼게요!
우선 예제 파일을 열면 이런 견적서 문서가 나타납니다.
인쇄 단축키는 Ctrl + P 인데요! 한 번 눌러볼까요?

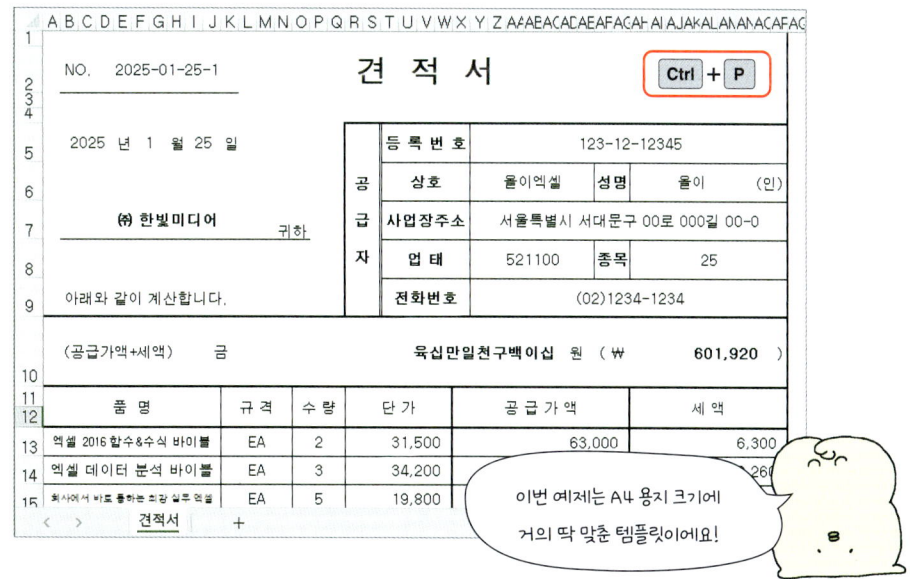

그럼 이렇게 인쇄 백스테이지 화면이 나타나고 ❶ 미리 보기 화면을 보며
❷ 다양한 인쇄 옵션을 조정할 수 있습니다. ❸ [인쇄]를 클릭하면 바로 인쇄할 수 있습니다.

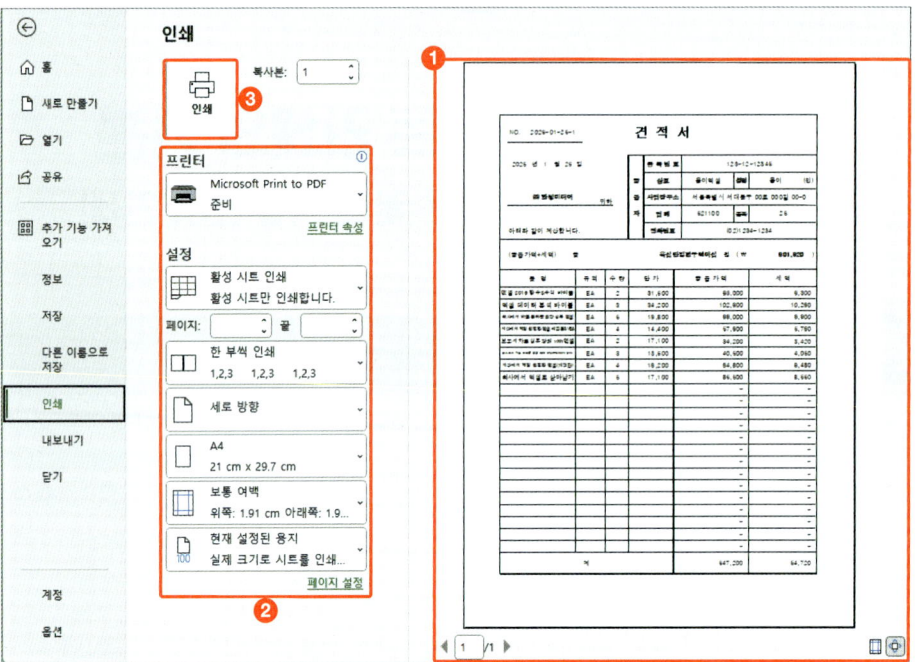

TIP 인쇄 백스테이지 화면에서 나가려면 Esc 를 누르거나, ⬅를 클릭하면 됩니다.

인쇄 범위 지정하기

예제 파일 : C6L2_인쇄범위.xlsx

문서 전체가 아닌 일부만 인쇄가 필요할 경우 ❶ 해당 범위를 선택하고
❷ [페이지 레이아웃] 탭-[페이지 설정] 그룹-[인쇄 영역 📄]-[인쇄 영역 설정]을 클릭해볼까요?!

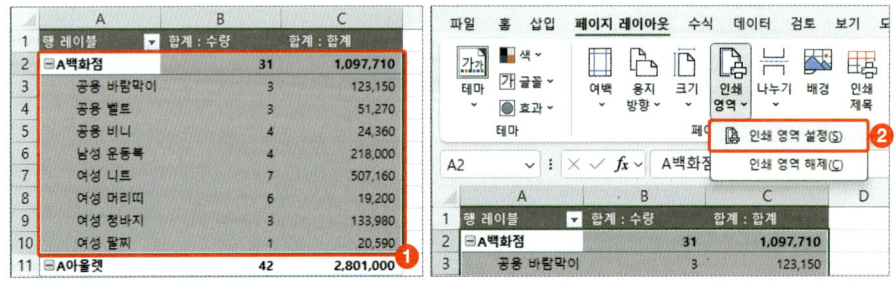

❶ Ctrl + P 를 눌러 확인해보면 ❷ 앞서 선택한 부분만 미리 보기에 표시되는 것을 확인할 수 있습니다.

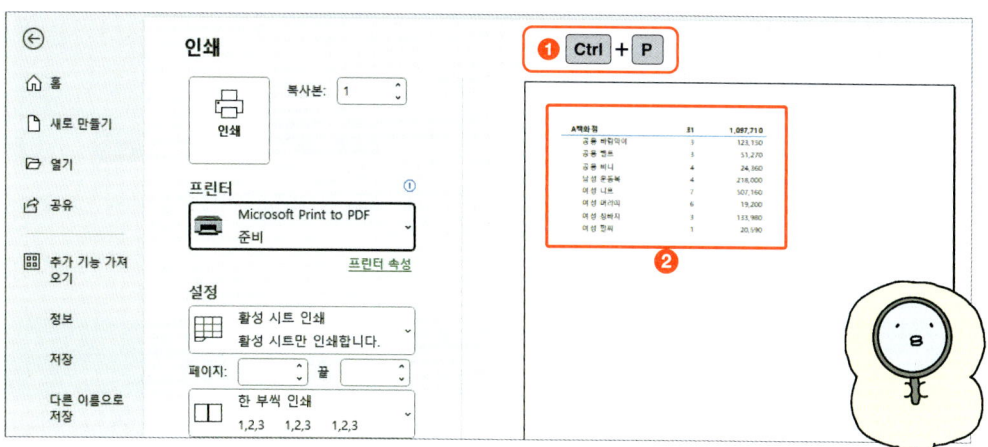

TIP 현재 설정된 인쇄 범위를 확인하고 싶다면 [이름 상자]에서 [Print_Area]를 선택해 설정된 범위를 확인하면 됩니다. 인쇄 영역은 [인쇄 영역 해제]를 클릭해 해제할 수 있습니다.

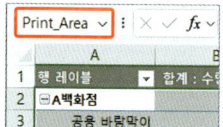

가볍게 알려주는 올이's 엑셀 NOTE | 다양한 인쇄 옵션

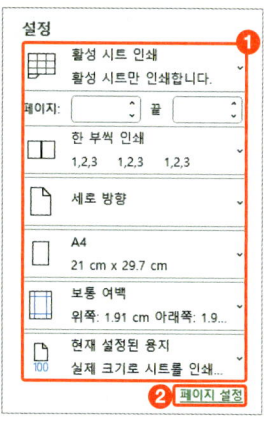

인쇄 백스테이지 화면에서는 ❶ 인쇄와 관련된 다양한 옵션을 확인하고, 수정할 수 있습니다. 인쇄할 때 인쇄본의 인쇄 순서, 용지 방향, 크기, 여백 등 다양한 옵션을 조절할 수 있으며 각각 선택한 옵션에 따라 미리 보기 화면에서 인쇄 모양을 미리 확인할 수 있으므로 그리 어렵지 않게 조절할 수 있습니다. 자세한 옵션은 아래에 있는 ❷ [페이지 설정]을 클릭해 [페이지 설정] 대화상자에서도 설정할 수 있습니다. [페이지 설정] 대화상자의 자세한 기능은 각각의 기능 학습에서 확인해볼게요!

하나라도 더 알려주는 올이

STEP 02 워크시트 인쇄 응용 기능
깔끔한 보고서 인쇄를 위한 필수 응용 기능

 인쇄 문서 여백 지정하기

예제 파일 : C6L1_인쇄기술1.xlsx

예제 파일을 열어보면 데이터가 '일자'부터 '판매점'까지 입력되어 있죠!?
하지만 Ctrl + P 를 눌렀을 때 인쇄 미리 보기를 확인해보면
'일자'부터 '정가'까지만 한 페이지에 인쇄되는 걸 확인할 수 있어요!

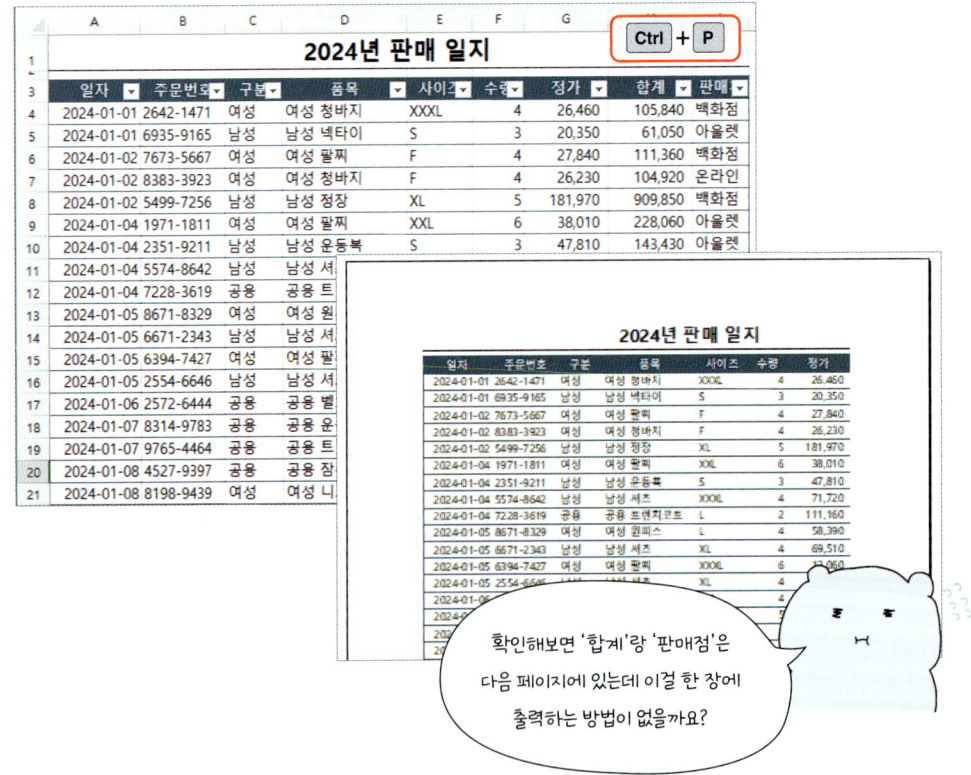

확인해보면 '합계'랑 '판매점'은 다음 페이지에 있는데 이걸 한 장에 출력하는 방법이 없을까요?

CHAPTER 06 엑셀의 인쇄 기능과 보안, 응용 기능

보통 이런 문제는 입력된 데이터에 비해 인쇄 용지 사이즈가 작거나,
여백 때문에 공간이 모자라기 때문인데요!
용지는 주로 A4 용지를 사용해 바꾸기가 어려우니
여백, 방향, 비율 등을 조절해 해결할 수 있습니다.
일단 간단하게 ❶ [보통 여백]을 클릭하고 ❷ [좁게]를 선택해볼까요?

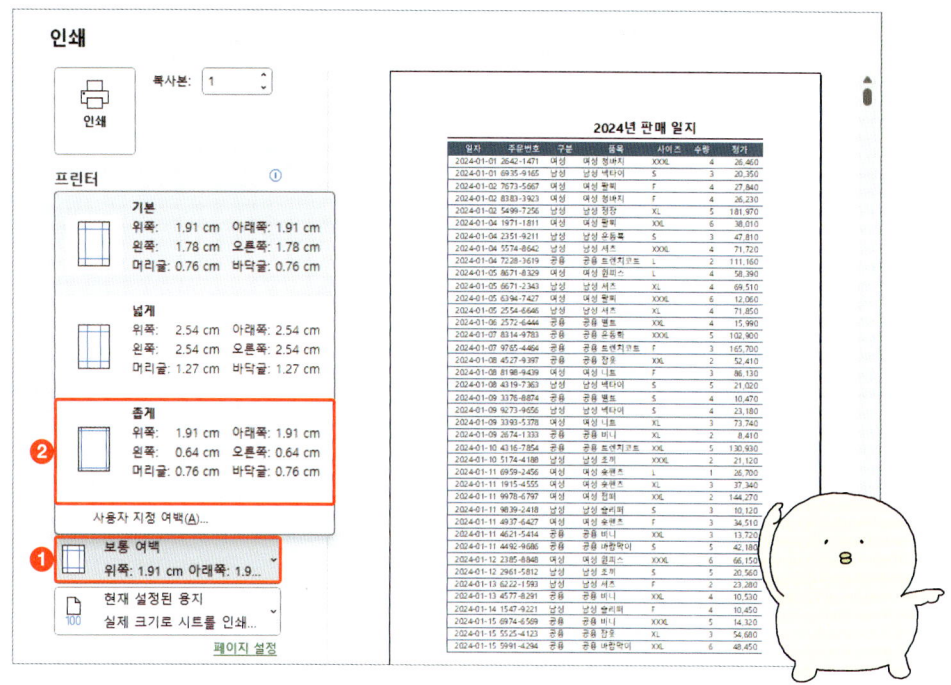

인쇄 미리 보기 화면을 확인해보면 '판매처'까지 한 페이지에
모두 인쇄되는 걸 확인할 수 있습니다.

[페이지 설정]을 클릭해 [페이지 설정] 대화상자의
❶ [여백] 탭에서 클릭해 페이지 여백을 직접 수치로 조절하거나
페이지 가운데 맞춤 여부를 설정할 수 있어요!
❷ [페이지] 탭에서 직접 확대/축소 배율을 조정할 수도 있답니다!

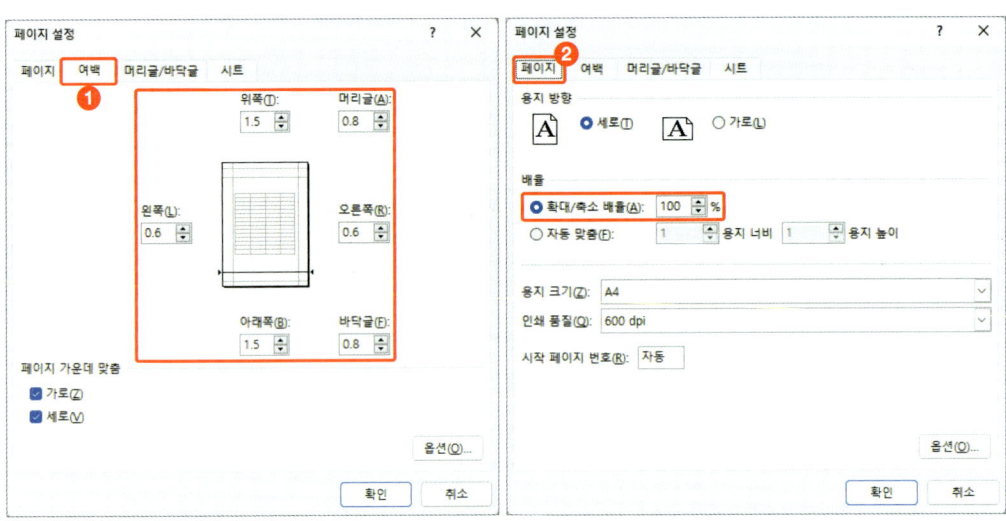

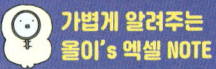 **다양한 인쇄 크기 맞춤 옵션**

엑셀 워크시트는 미리 용지 크기에 맞춰 작업하는 경우가 거의 없는 만큼 인쇄할 때는 용지 크기에 데이터를 맞추는 작업은 필수입니다. 인쇄 백스테이지 화면에서 [현재 설정된 용지]를 클릭하면 다양한 맞춤 인쇄 설정을 확인할 수 있습니다.

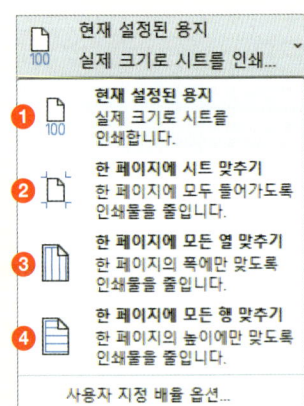

❶ **현재 설정된 용지** : 현재 설정된 용지 크기에 맞춰 워크시트를 인쇄합니다. 별도의 비율 조정은 하지 않습니다.
❷ **한 페이지에 시트 맞추기** : 시트 전체 데이터를 한 페이지에 맞춥니다. 데이터의 길이나 너비가 용지 비율과 비슷할 때 주로 사용합니다.
❸ **한 페이지에 모든 열 맞추기** : 시트 전체 데이터 중 열 범위만 페이지 폭에 맞춥니다.
❹ **한 페이지에 모든 행 맞추기** : 시트 전체 데이터 중 행 범위만 페이지 높이에 맞춥니다.

머리글/바닥글 지정하기

예제 파일 : C6L1_인쇄기술1.xlsx

인쇄할 때 문서의 위나 아래에 있는 페이지 번호와 같이 특정 내용을 입력할 수 있는 공간을 머리글과 바닥글이라고 하죠? 엑셀도 마찬가지로 머리글과 바닥글 공간이 있어요! 우선 화면 오른쪽 아래에 있는 [페이지 레이아웃 🔲]을 클릭해볼까요?

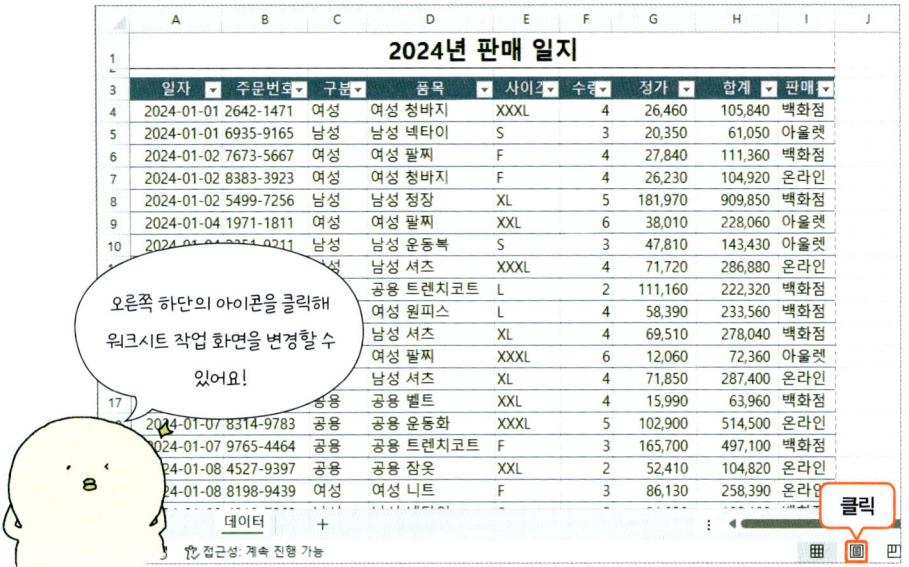

기존 워크시트 작업 화면이 A4 용지에 어떻게 인쇄되는지 보여주는 페이지 레이아웃 형태로 작업 화면이 바뀝니다.

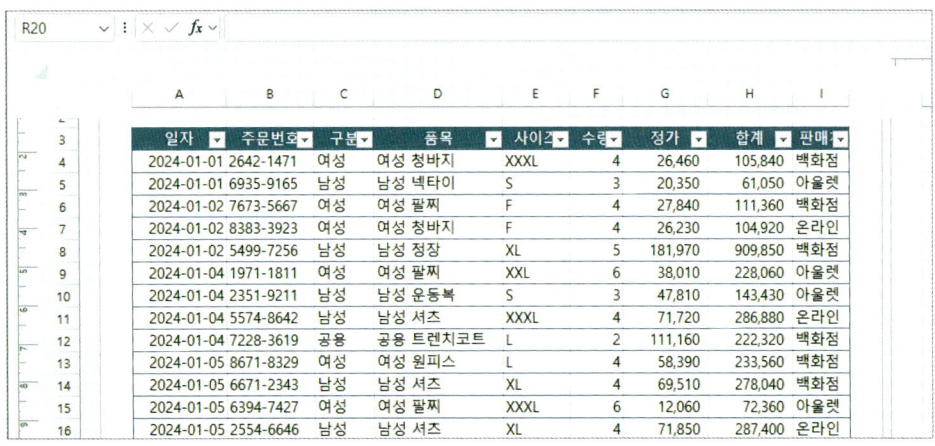

머리글 영역을 클릭하면 입력 상태가 됩니다. [머리글/바닥글] 탭이 활성화되면
[머리글/바닥글 요소] 그룹에서 각 요소를 클릭해 다양한 서식을 입력할 수도 있습니다.

❶ 머리글 오른쪽 영역을 클릭하고요! ❷ [현재 날짜 7]를 클릭한 후
❸ Spacebar 를 눌러 한 칸 벌리고 ❹ [현재 시간 🕒]을 클릭하면
❺ &[날짜] &[시간] 텍스트가 완성됩니다!

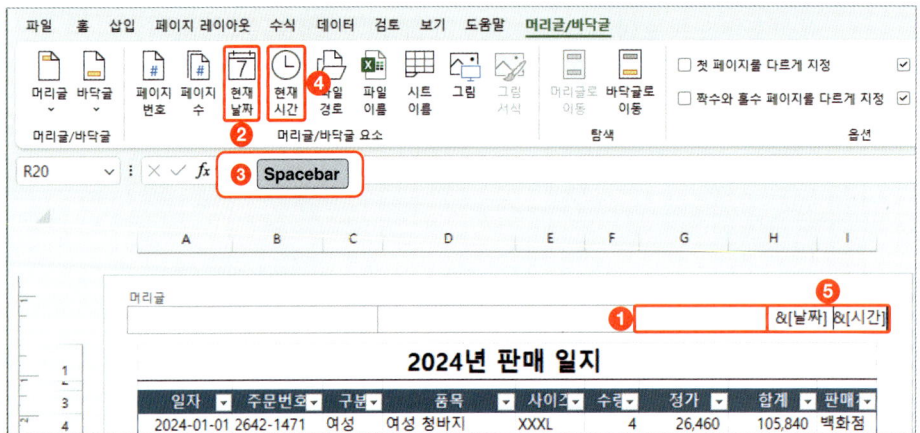

이번에는 ❶ 페이지 바닥글 영역의 가운데를 클릭합니다.
❷ [페이지 번호 #]를 클릭하고 ❸ 슬래시(/)를 입력한 후 ❹ [페이지 수 #]를 클릭해볼까요?

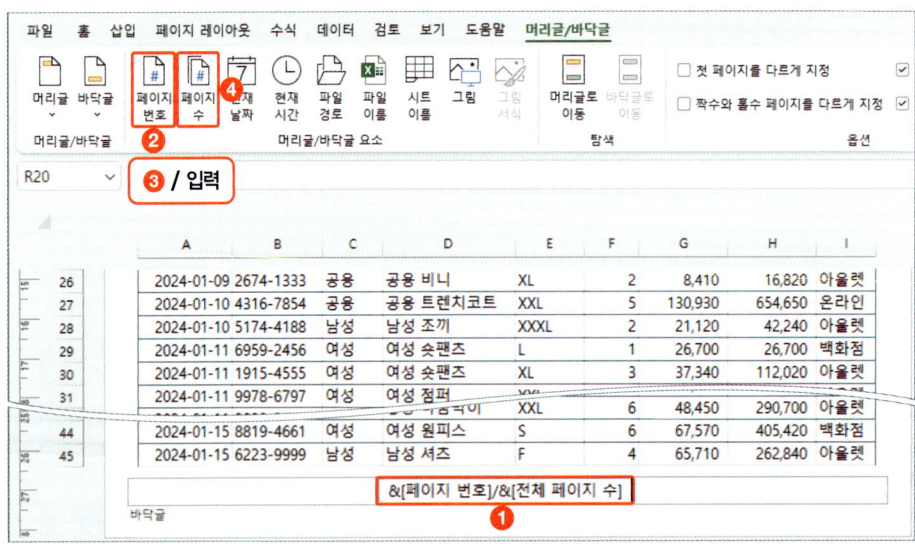

> **TIP** [머리글/바닥글] 그룹에 사전 설정된 다양한 템플릿이 준비되어 있습니다. 직접 머리글과 바닥글 서식을 만들 수도 있지만, 템플릿으로 빠르게 적용할 수도 있어요!

Ctrl + P 를 눌러서 확인해보면 머리글에는 현재 날짜와 시간이
바닥글에는 현재 페이지와 전체 페이지가 나타납니다.

인쇄 페이지의 머리글과 바닥글은
[페이지 설정] 대화상자의 [머리글/바닥글] 탭에서도 수정할 수 있습니다.
머리글과 바닥글은 템플릿이 제공되기 때문에
더욱 편리하게 입력할 수 있답니다!

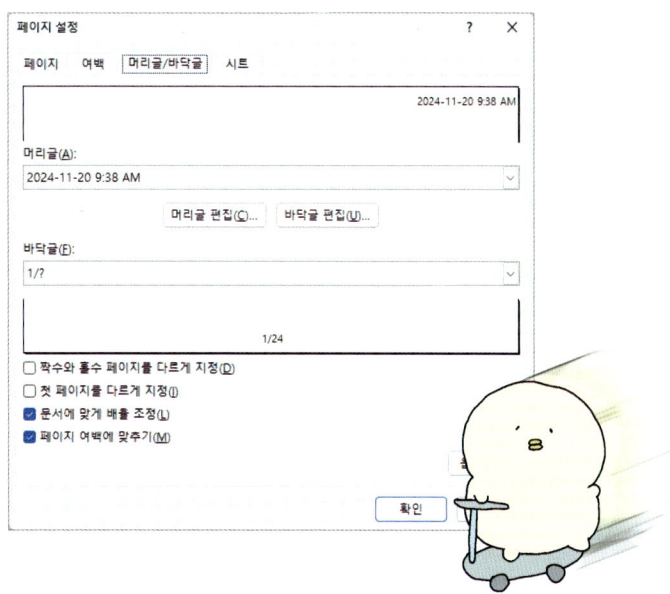

LESSON 01 깔끔하게 인쇄하는 일잘러의 노하우

머리글(제목) 행 반복 인쇄하기

예제 파일 : C6L1_인쇄기술1.xlsx

위아래로 긴 로우 데이터를 인쇄할 때 페이지마다
머리글(제목 행)이 반복되어 표시되면 데이터를 구분할 때 편리하겠죠?
하지만 예제 파일을 열어 Ctrl + P 로 확인해보면
1페이지에는 머리글 행이 있지만 2페이지부터는 머리글이 나타나지 않습니다.
이때 어떻게 설정하면 되는지 한번 알아볼게요!

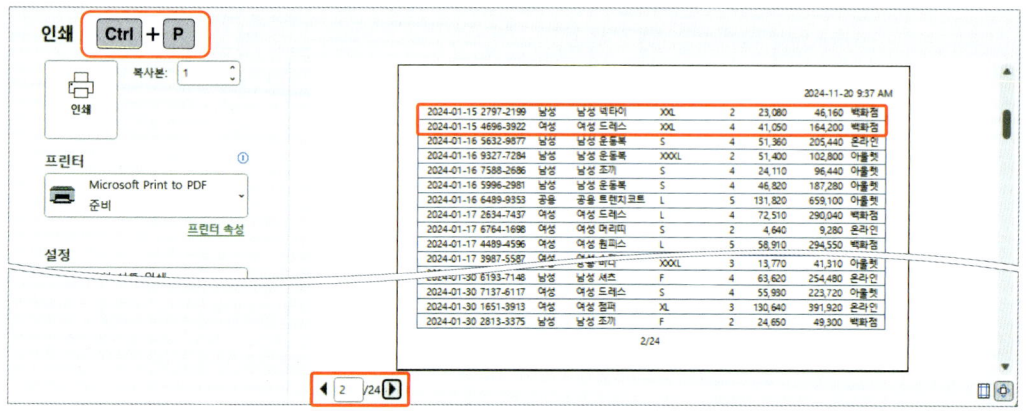

[페이지 레이아웃] 탭-[페이지 설정] 그룹-[인쇄 제목]을 클릭합니다.

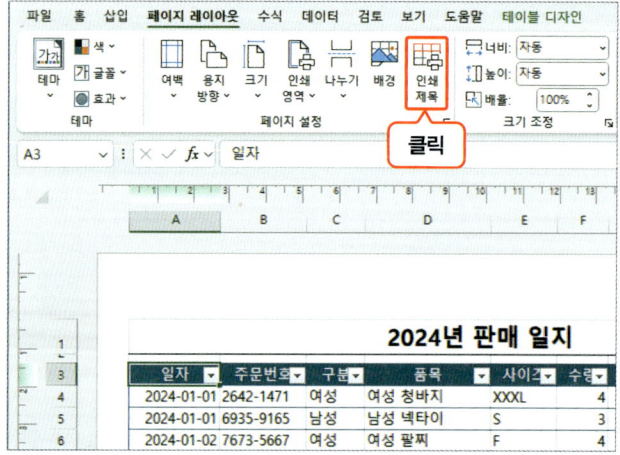

[페이지 설정] 대화상자가 나타나면

❶ [반복할 행]의 입력란을 클릭하고 3열($3:$3)을 설정합니다.

❷ [확인] 클릭합니다.

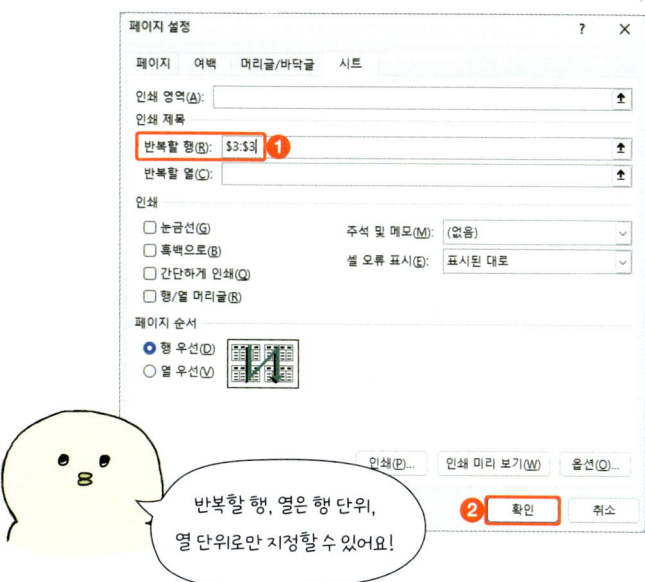

반복할 행, 열은 행 단위, 열 단위로만 지정할 수 있어요!

TIP [반복할 행]의 입력란을 클릭하고 워크시트에서 3열의 열 머리글을 선택하면 됩니다.

Ctrl + P 를 누르고 인쇄 미리 보기 화면에서 2페이지부터 확인해볼까요?
1페이지 이후에도 머리글 행이 반복되는 걸 확인할 수 있습니다.

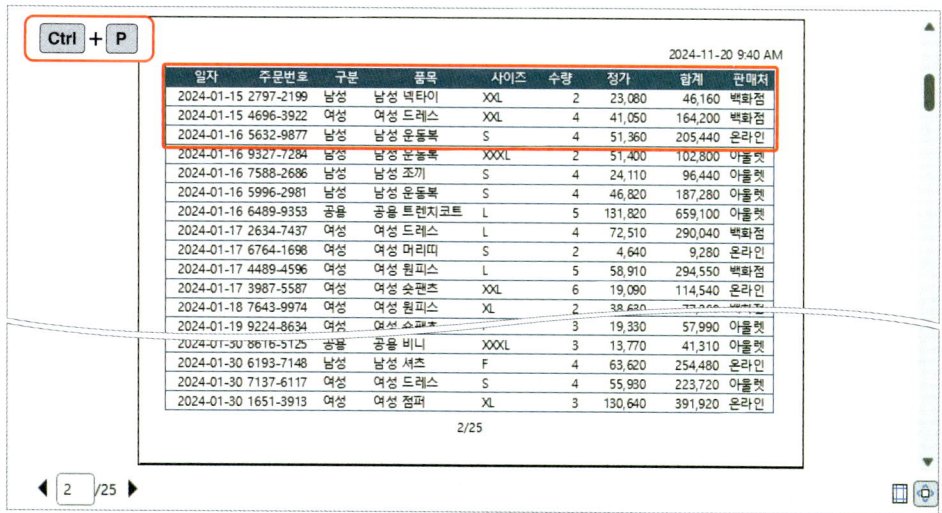

> 될 때까지 같이 하는 올이

STEP 03 통합 문서 전체 인쇄하기
경우에 따라 편하게, 한번에 인쇄하는 방법

 통합 문서 내 전체 워크시트 한번에 인쇄하기

예제 파일 : C6L1_인쇄기술2.xlsx

통합 문서에 두 개 이상의 시트가 있을 경우, 한번에 인쇄해야 할 경우가 있겠죠?
이때 인쇄 백스테이지 화면에서 [전체 통합 문서 인쇄]로 설정하면
통합 문서 내에 포함된 시트를 한번에 인쇄할 수 있어요!
다만 이 상태에서는 여백, 용지 방향 등을 시트별로 개별 설정해야 한답니다.

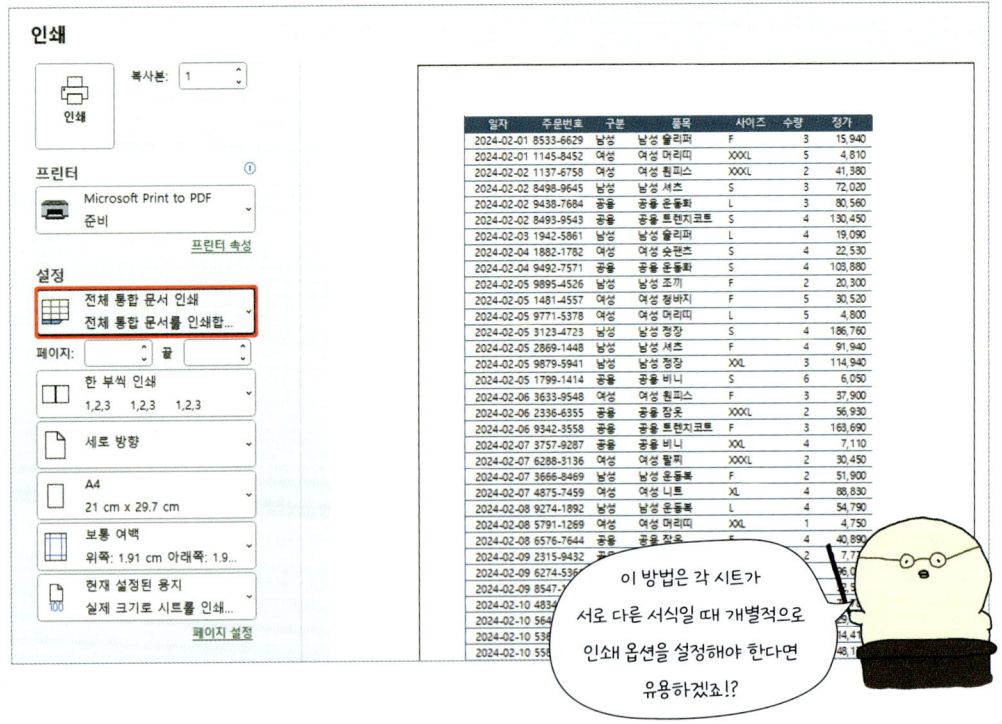

— 350 —

CHAPTER 06 엑셀의 인쇄 기능과 보안, 응용 기능

반면에 모든 시트가 비슷한 양식을 가진 경우에는 한번에 인쇄하는 게 편리하겠죠?
이번에는 그 방법을 한 번 알아보겠습니다!

01 ❶ [1월] 시트 탭을 클릭한 후 ❷ Shift 를 누른 상태에서 [4월] 시트 탭을 클릭하면 전체 시트 탭이 선택됩니다. 이 상태에서 ❸ Ctrl + P 를 눌러볼까요?

TIP 시트 탭을 개별적으로 선택해야 될 때는 Ctrl 을 누른 상태에서 각각 클릭하면 됩니다.

02 인쇄 백스테이지 화면에서 여백을 [좁은 여백]으로 설정합니다.
표 데이터가 A4 용지 한 장에 모두 표시됩니다.

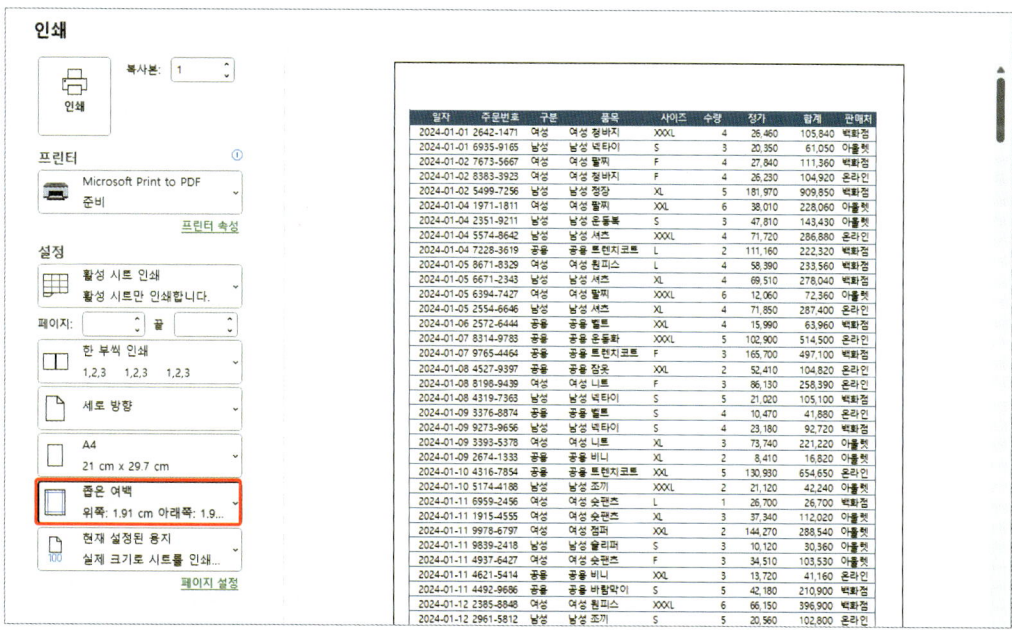

03 그럼 전체 통합 문서 인쇄를 설정했을 때와는 달리
전체 시트 인쇄 서식이 모두 한 번에 변한 것을 확인할 수 있습니다.

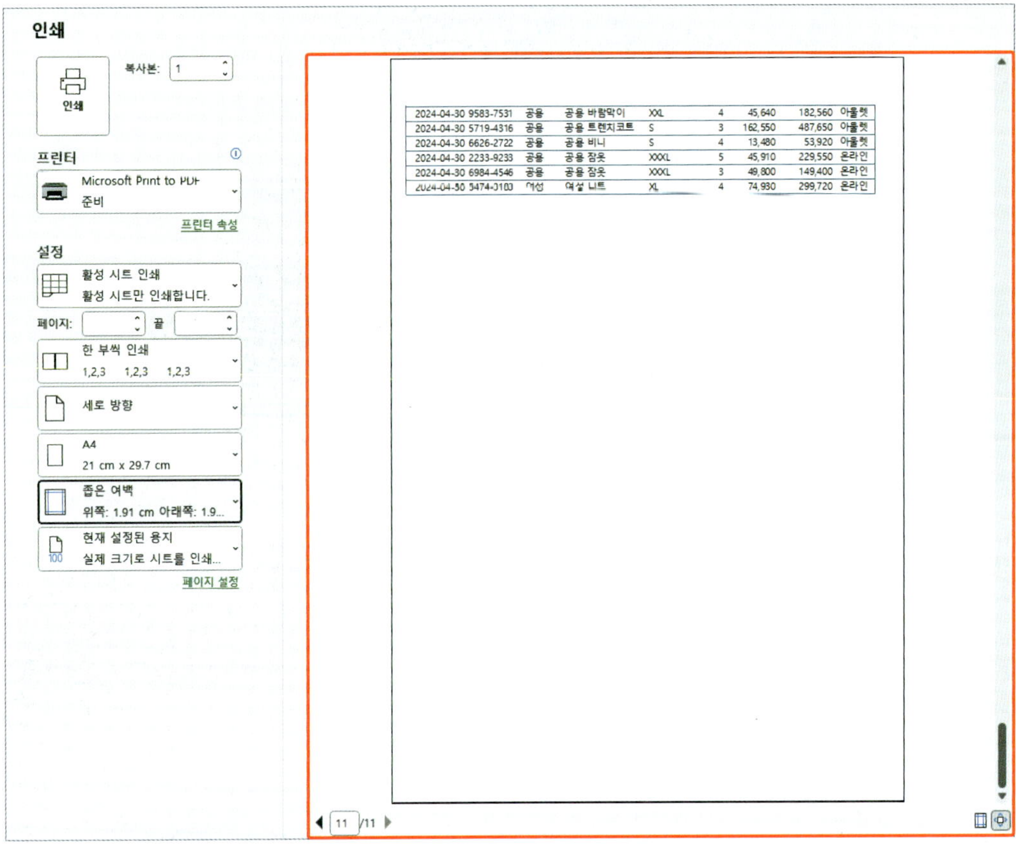

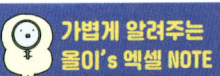

가볍게 알려주는 올이's 엑셀 NOTE — 다양한 인쇄 범위 옵션

인쇄 백스테이지 화면에서 기본 인쇄 옵션을 확인해보면 [활성 시트 인쇄]로 설정되어 있습니다. 이 외에도 다른 옵션을 선택해 여러분이 인쇄할 문서에 맞게 설정할 수 있답니다!

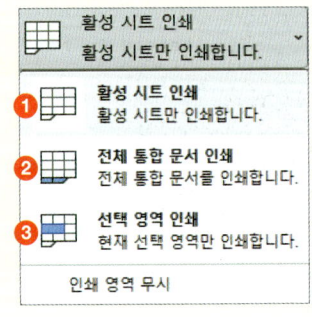

❶ **활성 시트 인쇄** : 현재 선택된(작업 중인) 시트만 인쇄합니다. 여러 개의 시트를 선택했을 경우 한번에 인쇄할 수 있습니다. 인쇄 설정을 한번에 할 수 있습니다.

❷ **전체 통합 문서 인쇄** : 통합 문서에 포함된 전체 시트를 한번에 모두 인쇄합니다. 인쇄 설정은 시트마다 개별적으로 해야 합니다.

❸ **선택 영역 인쇄** : 현재 지정된 인쇄 영역만 인쇄합니다.

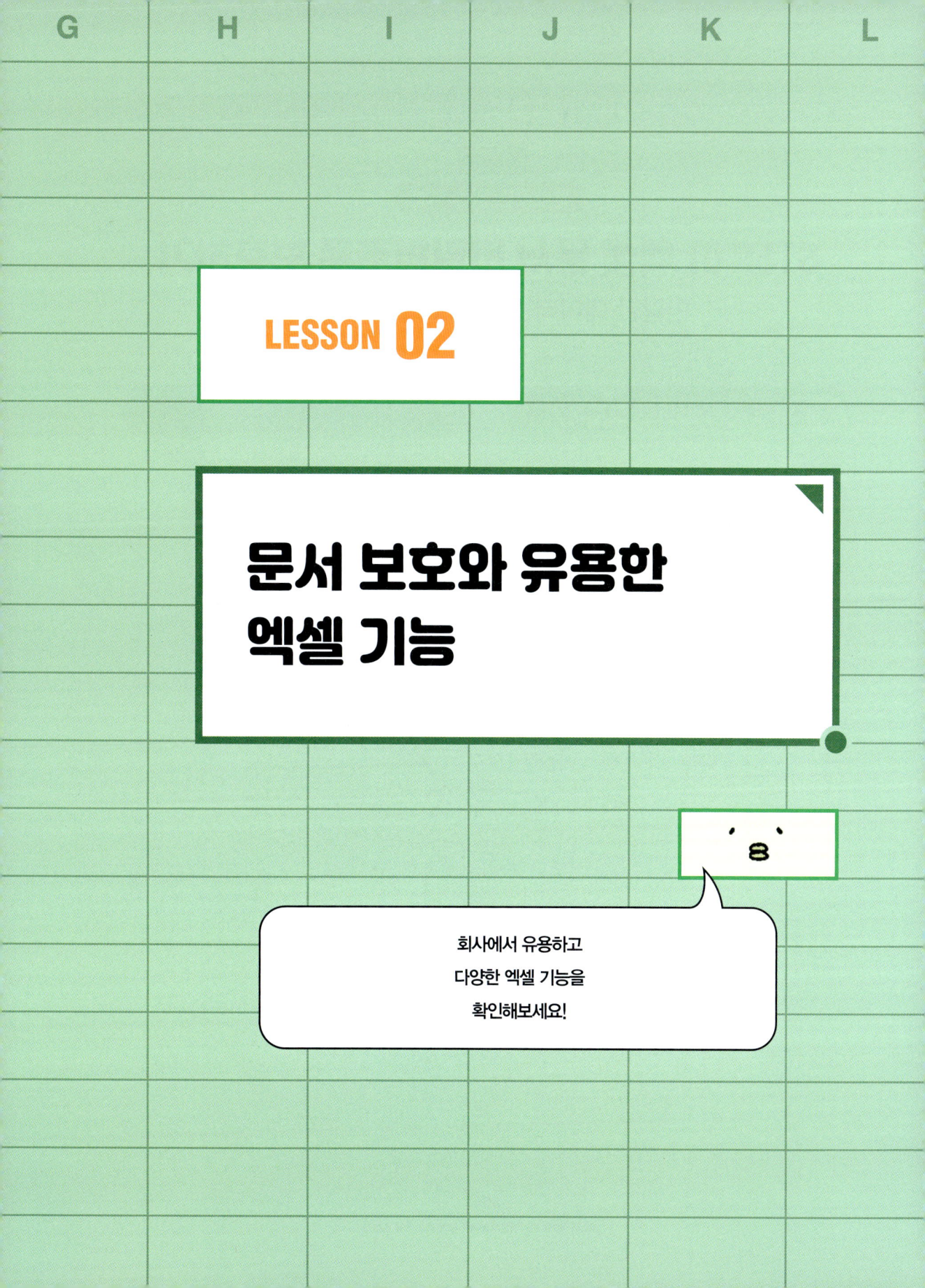

눈으로만 읽는 엑셀

STEP 01 엑셀 문서 비밀번호로 보호하기
민감한 데이터는 암호로 관리하세요!

엑셀 문서 암호로 보호하기

예제 파일 : C6L2_문서보호1.xlsx

회사 내부 자료 중 중요하고 민감한 자료에는
암호를 걸어서 아무나 열어보지 못하게 할 필요도 있고,
팀원이나 외부에 엑셀 파일을 공유할 때,
중요한 자료는 수정하지 못하도록 보호해야 할 필요가 있죠?

이때! 올이가 알려주는 이 방법을 한 번 활용해보세요!

예제 파일은 현재 아무런 보호도 되어 있지 않은 상태입니다.

이 문서에 암호를 걸어 아무나 열어보지 못하게 만들어볼게요!

❶ [파일] 탭을 클릭하고 백스테이지 화면에서 ❷ [정보]를 클릭합니다.

❸ [통합 문서 보호]를 클릭하고 ❹ [암호 설정]을 클릭해볼까요?

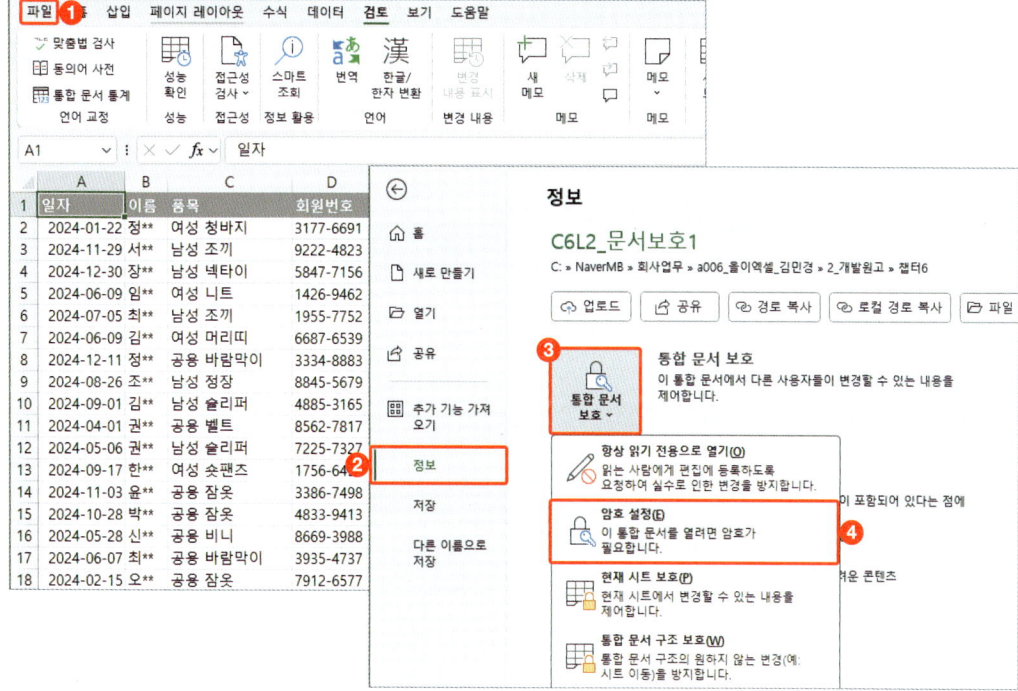

[문서 암호화] 대화상자가 나타나면 ❶ 비밀번호 입력하고

❷ [확인]을 클릭하시구요!

❸ [암호 확인] 대화상자에 암호를 다시 한 번 입력한 후

❹ [확인]을 클릭합니다.

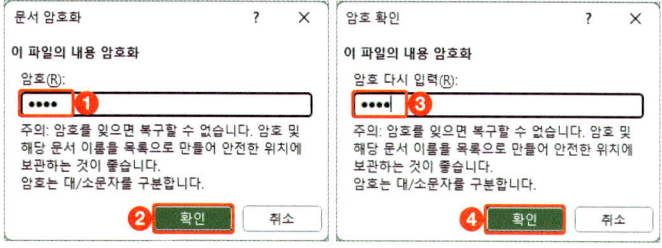

암호가 설정된 문서는 이렇게 [통합 문서 보호]에 노란색 표시가 나타납니다.

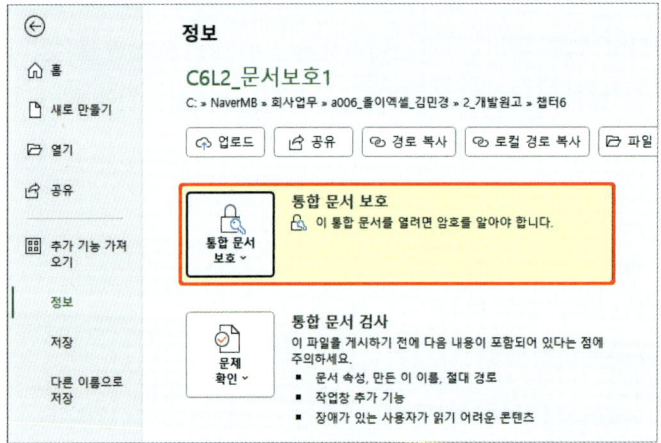

파일을 닫고 다시 열면 암호를 요구하는 대화상자가 나타나죠?
❶ 설정한 비밀번호를 입력하고 ❷ [확인]을 클릭하면 문서가 열립니다.

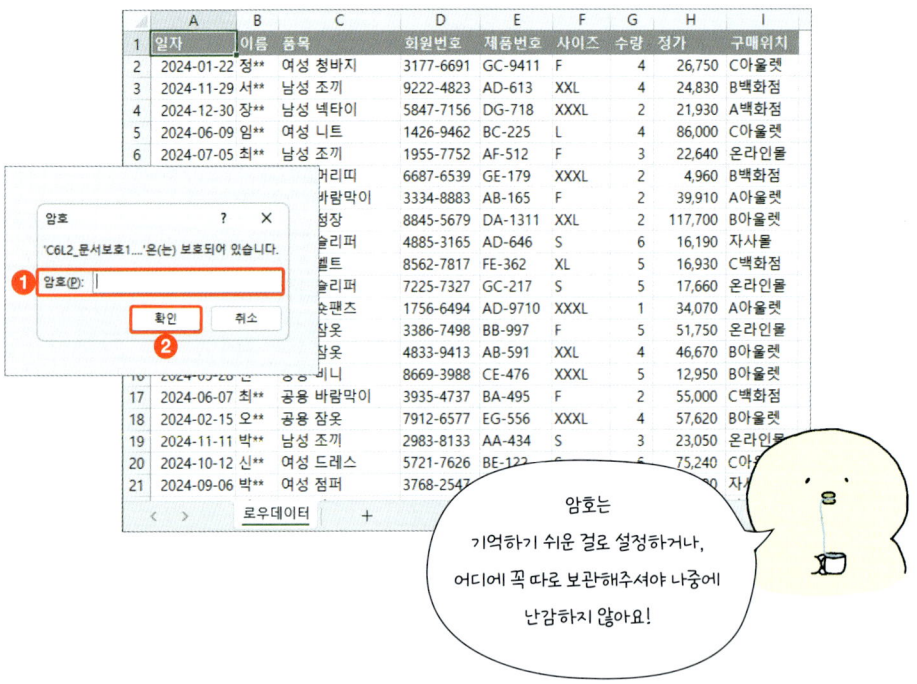

암호는 기억하기 쉬운 걸로 설정하거나, 어디에 꼭 따로 보관해주셔야 나중에 난감하지 않아요!

통합 문서의 열기 암호를 해제해볼까요?

암호가 설정된 문서에서 ❶ [통합 문서 보호]를 클릭하고 ❷ [암호 설정]을 클릭합니다.
❸ [문서 암호화] 대화상자가 나타나면 입력란을 공란으로 놔둔 상태에서
❹ [확인]을 클릭해주세요!

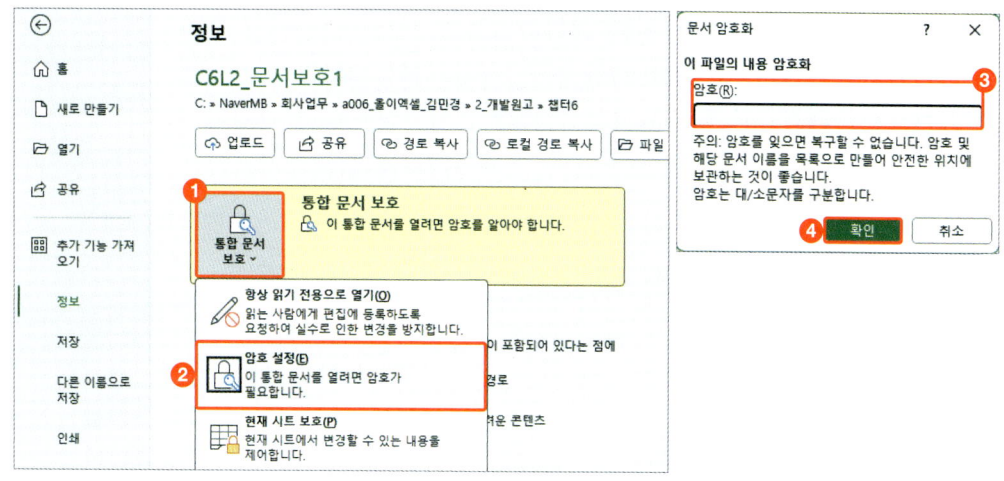

그럼 이렇게 통합 문서의 보호가 해제됩니다.

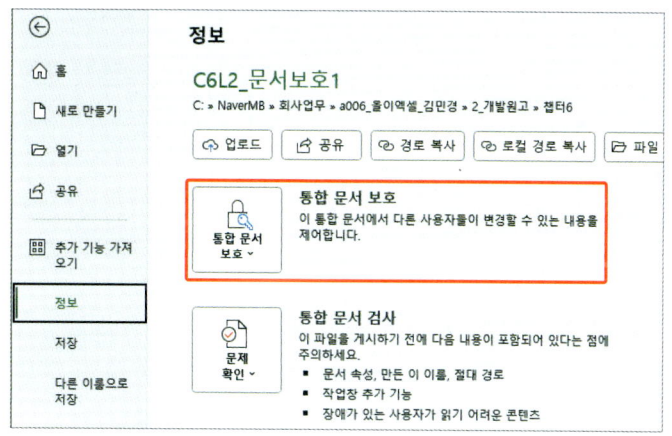

통합 문서의 보호 기능을 사용하면
보안이 필요한 문서(특히 개인 정보가 들어간 문서가 그렇겠죠!)를
암호화해서 관리할 수 있다는 점! 그리고 암호는 꼭 나만 아는 곳에 메모하거나
기억할 수 있도록 관리해야 한다는 점, 기억해주세요!

통합 문서 보호로 시트 구조 보호하기

예제 파일 : C6L2_문서보호2.xlsx

엑셀에는 문서 전체를 암호화하지 않고, 편집만 안 되도록 보호하거나,
입력이 꼭 필요한 일부 셀만 수정할 수 있도록 공유할 수도 있습니다!
예제 파일을 열면 I열에는 각 제품의 구매 상태를 체크할 수 있도록
데이터 유효성 검사가 적용되어 있는데요!
먼저 시트 구조(시트 추가, 삭제, 위치 변경 등)를 변경할 수 없도록 설정해보겠습니다.
[검토] 탭-[보호] 그룹-[통합 문서 보호]를 클릭해볼게요!

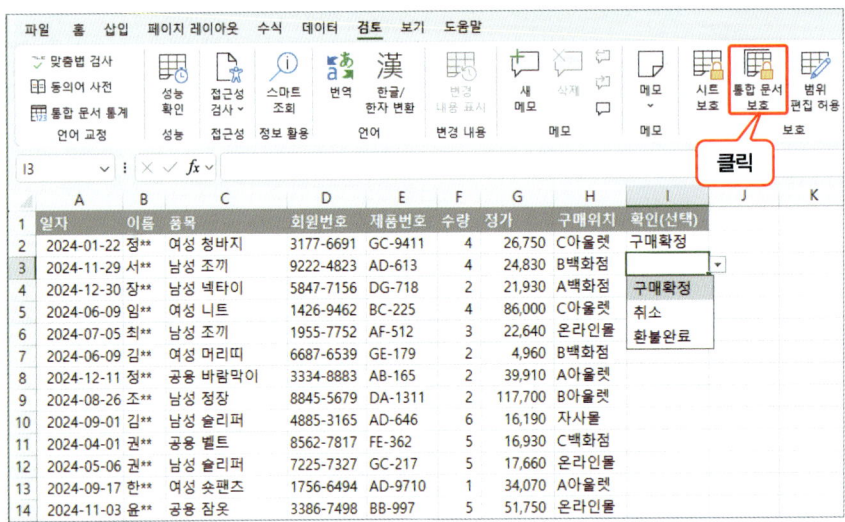

❶ [구조 및 창 보호] 대화상자에 비밀번호를 입력하고 ❷ [확인]을 클릭합니다.
❸ [암호 확인] 대화상자도 방금 적은 것과 동일한 비밀번호를 입력하고 ❹ [확인]을 클릭합니다.

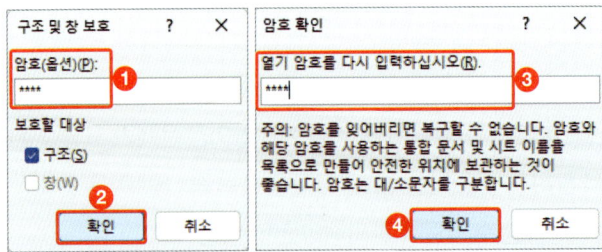

통합 문서의 구조가 보호된 상태이므로 [새 시트 +]를 클릭해도 시트가 추가되지 않습니다.
[통합 문서 보호] 기능은 시트 안의 데이터는 보호하지 않지만,
이렇게 통합 문서 안의 시트 구조를 보호하는 기능이라고 생각하면 편해요!

TIP 이 상태에서 [통합 문서 보호]를 한 번 더 클릭해 문서 구조 보호를 해제할 수도 있습니다. 이때 이전에 입력한 비밀번호를 다시 입력해야 합니다.

시트 보호로 입력된 데이터 보호하기

예제 파일 : C6L2_문서보호2.xlsx

이어서 시트에 입력된 데이터도 편집할 수 없도록 보호해볼까요?
다만 예제에서는 '확인(선택)'에 해당하는 데이터는 편집할 수 있도록
이 부분만 편집을 허용하는 과정부터 진행해볼게요!

❶ 먼저 [I2:I100] 범위를 선택하고 ❷ Ctrl + 1 을 누릅니다.

TIP [시트 보호] 기능을 활용해서 데이터를 보호할 때, 통합 문서 내에 시트가 여러 개일 경우 개별 시트를 각각 보호해야 합니다.

[셀 서식] 대화상자 ❶ [보호] 탭을 클릭하고
❷ [잠금]의 체크를 해제한 후 ❸ [확인]을 클릭합니다.

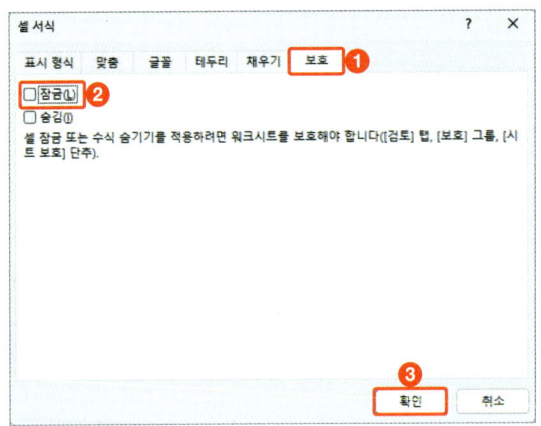

[검토] 탭-[보호] 그룹-[시트 보호]를 클릭해볼까요?

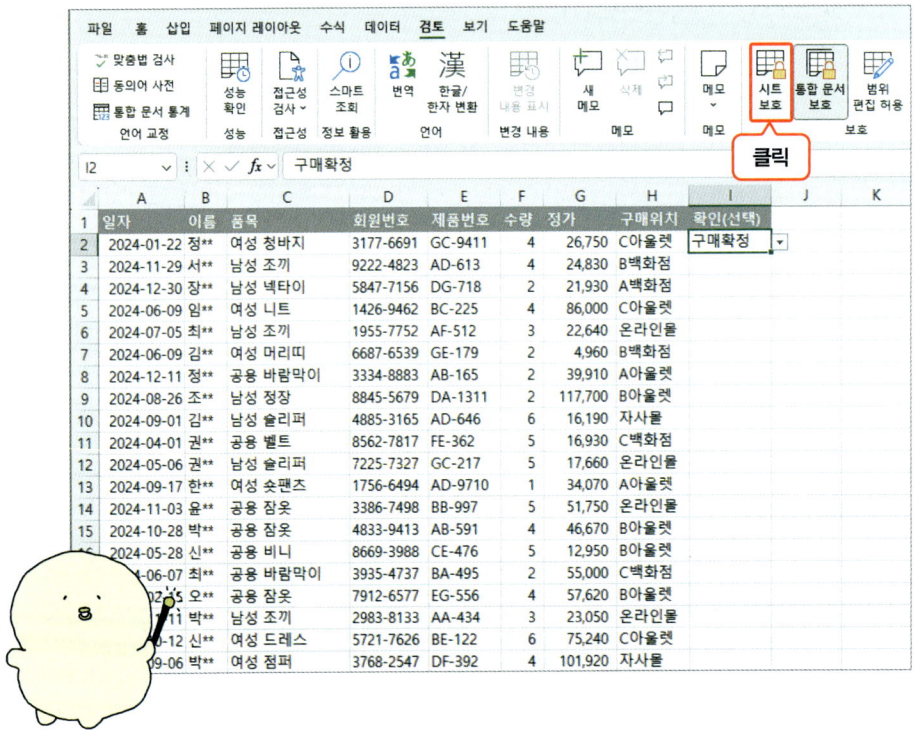

그럼 왼쪽 그림과 같은

[시트 보호] 대화상자가 나타납니다.

❶ [시트 보호 해제 암호]에 원하는 암호를 입력한 후

❷ [확인]을 클릭합니다.

TIP [이 워크시트의 모든 사용자에게 다음 사항을 허용]에는 암호를 해제하지 않아도 사용 가능한 기능 목록을 확인할 수 있습니다. 예를 들어서 [자동 필터 사용]에 체크되어 있다면 원본 데이터는 편집할 수 없지만, 필터 기능 자체는 사용할 수 있습니다.

우선 시트에 입력된 데이터 중 '확인(선택)' 열을 제외한

❶ 임의의 셀에 입력된 데이터를 한 번 수정해볼까요?

❷ 그럼 시트의 보호를 우선 해제하라는

메시지가 나타나면서 수정 작업이 실행 취소됩니다.

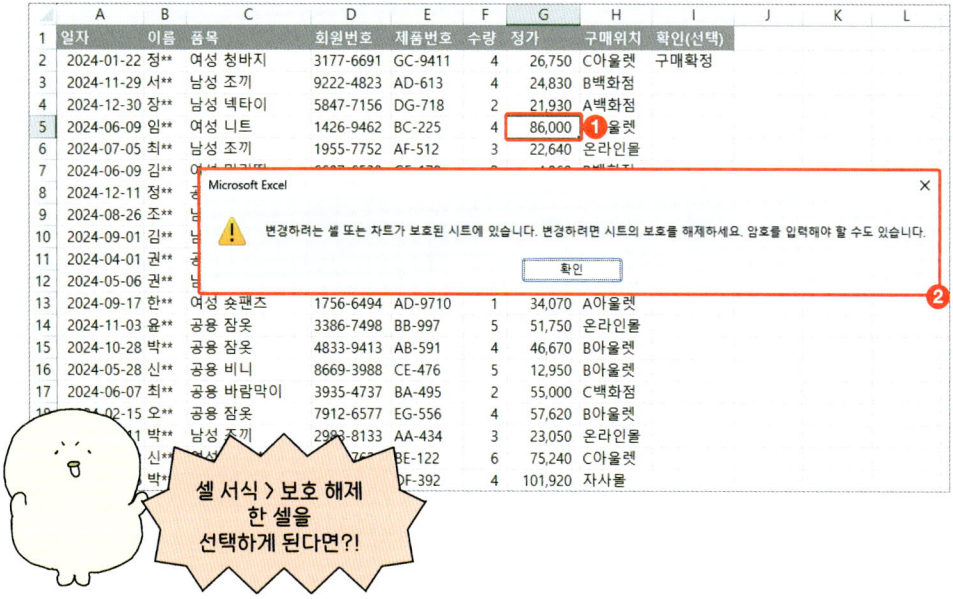

LESSON 02 문서 보호와 유용한 엑셀 기능

이번에는 앞서 미리 잠금을 해제한
'확인(선택)'에 해당하는 데이터를 수정해볼까요?
여기는 데이터 유효성 검사가 적용되어 있어 직접 입력할 필요 없이
이렇게 선택해서 입력할 수 있어요!

이렇게 보호 기능은 여러분의 필요에 맞게 골라서 적용할 수 있어요!
그리고 문서 암호는 꼭 안전한 방법으로 관리해
잊어버리면 안 된다는 점은 꼭 기억해주세요!

하나라도 더 알려주는 올이

STEP 02 엑셀이 편해지는 몇 가지 꿀팁
다양한 방법으로 엑셀 기능 응용하기

반복되는 빈칸 한번에 없애기

예제 파일 : C6L2_반복빈칸없애기.xlsx

엑셀 데이터를 다운로드하면 간혹 서식에 반복되는 빈칸을 없애야 하는 경우가 있는데요! 반복적으로 삽입된 빈칸을 없애야 할 때 데이터의 순서가 크게 중요하지 않다면 간단히 해결할 수 있습니다. ❶ 우선 정렬할 표 범위를 선택하고 ❷ [홈] 탭-[편집] 그룹-[정렬 및 필터]-[텍스트 오름차순 정렬]을 클릭합니다.

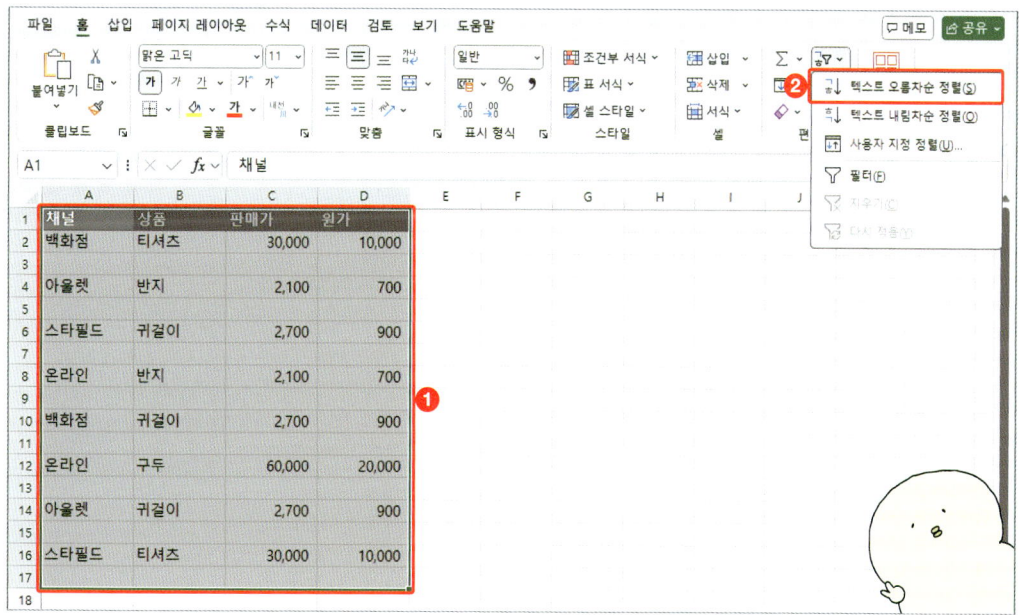

빈 셀이 모두 아래로 밀려 나면서 한번에 정렬됩니다.
그리고 '채널'에 해당하는 데이터가 오름차순으로 정렬된 걸 확인할 수 있죠?

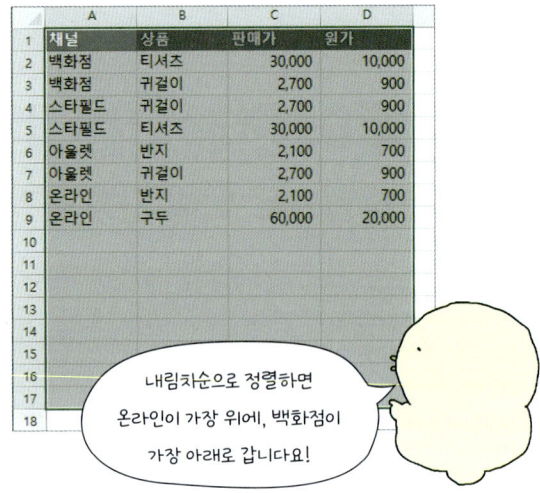

반면 데이터의 순서가 바뀌지 않아야 하는 표도 있는데요!

❶ 이때는 정렬할 표 범위를 선택하고

❷ [홈] 탭-[편집] 그룹-[정렬 및 필터]-[이동 옵션]을 클릭합니다.

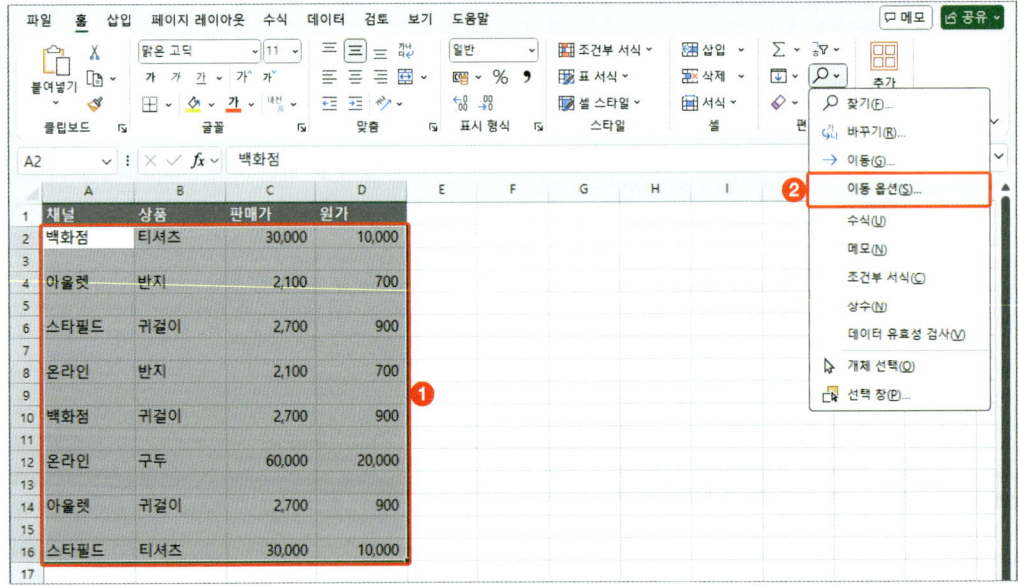

[이동 옵션] 대화상자에서 ❶ [빈 셀]을 클릭하고 ❷ [확인]을 클릭합니다.

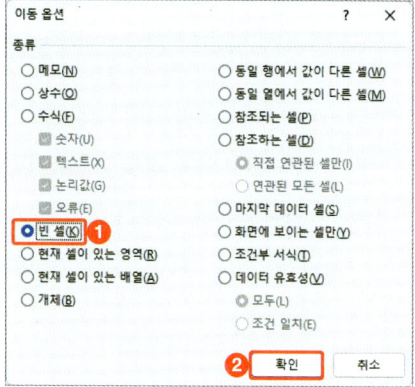

전체 표 범위에서 빈 셀만 선택된 상태로

❶ Ctrl + - 을 누르면 [삭제] 대화상자가 나타나고요!

❷ [행 전체]를 클릭하고 ❸ [확인]을 클릭합니다.

❹ 그럼 이렇게 반복되는 빈 행을 바로 삭제할 수 있습니다.

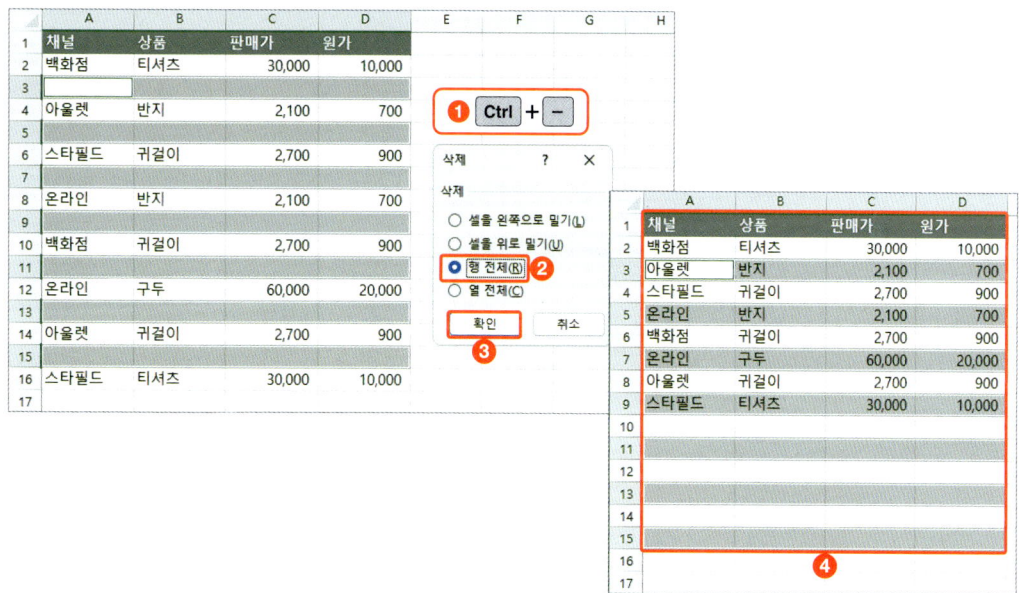

반복되는 빈칸 한번에 만들기

예제 파일 : C6L2_반복빈칸만들기.xlsx

반대로 간혹, 서식을 만들기 위해
반복되는 빈칸을 입력해야 하는 경우도 있을 수 있겠죠!
이때는 ❶ [E2:E3] 범위에 **1, 2**를 각각 입력하고
❷ 채우기 핸들을 [E9] 셀까지 드래그해볼까요?

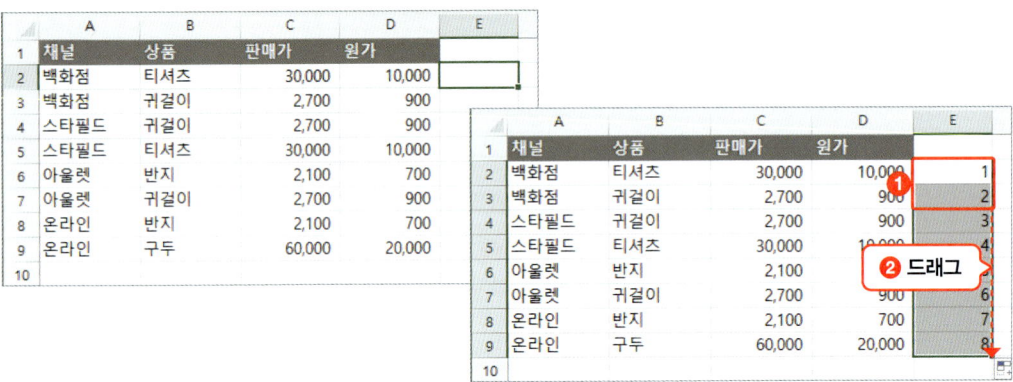

❶ [E2:E9] 범위를 선택하고 Ctrl + C 로 복사한 후
❷ [E10] 셀을 클릭하고 Ctrl + V 로 붙여 넣습니다.

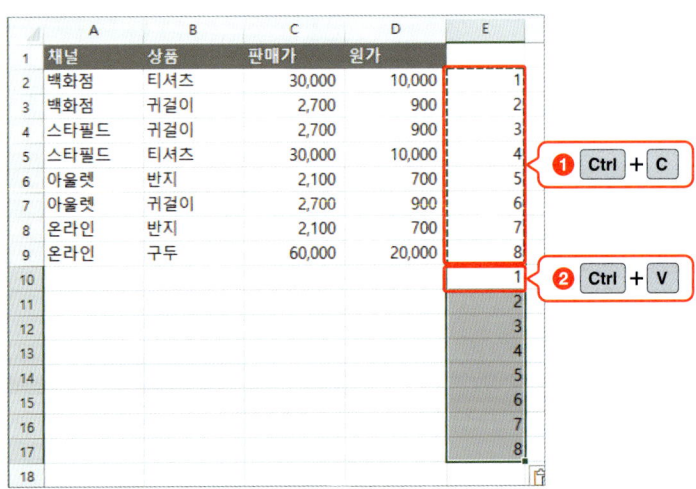

❶ [A1:E17] 범위를 선택하고

❷ [홈] 탭-[편집] 그룹-[정렬 및 필터]-[사용자 지정 정렬]을 클릭합니다.

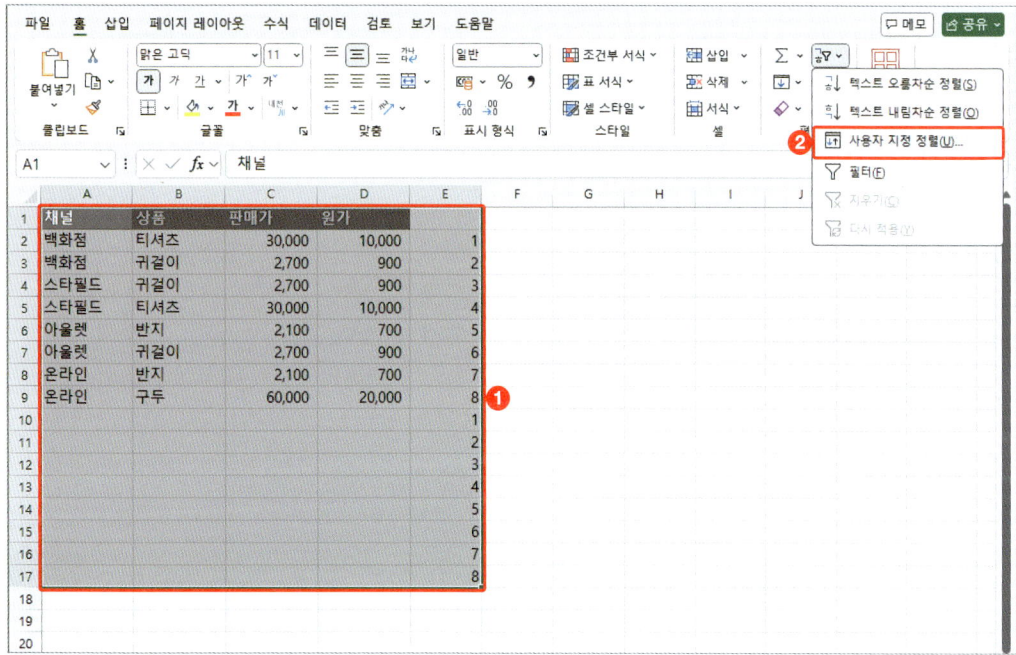

[정렬] 대화상자에서 ❶ [정렬 기준]을 [(열 E)]로 선택하고,

❷ [정렬 기준], [정렬]은 각각 [셀 값], [오름차순]으로 놔둔 상태에서

❸ [확인]을 클릭합니다.

그럼 짜잔! ❶ E열에 있던 숫자가 오름차순으로 정렬되면서 표에 반복되는 빈칸이 추가된 걸 확인할 수 있습니다. ❷ E열의 데이터는 삭제합니다.

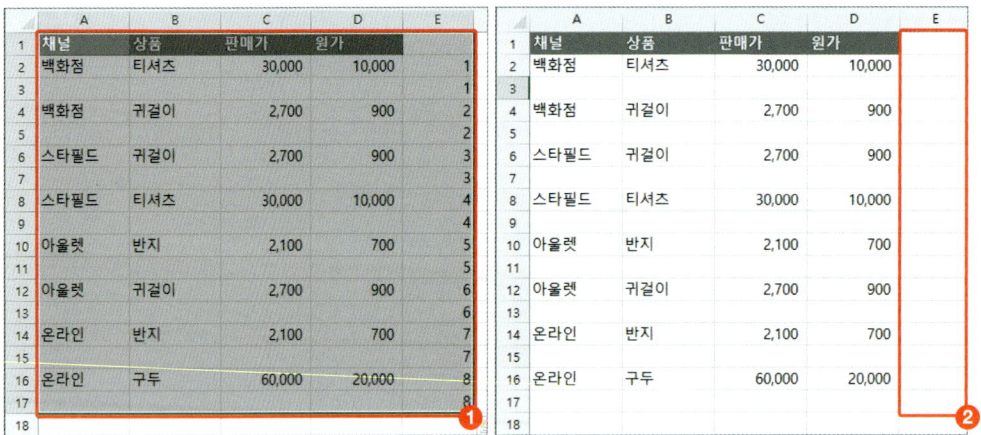

함수로 주민등록번호 뒷자리에 별표 처리하기

예제 파일 : C6L2_REPLACE함수.xlsx

개인 정보가 있는 엑셀 문서를 다른 사람과 공유할 때
주민등록번호의 뒷자리 번호는 별표 등으로 가려야 할 필요가 있죠!
이때 함수를 사용해 데이터를 간단하게 처리하는 방법에 대해 알아볼게요!
예제 파일을 열고 [C3] 셀에 아래 수식을 입력해보겠습니다.

[C3] 셀 수식 : =REPLACE(B3,8,7,"*******")

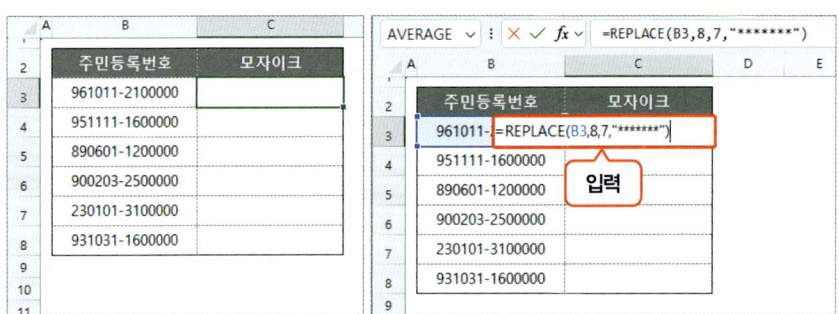

그럼 이렇게 주민등록번호의 구분 기호인 대시(-) 이후
일곱 자리 숫자가 모두 별표(*) 기호로 바뀝니다.

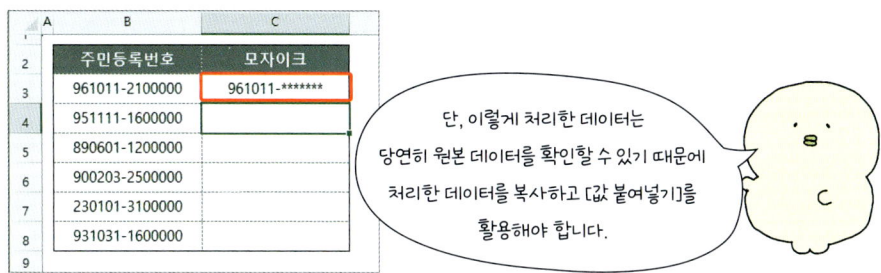

TIP [C4] 셀 수식에 **=LEFT(B4,7)&"*******"**를 입력하면 동일한 결과를 얻을 수 있습니다.

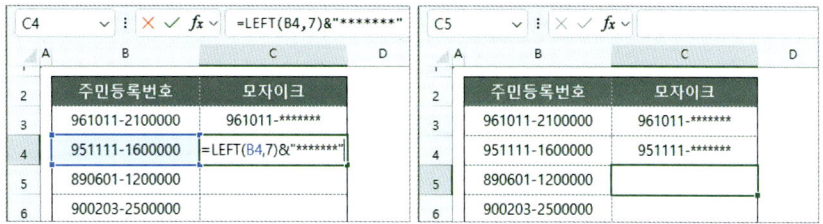

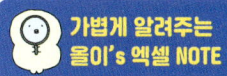 ## REPLACE 함수

함수 설명 : =REPLACE(old_text, start_num, num_chars, new_text)

REPLACE 함수는 문자열에서 특정 위치의 텍스트를 다른 텍스트로 대체하는 데 사용됩니다. 주로 텍스트를 편집하거나 일부분을 변경하고자 할 때 유용한 함수입니다.

old_text : 대체할 텍스트가 포함된 원본 텍스트입니다.

start_num : 대체를 시작할 문자 위치입니다.

num_chars : 대체할 문자 수입니다.

new_text : 기존 텍스트에서 대체할 새로운 텍스트입니다.

보고서에 등락기호(▲, ▼) 표시하기

예제 파일 : C6L2_보고서등락표시.xlsx

셀의 데이터에 직접 등락 표시를 해야할 때 가 있죠!?

이때는 표시 형식을 활용하면 간단히 해결할 수 있습니다.

예제에서 '증감율' 열에 입력된 데이터에 증감 기호를 표시해볼게요!

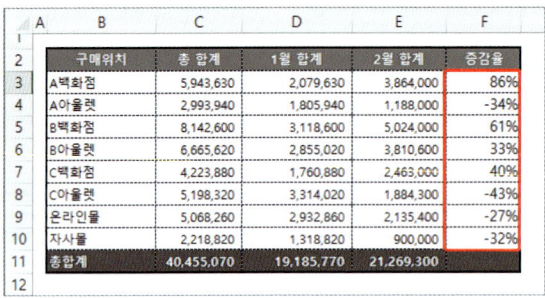

[셀 서식] 대화상자에서 [표시 형식] 탭의 ❶ [범주]-[사용자 지정]을 클릭하고
❷ [형식] 입력란에 **[빨강]▲#%;[파랑]▼#%;-**을 입력합니다.
❸ [확인]을 클릭합니다.

TIP 사용자 지정 서식에 입력한 형식의 의미는 096페이지에서 기타 표시 형식을 참고합니다.

'증감율'에 해당하는 데이터에 양수인 경우 빨간색과 ▲ 기호가
음수인 경우 파란색과 ▼ 기호가 표시됩니다.

구매위치	총 합계	1월 합계	2월 합계	증감율
A백화점	5,943,630	2,079,630	3,864,000	▲86%
A아울렛	2,993,940	1,805,940	1,188,000	▼34%
B백화점	8,142,600	3,118,600	5,024,000	▲61%
B아울렛	6,665,620	2,855,020	3,810,600	▲33%
C백화점	4,223,880	1,760,880	2,463,000	▲40%
C아울렛	5,198,320	3,314,020	1,884,300	▼43%
온라인몰	5,068,260	2,932,860	2,135,400	▼27%
자사몰	2,218,820	1,318,820	900,000	▼32%
총합계	40,455,070	19,185,770	21,269,300	

넓게 알려주는 올이's 꿀팁

대화형 메모, 노트 메모 기능 알아보기

노트 메모와 대화형 메모의 차이

메모 기능은 셀에 추가 정보를 기록하거나, 다른 사람과 의견을 주고받을 때 정말 유용합니다. 실무에서는 데이터를 더 자세히 설명하고 싶거나 협업 중 의견을 공유해야 할 때 많이 쓰이구요! 기록과 협업에 특화된 기능으로 상황에 맞게 활용하면 데이터 관리도 쉬워집니다. 엑셀의 메모는 대화형 메모, 노트 메모 두 가지가 있는데요! 둘의 차이를 먼저 확인해보겠습니다.

구분	노트 메모(구 메모)	대화형 메모
특징	엑셀 2019 이전 버전에서 사용하던 메모, 간단한 텍스트 입력 가능	댓글(스레드) 형태로 대화가 가능함, 엑셀 2019 이후 365 버전에서 추가
용도	개인 메모, 데이터 설명에 주로 활용	팀원과 의견 교환, 실시간 협업에 특화됨
저장 형태	단순 텍스트 기록	댓글(스레드) 형태로 추가 및 응답 가능

노트 메모 삽입 및 삭제 방법

먼저 메모를 넣고 싶은 셀을 선택합니다. [검토] 탭-[메모] 그룹-[새 노트]를 클릭하면 노트 메모가 삽입됩니다. 노트를 지우고 싶을 때는 해당 셀을 선택한 후 [검토] 탭-[메모] 그룹-[노트 삭제]를 클릭하거나, 마우스 오른쪽 버튼을 클릭하고 [노트 삭제]를 클릭하면 됩니다.

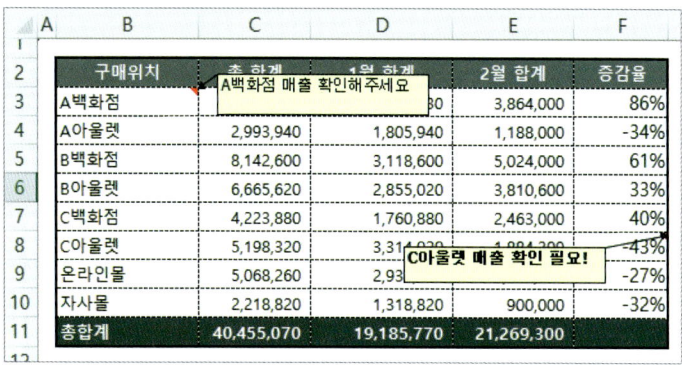

> **TIP** 메모 삽입 단축키는 Shift + F2 입니다.

대화형 메모 삽입 및 삭제 방법

대화형 메모는 메신저처럼 의견을 주고받을 때 유용합니다. 메모를 삽입할 셀을 선택하고 [검토] 탭-[메모] 그룹-[새 메모]를 클릭하면 됩니다. 메모를 삭제하고 싶다면 해당 메모가 삽입된 셀을 선택한 후 [검토] 탭-[메모] 그룹-[삭제]를 클릭하거나, 마우스 오른쪽 버튼을 클릭하고 [메모 삭제]를 클릭하면 됩니다.

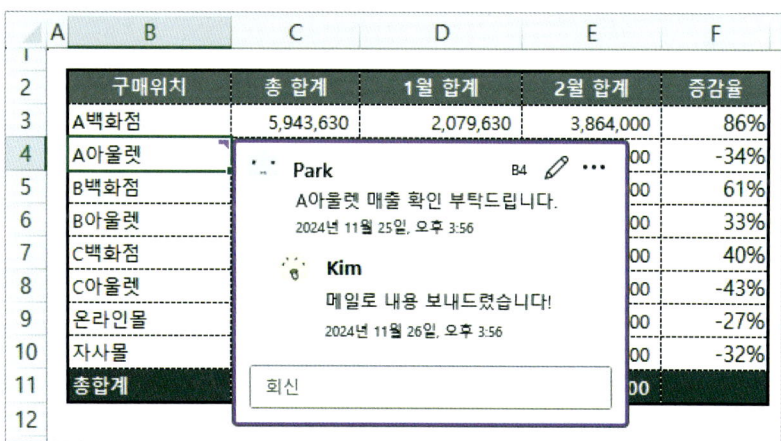

찾아보기

A

AND	207
AVERAGE	185
AVERAGEIF	199

C

CONCAT	242
COUN	187
COUNTA	187
COUNTBLANK	187
COUNTIF	202

D

DATE	217

F

FALSE/TRUE	209
FILTER	165

H

HLOOKUP	254

I

IF	194
IFERROR	256
IFS	198
IFS 계열 함수	203
INDEX	265, 268
ISERROR	256

L

LEFT	235

M

MATC	265, 268
MAX	189
MID	237
MIN	189

N

NOW	214

O

OR	209

P

PDF 파일	027

R

REPLACE	369
RIGHT	235

S

SEARCH	239
SUBSTITUTE	240
SUBTOTAL	335
SUM	184
SUMIF	199

T

TEXT	248
TEXTJOIN	244
TIME	217
TODAY	214
TRIM	240

U

UNIQUE	168

V

VALUE	098
VALUETOTEXT	098
VLOOKUP	251, 259

W

WEEKDAY	221
wingdings	086

X

XLOOKUP	261

ㄱ

검색 상자	032
고급 필터	160
글꼴	079
기타 표시 형식	096

ㄴ

날짜 표시 형식	090, 093, 095
날짜와 시간	212

ㄷ

다른 이름으로 저장	025
대시보드	326
데이터 구성	072
데이터 유효성 검사	170

ㄹ

리본 메뉴	023

ㅁ

머리글 반복 인쇄	348
머리글/바닥글	345
메뉴키	029
메모	372
문서 보호	354

ㅂ

붙여넣기 옵션	042, 046
빈 셀	071
빠른 분석	044
빠른 실행 도구 모음	030, 039
빠른 채우기	111

ㅅ

사용자 지정 목록	115
사용자 지정 정렬	123
사용자 지정 표시 형식	094
삭제	057
삽입	057
새 문서	025
색 기준 필터	129
색조	287
서식 복사	045
선택 방식	067
선택 영역의 가운데로	059
선택하여 붙여넣기	048
셀	053
셀 서식	080
수식	178
수식 입력줄	179
숫자 형식	088
스파크라인	313
슬라이서	132
시간 표시 막대	321
시간 표시 형식	093, 095

ㅇ

아이콘 집합	288
엑셀 기본 화면	024
연산 순서	176
연산자	175
오류 마크	091
오름차순/내림차순	121
와일드 카드	146
워크시트	100
유효성 검사	155, 159
이동 옵션	070
이름 정의	271
이모지	087
인쇄	339
인쇄 범위	340
인쇄 옵션	341
입력 메시지 및 오류 경고	157

찾아보기

ㅈ

자동 계산	193
자동 달력	225
제목 표시줄	032
조건부 서식	277
중복 데이터	150

ㅊ

차트	298
찾기 및 바꾸기	142, 149
채우기 핸들	110, 179, 182

ㅋ

커스텀 리본 메뉴	034

ㅌ

텍스트 나누기	112
텍스트 필터	130
텍스트 형식	088
특수 기호	084
틀 고정	064

ㅍ

표	074 131
피벗 슬라이서	321
피벗 차트	323
피벗 테이블	318
필터	127

ㅎ

함수 마법사	192
행/열	054 061
화면 확대/축소	041